한국
근대사를
꿰뚫는
질문 29

韓國近代史

한국 근대사를 꿰뚫는 질문 29

고종 즉위부터 임시정부 수립까지

김태웅 · 김대호 지음

arte

우리는 때때로 내가 가고 있는 길이, 나아가 이 땅에 살고 있는 우리의 길이 의미 있는 방향으로 연결되는지를 성찰합니다. 일상에 지친 나머지 우리가 엉뚱한 길을 가고 있는 것은 아닌지, 또한 경쟁에서 이기는 데만 눈이 멀어 우리가 직면한 길 너머를 놓치고 있는 것은 아닌지 두려움이 일기 때문입니다.

　길을 잃었거나 새로운 길을 찾고자 할 때 우리가 서 있는 위치보다 더 넓은 영역을 보여 주는 지도가 필요하듯이, 현재와 미래에 의문이 들때 자신도 모르게 '시간의 지도'를 다시 펼치게 됩니다. 18세기 이탈리아의 사상가였던 비코Giambattista Vico가 사회제도와 권력의 문제점을 제대로 이해하기 위해서는 '처음'으로 돌아가야 한다고 주장했던 것을 본능적으로 실천하기 때문일지도 모릅니다. 그래서 학창 시절에 암기해야 할지식이 많다는 이유로 역사 과목을 기피하거나 스트레스의 온상으로 여겼던 사람들도 세상의 풍파와 자주 마주칠수록, 역사가 삶의 지혜를 제공하는 원천이며 지나온 과거가 오늘날 우리 주변에서 일어나는 일들과 매우 밀접한 관계임을 깨닫게 되는 것이겠지요.

그런 점에서 현재 우리의 삶과 가까우면서도 현대사와 달리 거리를 두고 바라볼 수 있는 한국 근대사가 최근에 더욱 관심을 받는 이유도 이해할 수 있습니다. 우리의 전통과 현대를 잇는 가교이자 국망이라는 아픈 기억과 그것을 회복하려는 새로운 희망을 동시에 간직하고 있기 때문일 것입니다.

최근 일반 대중들의 관심을 반영해서 각종 매체를 통해 다양한 역사 강좌와 역사 콘텐츠가 제공되고 있지만, 하루하루 생활 전선에서 싸워야 하는 현대인들이 별도의 시간을 들여 이 콘텐츠를 만나기는 쉽지 않습니다. 그래서 저희 저자들은 바쁘게 살아가는 일반 시민들과 우리의 근대사를 공유할 수 있는 터전을 마련하고자 했습니다. 온라인 공간에서 시민들과 만나고 소통하는 팟캐스트 〈역사탐구생활〉이 그 출발점이었습니다. 고단한 출퇴근 시간이지만 시공에 구애받지 않는 팟캐스트를 통해 100여 년 전 어떤 난관에도 꺾이지 않았던 선열들의 굳은 의지와 뜨거운 열정을 잠시나마 되새기며 우리가 앞으로 나아갈 길을 모색해 보고자 했던 시도였습니다. 한편 팟캐스트를 시작할 때부터 단행본 출간을 기획했지만 성격이 다른 두 매체를 아우르는 좋은 글을 쓸 수 있을까 하는 걱정이 앞섰던 것도 사실입니다. 그러나 청취자들의 따뜻한 관심과 책에 대한 기대에 힘입어 이제 한 권의 단행본으로 청취자와 독자를 만나고자 합니다.

이 책이 대상으로 삼고 있는 시기는 고종이 즉위한 1863년부터 대한민국 임시정부가 수립된 1919년까지, 50여 년의 기간입니다. 이 반백년의 짧은 기간에 우리나라는 왕조에서 제국으로 전환했고, 일제 치하에서 벗어나고자 민주공화국을 선포했습니다. 이러한 급격한 변화는 이중의 위기에 대한 대응 때문이었습니다. 조선왕조 내부에서 누적되어 온 적폐는 '봉건'이라는 이름의 내적 위기로 분출되었고, 조선의 외부에서 대포와 군함으로 위협했던 '외세'는 자주독립을 흔드는 외적 위기였습니다.

조선과 대한제국은 자주적 개혁을 통해 근대화를 실현하고 주권국가를 건설하고자 노력하면서 이 위기를 해결하려고 했지만, 일본을 비롯한 외세의 간섭과 우리 내부의 갈등으로 인해 시대적 과제를 해결하지 못하고 결국 일제의 식민지가 되고 말았습니다. 이 시기를 다룬 많은 개설서들이 고종이 즉위했던 1863년에서 경술국치가 일어났던 1910년까지를 하나의 단위로 묶으면서, 우리는 자연스럽게 '조선은 왜 멸망했는가?'라는 주제에 집착해 왔습니다. 그러나 결과를 미리 가정하고 실패의 원인을 찾으면 답은 정해진 것이나 다름없습니다. 조선의 멸망은 총체적인 무능이라는 답을 이미 품고 있었으며, 이것이야말로 일제가 우리에게 심어 두었던 결정적인 프레임이기도 했습니다.

그래서 질문을 바꿀 필요가 있습니다. '우리는 봉건과 외세라는 이중의 위기에 어떻게 대응했으며, 무엇을 이루려고 했는가?'로 말이죠. 이 새로운 질문에 답하는 과정에서 우리는 짧은 시간 동안 왜 왕국-제국-민국의 급격한 전환이 있었으며, 복류伏流처럼 흐르던 우리 민족의 저항이 일제의 무단통치에 굴복하지 않고 어떻게 3·1운동과 대한민국 임시정부 수립이라는 역사의 물줄기로 분출되었는지 이해할 수 있습니다. 이 책이 일반적인 개설사와 다른 시대구분을 선택한 가장 중요한 이유입니다.

또한 『한국 근대사를 꿰뚫는 질문 29』라는 제목처럼, 이 책은 29개 각 장 제목을 비롯해서 각 장을 구성하는 세부 내용의 제목까지 모두 질문으로 시작합니다. 기존 역사적 사실에 의문을 제기하고, 새로운 관점에서 바라보고자 했기 때문입니다. 질문은 현시점의 문제의식을 담고 있습니다. 역사학자 에드워드 카Edward H. Carr가 『역사란 무엇인가』에서 말했듯이 역사가 "과거와 현재의 끊임없는 대화"라고 한다면, 그 대화는 질문과 답으로 구성될 것이라고 생각했습니다. 그래서 현재를 살아가는 우리의 고민을 담고 있는 질문 29개를 던지고, 이 질문을 풀어 가는 과정을 통해 오늘날 우리가 직면하고 있는 문제의 출발점으로 되돌아가 보려고 했습니다.

마지막으로 이 책은 정치사를 위주로 서술하되 지주제 변동, 상공업의 변화 및 무역의 추세 등을 함께 서술하고자 노력했습니다. 이러한 사회 경제 변동이 당시 한국인들의 삶에 미친 영향이 적지 않았기 때문입니다. 아울러 일본과 중국을 통해 도입된 서구 문화가 오늘날 한국인의 삶에 크게 자리 잡고 있다는 점에서 이들 문화의 유입과 변용 과정을 소개하고자 했습니다. 또한 학계의 통설을 바탕으로 삼되 되도록이면 최근의 연구 성과를 적극적으로 반영한다는 방침을 세웠습니다. 특히 국문학계와 미시사 연구의 성과도 활용하여 근대 한국인의 어문 생활과 대중문화도 담으려 했습니다.

선배와 후배, 선생과 제자로 긴 인연을 맺어 온 저희 두 사람은 팟캐스트 방송을 준비하는 단계부터 책을 집필해서 마무리하는 단계까지 긴밀하게 협력했습니다. 선생은 '역사적 관점'에 무게중심을 두었고 제자는 '현재적 관점'을 더 강하게 반영하면서 두 관점의 긴장과 조화를 함께 담으려고 노력했습니다. 이 책은 저희 두 사람의 협업으로 이루어졌지만, 그 반은 청취자들의 성원에 힘입어 탈고되었음을 고백합니다.

오늘 우리는 또 다른 역사의 분기점에 서 있습니다. 100여 년 전 선열들이 불굴의 의지와 뜨거운 열정에도 불구하고 미처 해결하지 못한 많은 과제들은 무엇일까요? 이제 우리는 어디로 가야 할까요? 또 100년 뒤 우리 후손들은 우리를 어떻게 바라볼까요? 늘 들어 왔던 온고이지신溫故而知新·법고창신法古創新을 다시 떠올리는 가운데 오늘을 치열하게 살아가고 있는 독자들과 더불어 3·1운동 100주년과 임시정부 수립 100주년을 맞이하고 싶습니다. 100년 전 선열들의 우렁찬 목소리가 우리의 귓가에 쟁쟁하기 때문입니다.

끝으로 이 지면을 빌려 팟캐스트 〈역사탐구생활〉 시작부터 이 책의 출간에 이르기까지 온갖 궂은일을 마다하지 않고 지원하면서 때로는 비평가가 되고 때로는 청취자가 되어 충실한 조언을 해 주었던 전민지 님을 비롯한 북이십일 아르테 편집진에게 감사의 인사를 드립니다.

2019년 3·1운동·임시정부 수립 100주년을 맞이하는
관악산 앞자락에서 저자 일동

1장

흥선대원군,
개혁가인가 망국의 원흉인가?

흥선대원군은 한국 근대사의 첫 장을 여는 인물이다. 그는 왕의 아버지이면서 왕이 아니었고, 10년간 왕보다 더 큰 영향력을 가지고 있었지만 결국 왕에 의해 물러나야 했던 모순적인 인물이었다. 그는 임술농민항쟁의 원인이 된 삼정의 문란을 바로잡고 세도정치를 타파하면서 대내 정치에서 개혁적인 모습을 보여 주었지만, 통상 개방을 요구하는 서구 열강과 전쟁까지 불사하며 대외 관계에서는 보수적인 모습을 드러내었다. 한국 근대사를 관통하는 '봉건'과 '외세'라는 두 변수 앞에서 그는 왜 이런 선택을 했을까? 그 선택이 우리에게 남긴 교훈은 과연 무엇일까?

왕의 아버지는 어떻게 적폐를 청산하려 했을까?

홍선대원군 이하응은 힘없는 왕족 출신으로 세도정치기에 안동 김씨의 견제를 피하기 위해 '막걸리 대감', '상갓집 개'라는 조롱을 들을 만큼 조심스럽게 행동했습니다. 철종이 후사 없이 사망하자, 헌종의 어머니였으며 왕실의 가장 큰 어른이었던 조대비(신정왕후)의 지원으로 그의 둘째 아들 명복이 12세에 왕위를 차지하면서 이하응은 정치권력을 장악하게 됩니다.

조선왕조의 전통은 국왕이 후계자 없이 사망할 경우 왕의 친척 중에서 왕위 계승자를 선정했습니다. 선조·인조·철종·고종이 이 경우에 해당되었는데, 이들이 왕위에 오르면서 왕의 아버지에게도 특별한 지위가 필요했습니다. 그래서 만들어진 호칭이 '대원군'입니다. 조선 시대 대원군에 봉해진 사람은 모두 4명이었지만, 오직 홍선대원군만 살아 있을 때 이 자리에 올랐습니다. 새롭게 즉위한 고종이 아직 나이가 어려서 형식적으로는 조대비가 수렴청정을 했지만, 실제로는 홍선대원군이 섭정이 되어 모든 정책을 결정했습니다. 우리 역사에서 '왕이 되지 못한' 왕의 아버지가 실권을 가졌던 최초의 사례였습니다.

그 후 '대원군'이라는 이름은 지위로는 최고가 아니지만 실제로는 최고 권력을 휘두르는 2인자를 지칭하는 일반명사가 되었습니다. 이것이 박근혜 정부의 2인자이자 실세였던 김기춘 비서실장에게 '기춘 대원군'이라는 별명이 붙었던 까닭입니다. 그러나 두 사람의 정치 방향을 살펴본

다면 김기춘 실장에게 홍선대원군의 이미지를 씌우는 것은 과분하지 않을까요?

　대원군이 당면했던 과제는 삼정의 문란을 바로잡아 조세개혁을 이루는 것이었습니다. 대원군이 집권하기 1년 전, 전국에서 민란이 일어나 조세제도의 문제점을 성토하는 백성들의 절박한 목소리가 이어졌습니다. 대원군 정권은 백성들의 요구를 적극적으로 받아들여, 전세·군역·환곡에 대한 개혁 정책을 발표했습니다. 오늘날로 말하면 가진 자의 '갑질'을 막고 부자 증세와 서민 감세를 실시해서 국민의 경제적 부담을 줄이는 한편, 빈민들에게 복지 혜택이 직접 돌아갈 수 있도록 배려한 조치였습니다. 특히 군역 의무에서 특혜를 누렸던 양반들에게도 일반 백성들과 동일한 책임을 지도록 해서 사회정의를 요구했던 백성들의 외침을 적극적으로 수용했습니다. '기춘 대원군'이 대통령 비서실장의 권력을 이용해 대통령의 하수인이나 집사 노릇에 머물렀던 것과는 분명하게 대조됩니다.

　대원군은 당시에 '폐정弊政'이라고 불린 '적폐'의 중심에 세도정치와 양반층의 기득권이 있다고 보았습니다. 처음 조정에 나온 날, 그는 재상들 앞에서 "나는 천리를 끌어들여 지척으로 삼고자 하며, 태산을 깎아 평지로 만들고자 하며, 남대문을 높여 삼층으로 만들고자 하오."라는 유명한 말을 남겼습니다. 이 말에서 '천리를 끌어들여 지척으로 삼겠다'는 말은 세도 가문이 배척했던 왕실을 적극적으로 기용하겠다는 뜻이었고, '남대문을 높여 삼층으로 만들겠다'는 말은 정조 이후 정치권에서 소외되었던 남인을 중용하겠다는 의지였으며, '태산을 깎아 평지로 만들겠다'는 말은 세도 권력을 평지처럼 낮추겠다는 정치 청산의 뜻을 담고 있었습니다. 그 밖에도 권력의 핵심에서 떨어져 있었던 평안도 지방의 인재들

이나 무신들도 국가 요직에 등용함으로써 탕평에 대한 강한 의지를 보여
주었습니다.

　　대원군은 세도정치의 가장 핵심적인 권력 기구였던 비변사를 개혁
해서 의정부에 통합시키는 한편, 세도정치의 정치적 기반이 되었던 서원
을 47개만 남겨 두고 모두 없애는 과감한 조치를 단행했습니다. 조선의
기득권 세력이라고 할 수 있는 전국의 유생들이 미친 듯이 울부짖고 궁
궐 앞에 엎드려 거듭 상소문을 올렸지만, 흥선대원군의 강력한 개혁 의
지 앞에 뜻을 접어야 했습니다. 박은식의『한국통사』를 보면 유생들의 강
렬한 저항에 대해 대원군이 남긴 의미심장한 구절이 있습니다. "진실로
백성에게 해가 된다면 공자가 다시 살아서 와도 결단코 들어줄 수 없다."
대원군의 반응에 전국의 유생들은 크게 분노하고 실망하여 흥선대원군
을 '동방의 진시황'이라고 비난했지만, 대원군의 서원 철폐 의지는 결코
꺾이지 않았습니다. 대원군은 세도정치가 남긴 적폐에 정면으로 맞섰던
정치 개혁가이자 '이단아'였습니다.

경복궁 중건은 대원군의 오판이었을까?

경복궁 중건 사업은 대원군의 실패한 정책으로 자주 거론됩니다. 대다수
역사 교과서는 경복궁 중건과 관련해서 많은 농민들이 공사에 동원된 점
과 부족한 자금을 마련하기 위해 시행된 원납전·당백전·통행세 등을 거
론하며 부정적으로 서술합니다. 조선 8도에서 동원된 백성들의 고달픔

을 담고 있는 〈경복궁타령〉 등의 참고 자료도 경복궁 중건의 부작용을 더 입체적으로 느끼게 하는 소재가 됩니다. 그래서인지 어느 한국사 강사가 '흥선대원군이 농민들을 잡아다가 노임도 주지 않고 강제 노역을 시켰다'고 주장했다가 논란이 일어나기도 했습니다. 〈경복궁타령〉을 확대해석한 결과라고 생각됩니다.

임진왜란 때 불타 버린 정식 궁궐을 다시 조성하는 사업은 수많은 어려움을 동반하는 국가 프로젝트였습니다. 왜란 당시의 임금이었던 선조도 여러 번 중건 의지를 밝혔지만 실현하지 못했고, 왕권이 안정된 숙종 때에도 결국 뜻을 이루지 못했습니다. 정치 10단이었던 대원군이 '돈 먹는 하마'로 변신할 경복궁 중건의 어려움을 모르지는 않았을 것입니다. 그러나 270년 동안 방치되어 아이들의 놀이터가 된 옛 궁궐은 대원군에게 지난날 세도정치에 눌려 있었던 '황폐한 왕권'의 상징으로 여겨졌을 것입니다. 또한 270년간 엄두조차 내지 못했던 사업을 추진한다는 것은 과거 왕들보다 더 큰 권력을 가지게 되었음을 직접 증명하는 일이기도 했습니다. 궁궐의 공간을 채우고 높이를 올리는 것은 그 넓이와 높이에 비례하는 권력의 크기와 응집력을 보여 주기 때문입니다. 또한 경복궁을 중건하기 위해서 설치한 영건도감은 수도 한양을 정비하는 일도 함께 담당했습니다. 당시의 한양은 비가 조금만 내려도 하수구가 막혀서 물이 넘쳐흘렀고 집집마다 오물을 청계천 등에 마구 버려서 냄새가 진동했다고 합니다. 경복궁 중건은 궁궐을 다시 세우는 일에 한정되지 않고, 서울을 재정비하는 도시계획 사업이기도 했습니다.

경복궁 중건이 반드시 필요하다는 공감대가 형성되면서 사업의 첫 시작은 원만하게 진행되었습니다. 대원군이 경복궁 중건을 원로회의에 부쳤을 때 어느 누구도 반대하지 않았고, 여러 난관에도 불구하고 추진하기로 결정되자 여러 세력들로부터 적극적인 지지가 뒤따랐습니다. 뒷날 문제가 되는 원납전도 이때는 희망자에 한해 자발적으로 납부되었고 많은 백성들도 자원해서 경복궁 중건 공사에 참가했습니다. 심지어 농사철임에도 중건 공사에 자원자들이 모여들자 농사를 소홀히 할 수 없다며 되돌려 보낼 정도였습니다. 대원군도 공사에 자원하는 백성들을 위해 위로금을 지급하고 농악대나 남사당패를 동원하여 공사 현장에 구경꾼이 몰려드는 멋진 장면을 보여 주기도 했습니다.

만약 이 분위기가 그대로 이어졌다면 경복궁 중건은 흥선대원군의 최대 업적으로 교과서에 기록되었을 것입니다. 그러나 경복궁 본궁이 거의 완성되고 전각들도 뼈대를 갖추어 갈 무렵, 불이 나서 건물 800여 칸과 목재를 모두 태워 버리는 사건이 일어납니다. 그다음 해에도 대형 화재가 나서 건축 재료로 확보해 둔 목재와 판자 들이 재로 변했습니다. 경복궁 공사가 거의 절반 정도 완성된 시점에서 만난 또 하나의 불운이었습니다. 두 번의 화재는 중건 공사를 추진하던 동력을 떨어뜨렸고, 조선 정부의 부족한 국가 재정을 더욱 어렵게 만들었습니다. 이 시점부터 경복궁 중건은 초기에 형성된 충분한 공감대에서 벗어나, 조선 정부의 일방적인 강행 의지와 그로 인한 부작용을 낳게 됩니다.

'자원해서 납부한 돈'이라는 뜻의 원납전은 재산에 따라 일정한 액수의 돈을 관리와 부자 들에게 배당하는 방식으로 변하게 되었고, '원망하며 납부하는 돈'이라는 오명을 쓰게 됩니다. 원납전을 무리해서 거두었음에도 필요한 액수가 채워지지 않자, 조정은 당백전을 발행합니다. 경복궁이 완성될 때까지 거둬들인 원납전이 약 780만 냥인데, 당백전의 총액은 1600만 냥, 즉 원납전의 두 배에 달할 정도였습니다. 당백전의 명목가 치는 엽전의 백 배에 해당했지만 실질가치는 엽전의 5~6배 정도에 불과했기 때문에 이 돈을 만드는 순간 정부는 95배 정도의 이익을 챙길 수 있었습니다. 하지만 가치 없는 고액 화폐를 시장에 유통시키자 예상대로 물가가 순식간에 올랐습니다. 또한 관청에 보관하고 있던 동전 재료가 떨어지자 전국에 구리와 쇠붙이를 거둬들이라는 명령이 떨어졌고, 농민들의 멀쩡한 식기나 농기구까지 징발되는 경우가 허다했습니다. 원납전의 피해는 부유한 사람들에게 한정되었지만, 당백전은 가난한 농민들에게도 많은 피해를 입혀 심각한 부작용을 낳게 됩니다.

1865년에 시작된 경복궁 중건은 결국 1872년에 최종적으로 완성되었습니다. 이 기간에 병인양요와 신미양요도 함께 일어나 전쟁 분위기가 이어졌지만, 대외적 위기 속에서도 경복궁 중건은 강압적으로 진행되었습니다. 그러나 이 사업 때문에 조선 전국을 뒤덮은 수많은 부작용이 일어났고, 경복궁이 그 위엄을 완전하게 갖춘 1년 뒤에 이 부작용들이 부메랑이 되어 대원군의 몰락을 부르게 됩니다.

대원군은 왜 통상 개방을 거부했을까?

중건된 경복궁은 우리 조상들에게는 원망의 대상이었지만 오늘날 우리에게는 소중한 문화유산이 되었습니다. 이와 달리 '쇄국'은 당시는 나라의 경제와 정체성을 지키는 안전망으로 작용했음에도, 오늘날에는 조선의 혁신을 가로막아 끝내 조선을 멸망으로 이끈 어처구니없는 선택으로 기억됩니다. 그래서 잘못된 판단의 대명사가 되어 버린 '쇄국' 덕분에 대원군은 '망국의 원흉'이라는 극단적인 평가를 받기도 합니다.

조선은 대원군이 물러나고 3년 뒤인 1876년에 문호를 개방했습니다. 중국이 1842년, 일본이 1854년에 개항한 것을 고려하면 중국보다 30년 이상, 일본보다 20년 이상 늦은 셈입니다. 여기까지는 엄연한 사실입니다. 그런데 우리가 흔히 알고 있듯이, 대원군의 '쇄국'이 개방·개혁·서구화·근대화를 지연시켜 조선을 멸망에 이르게 했다는 주장은 과연 사실일까요? 쇄국과 개국을 이분법적으로 나누고, 쇄국에는 부정적 이미지를, 개국에는 긍정적 이미지를 도식적으로 심어 놓은 구도는 얼마나 타당한 주장일까요?

조선보다 더 빠르게 개항했던 중국과 일본도 스스로 개항한 것이 아닙니다. 그들도 우리처럼 전쟁에 패배하거나 서구의 함대와 무기에 굴복해 강제로 개항했는데, 그전까지는 모두 '해금海禁 정책'이라고 불리는 폐쇄적인 무역 정책을 펼쳤습니다. 오늘날에는 쇄국이라는 단어가 익숙하지만, 쇄국은 비교적 최근에 만들어진 신조어입니다. 동아시아에서 쇄국이라는 단어가 처음 등장한 것은 1801년 일본 학자가 독일 의사 엥겔베르트 캠퍼Engelbert Kaempfer의 논문을 번역해 「쇄국론鎖國論」이란 제목을 붙이면서였습니다. 조선에서는 이 신조어가 대원군 집권기까지 나타나지 않다가 개항과 함께 일본에서 수입되었고, 이후 1895년 단발령을 반포하는 조칙에 "오늘날 쇄국을 고집해 구습에 젖어 살 수는 없다."라는 문구 등에서 확인되듯이 본격적으로 사용되었습니다.

쇄국이라는 단어가 등장하기 전까지 우리는 '해금'이라는 용어를 썼습니다. 해금은 중국 명나라가 왜구의 침입에 대비해서 바다 출입을 금지하는 정책을 실시한 후, 동아시아 모든 국가가 이 조치를 따르면서 확대되었습니다. 해금 정책은 자국을 위협하는 외부 세력의 침입을 원천적으로 차단하고 보호무역을 통해 경제를 안전하게 관리할 수 있는 장점이 있었습니다. 또한 조선은 공식적인 외교 채널을 이용한 공무역을 확대해서 중국 및 일본과 정기적으로 교역함으로써 보호무역의 단점을 보완했습니다. 이러한 통상 정책은 조선 시기 내내 유지되던 방식이었고, 한중일 3국이 모두 시행했던 정책이었습니다. 그렇기 때문에 대원군을 '쇄국론자'라고 부르는 것은 오늘날 한국의 대통령을 '민주주의자'라고 부르는 것처럼 지극히 당연한 표현에 불과합니다. 해금은 보편적인 용어였고, '개국'과 '개방'이야말로 갑작스럽게 나타난 낯선 단어였기 때문입니다.

　　당시 동아시아의 상황을 고려하더라도 조선이 해금 정책을 유지하는 것은 당연한 선택이었습니다. 순조 시기부터 해안에 이양선異樣船이라고 불린 낯선 모양의 서양 선박들이 나타나 위기감을 높였고, 1840년부터 20년간 청이 영국을 비롯한 서양 세력의 공격을 받아 결국에는 베이징마저 함락되었다는 소식을 청에 파견한 조선 사신을 통해 확인했기 때문입니다. 또한 일본이 미국의 군함에 개항을 강요당하면서 1858년에 미국과 조약을 맺어야 했고, 1857년에 베트남은 선교사 살해 사건을 구실로 침략한 프랑스에 의해 남부 지역을 점령당했습니다. 동아시아 전 지역이 외세의 침략에 시달리면서 조선도 이에 대한 대비가 시급했습니다.

　　조선 정부는 청의 웨이위안(魏源, 위원)이 쓴 『해국도지海國圖誌』 초판 50권을 이미 1845년에 들여왔습니다. 아편전쟁의 충격 후에 작성된 『해국도지』는 서양의 침입에 대비하고자 영국을 비롯한 세계 각국의 지리·역사·국방·병기·전술 등을 설명한 일종의 백과사전이었습니다. 뒷날 박규수는 젊은이들에게 평소 『해국도지』를 읽어 해외 사정을 익히도록 권유했는데, 당시 조선 정부도 서구 열강을 파악하려는 적극적인 노력을 기울이고 있었습니다. 조선 정부는 서구 열강의 폭력성을 익히 알고 있었기 때문에 조약 체제에 편입되는 것을 거부했던 것이지, 대외 변화에 무지했기 때문에 통상 수교를 거부한 것이 아니었습니다.

대원군이 개항을 반대했던 또 다른 이유는 통상 개방으로 조선이 얻을 경제적 이익이 크지 않기 때문입니다. 위정척사파를 대표하는 이항로가 1866년 병인양요 당시 「척사 상소문」에서 밝힌 내용은 그 핵심을 분명하게 보여 줍니다. "서양의 재화는 손으로 생산되는 것으로서 하루의 계획으로도 남는 것인데 반하여 우리의 재화는 토지에서 생산되는 것으로서 1년의 계획으로도 부족한 것이다. 부족한 것과 남아도는 것의 교역이 어찌 우리에게 곤란을 야기하지 않을 것인가?" 이 주장이 통상 개방을 거부했던 조선 정부의 경제적 논리를 뒷받침했습니다.

대원군이 통상 요구를 거부했던 또 다른 이유는 대내 정치 상황을 고려했기 때문입니다. 당시 대원군은 호포제 실시와 서원 철폐를 추진하면서 양반 지배층의 대규모 반발에 직면했습니다. 그리고 경복궁 중건은 양반뿐 아니라 전국의 수많은 백성들에게 원망의 대상이 되고 있었습니다. 조선의 모든 여론이 대원군에게 등을 돌리는 상황에서 대원군이 권력을 유지할 수 있었던 유일한 명분은 '서양 오랑캐'의 침략에 맞서 우리의 전통과 생활양식을 지킨다는 것을 분명하게 보여 주는 것이었습니다. 대원군은 대내의 불만을 밖으로 돌리고자 서구 열강의 요구에 강력하게 대응하는 길을 선택했을 가능성이 큽니다.

두 차례의 양요는
조선에 무엇을 남겼을까?

1866년에 일어났던 두 사건이 대원군의 대외 정책을 '척화'라는 한 방향으로 몰고 갔습니다. 1866년 봄, 조선 정부가 프랑스 신부 9명을 포함해서 천주교인들을 대대적으로 탄압한 병인사옥(병인박해)과, 8월에 미국 상선 제너럴셔먼호가 평양에서 조선 백성들의 공격으로 불타 버린 사건이 그 주인공입니다. 대원군은 한때 러시아의 남하 정책을 막기 위해서 프랑스와 손을 잡는 방법도 검토했지만, 청에서 천주교를 탄압했다는 소식이 들려오자 국내의 반대 세력이 자신을 정치적으로 공격할 것을 우려해서 입장을 바꾸었습니다. 1866년에 들어와 대원군의 외교 노선은 강경책으로 돌아섰고, 프랑스나 미국과 전쟁까지 불사하는 방향으로 나아갔습니다.

자국의 신부 9명이 희생당한 프랑스는 1866년 9월에 곧바로 움직였습니다. 청의 중재와 조선 정부의 해명을 모두 거부한 채, 청의 톈진에 있던 극동함대사령관 로즈는 무력 보복을 결정하고 조선으로 출발했습니다. 10월 13일(음력 9월 5일)에 프랑스 군함 일곱 척이 강화부를 공격해서 점령한 뒤, 프랑스 신부들을 살해한 책임자를 처벌하고 조약을 체결할 것을 조선 정부에 요구합니다. 그러나 조선 정부가 이를 거부하자 11월 9일 프랑스군은 정족산성의 양헌수 부대를 공격했는데, 조선군의 강력한 저항 때문에 오히려 여러 사상자를 낸 뒤 후퇴합니다. 로즈Pierre-Gustave Roze 는 강화별궁과 외규장각에서 보관하고 있던 각종 무기, 서적 수천 권, 국왕의 인장, 19만 프랑 상당의 은괴를 약탈한 뒤 조선에서 물러났습니다.

한편, 미국은 제너럴셔먼호 사건 1년 뒤인 1867년에 이 사건을 조사할 조사단을 파견했지만, 조선 정부와 교섭에 실패합니다. 제너럴셔먼 호 사건이 발생한 후 5년이 지난 1871년, 미국은 군함 5척과 1200여 병력을 파견해서 조선을 공격했습니다. 아시아에서 성조기를 최초로 게양한 이 전투에서 미군은 강화도의 초지진과 덕진진을 함락시켰고, 그다음 날에는 어재연 장군이 지키던 광성보마저 함락한 뒤 어재연 장군의 '수자기帥字旗'를 획득해 돌아갔습니다. 조선군은 범 사냥 전문가였던 '타이거 헌터'들의 지원을 받고 병인양요 이후 자체적으로 개발한 방탄복을 착용한 채 이 전투에 나섰지만, 미군의 막강한 화력에는 역부족이었습니다.

미군은 압승을 거둔 후 유리한 수교 협상을 기대했지만, 영토를 잃지 않았기 때문에 패배가 아니라고 생각했던 조선 정부의 무대응 전략으로 오히려 어려움에 빠집니다. 미군이 수교 협상을 시도한 3주 동안 조선 정부는 종로 거리와 각 도시 중심에 서양과의 화해를 반대한다는 척화비를 세웠을 뿐, 미국과의 협상을 원천적으로 거부했습니다. 그렇다고 해서 조선과 전면전을 치르는 것은 훈령 밖의 일이어서, 미군은 "승리는 승리였으나 누구 한 사람도 기억하고 싶지 않은 무의미한 승리였다."고 평가한 뒤 7월 3일에 철수하고 말았습니다.

조선은 미국과의 전투에서는 완벽하게 패배했지만, 미군 함대가 철수하자 이를 승리로 간주했습니다. 1866년 병인양요에서는 직접적인 승리를 거두었고 1871년 신미양요에서도 외세에 굴복하지 않으면서, 대원군 정권의 반외세 투쟁은 나름대로 결실을 거둔 셈이었습니다. "서양 오랑캐가 침입하는데 싸우지 않으면 화친하는 것이요, 화친을 주장하는 것은 나라를 팔아먹는 것이다."라는 척화비의 내용은 청도, 일본도 해내지 못했던 과업을 이룩한 대원군 정권의 자신감을 잘 보여 주고 있습니다.

그러나 이 척화비 내용은 역설적으로 두 번의 양요를 통해 조선이 과연 무엇을 상실했는지 분명하게 보여 줍니다. 그것은 바로 서구 열강과 화친도 도모할 수 있는 유연한 외교 전략이었습니다. 천주교를 탄압하기 이전까지 대원군도 고려했던 다양한 외교 노선은 이제 나라를 팔아먹는 '매국의 논리'로 매도되었습니다. 한 걸음 더 나아가 조선 정부는 모든 서양 물품의 수입을 금지하는 조치를 취했습니다. 조선을 침략하는 서양의 목적이 경제적 이득에 있다고 판단했기 때문입니다. 그런데 중개무역을 통해 청에서 서양 물품을 수입하면서 조선 정부도 막대한 세금을 거두고 있었고, 이 수입으로 군사 요충지인 강화도 진무영을 운영하기까지 했습니다. 서양 물품 수입 금지령은 조선의 군비를 확충하는 데 필요했던 재정적 기반을 흔들어 놓았고, 이 문제를 해결하기 위해 조선 정부가 청나라 화폐의 유통을 허용하면서 조선의 국내 시장은 큰 혼란에 빠집니다. 한 번 꼬인 실타래가 계속 꼬이는 상황이 된 것입니다.

또한 병인양요의 빌미가 된 1866년 천주교도에 대한 잔혹한 탄압은 조선 내부의 사상적·문화적 다양성을 단칼에 막아 버리는 조치였습니다. 1866년부터 천주교도 탄압이 계속 이어지면서 『매천야록』에는 이 시기 전후로 2만여 명이 죽었을 것이라고 기록했고, 『한국통사』에는 "그 시체를 수구문 밖에 버렸는데 높이가 언덕과 같고 성안의 도랑이 모두 핏빛으로 붉었다."고 증언했습니다. 한국 현대사에서 정부를 비판하는 목소리를 국가보안법의 이름으로 차단했던 독재 정권의 강경한 대응처럼, 천주교 탄압은 조선 사회를 얼어붙게 하는 폭압적인 조치였습니다. 대원군 정권의 경직된 사고가 유연한 선택지를 모두 제거했고, 다양성을 상실한 채 오직 척화만을 외쳤던 대원군의 권력 기반은 서서히 무너질 수밖에 없는 운명을 향해 갔습니다.

흥선대원군에 대한 평가는
왜 그렇게 나빠진 것일까?

흥선대원군은 삼정의 문란과 양반 지배층의 폐단을 바로잡았고, 대외적으로는 외세의 침략에 맞서 나름의 승리를 거두었습니다. 그럼에도 불구하고 당시의 많은 백성들이 대원군에게 등을 돌렸던 까닭은 무엇일까요? 그건 대원군이 추구했던 국왕 중심의 부국강병 정책이 가진 한계 때문일 것입니다. 조선 정부는 화재 때문에 중단될 위기에 빠진 경복궁 중건을 백성들로부터 물자와 노동력을 수탈하면서 그대로 밀고 나갔습니다. 1868년 경복궁 중건이 어느 정도 마무리되었을 때 이 사업을 주도한 흥선대원군의 권위는 한껏 높아졌지만, 왕의 권위를 높이느라 황폐해진 민심은 경복궁에서 멀어져 있었습니다.

　과다한 재정 지출은 여기에서 멈추지 않았습니다. 프랑스와 미국 등의 외세와 맞서 싸우기 위해 각 지방의 군비를 확장하는 과정에서 백성들의 부담이 더욱 커졌습니다. 국가의 재정이 백성의 삶을 윤택하게 하는 데 사용되지 않고, 궁궐을 새로 짓거나 군사비를 확장하는 등 소모적인 분야에 집중된 셈입니다. 흥선대원군의 집권 10년이 여러 층위의 수탈로 뒷받침되면서, 그의 정책이 추구했던 긍정적인 면도 가려지게 되었습니다.

　대원군에 대한 부정적인 이미지를 더욱 높인 것은 며느리였던 명성왕후와의 권력투쟁이었습니다. 대원군은 집권 10년 만에 성인이 되어 버린 아들에게 최고 권력을 넘겨야 했습니다. 그러나 사실상 왕이었던 그는 최고 권력에 대한 미련을 버리지 못합니다. '절대 반지'를 빼앗긴 대원군의 분노는 실제로는 고종을 겨냥했지만, 표면적으로는 왕비를 향했습니다. 대원군이 물러난 후 왕비의 외척 세력이 대거 등용되어서 대원군 세력을 대신해 핵심 부서에 배치되었기 때문입니다. 그러나 정권을 장악한 민씨 가문이 각종 부정부패에 연루되자, 백성들은 오히려 대원군이 통치하던 시기를 그리워했습니다. 이 시점에서 대원군의 반격이 시작되었습니다.

1874년에 왕비의 양오빠였던 민승호의 집에 폭탄이 터져 민승호와 그의 가족이 함께 사망했고, 1876년에는 고종과 왕비의 숙소인 교태전에서 화약이 폭발해서 궁궐 전체가 피해를 입었습니다. 이 사건들의 원인은 명확하게 밝혀지지 않았지만, 사건의 배후로 지목된 사람은 어김없이 대원군이었습니다. 또한 정부 내부에서 발생한 굵직한 권력투쟁에 대원군이 항상 있었습니다. 1882년에 구식 군인들이 처우 개선을 요구하며 반란을 일으키자 이 혼란을 이용해 대원군은 33일의 짧은 시간 동안 권력을 잡았고, 이 임오군란을 빌미로 조선에 들어온 청나라 군대에 압송되어 4년 동안 청나라에 유폐되기도 했습니다. 청에서 풀려난 후에도 그는 동학농민운동이 일어났을 때 동학농민군과 접촉하며 권력을 되찾고자 했고, 갑오개혁과 을미사변의 현장에도 그 모습을 드러내었습니다. 대원군의 권력욕은 때와 장소를 구분하지 못한 채 표출되었으며, 그 결과는 일본이 꾸미고 있었던 조선 침략에 이용되는 초라한 신세가 되었습니다.

일제강점기에 대원군의 이미지는 더욱 왜곡됩니다. 그 중요한 단면은 대동여지도를 제작한 김정호와의 관계에서 엿볼 수 있습니다. 김정호가 대동여지도를 작성한 해는 대원군이 집권하기 2년 전인 1861년 철종 때였는데, 1934년 일제가 보통학교 학생들을 위해서 발간한 『조선어독본』에서는 이 사실이 다음과 같이 왜곡된 채 서술됩니다. "대원군은 다 아는 바와 같이 배외심排外心이 강한 어른이시라, 이것을 보시고 크게 노하시어 '함부로 이런 것을 만들어서, 나라의 비밀이 다른 나라에 누설되면 큰일이 아니냐.' 하시고, 그 지도판을 압수하시는 동시에, 곧 정호 부녀를 잡아 옥에 가두셨더니, 부녀는 그 후 얼마 아니 가서, 옥중의 고생을 견디지 못하였는지 통탄을 품은 채 전후하야 사라지고 말았다." 일제는 대동여지도와 같은 우수한 지도를 만든 인재를 몰라보는 조선 정부의 어리석음을 강조하려고 했고, 그 중심에 대원군의 '배외심(외국을 배척하는 마음)'을 두었습니다. 대원군이 추진했던 통상 수교 거부 정책을 우수한 과학 문명에 대한 배척과 연결함으로써 대원군의 무지, 더 나아가 조선의 무능을 강조하는 이미지로 활용했던 것입니다. 물론 그것은 가짜 뉴스였고, 명백한 왜곡이었습니다.

최근 우리 언론에 등장하는 쇄국이라는 단어도 대부분 부정적으로 사용됩니다. 2018년에 실시된 현대자동차의 상반기 공채 시험에 '조선시대 쇄국정책의 시사점'과 '이를 바탕으로 현재 보호무역 기조 속에서 자동차 산업이 경쟁력을 가질 수 있는 방안'을 요구하는 문제가 제출되었습니다. 수출에 의존하는 우리 경제 구조와 글로벌 경영을 추구하는 이 회사의 전략을 고려한다면, 정답의 방향은 이미 정해졌을 것입니다. 그러나 우리는 한미 FTA 협상 시기에 본격적으로 등장했던 'FTA 반대=쇄국', '쇄국=망국'이라는 논리의 문제점에 대해 다시 돌아볼 필요가 있습니다.

이 지점에서 우리는 악의적으로 왜곡되었던 홍선대원군의 부정적인 이미지를 벗겨 내고, 그가 말하고자 했던 '해금'의 원래 의미를 다시 살려 내야 합니다.

개항의 시점만을 고려한다면 1840년에 아편전쟁으로 개항하게 된 중국이 1854년에 개항한 일본보다 앞섰지만, 오히려 근대화에서는 일본이 앞서 나갔습니다. '어떻게'를 고려하지 않은 채 '얼마나 빨리' 서구 문물을 도입하느냐에 집착하는 것이 문제의 본질에서 왜 빗나간 것인지 알 수 있습니다. 과연 빨리 개방하는 것이 중요할까요? 아니면 개방이 우리에게 어떤 결과를 가져올 것인지 신중하게 검토하는 것이 중요할까요? 어느새 '개방지상주의자'가 되어 버린 우리에게 홍선대원군이 던지는 화두일지도 모르겠습니다.

『조선은 왜 무너졌는가』라는 책의
제목처럼, 결과를 미리 가정하고 실
패의 원인을 찾으면 확증 편향에서
벗어나기 어렵게 된다. '개방지상주
의'에 물든 우리의 사고도 어느새
개방을 일방적으로 찬성하면서 전
략적 유연성을 잃어버린 흥선대원
군과 닮아 있지는 않을까?

| 흥선대원군 이하응 초상 (국립중앙박물관 소장)

2장

조선은 왜
닫힌 빗장을 열었을까?

신미양요 직후, 대원군은 "서양 오랑캐가 침입하는데 싸우지 않으면 화친하는 것이요, 화친을 주장하는 것은 나라를 팔아 먹는 것이다."라는 내용을 담은 척화비를 전국에 세웠다. 그로부터 불과 5년 뒤인 1876년에 조선은 일본에 문호를 개방했고, 11년 뒤인 1882년에 '서양 오랑캐' 미국과 근대 조약을 체결하게 된다. 나라의 빗장을 연다는 것은 새로운 물건과 제도가 들어와 신선한 자극이 될 수도 있지만, 그들의 군대와 무기도 함께 들어오고 우리 물자가 쉼 없이 빠져나가는 위험한 선택이기도 했다. 문호 개방을 철저하게 반대했던 조선이 이 '뜨거운 감자'를 쥐게 된 것은 그저 무지했거나 외세의 무력에 굴복했기 때문이었을까?

일본은 왜 조선 정벌을
주장했을까?

병인양요와 신미양요의 딱 중간 지점이었던 1868년 12월, 쓰시마로부터 일본의 왕정복고를 알리는 외교문서가 도착합니다. '신의를 통한다'는 뜻을 가진 통신사 파견이 19세기에 들어와 쓰시마에서 외교 문서를 교환하는 형식적인 방식으로 바뀌면서, 1811년 이후부터 공식적인 통신사 파견이 이루어지지 않던 상황이었습니다. 어찌 보면 50여 년간 단절되었던 양국의 국교를 정상화하는 뜻깊은 행보였을지도 모릅니다. 그러나 조선 정부는 일본이 보낸 외교 문서인 '서계書契'를 받아들이지 않았습니다. 쓰시마에서 새로 보낸 서계에는 일본 왕실을 '황실皇室'로, 일왕의 명령을 받는 것을 '봉칙奉勅'으로 표현하면서 일본을 황제의 나라로 높이고 있었습니다. 그리고 이전까지 쓰시마에서 보내는 공식 문서는 증빙을 위해 반드시 조선 정부가 직접 보낸 도장을 사용했지만, 이번 서계는 아무런 협의도 없이 일본에서 새로 만든 도장을 찍어서 보내왔습니다. 일본은 이웃 국가로서 대등하게 진행되었던 외교 관계를 일방적으로 변경했고, 심지어 스스로 황제국의 지위를 부여해서 상대방을 하대하는 방식으로 국교 재개를 요청했습니다. 이에 반발한 조선이 일본의 서계를 단호히 거부하면서, '강화도조약' 이전까지 양국의 최대 화두가 된 '서계 문제'가 발생하게 됩니다.

그러자 일본은 1871년 당시의 국제법을 지칭하는 만국공법에 입각해 청나라와 대등한 조약 체제를 맺은 다음, 이를 근거로 '천황'은 황제와 대등하다는 것을 국제적으로 인정받았다며 조선을 압박했습니다. 이것은 조선과의 세계 문제를 해결하기 위해 일본 외무성이 생각해 낸 우회로였습니다. 일본이 청나라와 대등한 관계를 맺은 후 개항을 요구하면 조선은 이를 받아들일 수밖에 없을 것이고, 설령 조선이 이를 받아들이지 않아서 일본이 무력을 사용하게 되더라도 청나라가 이 문제에 개입하지 못하게 하는 장치로 삼으려 했습니다.

1873년에 들어와서 외교적 수단보다 군사력으로 세계 문제를 해결해야 한다는 강경론이 일본 정부 내에서 더욱 높아집니다. 우리에게 '정한론征韓論'으로 알려진 주장입니다. 원래 정한론은 도쿠가와 바쿠후 말기 요시다 쇼인吉田松陰이라는 사상가가 주장했는데, 그는 무력 준비를 서둘러 군함과 포대를 갖춘 뒤 즉시 홋카이도·오키나와(류큐)·조선을 정벌하고, 북으로는 만주, 남으로는 타이완과 필리핀 루손 일대의 섬들을 차지해서 옛 영광을 되찾아야 한다고 주장했습니다. 뒷날 일본 제국주의의 대대적인 아시아 침략을 연상하게 하는 이 주장은, 그의 제자였던 이토 히로부미伊藤博文와 야마가타 아리토모山縣有朋 등에게 그대로 이어졌습니다.

그런데 1873년에 정한론을 내세운 사람은 메이지유신의 주역이었던 사이고 다카모리西鄉隆盛였습니다. 도쿠가와 바쿠후의 붕괴 이후 실직한 사무라이 계급의 불만이 높아지고 있었고, 국민 전체를 대상으로 하는 징병제 실시가 그들의 설 자리를 더욱 좁게 만들었습니다. 이 문제를 해결하기 위해 사이고 다카모리가 제시했던 대안이 바로 조선 정벌이었습니다. 그는 조선에 사절을 파견해 교섭을 먼저 진행하되, 교섭이 결렬될 경우 곧바로 전쟁에 돌입하자고 주장했습니다. 일본 국내 정치의 불안 요소를 대외 관심사나 침략으로 해결하는 방식은 임진왜란 때 이미 등장했고, 오늘날 일본 정부의 대외 정책에서도 그대로 이어지고 있습니다. 사이고 다카모리는 자신을 대사로 파견해 달라고 요구했으며, 내각회의에서 그의 조선 파견이 결정되기도 했습니다. 그러나 구미 여러 나라에 문물을 시찰하러 떠난 이와쿠라 사절단이 돌아오면 최종적으로 결정한다는 단서 조항이 있었는데, 순방을 마치고 돌아온 이와쿠라 도모미岩倉具視가 국내 정치 정비와 재정난을 이유로 사절 파견을 무기한 연기시키면서 사이고 다카모리의 희망은 좌절됩니다.

한 가지 유의할 점은 정한론 논쟁을 강경파 대 온건파의 대립이나 혐한 대 친한의 갈등으로 봐서는 안 된다는 사실입니다. 일본 정부의 정한론 논쟁은 정국의 주도권을 누가 쥘 것인가를 두고 일어난 권력투쟁의 성격이 더욱 강했기 때문입니다. 정한론이 좌절되자 사이고 다카모리는 정계에서 물러났고, 불과 2년도 되지 않아 내치를 강조했던 온건파의 주도로 운요호사건이 일어났습니다. 또한 사이고 다카모리는 1877년 사무라이 세력을 규합해서 '세이난西南전쟁'을 일으켰다가 실패해서 자살합니다. 톰 크루즈가 주연을 맡았던 영화 〈라스트 사무라이〉에서 그려진 그의 모습이나 『대표적 일본인』에서 그를 '최고의 무사'라고 칭송했던 우치무라 간조內村鑑三의 평가에 쉽게 동의할 수는 없지만, 그의 죽음이 조선이 아니라 일본의 내전 때문이었다는 사실은 정한론의 칼끝이 어디를 향하고 있었는지 가늠하게 해 줍니다.

강화도조약의 원인이
운요호사건뿐이었을까?

우리는 역사 수업을 통해서 강화도조약의 원인은 운요호사건이라고 배웠습니다. 이미 흥선대원군의 '쇄국정책'을 보여 주는 각종 사건에 길들여졌던지라, 일본의 무력 도발이 굳게 닫힌 나라의 자물쇠를 열었다는 설명이 자연스럽게 여겨졌을 것입니다. 그러나 병인양요나 신미양요 때 조선이 열강의 문호 개방 요구를 물리쳤던 것은 전투에서의 승리 여부가 아니라, 척화비에 나타났던 것처럼 계속 싸우겠다는 의지 때문이라는 점을 생각해 볼 필요가 있습니다. 비록 운요호사건에서 피해를 입었다고 하더라도 조선 정부가 협상에 나서겠다는 결심을 하지 않았다면, 강화도조약은 한참 뒤에 일어났거나 어쩌면 일어나지 않았을지도 모릅니다. 그런 점에서 강화도조약의 원인을 운요호사건으로 한정 짓는 것은 조선 정부의 주체적인 대응을 읽지 못하게 하는 단선적인 시선이 될 수도 있습니다.

정한론을 둘러싼 일본 정부의 갈등이 있은 지 약 한 달 뒤, 조선에서도 최익현의 상소로 대원군이 권력에서 물러나고 고종이 정치를 직접 주관하는 변화가 일어났습니다. 고종은 10년 동안 정권을 담당했던 대원군 세력을 중앙 정계에서 몰아내는 작업에 나서, 한 달여 만에 상당한 성공을 거두었습니다. 또한 암행어사를 지방에 파견하여 부패한 관료를 제거했는데, 이 과정에서 일본 외교를 담당했던 경상도 지방의 외교 관료들 전원이 교체되었습니다. 이 조치 후 고종은 우의정 박규수에게 일본 외교문서를 일단 접수한 뒤 검토하라고 지시해서 일본과 관계 개선을 추진하도록 했고, 1875년 초 일본 정부에서도 관리를 파견해 부산에서 정식으로 교섭을 시작합니다.

고종의 선택은 1874년 일본의 타이완 침략을 고려한 것이었습니다. 일본은 오늘날에 오키나와로 불리는 류큐의 백성이 표류하다가 타이완에서 현지인에게 살해되자, 타이완을 침공했습니다. 주목할 점은 당시 류큐는 중국과 일본 모두에게 조공을 했던 독립 왕국이었지, 일본의 영토가 아니었다는 사실입니다. 일본의 타이완 침공은 류큐를 조만간 합병하겠다는 신호였고, 자신의 희망대로 교섭이 되지 않는다면 언제든 무력을 사용하겠다는 선언이었습니다.

청 정부는 이 소식을 전하면서 조선 정부에 일본과 외교 협상에 나설 것을 권고했습니다. 그러나 조선 정부 내 관료들의 생각은 여러 갈래로 나뉘었습니다. 대원군의 영향력 아래 있었던 많은 관료들은 일본과의 관계 개선에 회의적이었는데, 청의 실세였던 리훙장(李鴻章, 이홍장)으로부터 직접 서신을 받은 영의정 이유원조차 일본의 무력 도발에 대해서 서구 열강이 무관심한 것을 지적하며 만국공법 질서의 허구성을 지적할 정도였습니다.

그러나 대일 외교를 적극적으로 추진했던 박규수와 그의 지지자들은 서계 문제의 본질이 일왕의 지위를 인정하느냐 여부가 아니라 조선 침략을 위한 명분에 불과하다는 점을 강조했습니다. 일본이 주장하는 '황제'의 지위를 인정하더라도 기껏해야 외교적 승인에 그칠 뿐이라고 하면서, 일본과 무력 충돌을 피한 뒤 시간을 벌어서 대비하는 것이 더 현명한 전략이라고 판단한 것입니다.

부산에 도착한 일본 외교관 모리야마 시게루森山茂가 보내온 서계에는 여전히 '대일본', '황상' 등의 용어를 그대로 고수하고 있었습니다.

고종과 박규수는 서계를 받아들여 일단 논의에 붙이자고 설득했지만, 대다수 관료들은 서계를 격식에 맞게 고쳐 올릴 것을 요구하면서 불가 입장을 강력하게 펼쳤습니다. 결국 모리야마는 외교적인 교섭 대신 군함을 조선에 파견하여 군사적인 방법으로 조선을 굴복시키는 것이 더 유효할 것이라는 견해를 일본 정부에 보고합니다. 사이고 다카모리가 정한론을 주장하면서 내놓았던 시나리오대로 진행된 것입니다.

　　마침내 일본은 1875년 5월에 운요호 등 군함들을 보내 해안 측량을 명분으로 동해안과 남해안 방면에서 무력시위를 벌였지만, 조선의 대다수 관료들은 일본의 무력시위가 시작된 이후에도 여전히 서계 접수를 거부했습니다. 조선 정부가 원하던 답을 주지 않자 일본 정부는 무력을 통한 수교 방침을 재차 확인하고, 9월 20일에 강화도로 들어와서 식수 보급을 빌미로 보트를 타고 해병 수십 명이 해로를 측량하면서 강화도 초지진으로 침입했습니다. 외국배의 항해가 금지된 강화해협을 방어하던 조선 수비병들은 침입해 오는 일본 보트에 포격을 가했고, 운요호는 기다렸다는 듯이 초지진에 보복 포격을 가했습니다. 운요호는 오후 들어 영종진에 포격을 퍼부은 뒤 영종도에 상륙해서 조선 군대와 전투를 벌였고, 근대식 대포와 소총으로 조선군을 물리친 뒤 살육·방화·약탈을 자행하고 철수했습니다. 자신들이 문호 개방을 당했을 때와 동일한 포함외교로 일본은 조선의 문을 두드렸고, 그 방식은 미국보다 더 일방적이고 잔인했습니다.

조선은 정말 '조약'을
몰랐을까?

1876년 2월 일본 정부는 운요호사건을 묻겠다는 것을 명분으로 육군 중장 구로다 기요타카黑田淸隆를 특명전권대신으로 삼고 전함 6척과 군사 300명을 동원해 조선과 담판을 짓기 위해 강화도로 들어왔습니다. 운요호가 조선의 영해에 불법적으로 침입해서 정탐 및 측량 활동을 하며 먼저 도발을 했음에도 불구하고, 일본은 이에 대응한 조선에게 책임을 뒤집어씌우려 했습니다. 이때 일본 정부는 구로다에게 교섭이 뜻대로 안 되면 교섭 중단을 선언하고, 장차 군사적 수단을 동원할 것이라는 암시를 조선 측에 전한 뒤 귀국하라는 비밀 훈령을 전달했습니다. 실제로 일본 정부는 전쟁의 명분을 찾기 위해 일본 정부의 법률고문이었던 프랑스인 귀스타브 에밀 부아소나드Gustave Émile Boissonade에게 개전 이유를 연구하게 했고, 교섭이 결렬될 경우를 대비해 나가사키에 군사를 대거 이동시켜 전쟁을 준비했습니다.

조선 정부는 이에 맞서 병인양요와 신미양요에서 공을 세운 신헌을 전권대신으로 임명하여 일본과 교섭하도록 명하였고, 강위와 오경석으로 하여금 신헌을 수행하게 하였습니다. 강위와 오경석은 박규수가 추천한 인물들이었는데, 강위는 중국 여행을 하면서 서양 관련 정보와 국제 지식을 익힌 인물로 병인양요 때 신헌과 깊은 인연을 맺었던 인물이고, 오경석은 유대치와 함께 초기 개화파를 형성했던 통역관이었습니다.

"조약을 맺자고 하는데, 대체 조약이라는 게 무엇이오?" 2월 10일 조선 대표였던 신헌이 회담장인 강화부 연무당에서 했던 첫마디로 유명세를 탔던 말입니다. 오늘날에도 우리 언론에서 강화도조약 당시 조선 정부가 얼마나 무지했는지를 강조하기 위해 종종 거론되는 장면이지만, 이 말의 함의가 우리의 예상대로 그뿐이었을까요? 조선 측 대표였던 신헌을 수행했던 강위와 오경석이 당시 세계 정세에 밝은 인물들이었고, 조선 정부가 회담에 임하면서 청이 '톈진조약'에서 외국과 체결한 조약 관련 문서와 청에서 입수한 『만국공법』을 이미 검토한 사실을 고려한다면 그렇게 쉽게 단정 지을 수 없을 것입니다. 조선 측에서 연구한 『만국공법』은 미국의 법학자 헨리 휘튼Henry Wheaton의 국제법 저서 『국제법 원리, 국제법학사 개요 첨부Elements of intenational law with a Sketch of the History of the Science』를 청에서 활동하던 미국 선교사 윌리엄 마틴William A. P. Martin이 한문으로 번역한 것이었습니다.

신헌이 첫 번째 말에 이어서 펼쳤던 주장을 보면, 조선 측의 전략을 엿볼 수 있습니다. 신헌은 조선과 일본 두 나라가 조약 없이도 300년 동안 서로 교역해 왔는데 왜 갑자기 '조약'이 필요한지를 되묻습니다. 그리고 조선은 가난한 나라이고 백성들은 새 법을 좋아하지 않으며, 양국 간의 무역이 확대되더라도 일본에게는 큰 이익이 없을 것이고 조선도 잃는 바가 클 것이니 이전처럼 부산에서 교역하는 것보다 결과가 좋지 못할 것이라고 반박합니다. 조선의 회담 전략은 가급적이면 일본과의 관계를 옛 시스템에 묶어 둠으로써 최대한의 이익을 확보하려는 것이었습니다. 그러나 일본 대표였던 구로다는 상호 교역을 하는 국가 사이에 조약을 맺는 것이 국제적 관행이라 하면서 조약 체결을 고집했고, 신헌은 조약 초안을 서울에 전달해 수락 여부를 10일 내에 답하겠다고 말했습니다.

일본의 조약 체결 요구에 2월 14일 고종은 대신들을 소집해 대응책을 논의했습니다. 조약을 반대했던 대신들은 일본의 태도와 행동으로 보아 그 목적이 조약 체결에 있는 것이 아니라 전쟁을 도발하는 데 있는 것이라고 비난했습니다. 그러나 누구도 구체적인 대응책을 제시하지 못했습니다. 다만 박규수만 일본이 수호修好를 청하면서도 군함과 군사를 대동하고 왔으니 그 의도를 파악하기가 쉽지 않으며, 수호를 위한 사신이라고 말하고 있으니 우리가 먼저 이를 공격할 수는 없다고 주장하면서, 조약 체결의 필요성을 주장했습니다.

2월 27일(음력 2월 3일) 마침내 12조로 구성된 강화도조약이 체결되었습니다. 그런데 강화도조약의 정식 명칭은 '조일수호조규'입니다. 동아시아 3국 사이에 체결된 당시의 외교 관계는 모두 '조규'라는 이름을 가지고 있었습니다. 1871년에 청과 일본 사이에, 1876년에 조선과 일본 사이에, 그리고 1882년에 조선과 청 사이에 외교 관계가 체결되었는데, 이때 사용된 용어가 모두 '조규' 내지 '장정'이었다는 사실에 주목할 필요가 있습니다. 서구에서 비롯된 조약 체제의 침입을 맞이한 청은 그에 반발해 일본 및 조선과 조규(또는 장정)를 체결하면서 이에 대항했습니다. 청은 조규라는 용어를 사용하면서 서구의 조약 체제를 기존의 조공 체제로 흡수하려고 시도했는데, 조선 역시 전통적인 관계를 회복한다는 의미에서 '조규'를 채택했습니다.

강화도조약,
무엇이 문제였을까?

조일수호조규 머리말에는 "과거의 우호적인 관계를 거듭 확인하고 발전시키기를 원한다."는 표현이 있습니다. 이 표현은 그동안 크게 주목받지 못했지만, 일본과의 수교를 반대했던 조선 내부의 반발을 고려한다면 그 중요성을 다시 새겨 볼 필요가 있습니다. 교섭이 진행되는 동안 척사파의 반대 운동이 전개되었고, 척사파를 대표하는 최익현은 "오늘의 일본은 곧 서양과 같아서 일본과 맺는 조약은 곧 서양과의 통교를 의미하는 것"이라며 '왜양일체倭洋一體'를 주장했습니다. 그의 논리에 따르면 일본과의 국교 재개는 '전통의 복원'이 아니라 '전통의 파괴'였습니다. 그러나 고종은 최익현을 유배 보내는 한편, 조규의 체결이 일본과 옛 우호를 회복하는 차원임을 강조하면서 일본과 서양을 애써 분리했습니다. 그런 까닭에 공식 문서의 머리말에 과거의 우호적인 관계를 거듭 확인할 필요가 있었던 것입니다.

조일수호조규의 전체 내용에서 조선은 명분을 찾고자 했고, 일본은 실리에 집중했습니다. 머리말 처음부터 조약의 주체는 '대조선국'과 '대일본국', 그리고 조선국 정부와 일본국 정부로 기술되어 있습니다. 원래 일본 측이 제시했던 초안에서는 이 부분이 '대일본국과 조선국'으로, '대일본국 황제 폐하'와 '조선국왕 전하'로 표현되어 있었지만, 조선 측이 이의를 제기해 대등한 표현으로 수정되었다고 합니다. 명분을 중시했던 조선의 관점에서 서계 문제로 촉발된 두 나라의 위상을 어떻게 규정하느냐 하는 문제는 회담의 성패를 가를 수 있는 가장 중요한 사안이었을 것입니다.

명분을 얻은 조선은 조일수호조규의 세부 내용에서 여러 가지 양보를 해야 했습니다. 그리고 군함을 앞세운 일본의 군사력도 조선이 고려할 수밖에 없는 조건이었습니다. 첫 번째 조항부터 치밀한 계산이 담겨 있습니다. '조선은 자주국이며 일본과 더불어 평등한 권리를 보유한다.'는 표현은 얼핏 보기에는 당연하게 보이지만, 굳이 조약문에 제시할 필요는 없는 규정이었습니다. 그럼에도 이를 구체적으로 밝혔던 이유는 조선에 대한 청의 종주권을 부인하려는 의도를 확실히 표시하기 위한 것이었습니다.

조일수호조규의 불평등성은 경제적·군사적·법적 영역에서 다양하게 나타났습니다. 우선 경제적으로는 부산에 두었던 왜관을 '공관'으로 기술해서 일본이 독자적으로 관리하는 조계를 설치할 수 있는 근거를 마련했고, 부산 이외에 추가로 2개 항구를 개항하기로 약정을 맺게 됩니다. 추가 항구의 개방은 20개월 이내로 한정 지었지만, 원산(1880)과 인천(1883)이 개항된 시기는 20개월보다 2~3배나 더 되는 긴 시간이었습니다. 특히 서울의 외항이었던 인천을 개항하는 것은 조선 정부의 강한 반발 때문에 강화도조약 이후 7년이 지나서야 가능했습니다.

일본이 공을 들였던 또 다른 조항은 "일본국 항해자가 자유롭게 해안을 측량"할 수 있도록 한 것입니다. 항해의 안전을 도모하기 위해 조선 연해를 자유롭게 측량해서 해상 지도를 작성할 수 있도록 요구한 것이지만, 이때의 '일본국 항해자'는 민간 측량 회사나 민간인이 파견될 가능성이 전혀 없었다는 점을 감안하면 실질적으로 '일본군함'이 될 수밖에 없었습니다. 이 조항에 의거해 일본군은 측량을 핑계로 조선 연안의 어떤 지점에라도 일시 상륙할 수 있었고, 수집된 연안 자료는 군사용 해도로 작성되어 향후 전투를 대비하는 용도로 활용되었습니다.

강화도조약의 불평등성을 가장 잘 보여 주는 것이 '치외법권'입니다. 개항장에서 범죄를 저질렀을 경우 범인에 대한 조사와 처벌은 자국의 관리가 이를 담당해 공평하고 타당한 재판을 진행한다고 규정했지만, 당시 조선인 상인이 일본에서 활동할 수 있는 상황이 아니었기 때문에 이 조항은 조선에 건너와서 상업에 종사하는 일본 상인을 위한 보호책이 되었습니다. 개항 직후 조선에 건너왔던 일본 상인들이 모험적이고 폭력적인 성향을 많이 가지고 있었기 때문에 이 조항이야말로 조규의 불평등성을 보여 주는 가장 큰 독소조항이었습니다.

이것이 전부는 아니었습니다. 조일수호조규 체결 후 6개월 이내 조선과 일본의 외교·통상 등에 필요한 세부 사항을 규정하기로 한 약속에 따라 1876년 8월 24일(음력 7월 6일) '조일무역규칙'이 체결되었습니다. 그 중에서 '곡물 수출'과 '관세'에 관한 조항이 문제가 되었습니다. 곡물 수출에 관한 조항은 한문과 일본어 표현에 차이가 있어서 논란이 되었는데, 조선 측에서는 개항장에 거류하는 일본인에 한정해 곡물의 수출입을 허락한 것이지만 일본 측에서는 조선의 개항장에서 일본으로 미곡을 수출입할 수 있다고 해석해서 그 범위를 확대했습니다.

관세 조항의 경우 일본은 조선 측이 관세 징수를 주장한다면 관세율을 5퍼센트로 정할 생각도 있었지만, 조선은 이 문제에 별다른 언급을 하지 않았습니다. 조선은 이전에 일본과 교역할 때 일본 상인에게 별도의 세금을 부과하지 않고 일본 상인과 거래하는 조선 상인들에게 각 포구에서 세금을 물렸기 때문에 군이 관세 문제를 거론할 필요가 없다고 판단했습니다. 조약을 '조규'로 인식했던 조선 정부의 가장 큰 오류가 관세 문제에서 발생한 셈입니다.

조선은 서구 열강 중 왜 미국과 가장 먼저 수교를 맺었을까?

조선은 양이洋夷라고 배척했던 서양 국가 중 미국과 가장 먼저 수교를 맺었습니다. 제너럴셔먼호 사건(1866)과 신미양요(1871)로 묵은 원한을 가지고 있었던 두 나라가 다시 손을 잡게 된 이유는 무엇일까요? 우리 근현대 외교사에서 가장 중요한 위치를 차지하고 있는 미국과의 수교는 한·청·미 3국의 이해관계가 일치한 지점에서 가능했습니다.

조선과 미국의 수교를 위한 첫 단추는 미국에서 시작되었습니다. 미국이 경제적으로 큰 이익을 기대할 수 없는 조선과 외교 관계를 맺으려고 했던 이유는 영국·프랑스·러시아 등의 열강이 조선과 조약을 체결하지 못한 상황에서 가장 먼저 한반도에 들어가 이익을 얻고자 했기 때문이 아니었을까 짐작됩니다. 조미수교를 추진한 사람은 제너럴셔먼호 사건을 조사하기 위해 1867년 황해도까지 왔다가 돌아갔던 해군 제독 로버트 슈펠트Robert Shufeldt였습니다. 1880년 슈펠트는 일본을 통해 조선과 수교 교섭을 시도했지만 조선 정부는 미국의 국서를 개봉하지도 않고 돌려보냈습니다. 슈펠트는 이에 포기하지 않고 청과 접촉을 시도했고, 나가사키 주재 청 공사관의 보고를 받은 리훙장이 슈펠트를 톈진에 초청하면서 청을 통해 조선과의 수교 교섭을 시작할 수 있었습니다.

청도 조선과 미국의 수교를 내심 원하고 있었습니다. 일본이 강화도조약을 통해 조선에서 세력을 펼쳐 가는 것을 견제할 필요가 있었기 때문입니다. 중국 중심의 동아시아 질서가 무너지고 있는 상황에서 조선은 마지막 보루 같은 핵심 지역이었기에, 청은 오랑캐로 오랑캐를 막는다는 전통적인 이이제이以夷制夷 정책의 관점에서 미국을 끌어들이고자 한 것입니다.

한편 조선은 대미 수교의 중요성을 『조선책략』을 통해서 이미 알고 있었습니다. 『조선책략』은 1880년 김홍집이 제2차 수신사로 일본에 갔을 때 주일 중국 외교관이었던 황쭌셴(黃遵憲, 황준헌)이 건넨 일종의 '외교 리포트'입니다. 『조선책략』에 담긴 핵심 메시지는 조선의 당면 과제가 러시아의 침략을 막는 것이고, 그 대책은 대외적으로 '중국과 친교를 두텁게 하고 일본과 제휴하며 미국과 연대하여' 세력균형을 꾀하는 한편, 대내적으로 자강 정책에 힘을 쏟으라는 것이었습니다. 사실 『조선책략』의 내용은 그리 새로운 내용을 담고 있지도 않았고, '친중국'에 담긴 속뜻은 중국과 더욱 종속적인 관계를 맺어야 조선의 안전을 지킬 수 있다는 노골적인 요구였다는 점에서 불쾌한 제안이기도 했습니다. 또한 러시아로부터의 위협은 조선이 아니라 청의 당면 과제였다는 점에서 청의 안전을 도모하기 위해 조선을 이용하려는 의도를 담고 있었습니다.

『조선책략』의 내용이 조선 국내에 알려지자, '서양 오랑캐'인 미국과 직접 손을 잡으려 한다고 지방의 보수적인 유학자들이 들고일어났습니다. 강화도조약에서는 조선 정부가 과거의 외교 관계를 회복한 것이라고 변명했지만, 『조선책략』은 위정척사파의 의심을 뒷받침하는 증거가 되었습니다. 특히 이만손이 이끌었던 영남 지역 유생들의 「영남만인소」는 척사파가 이 문제를 얼마나 심각하게 생각했는지 잘 보여 줍니다. 그러나 조선 정부는 「영남만인소」를 작성한 지도부를 귀양 보내는 한편, 대원군의 서자였던 이재선을 왕으로 추대하려 했던 사건을 역모로 규정해서 위정척사파의 반대 여론을 누릅니다.

조선 정부는 척사 여론에 대처하기 위해 청의 권위를 활용하고 개화 정책 추진에 필요한 각종 지원을 얻고자 청이 모범답안으로 제시한 『조선책략』의 방향을 그대로 따르고자 했습니다. 청이 제시한 미국과의 수교를 받아들이는 한편, 더 나아가 '조미수호통상조약'에 '조선은 청의 속국'이라는 조항을 넣자는 청의 주장을 그대로 따르려고 했습니다. 이 시점에서 중국의 보호가 절실하다고 판단했기 때문일 것입니다. 결국 이 조항은 슈펠트의 반대로 조약문에서 빠지게 되었지만, 대신에 조선 국왕이 미국 대통령에게 '청의 동의 아래 이 조약이 성사됐다'는 조회문을 보내는 것으로 마무리되었습니다.

조미수호통상조약에서 주목할 점은 크게 세 가지입니다. 첫째는 1조에 나와 있는 것처럼 '제3국으로부터 부당하게 업신여김을 당하면 서로 돕는다.'는 문구를 넣음으로써 외세 침략을 고민하던 조선에 미국이 바람막이 역할을 해 줄 것이라는 기대를 심어 준 것입니다. 둘째는 관세 자주권과 관련된 내용입니다. 조선은 강화도조약에서 관세에 대해 잘못 이해했음을 깨닫고 개정하고자 노력했지만, 일본의 반대로 많은 어려움을 겪었습니다. 그런데 미국이 조선에 유리한 조건으로 관세 자주권을 인정함으로써 조선의 골칫거리를 한 번에 해결해 주었습니다. 하지만 다음 내용이 앞의 좋은 분위기를 단번에 뒤집습니다. 그것은 바로 최혜국 대우 조항입니다. 조선이 미국 이외의 국가와 조약을 맺는 과정에서 더 좋은 혜택을 부여한다면, 이 혜택을 미국도 함께 누린다는 내용을 가지고 있습니다. 최혜국 대우 조항을 미국에게만 부여할 수 없는 현실에서 이 특권을 인정함으로써, 앞으로 서구 열강과 맺은 개별적인 특권이 모든 열강들에게 공유되는 문제점을 안게 되었습니다.

　1882년 5월 22일(음력 4월 6일) 머리말과 14개조로 이뤄진 조미수호 통상조약이 체결된 직후 제물포 앞바다에서는 미국과 청나라의 군함들이 번갈아 축포를 쏘아 올렸습니다. 조선과 서구 열강이 맺은 최초의 조약으로 조선은 중국 중심의 동아시아 질서에서 벗어나 국제 질서에 새롭게 편입되었습니다. 그러나 조선이 국제 질서를 배워 가는 과정에서 치러야 했던 대가는 그리 만만한 것이 아니었습니다.

빠르게 근대국가의 체제를 만들어 갔던 일본, 종래의 패권을 유지하려던 중국의 틈바구니에서 조선은 새로운 위치 설정을 강요받고 있었다. 한반도라는 지정학적 조건 속에서 당시의 조선이 세계 문제나 문호 개방 앞에서 어떻게 대처하는 것이 현명한 선택이었을까? 그 답변을 그때와 크게 다르지 않은 현시점에 적용한다면 어떤 결과를 낳게 될까?

| 강화도 연무당에서 열린 조일수호조규 체결 당시의 모습(1876)

3장

김옥균,
혁명가인가 반역자인가?

도쿄 아오야마 묘지에는 김옥균의 묘비석이 있다. 급진 개화파의 막내였던 유길준이 쓴 그 묘비명은 다음과 같이 시작된다.

'비상한 재주를 갖고, 비상한 시대를 만나, 비상한 공功도 세우지 못하고, 비상하게 죽어 간, 하늘나라의 김옥균 공이여.'

김옥균의 묘가 왜 일본에 있는 것일까? 김옥균의 묘는 일본에 2개, 한국에 1개가 있다. 그러나 그 묘들은 모두 가짜이다. 그는 상하이에서 암살당했고, 그 유해는 조선으로 돌아와 다시 능지처참되었다. 일본인들이 그의 유해 중 머리카락과 의복 일부를 건져 일본으로 가져왔고, 아오야마 묘지에 묻히게 된 것이다. 그 머리카락과 의복의 일부가 다시 나눠져 도쿄 진조시眞淨寺와 충남 아산시에 가짜 묘가 만들어졌다. 비상한 재주와 가짜 무덤 3개, 그의 삶을 어떻게 평가해야 할까?

개화파는
어떻게 탄생했을까?

"오늘날 중국이 어디에 있는가? 저리 돌리면 미국이 중국이 되고, 이리 돌리면 조선이 중국이 되니 어떤 나라도 가운데로 오면 중국이 되는데 오늘날 어디에 중국이 있는가?"

박규수는 직접 만든 지구의를 보며, 자신의 서재에 모여든 젊은이들에게 물었습니다. 연암 박지원의 손자였던 박규수는 동아시아의 변화를 이해하고 실용적 자세를 강조했던 할아버지의 통찰을 본받아, 서양 중심의 세계 변화를 받아들이고 개화의 필요성을 주장했습니다. 우의정에서 물러난 이후 김윤식·김옥균·홍영식·서광범·유길준 등 훗날 개화파의 핵심이 될 인재들을 모아, 세계의 변화와 서구 사상에 대하여 의견을 나누었습니다. 박규수의 서재에는 그의 수행원으로 연행 길에 함께 올랐던 역관 오경석과 한의사 출신으로 오경석의 벗이었던 유대치도 참가했습니다. 오경석은 한문으로 번역된 서양 서적을 많이 구입해서 유대치에게 전달하였고, 유대치는 이 책들을 다시 김옥균에게 전달하는 창구 역할을 담당했습니다.

이 모임에서는 박지원의 문집인 『연암집』을 강독하기도 했습니다. 박지원은 청나라 사신으로 연행에 오르면서 압록강을 바라보며 "자네, 길을 아는가?"라는 유명한 화두를 던졌습니다. 이 질문에 연암은 이렇게 답했습니다. "이 강은 바로 저들과 나 사이에 경계를 만드는 곳일세. 언덕이 아니면 곧 물이란 말이지. 인간의 윤리와 만물의 법칙이 물가 언덕과 같은 법. 그러므로 길이란 다른 데서 찾을 게 아니라 바로 이 사이에 있는 것이라네." 그에게 길은 그 자체로 이미 나 있는 것이 아니라, 강과 언덕의 '사이'에서, 둘의 관계와 긴장 속에서 만들어진 것이었습니다. 중국과 일본 사이에서, 동도東道와 서기西器 사이에서, 봉건과 개화 사이에서 길을 찾아야 했던 조선의 젊은이들에게 연암의 화두는 여전히 큰 울림을 주었을지도 모릅니다. 벽돌과 수레, 그리고 깨진 기와 조각을 이용하는 청의 실용성에서 조선의 새로운 길을 발견했던 연암의 길 찾기가 그들에게도 유용한 방법론을 전해 주었을 것입니다.

1870년대부터 1880년대 초반까지 10여 년에 걸쳐 자생적으로 생겨난 개화파는 중국에서 들여온 세계정세에 관한 책을 읽고 모임을 가지면서, 공식·비공식으로 외국 나들이를 하며 세계의 변화를 직접 목격했습니다. 이들은 아편전쟁 이후에 전개된 중국의 위기와 일본의 성장을 지켜보면서, 조선도 스스로 부국강병을 이룰 수 있는 길을 찾으려 했습니다. 이때 주목한 것이 바로 개화입니다.

'개화'라는 단어는 유교경전의 한 구절에서 따온 것으로 원래는 '유교를 통한 교화'를 의미했습니다. 그러다가 문호를 열고 국교를 확대하는 과정에서 서양 문물을 수용하자는 의미로 확장되어 사용되었습니다. 새로운 의미를 얻은 후에도 개화라는 단어는 조선의 전통을 유지하면서 서양의 기술을 받아들이자는 평범한 뜻을 가지고 있었습니다. 외국의 문화와 기술을 받아들이는 모든 나라가 선택하는 가장 일반적인 방식이었고, 그래서 중국의 중체서용中體西用, 일본의 화혼양재和魂洋才, 그리고 조선의 동도서기東道西器는 본질적으로 동일한 목표를 가지게 됩니다. 세 단어 모두 자국의 제도를 기본으로 삼고, 서양의 우수한 기술을 부분적으로 수용하겠다는 상식적인 방식입니다. 청의 수용 방식인 양무운동을 모델로 삼았던 개화파는 바로 이 보편적인 관점에 서 있었고, 그래서 '온건'이라는 수식어를 가지게 되었습니다.

1880년대에 들어오면서 개화는 서양의 '시빌라이제이션civilization'을 의미하는 '문명개화'라는 단어로 더욱 구체화됩니다. 문명의 단계에서 뒤떨어진 우리의 처지에서 문명화, 즉 서구화를 달성하려면 사회 전 영역에서 전통 질서를 타파하고 서양의 법과 제도를 적극 수용해야 한다는 이론으로 발전했습니다. 특히 김옥균, 박영효 등 젊은 개화파들이 일본의 대표적인 문명개화론자인 후쿠자와 유키치福澤諭吉의 영향을 받으면서, 급진 개화파에게 '개화'는 일본을 본보기로 삼는 급격한 서구화 추진이라는 논리로 자리 잡습니다. 개화의 의미가 종래의 동도서기에서 벗어나 완전한 '서도서기西道西器' 이념으로 탈바꿈하게 된 셈입니다.

급진 개화파가 정변을 준비한 까닭은 무엇이었을까?

개화파 중 일부가 정변, 즉 쿠데타를 준비한 까닭은 임오군란 이후에 닥친 조선 사회의 새로운 변화 때문이었습니다. 임오군란은 앞에서 본 것처럼 1882년 6월 서울에서 하급 군인과 도시 하층민이 개화 정책에 반대해서 일으킨 대규모 저항운동이었습니다. 흥선대원군이 재집권하고 개화 정책이 좌절된 것도 큰일이었지만, 임오군란을 진압한다는 명분으로 조선에 진입한 청나라 군대와 그 이후의 내정간섭이 더 큰 문제였습니다.

청은 위안스카이(袁世凱, 원세개) 등이 지휘하는 군대를 상주시켜 조선 군대를 훈련시키고, 각종 고문을 파견하여 조선 내정과 외교 문제에 깊이 관여합니다. 당시 조선에서 고용한 외국인은 묄렌도르프Paul George von Mollendorff를 제외하면 모두 청국인으로, 군사·외교·재정의 전 영역을 청이 실질적으로 장악한 셈이었습니다. 그래서 개화파 외에도 조선을 주권 국가로 인정하고 조약을 맺은 다른 나라들도 반발할 정도였습니다. 또 조선에 '조청상민수륙무역장정'의 체결을 강요해서 청 상인이 상업 특권을 누릴 수 있도록 규정하고 경제침투에 적극적으로 나서기도 했습니다.

청의 내정간섭이 이어지면서 조선 정부 내에 청의 입맛에 맞는 인사가 단행되었습니다. 일본에서 조사시찰단으로 활동했던 관리들이 대부분 개화 정책 실무에서 배제되었는데, 조선과 일본이 긴밀한 관계를 유지할 것을 우려했던 청의 입장이 강하게 반영된 것이라고 할 수 있습니다. 또한 한동안 움츠리고 있었던 민씨 일가도 적극적으로 등용되었습니다. 각종 요직에, 특히 경제적 이권이 많았던 전환국(화폐 주조), 혜상공국(상업 업무)에 민씨 척족들이 집중 포진되어 급진 개화파의 입지를 더욱 좁게 만들었습니다.

김옥균을 비롯한 급진 개화파 인사들은 청의 내정간섭과 청에 의존하는 조선 정부의 사대 방침에 반발했습니다. 1882년 박영효가 임오군란을 처리하기 위해 일본에 수신사로 가게 된 뒤부터 이들의 활동이 본격적으로 전개됩니다. 김옥균, 서광범 등도 이 사신 행렬에 동행했습니다. 박영효 일행은 일본에서 융숭한 대접과 함께 임오군란의 배상금 탕감이라는 선물을 받습니다. 또한 이들은 일본의 대표적인 문명개화론자인 후쿠자와 유키치를 만난 뒤, 그의 지원 약속을 받고 일본의 문명개화론을 수용하게 됩니다. 이 선택이 그들을 온건 개화파와 갈라지게 하는 결정적인 계기였습니다.

조선 정부의 개화 정책은 표면적으로는 지속되었지만 청의 내정간섭으로 자주 제동이 걸린 탓에 추진력을 상실해 갔습니다. 개화 정책을 주도적으로 이끌 주체도 부족했지만, 가장 큰 문제는 역시 재정이었습니다. 당시 조선 정부는 심각한 재정 위기를 겪고 있었습니다. 세도정치기부터 계속된 만성적인 재정난에다가 임오군란으로 인한 거액의 배상금, 개항 이후의 해외 사절 파견 비용, 그리고 각종 개혁 정책 추진에 들어가는 비용도 추가되었습니다.

재정 문제를 해결하기 위해 조선 정부는 먼저 내부에서 해결 방안을 찾았습니다. 그래서 내놓은 아이디어가 감생청 설치와 당오전 발행이었습니다. 감생청은 정부 기구를 축소하거나 통폐합해서 불필요한 재정 지출을 줄인 뒤, 거기에서 남긴 비용을 개화 정책 자금으로 돌리는 업무를 담당했습니다. 당시 정리 대상이 된 사람들이 이런저런 명목으로 자리를 차지해서 국가 재정을 축내고 있었던 왕실과 민씨 일족이었습니다. 감생청의 조치에 반발하며, 그들은 감생청 책임자인 어윤중이 서북경략사로 지방으로 나가자 감생청의 기능을 중지시킵니다. 자체적으로 마련했던 첫 번째 대안은 이렇게 좌절되었습니다.

감생청을 와해시키고 민씨 척족들이 선택한 대안은 당오전이라는 화폐를 찍는 것이었습니다. 당오전은 이름 그대로 액면가가 상평통보의 다섯 배에 해당하는 화폐입니다. 그러나 이 화폐를 만드는 데 드는 비용은 기껏해야 상평통보의 두 배에 지나지 않습니다. 당장의 재정 위기를 모면할 수 있는 방법으로 이만한 것이 없었지만, 장기적으로는 심각한 물가 상승을 불러일으킬 것이 분명했습니다. 당오전 발행을 둘러싸고 지배층 내부에서도 크게 대립했습니다. 당시 일본식 개혁 정책을 모델로 삼고 있었던 김옥균이 가장 강하게 반대했는데, 그는 대안으로 일본에서 차관 300만 원을 빌려 재정난을 풀고 국가 운영의 숨통을 트려고 했습니다.

김옥균이 거액의 차관을 도입하면 정부에서 급진 개화파와 일본의 영향력이 커질 것은 너무나 당연했습니다. 김옥균은 이 기회를 살리고자 고종을 설득해 국채 위임장을 얻어 내 일본으로 건너갔습니다. 하지만 차관을 약속했던 외무대신 이노우에 가오루井上馨는 위임장이 위조되었다며 차관 제공을 거절했습니다. 급진 개화파에 저항했던 민씨 척족과 묄렌도르프의 강력한 로비가 일본 공사에게 전해졌고, 김옥균이 빌리려는 차관은 단지 비자금용이라는 모함이 힘을 얻었기 때문입니다.

갑신정변은 왜
삼일천하로 끝났을까?

차관 실패로 입지가 좁아진 급진 개화파는 반전의 기회가 필요했습니다. 그 결정적인 계기는 1884년 8월에 발발한 청과 프랑스의 전쟁에서 찾아 왔습니다. 청과 프랑스는 베트남의 지배권을 두고 한판 대결을 벌였는데, 프랑스 함대가 청의 푸젠 함대를 괴멸시키는 등 전쟁 상황이 청에 불리하게 전개되었습니다. 급진 개화파는 베트남 전선에 묶인 청이 조선에서 대규모 군사행동으로 전선을 두 개로 만들 여력이 없다고 판단했습니다.

급진 개화파는 주도권을 상실한 채 끌려가고 있었던 국내 정세를 단번에 뒤엎을 계기가 왔다고 판단하고, 일본 공사관의 병력과 자금 지원을 믿고 정변을 결정합니다. 마지막으로 남은 것은 시점이었고, 그 계기가 바로 우정국 낙성식을 축하하는 파티였습니다.

1884년 12월 4일, 급진 개화파는 우정총국의 설립을 축하하는 만찬장에서 민가에 불을 질러 어수선한 틈을 타 반대파를 제거하는 것으로 거사에 돌입했습니다. 만 3일도 되지 않는 시간 동안 정부 고위직 신하들을 제거하고, 신정부의 새로운 인사를 발표하고, '혁신 정령'이라는 이름으로 개혁의 방향을 제시하기도 했습니다. 그러나 3일 천하의 마지막 날이었던 12월 6일 오후 3시, 고종이 혁신 정령의 실시를 선언하는 그 시점에 예상보다 빨랐던 청군의 공격이 시작되었습니다. 일본군은 본국의 명령을 받아 이미 퇴각해 버렸고, 정변 세력은 속절없이 무너져 제 살길을 찾아 달아나야 했습니다. 정변의 주역들 중에 김옥균·박영효·서광범·서재필은 일본으로 망명했고, 홍영식은 고종을 호위하여 청군에 넘겨준 후 살해당합니다. 그 뒤 남은 정변 세력은 민씨 일파에 의하여 탄압되면서 급진 개화파는 몰락하게 되었습니다.

갑신정변은 왜 삼일천하로 끝날 수밖에 없었을까요? 신정부의 형조판서이자 윤치호의 아버지였던 윤웅렬은 갑신정변에 대해서 이렇게 평가했습니다.

두서너 사람이 위로는 임금의 사랑을 잃고 아래로 민심을 잃고 있으며, 곁에는 청국인이 있고 안으로 임금과 부모의 미움을 받고, 밖으로 붕당의 도움이 없으니 능히 그 일이 순조롭게 이루어

짐을 바랄 수 있겠는가. 일이 반드시 실패할 터인데 도리어 스스로 깨닫지 못하고 있으니 어리석고 한스럽다.

당시 주변의 모든 세력으로부터 고립되었던 신정부의 처지가 내부자의 목소리로 고스란히 드러납니다. 갑신정변 내각은 20대와 30대가 3분의 2 이상을 차지하는 그야말로 '청춘 정권'이었습니다. 김옥균 33세, 홍영식 29세, 서광범 25세, 박영효 23세, 서재필 20세. 이것이 갑신정변 주역들의 당시 나이입니다. 개화를 둘러싸고 벌어졌던 세대 간 갈등이 반영된 것이라고 할 수도 있습니다. 개화 정책에 비판적이었던 재야 유생층은 정변의 주도 세력을 '가문의 힘에 의지하여 일찌감치 벼슬길에 오른' 자들로 보았으며, '젖비린내 나는 무리들'로 규정했습니다. 오늘날의 표현으로 바꾸면 '수저' 덕이자, '1도 모르는 새파란 녀석들'의 겁 없는 행동이라고 비난한 것입니다. 정변 세력은 신정부에 영향을 줄 여러 세력과 좋은 관계를 형성하는 데 미흡했고, 일본의 힘에만 지나치게 의존했습니다.

또한 반대 세력을 과소평가했습니다. 민씨 일가를 비롯한 기존 집권 세력은 평소에는 권력과 이권을 놓고 서로 대립하지만, 외부의 도전이 오면 강한 단결력을 발휘한다는 점을 간과했던 것입니다. 삼일천하의 기간에 반대 세력은 고종과 왕비가 죽었다느니, 어린 왕자를 새 왕으로 추대했다는 등 유언비어를 퍼뜨렸습니다. 국왕에 대한 충성을 명분으로 한 심리전 때문에 민심은 정변 세력으로부터 돌아서서 반감이 높아지고 있었습니다.

정작 정변 세력이 의지했던 일본 군대는 무능했습니다. 정변 실패의 결정적 원인을 제공했던 일본 공사 다케조에 신이치로竹添進一郎는 청군이 공격하더라도 시간이 오래 걸릴 것이라고 오판하고 있었습니다. 또한 수적 우세를 가진 청군을 방어하기 좋은 경우궁을 버리고 창덕궁에서 방어가 가능하다고 장담했던 것도 다케조에였습니다. 무엇보다 정변 세력의 입장에서는 청군의 공격 당시 재빨리 퇴각해 버린 일본의 태도가 더욱 원망스러웠을 것입니다.

그러나 가장 큰 문제는 백성에 대한 그들의 생각이었을지도 모릅니다. 갑신정변의 주역이었던 서재필은 정변의 실패 원인을 '민중의 무지몰각'에서 찾았습니다. 서재필의 아쉬움처럼 만약 민중의 지지만 있었다면 개혁은 힘을 얻고 청군의 군사 개입도 저지할 수 있었을지도 모릅니다. 그러나 이러한 분석이야말로 가장 게으른 변명이라고 할 수 있습니다. 일반 백성들은 왜 우리의 높은 뜻을 알아주지 않을까? 어떻게 해야 그들이 우리와 뜻을 함께할 수 있을까? 그 구체적인 방법과 절차는 무엇일까? 권력의 정점에 오르고자 하는 지도자의 깊은 고민과 실행, 그리고 실패를 개선하는 성실함이 그의 고백에서는 보이지 않기 때문입니다.

당시 일반 백성들은 개화에 호의적이지 않았습니다. 개항 이후 빠르게 개화 정책이 추진되고 있었지만 그 일차적인 피해는 고스란히 민중의 몫으로 돌아갔습니다. 실업과 물가 상승으로 각종 생활고에 시달리며, 민중들은 이러한 고통이 개화 정책의 추진과 일본을 비롯한 외세 때문이라고 여기고 있었습니다. 민중들은 자신의 고통을 피부로 느끼고 경험으로 판단하고 있었을 뿐, 급진 개화파처럼 구조적이거나 학문적으로 분석하지 못했습니다. 이것이 인식의 골을 깊게 만들었습니다. 갑신정변의 짧은 기간에 백성들이 궁궐이나 일본 공사관을 둘러싸고 일본인이나 개화파에게 돌을 던지거나 폭행을 가했던 이유였습니다.

김옥균은 왜
상하이에서 암살당했을까?

제물포항을 떠나 이틀 만에 일본 나가사키항에 도착했지만, 망명 후에도 그들의 처지는 찬밥 신세였습니다. 조선 정부는 '갑신오적' 가운데 살해 당한 홍영식을 제외한 김옥균·박영효·서광범·서재필 등을 조선으로 인도할 것을 지속적으로 요구했습니다. 일본 정부는 범죄인 인도 조약이 체결되어 있지 않다는 이유로 거절했지만 외교 문제가 될 것을 우려해 망명객들에 대한 지원을 꺼렸습니다. 김옥균은 요코하마와 고베, 교토, 오사카 등을 떠도는 생활을 해야 했고, 김옥균과 헤어진 박영효·서광범·서재필은 1885년 4월 26일, 일본에 대한 실망감을 안고 미국으로 떠났습니다. 박영효는 다시 일본으로 돌아갔지만, 서재필과 서광범은 미국에서 시민권을 획득하게 됩니다.

김옥균이 일본으로 망명하면서 기대했던 인물은 바로 후쿠자와 유키치가 아닐까 싶습니다. 후쿠자와를 비롯한 일본의 진보적 정치인들(자유민권파)은 조선을 무력으로 침략하려는 일본 정부에 반발하면서, 김옥균 같은 개화파를 통해 평화적인 방법으로 조선을 지배하기를 원했습니다. 갑신정변의 실패는 이러한 방향에 일종의 파산 선고를 내리는 사건이었습니다. 김옥균을 만난 뒤 3년 동안 물심양면으로 지원한 노력이 이제 뿌리까지 뽑힌 상태가 되자, 후쿠자와는 김옥균이 더 이상 필요하지 않게 되었고 그를 외면합니다. 후쿠자와는 갑신정변이 실패로 끝난 지 100일이 되던 1885년 3월 16일, 『시사일보』 사설을 통해 그 유명한 '탈아론'을 발표했습니다. 탈아입구脱亞入歐, 일본은 이제 아시아를 벗어나서 서구세계로 진입해야 한다는 주문이었습니다. 갑신정변의 실패가 그에게는 일본 주변의 이웃 나라들에 대한 멸시를 공개적으로 선언하는 전환을 가져왔습니다.

망명객 김옥균의 또 다른 괴로움은 조선에서 찾아오는 자객의 위협이었습니다. 일본 정부가 인도 요구를 거절하자 민씨 세력은 1885년 5월에 첫 번째 자객 장은규를, 1886년 2월 두 번째 자객 지운영을 보냈지만 모두 실패했습니다. 김옥균을 두고 소란이 끊이지 않자 1886년 8월 일본 정부는 오가사와라의 제일 큰 섬인 지치시마로 김옥균을 유배 보내 감시했습니다. 김옥균이 열대성 기후 때문에 이 섬의 생활을 불편해하자, 일본 정부는 2년 만에 추운 지역인 홋카이도로 그의 유배지를 옮깁니다. 그런데 일본에서 최초로 헌법이 제정되고 국회가 개원되면서 대대적인 정치범 석방이 이루어졌고 김옥균도 유배에서 풀려납니다.

김옥균의 석방 소식이 전해지자, 1892년 자객 이일직이 민씨 세력의 밀명을 받고 김옥균을 암살하려 했습니다. 민씨 일가로부터 풍부한 자금을 지원받은 그는 무역상으로 가장해서 김옥균과 박영효에게 접근했습니다. 이일직은 경제적으로 어려움을 겪고 있던 그들에게 정치 자금으로 접근할 수 있었지만, 암살까지 실행하는 것은 불가능하다고 판단해 이 계획에 새로운 인물을 끌어들였습니다. 그 대상이 바로 1893년 프랑스 유학을 마치고 일본에 들어왔던 홍종우입니다. 이일직은 홍종우를 몰랐지만, 홍종우를 방문해 김옥균을 비롯한 개화파 망명객들을 죽이는 것이 고종의 뜻이라고 전해 함께 행동하겠다는 동의를 받아 냅니다.

홍종우는 김옥균에게 접근해서 그의 신뢰를 얻은 뒤 상하이로 유인하기 위한 제안을 합니다. 김옥균에게 일본에서 별다른 관심을 받지 못할 바에야, 그의 지론인 삼화주의三和主義로 청의 최고 실권자인 리훙장을 설득하자는 그럴듯한 제안이었습니다. '삼화'란 일본을 중심으로 청과 조선을 포함한 동아시아 3국이 연합해서 서양의 침략에 대항하자는 주장입니다. 김옥균은 망명 생활을 하면서 이와다 슈사쿠岩田周作라는 이름을 썼는데, 청으로 가기 직전에 이와다 미와岩田三和로 개명할 정도였습니다. 후쿠자와조차 이미 포기한 아시아의 연대를, 그는 이름을 바꿔 가면서까지 붙들고 있었습니다. 김옥균은 일본에 망명한 지 10년 만인 1894년 3월, 중국 상하이의 동화양행이라는 호텔에서 리훙장을 만나기 위해 기다리던 중 홍종우에게 권총으로 살해됩니다. 홍종우는 상하이 경찰에 곧바로 체포되었지만, 조선 정부의 교섭 덕분에 김옥균의 시체를 가지고 인천으로 돌아왔습니다. 그리고 김옥균의 시신은 반역자의 이름으로 양화진에서 다시 능지처참되었습니다. 반면 일본의 조야가 망명객 김옥균을 추모했습니다. 김옥균이 일본에 있었을 때는 관심도 없던 그들이, 김옥균이 죽고 나서야 그의 가치를 재발견했기 때문입니다. 일본 입장에서는 김옥균은 어쩌면 살았을 때도, 죽었을 때도 그저 이용 대상이었을 뿐일지도 모르겠습니다.

김옥균에 대한 평가가
극단적으로 갈리는 이유는
무엇일까?

김옥균을 평가하는 것은 쉽지 않습니다. 높은 뜻에 비해서 보여 준 것은 적었고, '봉건'과 '외세'의 복잡한 조건 때문에 그의 행보는 모순투성이처럼 보이기도 합니다. 그는 혁명가였을까요? 아니면 반역자였을까요? 어쩌면 반역자와 혁명가의 모습이 공존할 가능성도 있습니다. 그는 혁명가였다가 반역자가 되었을 수도 있고, 반역자였는데 혁명가로 재평가되었을 수도 있습니다. 김옥균을 평가한 역사가들도 이 복잡한 역사의 방정식을 풀어야 했습니다.

김옥균이 살았던 당대에서 현재에 이르기까지 김옥균과 갑신정변에 대한 역사적 평가는 매우 다양하게 제시되었습니다. 온건 개화파였던 김홍집·김윤식·어윤중 등은 그를 '간신', '흉적', '갑신오적' 등으로 규정하면서 한때의 동지와 분명한 선 긋기에 나섰습니다. 박영효도 김옥균의 사교술과 외교력은 높이 평가했지만, 덕이 부족하고 전략이 부족하다는 평가를 했습니다. 역사적인 평가라고 할 수는 없지만 김옥균의 다양한 면모를 확인할 수 있는 대목입니다.

부정적이거나 모호했던 김옥균에 대한 평가를 긍정적인 방향으로 몰고 간 이들은 다름 아닌 일제였습니다. 그들은 한국을 강제 병합한 이후에도 김옥균의 죽음을 교묘히 이용했습니다. 일제에 의해 김옥균의 삶은 조선의 개화와 독립을 위해 애쓰다 희생된 애국자이자 혁명가로 되살아났습니다. 일제는 한 걸음 더 나아가 김옥균의 암살 배후에 청이 개입되어 있다고 주장하며 청에 대한 침략 전쟁을 유도하는 소재로 사용했습니다. 김옥균이 심취했던 삼화주의를 왜곡해 대동아공영권을 통한 아시아 지배의 명분으로 삼았고, 대륙 침략의 논리로 이용했습니다. 이 과정에서 김옥균은 동양 평화의 희생물로 우상화되었습니다.

일제의 논리는 식민지 조선에도 그대로 수용되었습니다. 친일 조선인들은 김옥균을 '동양 평화의 희생자'로 높이면서 조선의 국권을 빼앗고 대륙 침략을 정당화하는 일제의 논리를 더욱 강화했습니다. 반면 민족주의 우파 계열은 김옥균을 '문명개화의 선각자', '조선민족운동의 선구' 등 영웅의 이미지로 그려내며, 그들이 추진했던 실력양성론을 뒷받침할 수 있는 모델로 설정했습니다. 일제가 삼화주의라는 국제 관계에 주목하고 민족주의 계열이 문명개화와 민족운동이라는 근대성을 강조한 차이는 있지만, 김옥균에 대한 긍정 일변도는 동일합니다.

해방 이후 남한에서는 1960년대에 이르러서야 김옥균 연구가 본격적으로 진행되기 시작했습니다. 그 계기는 5·16 쿠데타였습니다. 갑신정변과 5·16은 소수의 사람들이 이끈 쿠데타라는 공통점이 있었고, 일제 강점기 이후 지속되었던 갑신정변에 대한 긍정적 평가는 5·16 쿠데타의 부정적인 색채를 미화하는 데 좋은 소재가 될 수 있었습니다. 김옥균은 '우리나라 근대화 운동의 용감한 선구자'로 평가받았고, 갑신정변의 주역들은 '한국 민주주의와 민족주의의 창시자'로 국정교과서의 한 페이지를 장식하게 되었습니다.

흥미로운 점은 당시의 북한에서도 김옥균을 진보적이며 애국적인 인물로 인식하고, 그들의 시도를 부르주아혁명이라고 높게 평가했다는 점입니다. 왜 그랬을까요? 이념은 달랐지만, 수단과 방법을 가리지 않고 근대화를 이루겠다는 목표는 하나였기 때문일 것입니다. 그런 점에서 갑신정변과 김옥균은 1960년대에 추구했던 근대화의 기원으로 손색이 없었습니다.

김옥균과 갑신정변의 부정적인 측면에 주목했던 계기는 한국 사회의 민주화와 관련이 있습니다. 갑신정변이 소수에 의한 권력투쟁이었으며, 일본의 군사력에 의지했다는 한계점이 주목되기 시작했습니다. 독재정권이 갑신정변을 권력의 정당성을 뒷받침하는 근거로 삼은 반작용이 시대의 변화와 함께 일어났던 것입니다. 또한 이러한 흐름은 1980년대 동학농민운동의 가치를 다시 발견하면서 조정된 것이기도 합니다. 소수가 아닌 다수, 위로부터가 아니라 아래로부터의 혁명이 지닌 가능성을 1980년대의 경험과 함께 인식했기 때문이었습니다.

1987년 이후의 민주화를 겪으면서 갑신정변과 김옥균의 평가는 빠르게 하락했습니다. 모순덩어리였던 갑신정변이 지나치게 과대평가되었던 점도 한 요인이었지만, 88올림픽, 김영삼의 문민정부, OECD 가입 등 점진적인 변화도 만족할 만한 성과를 보여 줄 수 있다는 것을 직접 확인했기 때문이었습니다. 느리지만 지속적으로 변화할 수 있다면, 굳이 혁명적 방법이 지닌 부작용을 감수할 필요가 있겠는가 하는 분위기가 갑신정변과 김옥균에 대한 재평가를 가져온 한 요인이기도 했습니다.

이제는 갑신정변에 대한 평가가 더 다양해졌습니다. 갑신정변 주역의 준비 부족이 다른 각도에서 지적되기도 합니다. 가령 갑신정변으로 인해 최초의 양반 출신 개신교 입교자이자 동경외국어학교의 한국어 교사이며, 성경 「마가복음」의 한글 번역자이기도 한 이수정(1842~1886)은 형장의 이슬로 사라졌습니다. 또한 어학에 밝았던 윤치호는 외국으로 떠나야 했고, 당대 최고의 국제법 전문가였던 유길준도 가택 연금 신세가 되어야 했습니다. 갑신정변이 조선의 근대화 역량에 치명적인 손실을 가져온 점을 날카롭게 지적하고 있습니다.

다른 한편으로 갑신정변 주모자들이 저지른 민가 방화와 그 사건으로 인해 청·일 양국 군대가 충돌해서 무고한 백성 100여 명이 희생된 일을 주목하기도 합니다. 또한 갑신정변의 행동 대원으로서 민씨 세력들을 직접 제거한 서재필이 자기 손에 죽임을 당한 사람들에게 평생 참회한 적이 없는 것을 보며 정변의 주역들이 사람 목숨을 얼마나 가볍게 여겼는지에 의문을 품는 연구자도 있습니다. 인권이라는 관점에서 바라본 갑신정변과 김옥균은 이전과 다른 모습을 하고 있습니다. 시대의 변화와 함께 그에 대한 평가도 계속 변해 갈 것입니다.

역사적 인물을 평가할 때는 당시의 역사적 맥락을 고려하면서 복잡하게 사고할 필요가 있다. 우리 각자가 긍정과 부정의 이분법으로 쉽게 평가될 수 없듯이, 김옥균과 같은 역사적 인물도 한 면으로 단순하게 평가될 수 없다. 역사가 인간의 삶을 이해하는 학문이라고 한다면 김옥균을 이해하는 다양성과 깊이는 그만큼 우리 역사학이 성숙하게 된 증거가 아닐까?

| 보빙사절단이 미국행을 끝내고 귀국해 갑신정변 직전에 촬영한 기념사진이다. 유길준·서광범·민영익 등의 모습이 보인다. 학모를 쓰고 있는 학생은 당시 최초로 일본 유학 길에 오른 박용하다. 서광범이 세계일주 여행 기념 앨범을 들고 있다. (1884)

4장

조선의 시장 개방은
어떤 결과를 가져왔을까?

매스컴에서는 우리나라의 상황을 '샌드위치'로 비유할 때가 많다. '샌드위치론'은 2007년 이건희 삼성그룹 회장이 한국 기업과 경제의 경쟁력이 위기라고 말한 것에서 비롯되었다. "일본은 앞서가고 중국은 쫓아오는 상황에서 한국은 샌드위치 신세로 전락하고 있다."는 발언이 요지였는데, 현재는 경제에 국한되지 않고 한국의 외교와 안보 분야에서도 널리 쓰이고 있다. 최근에 샌드위치론은 호두 까는 기구를 비유한 '넛크래커nutcracker 현상'이라는 비관적인 전망으로 변용되었다. 그러나 실제로 샌드위치론은 별로 설득력이 없다. 무역은 보완 관계가 커서 이웃 나라가 잘되면 경쟁자가 되기도 하지만, 상대국에 우리 제품과 서비스를 팔 수 있어 그만큼 시장도 커지는 효과를 보여 주기 때문이다. 결국 국가 간 협력 관계가 부족해야만 샌드위치론은 힘을 발휘할 수 있는 셈이다. 우리 역사에서 샌드위치론의 상황에 그나마 부합하는 시기는 협력관계조차 제대로 만들지 못한 채 우리보다 더 우월한 경제력을 가지고 있던 두 나라에 끼어 있던 개항기가 아닐까?

'왜놈은 진고개, 장꼴라는 북창동' 이 말은 어떻게 생겨났을까?

임오군란 이후 변화된 환경으로 인해, 한성, 즉 서울에서는 외국 상인과 외교관 들이 하나둘씩 자리를 잡아 갑니다. 조선의 백성들은 '왜놈은 진고개, 장꼴라는 북창동, 양놈은 정동'이라는 말로 이 변화를 나타냈습니다. 이 표현에서 우선 눈에 띄는 것이 왜놈, 장꼴라, 양놈이라는 비하 단어들입니다. 당시 민중들의 감정을 잘 드러내는 말이면서도, 여전히 살아남아 민족적 정서를 대변하곤 하는 거친 언어이기 때문입니다.

우리는 왜놈과 양놈이라는 단어는 그 의미를 잘 압니다. 다만 왜놈이라는 단어 대신에 우리 조상들은 '쪽발이'라는 말을 사용했는데, 그 뜻을 모르는 경우가 많습니다. 쪽발이는 일본인의 신발인 게다를 두고, 두쪽으로 나누어진 짐승의 발을 가리키는 명사인 '쪽발'에 접미사 '-이'를 붙여서 만든 말입니다. 일본인을 소나 돼지와 같이 발굽이 두 개로 갈라진 동물에 빗대어 '쪽발'이라고 비하했던 셈입니다.

반면, '장꼴라'는 '장깨'와 함께 중국인을 낮춰 부르는 대표적인 속어입니다. 장꼴라 또는 장깨는 중국 상점의 주인들이 지녔던 손금고인 '장궤掌櫃'의 발음에서 비롯되었다고 합니다. 중국 음식의 대명사가 된 자장면과도 발음이 비슷한 까닭에 장깨는 중국인을 비하하는 가장 대중적인 속어가 됐습니다. 또 다른 설명에 따르면, 일본인들은 중국인을 청나라의 노예라는 뜻의 '청국노淸國奴'라 불렀는데, 중국어 발음인 '칭궈누'를 일본식으로 '찬코로'라 발음했고 이것이 한국으로 건너오면서 '장꼴라'로 변했다고도 합니다.

우리는 아직까지도 이러한 혐오의 단어를 버리지 못하고 있습니다. 우리와 마찬가지로 중국도, 일본도 한국을 비하하는 '혐한嫌韓'의 단어를 사용합니다. 중국인들은 우리를 가리켜 '가오리 빵즈'라고 부르고, 일본인들은 '조센징', '요보', '총' 등의 단어를 즐겨 사용하고 있습니다. 한중일 3국은 지리적으로 가깝고, 모양새도 비슷하고, 유사한 문화적 환경을 가졌는데 왜 이렇게 서로를 비하하고 멸시하게 되었을까요? 동아시아 3국이 서로에 대한 이해의 폭을 넓힐수록 이 단어들의 사용 빈도는 점점 줄어들 것이라는 희망을 가져 봅니다.

다시 원래의 주제로 돌아와서, 한성에 들어온 일본인·중국인·서양인들은 각국의 외교부서나 군대가 있는 곳에 자리를 잡았습니다. 조선에 처음 들어왔던 청나라 상인들은 임오군란 때 청 군대를 지원했던 군납업자들이었습니다. 이후 중국 상인과 노동자 들이 청계천 입구 광통교에서 북창동 언저리로 퍼져 자리를 잡으면서 이 일대에 차이나타운이 형성되었습니다. 이곳은 조선 후기부터 청 상인들이 한양에 왔을 때 머물렀던 태평관이 있던 곳이기도 해서 청 상인들에게는 익숙한 곳이었습니다. 특히 청 정부가 이 일대의 토지 수십만 평을 헐값으로 확보해서 상인들에게 나누어 준 덕분에, 소공동과 북창동 주변에 화교 상인들이 빠르게 정착할 수 있었습니다. 갑신정변 이후에 급진 개화파와 일본 세력이 힘을 잃자, 청 상인의 유입은 더욱 빨라져서 일본 상인들을 압도하기 시작했습니다. 청 상인은 인천과 서울에 차이나타운을 형성하고 지방까지 진출해 조선의 상권을 위협했습니다.

반면 일본은 1883년에 조약 개정을 통해 한성 내에서 상업 활동을 할 수 있는 권리를 얻었습니다. 임오군란으로 유리한 위치에 있던 청 상인과 달리, 일본 상인들이 한성에 정착할 수 있는 여건은 그리 좋지 않았습니다. 특히 갑신정변이 일어나면서 한성에 있던 일본 관리와 상인 중 40명 정도가 살해되었고, 다케조에 공사와 거류민들 모두가 일본으로 도망가는 처지가 되기도 했습니다. 일본은 갑신정변 때 공사관을 철수했다가, 조선 정부와 한성조약을 맺으면서 남산의 녹천정 일대를 공사관 부지로 얻었습니다. 이때부터 남산 아래에 일본인들이 들어오면서 진고개(충무로)에 일본인촌이 형성되는 계기가 되었습니다. 일본 공사가 남산 밑으로 오면서, 일본인들도 자국 공사관의 보호를 받기 위해 훗날 명동으로 불리게 될 진고개로 몰려들었던 것입니다. 청 상인들이 머문 곳이 그들에게 익숙했던 태평관 일대였듯이, 일본인들이 정착한 곳도 임진왜란 때 일본군이 머물렀던 왜성대 주변이었다는 점은 우리에게 참 씁쓸하게 다가옵니다.

한성 개방은
어떤 문제를 가져왔을까?

한성이 외국 상인들에게 문을 열게 된 것은 임오군란 후 체결된 '조청상민수륙무역장정' 때문입니다. 이때 사용된 '장정章程'이라는 용어를 주목할 필요가 있습니다. 장정은 조선과 청이 맺었던 전통 방식의 규정이었습니다. 청은 조선과 무역 관계를 조정하면서, '조약'은 독립국 사이에나 가능한 것이고 조선은 중국의 속국이므로 중국 황제의 특별 허가만으로 효력을 갖게 되는 '장정' 방식이 옳다고 주장했습니다. 이 장정의 시작 부분에 "조선은 오랫동안 번방(藩邦, 속방)이었으므로 제도와 의식에 관계되는 모든 것에 정해진 규정이 있었음은 다시 의논할 것이 없다."는 문장은 조선을 청에 종속된 관계로 바라보는 의도가 담겨 있었습니다. 그러나 이전까지 조선과 청이 맺었던 외교 관계는 '속국' 관계가 아니었습니다. 두 나라 사이에 맺어진 조공 책봉 관계는 속국이라는 서양의 개념으로 간단하게 이해될 수 없는 유연한 관계였습니다. 즉, 큰 나라에 일정한 예의를 표시하면 작은 나라에 자주권이 확보되는 상호 대등한 성질을 가지고 있었습니다.

임오군란 이전에 청은 여러 조공 국가를 이미 잃었고, 마지막으로 남은 조공국인 조선을 어떻게든 붙들고 싶었습니다. 반면 조선은 임오군란 이후의 혼란을 수습하기 위해서라도, 청의 전통적인 그늘 아래에서 잠시 숨 고르기를 하고자 했습니다. 그래서 조선은 청과 장정을 체결했고, 여러 특권을 인정하는 전략을 선택했습니다.

우선 청은 자국 상인이 우월한 처지에서 상행위를 할 수 있도록 상업 특권을 확대했습니다. 5퍼센트의 낮은 관세율과 치외법권이 설정되었고, 무엇보다 청 상인이 각종 상품을 자유롭게 구매하고 판매할 수 있는 내지통상권을 확보했습니다. 그 결과 청 상인은 개시장을 넘어 조선 내지의 시장 구석구석까지 침투할 수 있었습니다. 원래 조선은 일본과 강화도 조약을 맺으면서 사방 10리(4킬로미터)만 상업 범위로 설정했습니다. 그런데 그 범위는 7년 뒤에 50리(20킬로미터)로, 그 1년 후에는 100리(40킬로미터)로 확대되었고 개항장 사방 100리 이내 지역에서는 여행권을 소지하지 않고도 자유로이 상업 활동을 할 수 있었습니다. 조청상민수륙무역장정은 이 조건 위에 한성을 개방함으로써 조선 경제에 큰 부담을 안겼습니다.

그때까지는 청 상인에 한해서 조선 국내 상품을 구매할 수 있는 권리를 인정했지만, 1883년 '조영조약'에 의해 그 범위가 확대되어 모든 외국 상인에 대한 완전한 형태의 내지 통상권이 허용됩니다. 그리고 최혜국 조항에 따라 청 상인과 일본 상인도 이 특권을 획득하게 되었습니다.

외국 상인들이 내지 통상을 자유롭게 하자 가장 큰 피해를 입은 사람은 개항장의 객주들이었습니다. 객주는 조선 후기부터 상업 거래의 중심에 있었던 상인들로 상품 중개를 주요 업무로 하면서, 숙박업이나 자금 대여까지 담당했던 일종의 상업 자본가였습니다. 수출품을 확보하고 싶었던 외국 상인들은 개항장 객주로부터 필요한 물건을 한 번에 사들일 수 있었고, 수입품을 판매하려는 경우도 많은 고객을 확보하고 있었던 객주를 거치면 쉽게 해결책을 찾을 수 있었습니다. 객주는 매매를 주선하고 중개료인 '구전口錢'을 받았는데, 그 금액은 거래액의 1퍼센트였고 외상 거래를 할 때에는 2퍼센트를 받았습니다. 객주는 신용 위주로 거래했기 때문에 고객에게 최선을 다했고, 금융기관도 없고 교통·통신이 불편하던 그때에 아주 편리하고 중요한 존재였습니다. 그런데 외국 상인들의 자유로운 내지 통상은 개항장 객주를 배제할 수 있는 길을 열어 준 셈이어서, 외국 상인이 상품 거래를 직접 장악할 수 있게 해 주었습니다.

외국상인들은 내지 통상으로 객주를 배제하고 여러 단계의 유통 과정을 생략했습니다. 이로써 상품의 가격은 낮아졌고 그만큼 상품 경쟁력은 높아졌습니다. 또한 개항장에서 무역을 했을 때는 개항장 내의 고객만 상대해야 하는 한계를 가졌지만, 내지 통상이 이루어지면서 시장의 규모가 확대되어 판매 대상을 더욱 넓힐 수 있었습니다. 당시 조선의 상업은 5일 단위로 열렸던 정기 시장 체제에 머물렀는데, 내지 통상은 외국 상인들에게 상설 시장이 열리는 것과 유사한 효과를 줄 수 있었습니다. 그러나 조선 상인의 관점에서 말하면 외국 상인의 내지 통상은 조선 상인의 독자적인 상업 기반을 박탈하는 것이나 마찬가지였습니다. 오늘날 식으로 말하면 어떤 보호 장치도 없이 FTA 협정이 체결된 것이나 다름없었고, 그 피해를 조선 측에서 고스란히 감수해야 하는 상황에 내몰렸습니다.

일본 상인과 청 상인 사이에서 조선 상인들은 어떻게 대응했을까?

내지 통상으로 조선 상인들은 궁지에 몰렸지만, 일본 상인과 청 상인은 제 세상을 만났고 두 나라 상인들은 자신의 필요에 따라 세력을 넓혀 갔습니다. 1876년 개항 이후 조청상민수륙무역장정이 체결되기 전까지 6년 동안 일본은 개항장을 중심으로 조선 무역을 독점한 상태였습니다. 그러나 그 내용을 들여다보면 허약한 점을 찾을 수 있습니다. 당시 일본의 자본주의는 초기 단계였기 때문에 제품의 수준이 높지 않았습니다. 그래서 일본 상인들은 상하이 등의 중국 무역항에서 유럽산 제품을 구입한 뒤 조선에 되파는 방식의 중개무역을 통해 이득을 얻고 있었습니다. 일본이 조선에 수출한 상품 중에서 유럽산 제품이 거의 90퍼센트 정도에 이르렀고, 이 제품들을 서구에서 직접 수입한 것이 아니라 중국을 거쳐 중개하고 있었다는 점은 일본의 약점이었습니다.

조청상민수륙무역장정이 체결된 후에도 1883년까지는 일본의 조선 무역이 어느 정도 성장세를 유지할 수 있었습니다. 그러나 갑신정변을 거치면서 조선에 대한 청의 정치적 영향력이 확대되었고, 유리한 정치 지형을 이용한 청 상인들의 활동이 본격화되면서 변화가 생깁니다. 일본 상인들이 상하이에서 일본의 고베를 거쳐서 제품을 유통시켰던 것과 달리, 청 상인들은 동일한 제품을 상하이에서 조선으로 곧바로 수입할 수 있어 가격 경쟁력에서 한발 앞서 있었습니다. 또한 조선 무역에 뛰어든 일본 상인들이 높은 이익을 바라보고 위험을 감수하려는 모험 상인이 많았던 반면, 청 상인들은 본국과 네트워크로 연결되어 있으면서 신용거래를 중시하는 훈련된 사업가들이 많았습니다.

　　그때를 대표하는 청 상인이 1885년에 인천에 들어와서 '동순태同順泰'라는 상점을 열었던 탄제성(담걸생, 譚傑生)입니다. 그는 본거지를 한성으로 옮겨 수표교 부근에서 중국산 한약을 판매하는 장사를 시작했고, 상하이나 홍콩을 통해 영국제 면제품·중국산 비단·한약재 등을 수입하고, 조선산 홍삼과 해산물 등을 수출해서 큰돈을 벌었습니다. 1920년대 초 동순태의 자산 규모는 500만 엔에 달했으며, 탄제성은 경성에서 개인 납세자 순위 1위에 오를 정도였습니다.

　　동순태와 탄제성의 성장 과정을 보면 당시 청 상인들의 힘을 알 수 있습니다. 탄제성은 20세에 광둥에서 상하이로 가서 자신의 매형인 량룬칭(양윤경, 梁綸卿)에게 장사를 배웁니다. 량룬칭의 상점 '동태同泰'에서 일을 도우면서 다양한 경험을 쌓은 뒤, 1885년 탄제성은 조선에서 기회를 발견하고 한성으로 건너와 매형의 점포명에서 '순順' 자를 붙여 동순태를 열게 되었습니다. 동순태의 힘은 네트워크에 있었습니다. 동순태는 상하이 동태와의 사업 협력 관계를 적극 이용해 중개무역에서 유리한 위치를 차지했고, 인천·원산·상하이·광저우·홍콩은 물론 일본 나가사키에도 분점을 설립해서 일본·동남아·서양을 넘나들었습니다. 청일전쟁 이후 청의 정치 세력이 조선에서 물러가면서 동순태의 사업에도 영향이 생겼지만, 동순태는 복권 판매업, 전화 업무, 부동산 등으로 사업을 확장하며 큰 이익을 얻었습니다. 세계적인 네트워크와 시세에 맞는 사업 다변화 전략이 동순태를 1920년대까지 최고의 기업으로 만들어 준 원천이었습니다.

탄제성과 같은 청 상인들이 내지 통상으로 꾸준히 상권을 키워 나간 결과, 1892년까지 해마다 청의 무역량 비율이 증가했고 상대적으로 일본은 감소했습니다. 무역 수지 면을 살펴보더라도 청이 일본보다 앞선 결과를 보여 줍니다. 청 상인들이 주로 수입 무역에 종사하면서 외국 제품을 조선인들에게 판매하는 것에 주력해 엄청난 흑자를 얻었던 데 반해, 일본은 조선에서 많은 곡물을 수입하면서 무역수지 적자를 나타내기도 했습니다. 일본 정부가 자국의 자본주의 발전을 위해 쌀 가격을 낮게 유지하는 정책을 폈고, 이를 뒷받침하기 위해 대량의 곡물을 사들였기 때문이었습니다. 일본이 조선 개항 초기의 독점적인 지위를 상실하고 시간이 지날수록 열세에 처하게 되자, 이 불리한 상황을 어떻게든 극복할 수 있는 방안을 모색하게 됩니다. 그리고 그 최종적인 대안으로 선택한 것이 바로 청일전쟁이었습니다.

마지막으로 살펴볼 대상이 있습니다. 바로 조선 상인들입니다. 내지 통상의 전면적 확대는 농업과 상업을 비롯한 조선 경제 전체에 아주 큰 피해를 가져왔습니다. 한성의 시전 상인부터 각 지방 장터를 떠도는 보부상에 이르기까지 조선의 모든 상인들에게 특단의 대책이 필요했습니다. 1883년 9월 조선 정부는 '혜상공국'이라는 관청을 설치합니다. 서구 근대의 회사 조직을 모방해서 보부상 조직을 재편한 뒤, 이를 이용해 상인의 권리를 지키고 상업을 성장시킬 목적이었습니다. 그러나 혜상공국의 운영은 서양의 회사처럼 자율적으로 운영된 것이 아니라 정부가 주도하는 상업 시스템에 종속되어 있었습니다. 오히려 혜상공국에서 보호하는 보부상 조직들이 국가권력을 등에 업고 여러 폐단을 일으키면서, 사회문제가 될 정도였습니다.

또한 한성의 시전 상인들은 자신의 품목에 대해서 일정한 독점권을 행사하고 있었지만, 외국 상인들이 종로 앞과 남대문, 동대문 내외의 핵심 요지에서 상업 활동을 하면서 많은 피해를 입게 됩니다. 시전 상인들이 선택한 방법은 철시撤市, 즉 시장을 철수시키는 동맹휴업에 돌입하는 것이었습니다. 1887년과 1889년에도 철시가 진행되어 시전 상인들은 격렬하게 저항했습니다. 외국 상인의 철수를 주장했지만 조선 정부가 이를 받아들일 의사가 보이지 않자, 1890년 1월 6일에 한성의 시전 상인 수백 명이 가게 문을 닫아걸고 연좌시위를 벌였습니다. 며칠 후에는 다른 상인들과 일반 시민까지 합세하여 격렬한 시위를 전개하며, 한성에 들어와서 장사를 하는 청과 일본 상인들을 한성에서 내보낼 것을 요구했습니다. 상인들의 피해가 갈수록 커지면서 분노의 목소리도 함께 높아져 갔지만, 조선 정부는 뾰족한 해결책을 내놓지 못했습니다. 내지 통상 허용은 마치 대기업에 골목 상권에 마음대로 진입할 수 있는 길을 열어 주었을 때의 부작용처럼, 개항장 객주·한성의 시전 상인·보부상 모두의 터전을 파괴하며 외국 상인에 대한 의존도를 높여 갔습니다.

당대의 최고 히트 상품은 무엇이었을까?

조선은 일본에 쌀·콩·소가죽·금 등을 수출했습니다. 일본으로 건너간 쌀은 일본 노동자의 값싼 먹거리가 되었고, 콩은 가축의 사료로 쓰였으며, 소가죽은 군인들의 장화와 권총 지갑을 비롯한 각종 군수품으로 만들어졌고, 금은 일본의 금본위 화폐제도를 위한 기반이 되었습니다. 조선은 청에 홍삼과 머리카락을 팔았습니다. 조선 후기에도 청은 우리에게 조선의 특산품인 종이·먹·홍삼·머리카락 등을 수입했는데, 이때에도 홍삼과 머리카락은 여전히 우리의 수출품 자리를 차지했습니다. 마치 해방 이후 팔 것조차 없었던 우리 조상들이 가발을 만들어 팔아야 했고, 그 결과 1972년에는 미국의 가발 수출국 1위의 자리에 올랐던 것처럼 말입니다. 오늘날 우리가 제3세계 국가의 값싼 물건으로 우리의 먹거리를 삼고, 휴대폰을 만들고, 우리 경제를 지속하는 원료로 삼는 것과 같은 이치입니다. 세계경제에 편입되던 그때 우리의 사정은 오늘날 제3세계 국가의 처지와 그리 다를 바 없었습니다.

조선은 생산하는 데 오랜 시간이 걸리는 1차 산업의 생산품을 수출했던 것에 반해, 일본과 청은 끊임없이 생산할 수 있는 각종 공산품으로 조선 백성을 유혹했습니다. 그릇·우산·거울·모기장·성냥 등의 신기한 물품이 조선 곳곳을 누볐습니다. 그러나 그중에서도 최고의 히트 상품은 옥양목이었습니다. 옥양목은 옥처럼 하얀 서양 옷감이라고 해서 붙여진 이름입니다. 상품명은 카네킨canequine이었고, 한자로는 금건金巾이라고 했습니다. 영국이 산업혁명을 통해 대량으로 생산한 대표적인 면제품이었는데, 청 상인들이 영국과 미국에서 수입해 중개무역 방식으로 조선에 팔았습니다. 옥양목으로 지은 옷은 표백 가공된 상태가 옥과 같이 깨끗해서, 베틀로 짠 거친 국산 무명옷을 몰아내고 선풍적인 인기를 끌었습니다. 하지만 가격이 비싸서, 이전까지는 사대부 집안 등에서 애용하던 물품이었습니다.

조선 후기에는 옥양목 거래의 이익이 너무 높아서 밀무역이 공공연하게 이루어졌습니다. 궁궐의 왕비와 궁녀들마저 옥양목으로 옷을 해 입었고 사대부들이 선호하면서 옥양목은 민간의 사치 풍조를 조장하는 가장 대표적인 물품이 되었습니다. 이런 상황에서 일본 및 청과의 통상조약으로 옥양목이 합법적으로 수입되자, 1893년 무렵에는 조선 전체의 수요 가운데 서양의 면제품이 25퍼센트를 차지할 만큼 증가하게 됩니다. 청과 일본의 상인들이 수입해 온 옥양목은 가격이 비싸서 보통의 백성들이 사기 어려웠는데, 시팅sheeting처럼 가격도 저렴하고 질긴 옷감이 들어오면서 옥양목의 대체재 역할을 하게 됩니다. 옥양목과 시팅의 인기는 전통적인 방식으로 면 제품을 생산했던 조선의 토포 생산을 붕괴 위기로 내몰 정도였습니다.

옥양목과 더불어 꼭 거론되어야 할 이때의 히트 상품은 바로 자장면입니다. 하루 평균 800만 그릇이 소비된다는 '국민음식' 자장면은 인천 차이나타운에서 토착화된 음식입니다. 자장면은 본래 중국 산둥 지방의 노동자들이 조선의 차이나타운에서 일하며 즐겨 먹던 '작장면'이 그 시초입니다. '작장면'을 중국식으로 발음하면 '자장미엔'이 되는데, 작장, 즉 중국의 춘장을 채소와 함께 볶아서 국수를 비빈 것으로 중국 본래의 작장면은 우리의 자장면과 비슷해 보이지만 맛은 전혀 다르다고 합니다.

조청상민수륙무역장정이 체결되면서 청 상인들이 조선에 많이 들어왔고, 뒤이어 청 노동자들도 함께 들어와 인천과 한성 각지에서 일했습니다. 청 상인이 무역 거래를 하는 과정에서 배에 짐을 싣고 내리며 물건을 나를 수많은 짐꾼과 인력거꾼이 필요했습니다. 이렇게 일하는 청 노동자 중에는 계절노동자가 많았고 대부분 비숙련 노동자였습니다. 그들은 '힘든 일을 하는 사람'이라는 뜻의 고력苦力, 또는 '쿨리coolie, cooly'라고 불렸습니다. 쿨리는 제2차 세계대전 이전에 서양인들이 노예처럼 일하던 중국인과 인도인 짐꾼·광부·인력거꾼 등 최하층 노동자들을 업신여기며 불렀던 명칭이었습니다.

그 이름에서도 알 수 있듯이, 조선에 들어온 청 노동자들은 굉장히 열악한 환경에서 일해야 했습니다. 그들은 이 열악한 환경을 어떻게 견딜 수 있었을까요? 생활비를 아껴 남는 돈을 송금하는 것만이 유일한 낙이었을지 모릅니다. 송금 비용을 최대로 마련하려면 값싼 음식물로 끼니를 때워야 했고, 이러한 값싼 음식 중 가장 간편한 최선의 선택이 자장면이었습니다. 다른 재료 없이 춘장에 수타면을 비벼 즉석에서 간편하게 만드는 자장면은 인천의 '공화춘'이라는 식당에서 탄생했습니다. 기록에 남은 한국 최초의 중국 음식점이며, 1905년 인천에 자리 잡았을 때는 '산동반점'이라는 이름을 가지고 있다가 1911년 신해혁명 이후에 공화국의 봄이라는 뜻의 공화춘으로 개명한 바로 그 식당이었습니다.

당시에 제분 기술이 없었다면 밀가루가 상용화되지 않았을 텐데 과연 자장면이 만들어질 수 있었을까, 고급 요리점이었던 중국집이 중국인 일용 노동자였던 쿨리를 위해 과연 자장면을 만들었을까 등 여러 의문이 남아 있지만 자장면의 기원은 여전히 공화춘으로 기억되고 있습니다. 그리고 우리가 알고 있는 자장면의 맛은 1949년 왕송산이 개발한 단맛의 검은 캐러멜 춘장이 어우러진 이후에야 가능하게 되었습니다.

자장면 외에도 뒷날에 위력을 발휘하는 중국 음식이 바로 호떡입니다. 부유한 중국 상인은 무역업에 종사했지만 대부분은 적은 자본으로 호떡집이나 호국수집을 경영했습니다. 호국수집은 결국 자장면으로 사랑받았고, 호떡은 얼마 지나지 않아 '호떡집에 불났다'는 말을 유행시키게 됩니다.

방곡령은 왜
일어날 수밖에 없었을까?

방곡이란 천재지변이나 전쟁, 그 밖의 사정으로 식량 공급 문제가 심각해지거나 쌀값이 급하게 오르는 현상이 일어났을 때, 그 지방에서 생산되는 쌀을 다른 지방이나 국가로 빠져나가지 못하게 하는 지방 수령관의 조치를 뜻합니다. 개항 이전에 방곡령이 발생했던 경우는 서울의 곡물 상인들이 지역 간의 쌀값 차이나 계절적인 가격 차이를 이용해 곡물을 끌어모아 지역민들의 반발을 불러일으킬 때였습니다. 곡물 상인을 막을 수 없는 상황에서 해당 지방을 책임지는 지방관으로서는 방곡을 실시해서 관할 지역의 곡물 시장을 보호하려고 했습니다. 그러나 도시 지역에 쌀 공급을 원활하게 하려면 지방으로부터 쌀을 가져오는 것이 필수적이었기 때문에 정부는 근본적인 통제책을 마련하기 어려웠고, 방곡령을 통해서 일시적인 조절을 할 수밖에 없는 상황이었습니다. 방곡령은 최소한의 조절 장치였는지도 모르겠습니다.

그런데 개항 이후에 방곡령의 대상은 서울 상인이 아니라 일본의 미곡 상인으로 바뀌게 됩니다. 일본 상인들은 개항 직후부터 조약에 보장된 권리로 쌀 무역에 뛰어들 수 있었습니다. 쌀의 무역량이 차차 늘어났고, 자연재해가 거듭되어 조선 사회의 식량 사정이 좋지 못한 때도 쌀 수출은 그대로 이어졌습니다. 무리한 수출은 많은 후유증을 남겼습니다. 수출 지역의 어려운 식량 사정을 해결하고자, 조선 정부는 1882년에 미국을 대상으로, 1883년에는 일본을 대상으로 쌀 수출을 중지할 수 있는 방곡령의 권한을 얻게 됩니다. 유일한 단서 조항은 조선 정부 또는 지방관이 방곡령을 실시하기 1개월 전에 사전 예고를 한다는 것이었는데 이것이 나중에 논란을 낳게 됩니다.

일본으로 쌀을 수출하게 되면서 누군가에게는 큰 기회가 되었고, 누군가에게는 그만큼의 큰 희생으로 되돌아왔습니다. 조선인 지주들은 국내보다 더 후한 값을 쳐주는 새로운 판매처를 확보할 수 있었고, 다양한 선택지를 얻은 만큼 자신의 쌀을 더 비싸게 팔 수 있는 기회를 얻었습니다. 이 기회를 살려서 부를 축적한 대표적인 경우가 고부 김씨 가문, 구체적으로 김성수 가문입니다. 이때 모았던 자본으로 일제강점기 때 경성방직을 설립하고 뒷날 고려대학교도 세우게 됩니다. 한국의 기업가 중 상당수는 이때의 쌀 수출을 통해서 큰돈을 모을 수 있었던 셈입니다.

그러나 곡물 수출이 빠르게 진행되면서, 대다수 농민은 상품화폐경제에 포섭되어 자신이 생산한 쌀을 싼값에 판매할 것을 강요받습니다. 겨울철 의류였던 수입 면포를 구입하기 위해서, 그리고 세금을 내거나 빚을 갚기 위해서 돈이 급했던 농민들은 비싼 가격으로 자신의 쌀을 처분할 수 있을 때까지 오래 기다릴 수 없었습니다. 오늘날 돈이 되는 일이라면 어떤 일이든지 할 수밖에 없는 저소득층의 처지와 비슷했던 셈입니다. 그들이 헐값에 자신의 쌀을 넘긴 후에는 어김없이 국내 시장에서 쌀이 부족해 쌀값이 급등했고, 다른 곡물 가격이나 각종 생필품의 가격도 덩달아 올랐습니다. 도시 빈민들은 쌀값이 오르면서 생활비도 함께 올라 경제적 고통이 가중되었습니다.

가령, 1883년부터 10년 사이에 수도권에서는 평소의 일곱 배, 기타 지방에서는 두세 배 정도 쌀값이 급등하게 됩니다. 이로 인해 헐값에 넘긴 곡물을 다시 비싼 값에 사 먹는 경우도 발생하게 되었습니다. 조선의 쌀 가격은 주변국의 쌀 가격과 비슷해졌고, 그 결과 도시 빈민들의 가계에 미치는 영향은 더욱 심각해져서 민중들은 물가 인상을 견디지 못하고 빠르게 몰락합니다. 『독립신문』 1899년 9월 21일 자에서 "흉년이 아니건만 곡가를 고등하여 실업한 백성들이 더구나 살 수가 없게 되니 이것도 또한 개화인가."라고 개탄한 사실은 이런 사정을 잘 보여 줍니다. 이 상황에서 각 지방관이 옛날부터 지역의 곡물 시장을 보호하기 위해 실시했던 방곡령을 고려한 것은 당연한 수순이었습니다.

조선과 일본 사이에 심각한 외교 분쟁을 초래하고 손해 배상 문제까지 가져온 방곡령은 1889년 5월의 황해도 방곡령과 10월의 함경도 방곡령, 그리고 1890년 3월의 황해도 방곡령이었습니다. 그 이전에도, 그 이후에도 여러 차례의 방곡령이 선포되었지만, 내지 통상이 허용되고 조선 경제가 대혼란에 접어든 이 시점의 방곡령이야말로 각종 논란을 일으킬 조건을 가지고 있었습니다. 방곡령은 곡식 정책에 대한 자주권의 행사였기 때문에 조선 정부의 고유한 권한 행사라고 할 수 있습니다. 특히 함경도 방곡령의 경우에는 관찰사 조병식이 개정된 '조일통상장정'에 따라 1개월 전에 외교 담당 관청에 통보했음에도 불구하고, 일본은 절차상 사소한 문제로 꼬투리를 잡아 관계자 처벌을 요구하고 방곡령의 취소를 강요했습니다. 심지어 일본 정부는 자국 상인들이 요구한 손해배상을 청구하기도 했습니다. 일본은 이자까지 계산해서 배상을 청구했는데, 양국 사이에서 4년간이나 절충한 끝에 조선 정부의 양보로 함경도와 황해도 방곡령에 대한 배상금으로 11만 원을 지불하기로 하고 끝을 맺었습니다. 손해배상금을 지불함으로써 조선 정부는 곡식 정책을 자주적으로 행사하는 데 큰 어려움을 겪게 됩니다.

그 후, 도시의 빈민이나 농촌의 임금노동자를 중심으로 한 민중의 방곡령 실시 요구가 여러 차례 있었음에도 지방관이나 조선 정부가 방곡령을 실제로 실시한 사례는 적었습니다. 또한 민중의 요구에 부응해서 지방관이 방곡령을 실시해도, 일본의 외교적 압력 때문에 정부는 결국 방곡령 철폐를 지시할 수밖에 없었습니다. 세계시장에 편입된 조선의 처지가 방곡령에 고스란히 묻어 있었습니다.

경제를 개방하는 것은 한 국가에 발전 가능성의 기회를
제공하기도 하지만 동시에 여러 부작용을 일으키고 많은
희생자를 양산한다. 그러나 그때나 지금이나 개방으로 인
한 수많은 희생을 우리는 왜 쉽게 망각하게 될까?

| 청·일 상권이었던 진고개(현재 충무로2가 고갯길)

5장

운동인가, 혁명인가, 전쟁인가?

우리가 국사 교과서에서 '동학농민운동'이라고 배웠던 1894년의 사건은 다양한 이름을 가지고 있다. 당대의 사람들은 이 사건을 '동학란'이라고 불렀고, 그 후로는 '난'이라는 단어를 대신해서 '봉기', '운동', '혁명', '전쟁'이 덧붙여지곤 했다. 또한 '동학' 대신에 '농민'이 사용되거나, '동학'과 '농민'이 함께 사용되거나, '동학'을 제외하고 '갑오'라는 연도가 '농민'과 함께 사용되기도 했다. 왜 이렇게 복잡할까?

이 사건의 핵심 주체가 누구냐에 따라 '동학' 또는 '농민'에 방점이 찍히기도 했고, 사건의 성격을 어떻게 판단할 것인가에 따라 '난'에서 '혁명'에 이르는 여러 개념이 사용되었다. 분명한 것은 이 사건이 한마디로 규정되기 어려운 복잡한 단계를 거쳤고, 무수한 해석을 낳을 만큼의 중요한 가치를 우리에게 남겼다는 사실이다.

그들은 왜
따로 집회를 열었을까?

동학은 천주교(서학)에 반대해서 최제우가 1860년에 설립한 민족종교입니다. 동학은 평등사상을 내세우며 당시 사회의 구조와 질서를 부정하는 혁명적인 성격을 지니고 있어서, 창시자 최제우는 1864년 '삿된 도道를 내세워 세상을 어지럽힌 죄'로 체포되어 처형되었습니다. 1892년 12월 21일, 동학교도 수천 명이 전라도 삼례에 모여 교조 최제우의 억울한 죽음을 풀어 주고, 동학에 대한 탄압을 중지해 달라는 최초의 집단행동에 들어갔습니다. 동학교도들은 전라 감사 이경직으로부터 동학교도의 피해를 막고 교조 신원의 뜻을 조정에 전달하겠다는 약속을 받고 물러났습니다.

1893년 3월, 동학교도 40여 명은 과거를 보는 선비 차림을 하고 서울로 몰려들어 상소문을 들고 광화문 앞에 엎드렸습니다. '서울복합상소'라고 불리는 사건입니다. 임금의 설득으로 이들은 해산했지만 바뀐 것은 없었습니다. 동학교도 1만여 명이 다시 상경해서 외국 공사관, 교회, 성당에 "이 땅에서 물러가라"는 글을 붙이며 외세에 대한 반감을 드러내었습니다. 청·영국·일본·미국 등은 만일의 사태에 대비해 군함을 인천항으로 보내야 했습니다. 동학교도들은 서울복합상소로 만족할 만한 결과를 얻지는 못했지만, 자신들의 영향력을 조선 정부뿐 아니라 외국 세력, 그리고 전국 각지에 보여 주는 효과를 얻었습니다.

그러나 한 달이 지나도록 조선 정부로부터 별다른 반응이 없자, 동학교도들은 교단의 중심이었던 충청도 보은에 다시 집결합니다. 1893년

4월 25일부터 3주일 동안 최대 8만여 명에 이르는 동학교도가 기존 질서에 반대하는 깃발을 들었습니다. 보국안민·제폭구민·척양척왜의 구호는 외세에 반대하고 낡은 체제를 바꿔 새로운 세상을 꿈꾸는 백성들의 소망을 담고 있었습니다. 조정은 동학교도의 움직임에 위기를 느끼며, 이 지역이 고향인 어윤중을 선무사로 파견해 사태를 수습하려고 했습니다. 어윤중은 동학교도들을 한편으로는 말로 설득하면서도, 다른 한편으로는 정예 부대를 동원해 무력시위를 보여 주었습니다. 결국 동학교단 측은 어윤중의 압박을 이기지 못하고 자진 해산했습니다.

'보은 집회'가 열렸던 같은 시기, 현재의 전라도 김제군 금산면에 해당하는 금구에서도 동학교도 1만 명이 집결했습니다. 이 '금구 집회'를 이끈 지도자는 전봉준, 손화중 등으로 동학 내에서도 강경파로 분류되는 인물들입니다. 이들은 보은 집회처럼 평화적으로 목표를 달성하기보다 직접적인 행동으로 힘을 보여 줄 생각이었습니다. 금구 집회를 이끈 인물들은 금구에서 여러 세력을 모아 보은 집회에 합류한 뒤 이들을 이끌고 한성으로 진격하려 했지만, 보은 집회가 예상보다 일찍 해산되면서 계획을 이루지 못했습니다.

보은 집회와 금구 집회가 동일한 시기에 열렸던 것은 당시 모든 동학교도가 한목소리를 내지 않았던 사실을 보여 줍니다. 보은 집회를 이끌었던 북접은 최시형을 중심으로 종교적 성격이 강하게 드러났습니다. 반면 전봉준을 중심으로 현실 개혁을 도모했던 남접은 강한 정치적 성격을 보였습니다.

남접의 주요 인물들은 1862년 임술농민항쟁 이후의 상황에 주목했을지도 모릅니다. 1862년 전국 각지에서 집중적으로 농민 항쟁이 발생해서 조세제도의 모순을 제기했지만 군현 사이의 연계성이 이루어지지 못해 실패했다는 점, 그리고 1862년부터 1894년까지 구체제의 모순이 심화되고 개항으로 말미암아 농민의 어려움이 한층 커지고 있었다는 점 등이 남접으로 하여금 더욱 급진적이고 전국적인 저항을 도모하게 했던 배경이었습니다. 당시 봄에 굶주리다 못해 풀뿌리와 나무껍질로 허기를 채우는 빈농층이 60퍼센트 안팎에 이르렀고, 머슴살이를 하거나 날품팔이로 연명하는 일꾼들도 10~20퍼센트나 되었습니다. 게다가 1893년에는 극심한 가뭄까지 겹쳐, 이 해에만 농민항쟁이 전국 각지에서 66건 이상이나 일어날 정도였습니다.

또한 남접 세력의 근거지였던 호남 지역은 전국 쌀 총생산량의 42퍼센트, 전국 논 면적의 약 31퍼센트를 차지하고 있었습니다. 조선 정부는 이 호남벌에서 국가 재정의 절반을 충당했고, 그 때문에 수많은 농민들이 희생을 강요당하고 있었습니다. 이러한 현실 앞에서 금구 집회는 보은 집회보다 더 강경한 목소리를 담고 있었고, 동학이라는 종교의 테두리에 갇히지 않고 현실의 모순을 개혁하려는 정치적 성향을 강하게 드러내었습니다.

민란은 어떻게 전쟁으로 변할 수 있었을까?

전봉준 등 남접의 지도자들은 금구 집회에서 뜻을 이루지 못했지만 고부 군수 조병갑의 탐욕에 주목하며 새로운 계획을 세웠습니다. 조병갑은

1892년 고부에 부임한 이후 만석보라는 저수지를 구실로 삼아 온갖 수탈에 열을 올렸습니다. 백성들의 죄를 날조하거나 세금을 조작해서 돈을 뜯어내는 일도 다반사였습니다. 익산으로 부임지를 옮길 것으로 예정되었던 그가 다시 고부 군수로 임명되자, 1894년 2월 10일(음력 1월 10일) 마침내 전봉준은 농민들을 이끌고 민란을 일으켰습니다. 조병갑은 전라 감영으로 달아났고, 농민들은 고부 관아를 점령해서 아전을 처벌하는 등 개혁 활동을 벌였습니다. 금구 집회에서 계획했던 전쟁으로 나아가기에는 준비가 부족한 상황에서, 신임 군수 박원명이 농민들을 잘 설득해 사태를 수습하자 항쟁의 강도는 떨어지게 되었습니다. 이때까지는 1862년 임술 농민항쟁에서 무수히 나타났던 민란의 패턴을 그대로 재연하고 있었습니다. 수령과 향리의 부정부패, 농민의 봉기, 중앙정부의 회유, 그리고 해산이라는 수순 말입니다.

그러나 사건의 처리를 위해 정부가 파견한 안핵사 이용태가 민란 관련자를 역적죄로 몰아 탄압하자 상황은 다시 악화됩니다. 전봉준은 전라도 무장현(현재 고창군 무장면)으로 피신해서 손화중, 김개남과 함께 '기포起包'합니다. 기포는 동학의 조직인 '포包'를 중심으로 일어난 봉기란 뜻입니다. 민란 단계에 머물지 않고 농민전쟁으로 뻗어 나갔던 힘, 그것은 바로 동학 조직의 네트워크 때문에 가능했습니다. 동학의 접接 조직은 동학 교인과 그가 끌어들인 인맥을 조직한 것이었는데, 대략 40호 정도의 규모였습니다. 접에 속한 교인들은 한 가족처럼 지냈으며 실제로 접 내에는 일가친척들이 많아 자치 공동체를 이루었습니다. 이러한 접들을 지역별로 크게 묶은 것이 포입니다. 고부민란 이후 동학의 교구 조직이 농민군의 부대 편제에 그대로 이용되면서, 특정 지역의 한계를 넘는 커다란

네트워크를 움직일 수 있게 되었습니다.

무장에 집결한 농민군은 왜 군대를 일으키는지 그 이유를 창의문이라는 형식의 선언서에 담았습니다. 조정에 있는 간신들이 온갖 수탈을 일삼아 백성들이 살 수 없으며, 나라는 국가 비용으로 쓸 재물이 없는데도 탐관오리들은 호화롭게 살고 있으므로 나라를 지키고 백성을 편안하게 하겠다는 기치를 내걸고 일어선다는 것, 이것이 창의문의 주요 내용입니다. 근대 이전의 민중운동에서 '반란'을 일으키면서 자신들의 생각을 이토록 분명하게 밝힌 경우는 세계사에서도 드물다고 합니다. 아직은 왕을 높이고 나라를 지키겠다는 '유교적 언어'에 머물고 있었지만, 유교를 넘어서는 이념이나 정치적 권위가 확보되지 않은 상태에서, 그들은 당시의 상황에서 설득력을 가질 수 있는 최선의 논리를 선택했습니다. 그리고 그들의 논리는 갑오개혁이나 청일전쟁 등의 새로운 상황을 맞이하면서 창조적으로 변화했습니다.

창의문으로 선전포고를 한 뒤, 무장현에서 출발한 농민군은 고부 관아를 점령하고 사방을 훤히 볼 수 있는 고부군 백산(현재 부안군 백산면)에 진을 쳤습니다. 백산은 50미터 높이의 낮은 산이지만 부안·김제·고부·태인 등지로 통하는 교통의 요지여서 농민군이 집결하기에 매우 유리한 장소였습니다. 김개남을 비롯한 주위의 농민군들도 백산에 합류해서, 전봉준을 총대장으로, 김개남과 손화중을 총관령으로 정하는 등 군대의 지휘 체계와 조직을 세웠습니다. 전하는 말에 따르면, 백산이라는 명칭은 농민군이 모였을 때, 서면 그들의 흰옷이 보여서 붙여진 이름이라고 합니다. 그런데 농민군이 앉으면 죽창을 들고 있기 때문에 파랗게 보였을 것이고, 그래서 덩달아 죽산이 되었습니다. 그래서 '서면 백산, 앉으면 죽산'이라는 말이 만들어졌습니다.

기세가 오른 농민군은 두 번의 전투에서 큰 승리를 거둡니다. 한 번은 전라도 지방 군대, 또 한 번은 서울에서 내려온 군대로부터 얻은 값진 결과였습니다. 그중 농민군이 전라도의 지방 군대인 감영군에게서 얻은 승리를 황토현 전투라고 부릅니다. 농민군의 유일한 승리로 기억되는 이때의 전투, 그것은 승리의 여신 니케의 활짝 펴진 날개 같은 승전보였습니다. 전두환 정권도 이 기분을 함께 만끽하고 싶었나 봅니다. 1981년 황토현 일대와 전봉준 고택을 사적지로 지정했고, 1983년에는 황토현 기념관을 건립한 후 이곳을 현충사처럼 성역화합니다. 전혀 어울릴 것 같지 않은 이 둘의 결합은 어떻게 가능했을까요? 농민전쟁이 독재 정권을 비판하는 상징으로 활용되지 않기를 바라는 전두환 정권의 소심함 때문이었고, 농민군의 승리가 그저 애국심과 국가를 위한 자기희생이라는 막연한 가치로만 기억되기를 바라는 부질없는 희망 때문이기도 했습니다.

농민군의 또 다른 승리는 전라도 장성에서 중앙 군대를 상대로 거둔 것으로 황룡촌 전투라고 불립니다. 농민군은 홍계훈이 이끄는 중앙군 선발대를 격파하고, 여러 최신 무기와 탄환을 손에 넣을 수 있었습니다. 이 전투에서 대승을 거두면서 농민군의 사기는 더욱 높아졌고, 왕의 명령을 받드는 중앙 군대에 대항하지 않는다는 유교 의식의 한계를 극복하는 계기가 되었습니다.

농민군은 승리의 기운을 몰아서 전라도의 가장 중요한 거점인 전주성으로 내달았습니다. 바로 전날, 농민군은 관군을 위로하기 위해 임금이 거금을 줘서 파견한 선전관의 목을 베어 의지를 새롭게 다진 상태였습니다. 전주에 도착한 농민군은 성안의 관리들이 모조리 도망을 쳐서 무방비 상태로 놓여 있던 전주성에 사실상 무혈입성했습니다. 농민군이 전주성을 차지하자 투쟁의 불길은 전라도를 넘어 충청도와 경상도를 향했고, 경기도·강원도·황해도 지역으로도 번져 갔습니다.

농민군의 「폐정 개혁안」은 사실일까?

전주성이 함락되어 위기에 몰린 조선 정부는 농민군의 진격을 늦추기 위해 김학진을 전라 감사로 파견해서 농민군을 회유하는 한편, 청에 군대를 파견해 줄 것을 요청합니다. 당시 대다수 대신들은 신중론을 펼쳤지만, 민씨 척족의 실세인 민영준이 강력하게 원병 요청을 주장했습니다. 이 요청을 받아들여 청 군대가 6월 8일(음력 5월 5일) 아산만에 상륙했고, 일본군 역시 톈진 조약을 내세워 곧바로 6월 9일(음력 5월 6일) 인천에 들어옴으로써 새로운 국면을 맞이하게 됩니다.

조선 정부는 의도하지 않았던 일본군의 개입으로 청군과 일본군이 충돌할 것을 우려해서, 농민군과 화해를 모색했습니다. 농민군도 외부와 고립된 채 정부군의 증강된 화력 앞에 연전연패를 당하는 상황이어서 새로운 활로를 찾기 위해 정부군과 휴전을 추진하는 한편, 낡은 정치를 혁신하기 위한 27개조의 폐정 개혁안을 제시했습니다. 이 중 14개 조항은 전봉준의 판결문에 수록되어 있는데, 삼정의 폐단을 비롯하여 보부상의 횡포·탐관오리의 수탈·무명잡세 등이 개혁 대상으로 포함되어 있었습니다. 정부군은 일본군의 서울 입성을 코앞에 둔 다급한 상황을 고려해서, 농민군이 요구한 여러 개혁안을 중앙에 보고하고 농민군의 신변 보장을 약속하는 조건으로 6월 11일(음력 5월 8일) 전주화약을 맺습니다.

전주화약 체결 이후, 농민군은 전주성에서 철수하여 각 지도자의 지휘 아래 전라도 전역에서 폐정 개혁을 실천으로 옮겼습니다. 각 지역의 농민군 지도부는 고을을 장악하고 그곳의 행정 업무를 수행하기 위해 전라도 각지에 집강소를 설치했습니다. 집강소는 농민군 지도자 전봉준과 전라 감사 김학진의 끊임없는 협상을 통해 '관민상화官民相和'의 원칙하에 설치되었으며, 기본적으로는 치안 기구의 성격을 가졌습니다. 정부와 백성이 서로 화합한다는 원칙에 따라 한국 근대사에서 보기 힘든 장면이 연출된 것입니다. 뒷날 독립협회와 대한제국 정부가 함께 '관민공동회'를 열어 국가정책의 방향을 공동으로 모색했을 때, 우리는 다시 관민상화의 새로운 버전을 볼 수 있게 됩니다. 이런 시도가 자주, 그리고 성공적으로 유지될 수 있었다면 한국 근대사의 방향도 달라지지 않았을까 하는 아쉬움이 남습니다.

여기서 주목할 것은 농민군의 개혁이 집강소가 아니라 '도소都所'를 통해 이루어졌다는 사실입니다. 집강소는 국가와 농민군을 잇는 준행정기구였지만, 도소는 동학 조직의 기본단위인 접을 운영하는 동학의 자치 기구입니다. 농민군은 도소를 중심으로 폐정 개혁을 실천해 나가면서, 정부와 함께 집강소를 운영하며 견제와 균형의 원리를 통해 향촌 자치의 방향을 마련해 갔습니다. 농민군의 자치 활동은 이전에 큰 물의를 일으켰던 정치·경제·사회·문화 이슈 전반을 대상으로 삼았습니다. 탐욕스러운 수령과 아전을 쫓아내고 무거운 조세를 낮추는 일, 부당한 고리대금을 탕감하고 대지주와 상인의 횡포를 다스리는 일, 양반층의 만행을 통제하고 하층민과 노비의 고충을 해결하는 일, 그리고 남녀의 차별을 타파하는 일 등은 오늘날에도 쉽게 손대기 힘든 굵직굵직한 문제들이었습니다. 곳곳에서 노비 문서와 토지 문서를 불태우는 일이 벌어지기도 했고, 또 개인적인 원한을 푸는 부작용도 일어납니다. 각지의 수령들이 도망치거나 몸을 사려 협조가 제대로 이뤄지지 않거나 일부 농민군의 횡포가 말썽이 되기도 했습니다. 그러나 관민상화의 대원칙 속에서 농민 스스로의 힘으로 향촌 질서를 재편하는 근본적인 변화가 진행되고 있었습니다.

토지문제에 대해 농민군이 무엇을 지향했는지는 여전히 논란이 되고 있습니다. 역사 교과서에 자주 등장하는 「폐정 개혁안 12개조」에 '토지를 평균 분작으로 할 일'이 제시되어 있지만, 이 조항이 소유권을 말하는 것인지, 아니면 경작권을 거론한 것인지 학자들마다 의견이 분분합니다. 또한 평균 분작에 대해서 농민군 지도부의 견해가 구체적으로 드러난 것이 없고, 농민전쟁에 참가했던 오지영의 『동학사』에서만 평균 분작 관련 조항이 구체적으로 제시되고 있어서 이 책의 내용을 받아들일 것인지 여부가 중요하게 떠올랐습니다.

오지영이 집필한 『동학사』는 초고본(1924년)과 간행본(1940년) 사이에 3개 조목이 달라 신빙성을 의심받기도 하고, 간행본에는 '역사소설'이라는 명칭이 덧붙어 오지영의 상상력이 더해진 소설이라는 점이 강조되기도 합니다. 그러나 초고본의 제목은 그냥 『동학사』였고, 설령 '역사소설'이라는 명칭이 있다고 하더라도 그때의 '소설'이라는 용어는 문학에서 말하는 '노블novel'이 아니라 개별적으로 기록된 야사를 가리키는 단어였음에 주목해야 합니다. 일제강점기에는 공식 역사가 아닌 야사류를 동아시아 한자 문화권의 개념에 따라 '역사소설'이라고 표기하고 있었던 것입니다.

또한 농민군의 폐정 개혁안은 여러 사료에서 다양한 방식으로 제시되어 있기 때문에 고정되고 완결된 형태로 접근해서는 곤란합니다. 『대한계년사』(정교)의 4개조, 『한국통사』(박은식)의 6개조, 『일본공사관기록』의 9개조, 『대한계년사』와 『동경조일신문』의 13개조, 「전봉준판결문」의 14개조, 『속음청사』(김윤식)의 14개조 및 추가 조항, 『동학사』(오지영)의 12개조가 그 대상입니다. 이것을 보면 농민군이 처음부터 완결된 개혁안을 가진 것이 아니라 여러 단계에서 필요에 따라 개혁안을 제시한 것을 확인할 수 있기 때문에, 여기에 포함되는 대략 30여 개조의 요구 조건을 폐정 개혁안의 내용으로 함께 고려할 필요가 있습니다.

농민군이 우금치에서 패배한 까닭은 무엇일까?

7월 25일(음력 6월 21일) 일본군이 경복궁을 점령하고, 곧이어 풍도 앞바다의 청 함대를 기습 공격함으로써 청일전쟁이 본격적으로 시작됩니다. 나라 전체가 전쟁 분위기에 휩싸이고 궁궐을 포위한 일본의 내정간섭이 진행되면서, 국내 정세는 급격하게 변했고 농민군의 입지도 더욱 좁아졌습니다. 이에 농민군은 집강소를 중심으로 일본을 상대로 전쟁을 준비했고, 충청도와 경상도에 기반을 둔 북접과 연합 전선이 갖추어지자 10월 12일(음력 9월 12일) 전봉준은 전주에서, 손화중은 광주에서 척왜斥倭를 외치며 다시 봉기했습니다. 도소의 연락망을 따라 충청도·경상도·강원도·경기도·황해도 각지의 농민군이 대거 참가했는데, 10월 말을 전후하여 전라도 삼례에 모인 농민군의 수는 11만 명에 이르렀습니다. 사회 내부의 모순을 개혁하는 반봉건 투쟁을 잠시 멈추고, 일본의 침략에 맞서 민족적 위기를 극복하는 반침략 투쟁에 뜻을 모은 결과였습니다.

농민군의 2차 봉기를 진압할 능력이 없었던 조선 정부는 일본에 구원병을 요청했고, 일본군이 조선의 내정에 간섭할 수 있는 구실을 제공합니다. 반면 삼례 집회에서 세력을 과시한 농민군은 논산을 거쳐 공주 우금치로 향하는 과정에서 그 규모가 1만 명 정도로 줄어드는 상황에 직면합니다. 남접과 북접의 이견, 남접 내부의 갈등, 그리고 농사철을 걱정한 농민군 이탈 등의 악재가 겹쳤던 결과였습니다. 12월에 벌어진 공주 전투에서 농민군은 정부군·일본군·양반 지주층 연합 세력의 공격에 크게 패합니다. 특히 공주 우금치 전투에서 농민군은 잘 훈련된 일본군과 그들의 최신 병기 앞에서 수천 명에 이르는 희생자를 낸 채 치명적인 패배를 당하고야 말았습니다.

전봉준이 이끄는 주력 부대가 와해된 후, 일본군의 남하를 막고 서울로 올라가기 위해 청주성을 공격하던 김개남 부대 역시 청주 병영과 일본군의 공격을 받고 무너졌습니다. 서울을 목표로 삼아 북상했던 농민군 주력 부대가 충청도 일대에서 모두 패배하자, 농민군은 전라도 지역으로 발길을 돌려야 했습니다. 패배가 이어지는 과정에서 농민군은 전라도의 핵심 지역인 전주에 이르렀고, 반드시 지켜야 했던 이곳에서마저도 패했습니다. 이후 금구·원평·태인 등에서 세력을 모아 일본군과 관군의 공격을 막아 보려 했지만 이마저도 역부족이었습니다. 그 결과 전봉준·김개남·손화중 등의 농민군 지도자들이 관군에 체포되어 모두 처형당하고 말았습니다. 1895년 1월, 대둔산 정상 부근에서 요새를 세워 저항했던 농민군 25명이 일본군과 관군의 공격에 맞서 저항하다가 전원 몰살당합니다. 이것을 최후의 항전으로 해서 1894년 농민전쟁은 대단원의 막을 내렸습니다.

　　공주 전투부터 대둔산의 마지막 저항까지 이어진 농민군의 연패를 읽으면서 마음이 내내 불편했을지도 모르겠습니다. 이 전투들을 직접 목격한 것은 아니지만, 마치 '기관총'과 '죽창'의 대결처럼 일본군과 농민군 간의 힘의 차이가 여실히 느껴지기 때문입니다. 실제로 병력의 숫자 면에서는 농민군이 앞섰지만, 모리오 마사이치森尾雅一 대위가 지휘하는 일본군 중대 200여 명과 일본군이 훈련시킨 최정예 관군은 농민군에게 없었던 서양식 총과 독일제 크루프 포砲를 다량 확보하고 있었습니다. 영국제 스나이더 단발 소총, 모젤 총, 그리고 심지어 개틀링 기관총이 동원되었습니다. 또한 일본군이 휴대한 소총은 연발식이어서 1초에 한 발씩 발사되지만, 농민군이 가진 화승총은 불을 붙여 쏘는 데 30초나 걸렸습니다. 더구나 화승총의 사정거리는 일본군과 비교했을 때 10분의 1에도 미치지 못했습니다.

　　그러나 전투의 패배를 전력 차이로만 돌릴 수는 없습니다. 다윗이 골리앗을 이겼듯이, 약자가 강자를 상대로 승리를 거두었던 무수한 사례가 존재하기 때문입니다. 병력의 수와 조직력 등 농민군에게 유리한 면을 최대한 살렸다면 승리의 기회를 얻을 수도 있었기 때문입니다. 우선 지적되는 것은 전봉준이 병법을 구사하는 전략가로서 한계가 있었다는 점입니다. 공주 일대는 방어하기에는 유리하지만 공격하기에는 불리한 지형인데, 무기에서 열세였던 농민군 전체를 불리한 지형에 투입한 것은 전략상 오류였다고 평가받습니다.

또한 농민군은 동학의 종교 조직인 포접제를 활용해서 전국적 규모로 전쟁을 확대시킬 수 있었지만, 남접과 북접 간의 노선 차이로 인해 조직력을 효율적으로 구사하는 것에 한계를 보였습니다. 제1차 농민전쟁에서 남접의 농민군이 정부군을 상대로 연전연승을 거둘 때에도 북접의 지도자 최시형은 전봉준에게 전쟁 중지를 명령했는데, 남접이 이를 거부하자 그들과의 관계 단절을 정식으로 알리면서 전봉준 일행을 '국가의 적'이며 '사문의 난적'이라고 비판하며 토벌을 지시하기도 했습니다. 제2차 농민전쟁 때에는 가까스로 남접과 북접이 연합군을 형성했지만, 남접 군대가 논산에서 한 달가량의 긴 시간 동안 북접 군대를 기다리는 과정에서 상당한 전력 손실을 감수해야 했습니다. 어렵게 손병희가 이끄는 북접 군대가 합류했지만, 전봉준의 본대는 공주 전투에서 김개남·손화중의 남접 최정예부대의 지원을 받을 수 없었습니다. 각 지역의 특수성 위에서 형성된 포접제가 이번에는 농민군의 화력을 분산시키는 결과를 낳은 셈이었습니다.

농민군이 왜 7월에 다시 봉기하지 않았는가 하는 점도 지적됩니다. 일본군이 경복궁을 점령했던 것이 7월이었기 때문에 2차 전쟁의 목표였던 반일反日을 실현하려면 7월에 곧바로 병사를 일으키는 것이 적절했습니다. 농민군이 삼례에서 집결했던 10월 중순은 이미 3개월이 지난 뒤여서, 일본군이 청군을 평양에서 격파하고 농민군에게 집중할 수 있는 시간을 벌게 해 주었으며, 심지어 조선 정부의 군대까지 통제할 수 있는 시간을 준 뒤였습니다. 이 결정적인 순간을 놓침으로써 경상도와 충청도 주변의 지원군이 합류하지 못하게 되었고, 남접의 일부는 이탈했으며, 북접의 연합이 늦어진 상황을 맞이하게 되었습니다. 훗날 전봉준은 재판 과정에서 그 이유를 몸이 아팠고 군중을 한꺼번에 움직일 수 없었으며 추수기가 끝날 때를 기다렸기 때문이라고 답했습니다. 1차 전쟁 때의 부상, 생계에 대한 걱정, 한번 해산한 후 재소집 과정에서의 어려움 등 농민군이 처했던 불리한 여건을 확인할 수 있는 대목입니다.

이렇게 불리했음에도 농민군은 왜 우금치로 향했을까요? 전봉준이 뛰어난 전략가는 아니었다고 할지라도 목숨을 걸고 전쟁에 임한 여러 지휘관들이 그의 곁을 지켰을 것입니다. 일본군의 위력을 농민군 지휘부가 전혀 모르지도 않았을 것입니다. 그럼에도 좁은 우금치 골짜기에 쏟아지는 집중 사격을 돌파하기 위해 농민군의 돌격 명령은 40~50차례 지속되었고, 수많은 시체를 남기고 물러나면서도 멈추지 않았다고 합니다.

농민전쟁 중에 나왔던 민요들 중 가장 대표적인 노래가 〈파랑새 노래〉입니다. 여러 형태로 불렸던 이 노래들은 나중에 하나로 합쳐져서 "새야 새야 파랑새야, 녹두밭에 앉지 마라. 녹두꽃이 떨어지면 청포장수 울고 간다."라는 노래로 지금까지 전해집니다. 전봉준이 정세를 바로 파악하고 시기를 잘 이용했더라면 성공하지 않았을까 하는 민중의 아쉬움이 고스란히 남아 있는 노래입니다. 전봉준과 농민군은 과연 무지했던 것일까요? 아니면 불리함을 안은 채 불굴의 의지로 돌파하려 했던 것일까요? 어떤 경우이든, 〈파랑새 노래〉의 아쉬움은 가시지 않습니다.

1894년에 일어난 이 사건에 어떤 이름을 붙여야 할까?

1894년에 있었던 농민들의 항쟁은 지금까지 수많은 이름으로 불렸습니다. 사건 당시부터 일제강점기를 거치는 과정에서는 주로 '동학란'으로 불렸습니다. 조선 정부의 관리들은 이 사건을 '동학란', '동학 무리의 난', '동학변란' 등으로 불렀고, 일제강점기의 일본인 학자들은 '동학당의 난'이라는 이름을 붙였습니다. 이때 사용된 '난'은 지배 체제에 도전했던 반란을 부정적으로 평가하는 낡은 시선이었습니다. 그러나 해방 후에도 '동학란'이라는 용어가 계속 사용되었습니다. 다만 우리 역사학자들이 '동학란'이라는 단어를 사용한 것은 이 사건에 대한 인식이 낮아서가 아니었습니다.

1920년대 한국인들은 이미 '갑오의 혁신운동', '갑오동학혁명', '갑오동학란'으로 부르면서 그 의의를 긍정적으로 평가했고, 1931년 김상기라는 학자가 이 사건의 중요한 논점을 『동아일보』에 연재하면서 '갑오동학당운동'이라는 용어를 사용하기도 했습니다. 해방 후의 역사학자들이 '동학란'이라는 표현을 그대로 사용한 것은 용어의 역사성을 살리기 위한 것이었습니다. 역사 서술에서 '난'이란 전란, 전쟁, 그리고 이로 인해 세상이 온통 소란해진 상태를 가리키는 단어였고, 지배층뿐만 아니라 피지배층의 시선도 함께 담아낼 수 있는 역사적 용어였습니다. 세상을 뒤흔드는 사건이 발생했을 때 일반 백성들이 '난리 났네, 난리 났어.'라고 표현했던 것을 보면, '난'은 기존의 질서가 파괴된 상황을 일반적으로 가리키는 단어였음을 확인할 수 있습니다.

흔하게 사용되었던 '동학란'이라는 용어가 바뀌게 된 시기는 1960년대에 들어와서입니다. 4·19혁명 이후 우리 역사를 자주적 관점에서 보려는 움직임이 반영된 것이기도 했지만, 박정희 정권의 노력에 의해 '동학란' 대신 '동학혁명'이라는 단어가 적극적으로 사용되었습니다. 미완의 혁명이었던 4·19, 혁명이 되고 싶었던 5·16은 모두 '혁명'으로 평가되기 위한 과거의 사례가 필요했고, '동학란'은 그 의도에 부합하는 충분한 소재였습니다. 황토현 농민전쟁 전적지가 정비되었고, 동학혁명기념탑이 세워졌습니다. '동학란'을 혁명으로 부름으로써 5·16쿠데타도 '동학혁명'과 같이 나라를 구하려는 마음에서 일으킨 '혁명'이었음을 강조하려는 의도였습니다.

1980년대 중반부터 우리 사회의 민주화가 진전되면서, 학계에 진보적 학문 운동이 활성화되었습니다. 역사학계에서도 민중을 역사의 중심에 두는 민중사학이 힘을 얻으면서, '동학란'과 '동학혁명'으로 불렸던 사건에 대한 재평가가 이루어졌습니다. 그 결과, '동학' 대신에 '농민', '난'이나 '혁명' 대신 '전쟁'이라는 말을 사용했습니다. 즉, 1894년에 일어났던 사건의 주체는 '동학'이라는 종교 세력이 아니라 '농민'으로 대변되는 민중 또는 대중이었으며, 이들의 활동은 나라를 어지럽히는 '난'이 아니라 자신들을 수탈했던 세력에 대한 '전쟁'이라고 평가한 것입니다. 또한 동학이 과연 얼마만큼의 역할을 했는가를 평가하는 정도에 따라, '1894년(갑오) 농민전쟁'과 '동학농민전쟁'이라는 용어의 차이를 낳게 되었습니다.

결국 최근의 연구 성과가 도달한 결론은 '1894년(갑오) 농민전쟁'이지만, 우리는 '동학농민운동'이라는 단어에 익숙합니다. 그 이유는 국사나 한국 근현대사 교과서에서 여전히 이 용어를 사용하기 때문입니다. 1987년 6월의 「국사 교과서 편찬 준거안」에서 채택된 '동학농민운동'이라는 용어가 제5차 교육과정부터 사용되었고, 이후로도 교육부가 각 영역별 「성취 기준」을 제시해 역사 용어와 서술 방향을 제한했기 때문에 교과서 집필자들도 이 기준에 따라 용어를 선택할 수밖에 없었습니다. 학계의 평가가 합의점에 도달하지 못한 상태에서 교육부가 제시한 '동학농민운동'이 생명력을 계속 가지게 된 이유입니다. 이로 인해서 역사 교과서의 내용은 '농민전쟁'을 채택하고 있으면서도 용어는 '동학농민운동'이라고 말하는 어정쩡한 타협이 이루어지게 되었습니다.

그런데 이 지점에서 우리가 다시 생각해 볼 내용이 있습니다. 운동·농민전쟁·혁명 등의 용어는 모두 서구의 역사적 경험에서 가져온 개념들이라는 점입니다. 서구와 동아시아의 역사적 경험이 다르기 때문에 서구의 연구 성과를 가져와서 우리 역사에 적용하려면, 두 사례가 어떤 점에서 비슷하고 차이가 있는지를 엄밀하게 비교하는 연구가 함께 이루어져야 합니다. 그리고 이 연구 과정에는 국사학계뿐만 아니라 서양사학계, 동양사학계, 그리고 인문사회과학 각 분야의 통합된 연구 성과가 뒤따라야 합니다. 그러나 우리는 아직 이러한 단계에 도달하지 못했습니다. 동학농민운동을 둘러싼 용어의 혼란은 우리 학계의 진전된 노력이 뒷받침되지 않는다면 쉽사리 해결되기 어려운 과제일 것입니다.

운동·혁명·전쟁. 평가는 다를지라도
1894년에 반봉건, 반외세를 외쳤던 농민
들의 마음은 한 방향을 향했을 것이다. 농
민들이 죽음을 무릅쓰고 추구했던 세상
에서 우리는 살고 있지만, 왜 우리는 여전
히 그들과 비슷한 마음을 품고 살아가고
있을까?

| 잡혀가는 전봉준

6장

청일전쟁,
누구를 위한 전쟁이었는가?

1906년 『만세보』에 연재된 신소설의 대표작 「혈의 누」에서 이인직은 다음과 같이 평양 전투를 묘사했다.

"땅도 조선 땅이요 사람도 조선 사람이라. 고래 싸움에 새우 등 터지듯이, 우리나라 사람들이 남의 나라 싸움에 이렇게 참혹한 일을 당하는가. 우리 마누라는 대문 밖에 한 걸음 나가 보지 못한 사람이요, 내 딸은 일곱 살 된 어린아이라 어디서 밟혀 죽었는가. 슬프다, 저러한 송장들은 피가 시내 되어 대동강에 흘러들어 여울목 치는 소리 무심히 듣지 말지어다. 평양 백성의 원통하고 설운 소리가 아닌가. 무죄히 죄를 받는 것도 우리나라 사람이요, 무죄히 목숨을 지키지 못하는 것도 우리나라 사람이라. 이것은 하늘이 지으신 일이런가, 사람이 지은 일이런가. 아마도 사람의 일은 사람이 짓는 것이다."

평양 전투의 당사자인 청·일 양국은 이 전쟁을 '조선을 위한 것'이라고 강조했다. 그러나 전쟁의 결과가 이인직의 목격담과 비슷했다면, 과연 이 전쟁은 누구를 위한 것이었을까?

일본은 어떻게 전쟁의 주도권을 쥐게 되었을까?

청일전쟁은 동학농민운동이 일으킨 나비효과의 결과였습니다. 조선 정부는 농민군이 전주에 입성한 다음 날인 6월 2일(음력 4월 29일), 자력으로는 농민군을 진압할 수 없다고 판단해서 청에 구원병을 요청합니다. 이 요청에 따라 청나라는 6월 6일(음력 5월 3일) 군대를 전주와 가까운 충청도 아산으로 보냈고, 톈진조약에 따라 일본에 청의 병력 투입을 알렸습니다. 10년 전 갑신정변이 끝난 뒤 체결된 톈진조약은 어느 한쪽이 조선에 군대를 보내면 반드시 상대방에게 통보하도록 규정했기 때문입니다. 6월 8일(음력 5월 5일) 청나라 군대 2800명이 아산만에 도착했고, 청군이 상륙한지 하루 뒤 일본군 7000명도 인천에 상륙합니다. 정치 개혁을 도모한다는 명분을 앞세워 조선에 개입할 기회를 노리고 있던 일본이 청의 통보를 받자마자 기다렸다는 듯이 조선에 군대를 보낸 것입니다.

두 나라의 동시 파병으로 전쟁의 위협이 커지자, 조선 정부는 농민군과 전주화약을 급히 맺어 출병의 원인이 사라졌으므로 이제 군대를 철수하라고 요청합니다. 청나라도 일본과의 전쟁을 피하고 싶었기 때문에 조선의 제안을 수용하지만, 일본은 어떻게든 청과 전쟁을 벌여 그 전리품을 가져갈 심산이었습니다. 청이 조선의 내정을 공동으로 개혁하자는 타협책을 일본에 내놓았을 때도 일본의 반응은 냉담할 뿐이었습니다. 조선으로서는 300년 전 임진왜란의 협상장에서 명과 일본이 보여 주었던 한 장면을 데자뷔처럼 떠올렸을 법도 합니다.

7월 23일(음력 6월 21일), 일본군이 경복궁을 공격해서 조선 정부의 발을 묶어 두는 것으로 청일전쟁은 시작됩니다. 이틀 뒤인 7월 25일(음력 6월 23일), 일본 해군은 선전포고도 없이 풍도 앞바다에서 청 함대를 기습적으로 공격합니다. 그 대상은 아산에 주둔 중이던 청군 사령관 예즈차오(葉志超, 섭지초)의 병력 증원 요청을 받고 청 정부가 병력 1200명과 장비를 실어 보낸 고승호였습니다. 고승호는 일본군의 어뢰를 맞고 격침되었는데, 일본군은 외교 문제를 고려하여 고승호에 탑승했던 영국인들은 보트로 구조했지만 1200명이 넘는 청나라 병사들은 풍도 앞바다에 그대로 수장시켰습니다. 선전포고라는 정식 절차도 거치지 않은 채, 기습 공격으로 승기를 얻는 일본군의 행태가 잘 드러나는 전투였습니다.

첫 해상 전투에서 승리를 거둔 지 3일 만에 일본군은 아산에서 약 20킬로미터 거리에 있는 경기도 성환에서 청군과 다시 격돌하게 됩니다. 청군 사령관 예즈차오는 병력을 둘로 나누어 부하들에게 성환에서 적을 방어하도록 하고, 자신은 나머지 병력과 함께 공주성에 머물렀습니다. 성환에 주둔했던 청군은 일본군의 남하를 늦추는 임무에 그치지 않고 야간 기습으로 적의 허를 찌르려고 했지만, 500명가량의 전사자만 남긴 채 실패했습니다. 공주에 있던 예즈차오는 이 패전 소식을 듣자마자 병력 1500명을 이끌고 평양으로 달아나 버렸습니다. 해상과 육지에서 각각 승리를 거둔 후인 8월 1일(음력 7월 1일)에야 일본 정부는 청에 정식으로 선전포고를 합니다.

평양으로 달아난 청군은 튼튼한 방어막을 가지고 있던 평양 외곽에 여러 요새를 보완하면서 일본군의 공격에 대비했습니다. 한편 서구 열강이 개입하기 전에 전쟁을 승리로 이끌기 원했던 일본군은 빠르게 북상하면서 9월 15일(음력 8월 16일) 평양에서 청군과 대치하게 됩니다. 과거 임진왜란 때 평양 전투에서 펼쳐졌던 반대 상황, 즉 공격과 수비가 엇갈린 상황이 300년 후에 재현되었습니다. 9월 16일(음력 8월 17일) 이른 새벽, 일본군은 1만 7000명 병력으로 전면적인 공격을 개시했습니다. 첫 전투에서 패배했을 때와 달리 청군도 일본군의 공격을 적극적으로 방어했지만, 막강한 화력과 근대식 지휘 체계를 갖춘 채 세 방향에서 밀고 들어오는 일본군의 입체적인 공격을 막아 낼 수는 없었습니다. 일본군은 오전 8시경에 주요 거점인 모란봉을 신속하게 점령해서 기선을 제압했고, 오후 4시 40분경에는 을밀대에서 청군의 백기가 올랐습니다. 핵심 방어선이 무너지면서 청군 지휘부는 휴전을 제안하고 밤을 틈타 도주했지만, 퇴로를 지키고 있던 일본군에게 집중적인 공격을 당해 큰 피해를 입었습니다. 3일 만에 일본군이 평양을 완전히 점령함으로써 서구 열강들의 전쟁 예상을 완전히 뒤집는 저력을 보여 주었습니다.

평양 전투가 끝난 다음 날인 9월 18일(음력 8월 19일), 압록강 어귀의 황해 앞바다에서도 양국 함대가 대결하게 됩니다. 청의 자부심이었던 북양 함대는 함정의 규모나 탑재된 함포의 크기에서 일본 함대보다 우세했지만, 일본 함대의 기동성과 조직력에 밀리면서 크게 패배했습니다. 청 해군이 군함 5척을 잃고 전사자 850명과 부상자 500명에 달하는 피해를 입은 반면, 일본 군함은 침몰된 배가 없었으며 피해는 전사자 9명과 부상자 200명 정도에 그쳤습니다. 1888년에 청이 정식으로 북양 함대를 창립했을 때는 일본 해군과 큰 격차를 보여 주었지만, 일본이 6년 동안 적극적으로 전력을 보충해서 군함의 숫자나 그 위력에서 대등한 모습을 갖춘 결과였습니다. 반면 같은 기간에 북양 함대는 보조 선박 몇 척을 확보한 것을 제외하면, 군함은 단 한 척도 추가로 확보하지 못했습니다. 서태후의 별장인 이화원 낙성식 비용만 2천만 냥이었는데 북양 함대에 배정된 1년 예산이 고작 150만 냥이었다는 것을 보면, 북양 함대의 패배가 어디에서 비롯되었는지 짐작할 수 있습니다.

평양 전투와 황해해전의 패배는 청일전쟁의 주요 무대를 조선이 아니라 중국 본토로 옮겨 가게 했습니다. 일본군은 10월 24일(음력 9월 26일)에 압록강을 넘었고, 29일까지 압록강 부근의 요새 지역을 큰 피해 없이 빠르게 점령했습니다. 일본군은 이 기세를 몰아 11월 7일(음력 10월 10일) 랴오둥반도의 다롄을 점령하고, 11월 22일(음력 10월 25일)에는 북양 함대의 주요 거점이자 베이징 방어의 핵심 요새인 뤼순마저 차지하게 됩니다. 해가 바뀌어 1895년 2월이 되자 일본군은 산둥반도의 웨이하이에 있던 북양 함대 기지를 공격하기에 이르렀고, 수도가 위협받는 상황에 이르자 청은 전쟁을 마무리 짓기 위한 강화 회담에 적극적으로 나서게 되었습니다.

그 전쟁은 과연 조선을 위한 것이었을까?

선전포고는 전쟁의 명분을 보여 줍니다. 일왕은 청일전쟁의 선전포고에서 이 전쟁의 목적이 '조선의 독립을 위한 것'이라고 강변했으며, 같은 날 전쟁을 선포한 청의 광서제도 '조선을 돕기 위해 전쟁을 선포한다'고 주장했습니다. 정작 그들이 위한다는 조선은 단 한 번도 전쟁을 입 밖에 꺼

내지도 않았는데, 두 나라 모두 '조선을 위한 전쟁'을 명분으로 삼았던 것입니다. 그 전쟁은 과연 조선을 위한 것이었을까요?

청일전쟁은 조선 민중에게 전쟁의 공포와 고통만 안겨 주었을 뿐입니다. 일본군이 서울로 들어오자 서울에 살던 거주민들은 충청도와 전라도 방향으로 피난길에 오르기 시작했고, 일본군이 경복궁을 점령했을 때는 서울 주민의 60~80퍼센트가 난리를 피해 고달픈 피난을 선택할 수밖에 없었습니다. 또한 성환 전투에 패배한 청군이 평양으로 철수하는 과정에서 수많은 평안도 지역민이 전쟁의 위험을 피해서 황해도 방면으로 대피해야 했습니다. 청군이 평양으로 오면서 약탈·강간·방화가 계속 이어져, 청군이 압록강을 건너올 때만 해도 앞다투어 음식과 물병을 들고 환영했던 조선 민중들이 그들의 만행을 피해 몸을 숨길 수밖에 없게 된 것입니다. 또한 평양 전투가 끝난 한참 뒤에도 시체들이 평양 도로변에 산처럼 쌓여 있는 상황에서 피난을 떠난 주민들이 돌아오지 않자 전쟁으로 폐허가 된 집과 논밭은 그대로 방치되었습니다.

임진왜란 때처럼 전쟁은 일본의 야욕 때문에 일어났지만 정작 전쟁터는 조선 땅인지라, 각종 전쟁 물자를 약탈당하는 피해를 입습니다. 일본은 전쟁 중에 조선 정부와 강압적으로 각종 협정과 조약을 맺어, 우리나라 곳곳에 병참기지를 건설하고 인부·우마·군량 등을 강제로 징발했습니다. 경상도 지방의 경우 청일전쟁 내내 일본군이 지나가는 통로이자 병참기지 역할을 했는데, 심각한 흉년까지 발생해서 기아에 시달리는 난민이 대폭 늘게 됩니다. 비참한 상황이 전쟁 막바지인 1895년 봄까지 계속되어서, 경상도 지방의 해안가는 의지할 곳 없는 20~30퍼센트 백성들만 남아 있을 뿐 나머지는 살길을 찾아 떠날 수밖에 없었습니다.

일본군의 징발과 약탈은 궁궐에서 민가까지 미치지 않는 곳이 없었습니다. 일본군은 경복궁 쿠데타 이후 평양 전투를 위해 철수하면서, 전리품으로 포 20문, 소총 3000정, 그 외의 무기를 노략질해 갔습니다. 또한 전투를 준비한답시고 조선의 토지·건물·전신 등을 공용 시설로 강제 징발했고, 일본의 군인과 관련자 약 20만 명에게 필요한 모든 물자도 조선에서 제공하게 했습니다. 일본군은 8월과 9월의 무더위 속에서 조선인 수만 명을 역부로 부리면서, 이들을 길들이기 위해 일부 노동자들을 특별한 이유 없이 죽이는 만행까지 서슴지 않았습니다.

또한 일본군이 지나가는 곳에는 각종 질병이 뒤를 이었습니다. 일본군의 성범죄는 성병으로 이어져 조선인 여성들에게 이중·삼중의 피해를 입혔습니다. 또한 수많은 조선인들이 전쟁터의 비위생적 환경에 노출되면서, 각종 전염병으로 건강에 손상을 입고 목숨을 빼앗겨야 했습니다. 평양 전투에서 전사한 수많은 청군 시체, 수백 마리 소와 말의 사체가 거리에 가매장되어 방치되었는데, 이 일대에 이질이 널리 퍼져 백성들이 큰 어려움을 겪어야 했습니다. 그리고 일본군을 따라 의주와 대구에서 콜레라가 발생해 전국으로 확대되면서, 조선 전 지역에서 30만여 명이 사망했고 전쟁이 치열했던 평안도는 6만 명이 사망하는 결과를 가져왔습니다. 전쟁으로 사망한 두 나라의 군인보다 훨씬 많은 조선 민중이 전쟁 피해와 전염병으로 목숨을 잃어야 했습니다.

청일전쟁에서 일본군이 저지른 만행 중 가장 유명한 것은 '뤼순 학살 사건'입니다. 1894년 11월 말에 뤼순을 점령한 일본군이 청군과 무관한 부녀자와 아이를 학살한 사건으로, 서구 세계까지 그 잔학상이 널리 알려졌습니다. 그러나 일본군이 조선에서 농민군을 학살한 사건은 결코 그것에 뒤지지 않습니다. 농민군은 초기에 군용 전선을 절단하고 전신주를 쓰러뜨리는 활동에 힘을 기울였는데, 일본군은 청일전쟁의 승패를 좌우할 정보 수단을 보호하기 위해 철저하게 농민군을 탄압했습니다. 군용 전선이 이미 절단된 인근 마을은 그 책임을 물어 불태웠고, 군용 전선을 절단하는 조선인은 '반죽음', '격살', '살육', '총살'하라는 등의 명령을 반복적으로 내렸습니다. 또한 조선 정부가 농민군의 2차 봉기를 제압해 달라는 '공식적'인 요청을 한 후부터, 일본군 지휘관은 농민군을 모두 살육하라는 명령을 내렸습니다. 그런데 이 명령에는 전투에 참가하지 않았던 일반 백성들까지 포함되어 있었습니다. 서울 이남 지역에서 농민군 탄압으로 희생된 농민군 수에 대해 어떤 연구자는 사망자 수만 5만 명으로, 또 다른 연구자는 농민군 사상자의 수를 30~40만 명으로 계산합니다. 이것이야말로 제노사이드, 즉 자신의 목표를 위해 특정 집단을 대량 학살하는 전쟁범죄에 해당되는 것이었습니다.

조선의 '독립'은 어떤 의미였을까?

청일전쟁의 결과로 체결된 '시모노세키조약'은 조선의 외교 관계에 큰 변화를 가져왔습니다. 조약의 1조는 '청국은 조선국이 완전무결한 독립 자주국임을 확인한다.'라는 조항으로 시작됩니다. 또한 조선의 자주독립을 손상시키는 청에 대한 각종 사대 절차를 완전히 폐지할 것을 명문화함으로써, 조선 건국 이래 중국이 조선에 행사해 왔던 모든 종주권이 부정되었습니다. 우선 확인해 두어야 할 것은 조선이 중국과 조공책봉 관계를 맺으면서 중국의 지위를 우대한 것은 사실이지만, 일본이 규정한 것처럼 중국에 종속된 것이 아니라는 점입니다. 오늘날 대한민국이 미국을 우대한다고 해서 우리나라를 미국의 식민지라고 할 수 없듯이, 조공을 했다는 것이 자주권과 독립을 상실했다는 의미가 아니기 때문입니다. 임오군란 이후 청이 조선을 속방이라고 주장하면서 예전과 다른 강압적인 조치를 취하자 조선 정부가 청의 불합리한 처사에서 벗어나기 위해 적극적인 노력을 기울였던 것을 보더라도 이러한 사실을 알 수 있습니다.

청은 시모노세키조약에 따라 조선의 '독립'을 공식적으로 인정할 수밖에 없었습니다. 그러나 조약에 명시된 '자주독립'이라는 표현은 청을 대신해서 일본이 지배하겠다는 뜻이나 마찬가지였습니다. 청일전쟁이 시작됨과 동시에 일본은 '조일잠정합동조관'을 체결해 경부선과 경인선의 철도부설권 및 군용전신선 관할권 등의 이권을 일본에 양도할 것을 요구했습니다. 그리고 '조일공수동맹조약'이라는 것을 체결해서 조선이 일본의 동맹국으로서 일본군의 이동과 식량 준비 등을 위한 편의를 제공하도록 했고, 일본 고문관과 군사교관을 조선 정부 내에 배치한다는 약속을 조선 정부로부터 받아 냈습니다. 이러한 조치는 모두 조선을 보호국으로 만드는 데 필요한 최소한의 법적 근거를 확보하기 위한 것이었습니다.

일본 공사였던 이노우에 가오루는 군대를 동원해서 경복궁을 포위하고 각종 차관으로 조선의 재정을 장악하려고 했습니다. 이노우에 공사는 메이지유신의 핵심 인물이었는데 일본 외무대신 등 고위 관직을 이미 여러 차례 지냈던 인물이었습니다. 이러한 거물급 인사가 조선 공사를 자원한 것은 청일전쟁의 승리 이후에 자신이 조선의 실질적인 총독 역할을 하겠다는 뜻이나 다름없었습니다. 훗날 러일전쟁 이후 조선을 보호국으로 만드는 과정에서 등장했던 일본의 조치가 청일전쟁 이후의 조선에서도 그대로 진행되었던 셈입니다.

이노우에는 자신의 간섭 아래 갑오개혁을 추진하고 있던 김홍집 내각을 움직여 「홍범 14조」를 발표하게 합니다. 그 내용은 이노우에가 조선 정부에 제시했던 「내정 개혁 강령 20조」를 조금 손질한 것에 지나지 않았습니다. 1895년 1월 7일(음력 1894년 12월 12일), 고종이 왕세자와 문무백관을 거느리고 종묘에 행차해서 아뢰었던 이 「홍범 14조」의 첫 번째 조항이 바로 조선은 앞으로 청과의 관계를 끊고 자주독립하겠다는 것이었습니다. 그러나 겉으로만 '자주독립'을 말하고 있을 뿐, 실제로는 일본이 청으로부터 조선의 종주권을 넘겨받았다는 사실을 공식적으로 확인하는 것이었습니다. 조선의 자주권이 다시 위태로워지는 순간이었습니다.

그러나 시모노세키조약을 체결하는 과정까지 순풍에 돛을 단 듯 승승장구하던 일본의 계획은 1895년 2월부터 러시아의 간섭이 본격화되면서 좌절되었습니다. 어떻게든 랴오둥반도를 차지하고 싶었던 일본 정부는 러시아에 조선의 독립을 분명히 보장하겠노라고 약속할 수밖에 없었고, 청일전쟁의 전리품으로 생각했던 조선의 보호국화를 사실상 포기하게 됩니다. 이후 조선 정부 내에서는 왕비를 중심으로 러시아와 외교관계를 강화해서 일본 세력을 억제하고자 하는 움직임이 빠르게 힘을 얻어 갔습니다. 또한 일본의 적극적인 지원을 받으며 내각에서 중요한 위치를 차지했던 박영효가 역모에 연루되어 일본으로 다시 망명하게 되자, 조선 정부의 실권은 러시아를 통해 독립을 유지하기를 원했던 관료들에게 다시 넘어왔습니다.

상황이 급변하면서, 일본 정부는 이노우에 공사를 경질하고 그의 후임으로 예비역 육군 중장이었던 미우라 고로三浦梧楼를 파견합니다. 미우라 공사는 부임한 이후 조선에 대해 장기적인 지배권을 확보하기 위한 방법을 다각도로 모색했고, 왕비 시해라는 극단적인 방법을 통해 자국의 주도권을 유지하려고 합니다. 조선 정부 역시, 일본의 야욕에서 벗어나기 위한 모든 수단을 동원해 자주와 독립을 지키려고 했습니다.

청일전쟁에서 패배한 청에 어떤 시련이 기다리고 있었을까?

전쟁의 패배로 청은 중화 질서의 마지막 보루라고 할 수 있는 조선을 상실하게 됩니다. 전통적으로 조공국을 외세의 병풍으로 삼아 자신의 안전을 도모했던 중국에 조선의 상실은 '순망치한脣亡齒寒'의 위협으로 다가왔습니다. 또한 청일전쟁의 결과는 중국 중심의 전통적인 동아시아 국제 질서를 해체하는 획기적인 사건이었습니다. 19세기에 들어와서 서양 제국주의의 위협 속에서도 어렵게 유지되었던 중화 질서가 근본적으로 무너져 내리면서, 동아시아의 패권은 청에서 일본으로 빠르게 이동했습니다.

시모노세키조약이 체결되면서 청은 조선에서의 영향력을 상실했을 뿐만 아니라 랴오둥반도·타이완·펑후 열도 등을 일본에 할양했습니다. 또한 전쟁 배상금으로 은 2억 냥(일본 화폐가치로 약 3억 엔)을 일본에 지불해야 했고, 구미 열강이 청에서 누리는 것과 동등한 특권을 일본에 주는 치욕을 감수해야 했습니다. 그중에서도 막대한 배상금이 청에 매우 큰 손실을 입혔습니다. 청이 일본에 지불하기로 한 배상금 2억 냥은 대략 청의 3년치 재정, 그리고 일본의 4년치 세출에 해당하는 금액이었습니다. 청은 배상금 지불을 위해 1895년 7월에 러시아와 프랑스로부터 4억 프랑의 공동 차관을 들여왔고, 이듬해에는 영국과 독일로부터 160만 파운드의 공동 차관을 들여왔습니다. 청이 네 나라에서 빌린 차관은 이자를 포함해 6억 냥이 넘었고, 이는 청 정부의 재정 파탄으로 이어져 그 후에도 서구 열강의 금융 지원에 의존하는 결과를 가져왔습니다. 서구 열강들은 청에 차관을 제공한 담보로 세관의 관세 인하와 내륙의 광산 채굴권을 요구했고, 청의 모든 수출입 관세와 염세, 그리고 국내 통과세 등의 수입이 외채에 대한 저당물이 되고 말았습니다.

청일전쟁의 패배는 양무운동 이래 '서서히 잠에서 깨어나고 있는 거대한 용'이라는 청에 대한 기존의 평가를, '아직도 꿈나라인 거대한 돼지'로 급격하게 절하시키는 결과를 가져왔습니다. 청의 실체를 파악한 서양 열강들은 중국의 이권과 영토를 호시탐탐 노리게 됩니다. 1897년 산둥성에서 독일인 선교사 2명이 살해되는 사건이 발생하자, 이를 구실로 독일은 자오저우만을 조차하고 철도와 광산의 이권을 획득했습니다. 비슷한 시기에 러시아는 뤼순과 다롄의 조차권을 차지했으며, 동청 철도 남부선(하얼빈-다롄) 구간의 부설권을 차지했습니다. 1898년 봄에서 여름 사이에 청은 영국·독일·프랑스 등의 군사적 압력에도 잇따라 굴복할 수밖에 없었고, 그 결과는 처참했습니다. 1898년 4월에 프랑스가 광저우만 조차와 윈난 철도 부설권을 요구했고, 곧바로 광저우만을 점령해서 이 지역의 광산 개발과 철도 건설의 이권을 가져갔습니다. 영국은 주룽반도를 99년간 조차하고, 러시아의 움직임을 견제한다는 명분을 내세워 웨이하이를 조차해 양쯔강 일대에서 세력을 확대했습니다. 미국도 1898년 스페인과의 전쟁에서 쿠바와 필리핀을 자신들의 세력권으로 넣는 데 성공하고 본격적으로 중국 분할 경쟁에 뛰어들었고, 타이완을 차지한 일본은 타이완과 가까운 푸젠성에 진출해 중국 본토에 세력을 확장했습니다. 이때는 구미 열강과 일본으로서는 약탈의 시기였고, 서구 열강의 분할 점령에 별다른 대응조차 하지 못한 채 반식민지로 전락했던 청으로서는 치욕의 시기였습니다.

청 정부는 청일전쟁 이후의 무기력함에서 벗어날 수 있는 새로운 시도를 모색했습니다. 황해해전에서 참패한 북양 함대는 청이 추진했던 양무운동의 상징이었습니다. 북양 함대의 패배는 곧 양무운동의 실패를 의미하는 것이었고, 이는 양무운동의 근간에 깔려 있었던 중국 우위의 관점에 근본적인 변화를 요구했습니다. 중국의 제도를 본체로 삼고 서양의 좋은 기술을 받아들이겠다는 '중체서용中體西用'의 어정쩡한 결합으로는 이 모순을 해결할 수 없었기 때문입니다.

청의 젊은 유학자들은 청일전쟁 패전과 서구 열강의 분할 점령 속에서 망국의 위기감을 절실히 느꼈으며, 이 문제를 해결하기 위해서 유럽의 무기와 기술만을 도입하려는 양무운동 방식이 아니라 전통적인 정치체제와 교육 제도를 개혁해서 부국강병을 실현해야만 한다고 주장했습니다. 이른바 변법자강운동이 시작된 것입니다. 캉유웨이(康有爲, 강유위)와 량치차오(梁啓超, 양계초)가 중심이 된 변법파의 주장은 청 황제 광서제의 마음을 움직였고, 헌법 제정·국회 개설·과거제 개혁과 서양식 학교 설립·산업의 보호 육성 등을 구체적 목표로 정하고, 주요 도시에 학교를 설립하고 신문을 발행하는 등 혁신적인 방안들이 추진되기에 이르렀습니다. 광서제는 변법파의 활동에 제약이 되는 고위 관리들을 해임시켰는데, 그들은 대부분 서태후에게 충성하는 인물들이었습니다. 그러나 서태후가 주도하는 쿠데타가 일어나 젊은 황제와 변법파의 담대한 개혁은 103일 만에 막을 내리게 됩니다. 황제 광서제는 궁중에 유폐되었고 개혁파들은 숙청당하거나 일본으로 망명길에 올라야 했습니다. 그렇게 청의 시련은 계속 이어졌습니다.

청일전쟁의 승리는 일본에 어떤 부작용을 남겼을까?

청일전쟁의 승리는 일본에 달콤한 전리품들을 안겨 주었습니다. 타이완·펑후제도·랴오둥반도를 차지할 수 있었고, 조선에서 청의 영향력을 배제함으로써 일본의 지배력을 높일 수 있었습니다. 물론 3국 간섭으로 인해 랴오둥반도를 떠나보내야 했지만, 그 대가로 막대한 배상금을 얻을 수 있었습니다. 전쟁이 가져다준 이 뜻밖의 선물은 일본의 산업혁명을 뒷받침하는 핵심적인 재원이 되었습니다. 가령, 일본 중공업의 상징이라고 할 수 있는 야하타 제철소도 청일전쟁으로 얻은 배상금 3억 엔 중 약 58만 엔을 들여 설립한 곳이었습니다. 박정희 정권이 1965년 한일 협정을 체결하면서 받았던 이른바 독립 축하금으로 포항제철을 만들어 대한민국 중공업의 기반으로 삼은 것과 비슷합니다. 그리고 야하타 제철소는 '아시아태평양전쟁'까지 일본 철강 생산량의 거의 절반을 차지하면서 중공업 성장이라는 일본의 기대에 부응하게 됩니다.

청일전쟁이 일본에 안겨 준 또 다른 전리품은 청과의 외교 관계에서 우위를 차지하게 되었다는 점입니다. 이전에 청과 일본은 1871년에 청일수호조규를 체결해서, 영사 재판권과 협정 관세율을 상호 인정하는 대등한 관계를 수립했습니다. 하지만 이 조규는 청일전쟁 개시와 함께 효력을 상실하게 되었고, 시모노세키조약을 통해 구미 열강이 청에서 누리는 것과 동등한 특권을 일본이 가지게 됨으로써 두 나라 사이에 불평등한 관계가 맺어졌습니다. 1896년 '청일통상항해조약'이 조인될 때 영사 재판권과 최혜국 대우 등을 얻으면서 일본은 서구 열강과 동일한 특권을 손에 넣었음을 실제로 보여 줍니다. 이제 일본은 국제 무대에서 서구 열강과 대등한 입장에서, 그리고 청보다 더 우월한 입장에서 청을 상대할 수 있는 지위를 얻게 된 것입니다.

이러한 외교 관계의 변화는 곧바로 나타났습니다. 일본은 영국·프랑스·러시아·독일 등과 나란히 1896년에는 샤먼에, 1898년에는 한커우와 톈진에 조계를 열었으며, 이와 더불어 상하이에 서구 열강과 함께 공동 조계를 마련했습니다. 또한 1897년에는 사스, 1899년에는 푸저우, 1901년에는 충칭에 잇달아 독자적인 조계를 개설하면서, 일본은 청 정부의 행정권이 미치지 않는 독자적인 거점을 마련할 수 있었고 일본 기업의 활발한 중국 진출을 뒷받침할 수 있었습니다. 청일전쟁 전후로 일본은 경공업을 중심으로 자본주의경제가 비약적으로 발전했는데, 청으로부터 얻어 낸 특권을 활용해서 면사 수출을 확대해 나갔습니다. 중국이라는 거대한 해외 시장을 확보함으로써 일본이 산업혁명을 통해 생산했던 다양한 물품을 판매할 수 있는 소비지를 얻게 되었고, 이를 통해 일본은 대외

무역 적자국에서 흑자국으로 전환할 수 있었습니다.

전쟁이 가져다준 이 놀라운 선물에 일본은 눈이 멀고 귀가 먹습니다. 전쟁 과정에서 일본군이 저질렀던 잔혹한 학살이 모두 정당화되었고, 오히려 전쟁에서 꽁무니를 뺐던 청나라 병사들을 조롱하며 이웃 나라를 멸시하는 분위기가 더욱 커졌습니다. 일본군의 경복궁 점령에 분노해서 다시 봉기했던 조선의 농민군을 무자비하게 살육했던 것, 그리고 뤼순을 함락한 일본군이 시가지를 소탕하면서 부녀자와 노인까지 무차별 학살한 뤼순 만행도 일본 언론의 우월 의식과 이웃 국가에 대한 멸시로 모두 무마되었습니다. 구한말 조선에서 활동했던 러시아 외교관인 제노네 볼피첼리Zenone Volpicelli가 청일전쟁을 '과거와 현재의 전쟁이자, 서양 문명과 낡은 동양 문명의 전쟁'이라고 인식했던 것처럼, 일본은 당시 서구에서 유행했던 사회진화론을 그대로 받아들여 청일전쟁을 '문명을 위한 전쟁'으로 미화하고 극찬했습니다. 청일전쟁 이후 일본 민족의 우월성을 강조하는 숱한 논리가 등장했고, 이는 천황을 정점으로 신의 자손인 일본 민족이 세계를 지배할 수 있다는 허황된 국수주의 사상을 일본 국민이 적극적으로 받아들이는 계기가 되었습니다.

이러한 착각은 일본의 과도한 군비 확장으로 이어졌습니다. 국방비를 강화하기 위해 국가 세출 규모는 전쟁 이전의 3배로 늘어나게 되었고, 이를 충당하기 위한 국민의 세금 부담도 함께 증가했습니다. 일본이 청으로부터 받은 배상금 중 일부는 야하타 제철소를 설립하고 철도·전신·전화 사업 등에 지출되었지만, 배상금의 84퍼센트 정도가 군비 확장과 임시 군사비에 사용되었습니다.

청일전쟁에서 자신감을 얻은 일본은 군비 확장 10년 계획을 세워

제국주의의 길을 선택하게 됩니다. 일본의 일반 민중들도 전쟁 승리에 열광하며 정부의 팽창정책을 적극적으로 지지했고, 이 호전적인 애국주의는 맹목적인 천황제 이데올로기를 확립하는 기반이 되었습니다. 청일전쟁의 승리는 결국에는 일본을 멸망으로 이끄는 제국주의의 문을 활짝 열게 했습니다.

청일전쟁 당시, 청과 일본은 모두 전쟁의 명분으로 조선의 이익을 언급했다. 그러나 이 전쟁을 통해 조선이 얻은 것은 국토가 유린당하고 수많은 사람이 희생당하는 참혹한 결과에 불과했다. 청으로부터 독립을 얻었다고 했지만 허울 좋은 명분에 불과했다. 오늘날에도 강대국들은 여전히 전쟁을 미화한다. 그러나 우리는 역사적 경험을 통해 강대국의 논리에 담긴 위선적인 면모를 직시해야 하지 않을까?

| 〈Korean soldiers and Chinese captives in First Sino-Japanese War〉(1894~1895).

7장

갑오개혁은
우리 삶을 어떻게 바꾸었을까?

갑신정변은 불과 3일 만에 막을 내린 실패한 쿠데타였음에도 불구하고 '부르주아혁명', '최초의 주체적인 근대 개혁 운동'으로 주목받았다. 그리고 정변의 지도자였던 김옥균은 '근대의 영웅'이나 '선각자'로 오랫동안 칭송받았다. 이에 비해 갑신정변 10년 뒤에 일어났던 갑오개혁은 1년 7개월이나 지속되었음에도 불구하고 '친일 정권', '실행되지 못한 채 실패한 개혁'으로 폄하되었다. 갑오개혁이 추구했던 실제 방향은 낡은 체제와 전통을 철저하게 파괴하는 혁신적인 성격을 가지고 있었다. 신분제가 폐지되었고, 과거제가 사라져 그 빈자리를 학교와 새로운 시험이 채웠으며, 과부의 재혼이 허용되었기 때문이다. 양반의 지배 질서와 유교적 전통이 단번에 뒤집어져 새로운 세상이 펼쳐졌음에도 갑오개혁은 왜 부정적인 이미지를 벗지 못했을까?

갑오개혁은
왜 여러 개 이름을
가지게 되었을까?

갑오개혁과 관련된 다양한 이름은 이 개혁의 다양한 모습을 이해하는 데 도움이 됩니다. 지금은 갑오개혁이라는 이름이 우리에게 익숙하지만, 한 때 이 사건은 갑오경장이라는 용어로 알려졌습니다. 동학농민운동과 청일전쟁이 발발했던 격동의 1894년 당시, 조선 정부도 농민군의 주장을 받아들여 조선 사회의 모순을 해결하고자 대대적인 개혁에 착수했습니다. 이 개혁을 경장이라는 이름으로 추진했던 김홍집은 경장을 이렇게 표현했습니다. "대저 경장이라 함은 바로 정치의 병폐에 대해 이를 변통하여 그 마땅함에 맞게 하는 것이니 곧 당시에 취해야 할 조처라는 뜻이다. 한신의 말에 '거문고의 소리가 조화롭지 못하면 반드시 그 줄을 풀어서 다시 조여야 한다.'고 하였다."

악기가 제 소리를 내지 못할 때 줄을 풀어서 조이듯이, 사회의 모순이 커져 제 기능을 하지 못할 때 제도를 조정하는 것이 바로 경장입니다. 조선에서 경장의 중요성을 강조했던 사람이 율곡 이이입니다. 그는 역사의 모든 시기를 창업, 수성守城, 경장의 3시기로 나누었습니다. 일단 창업이 이루어지면 그 정신을 잘 보존해야 하는 수성의 시기가 오게 되고, 수성의 시기가 오래 지속되면 문물제도가 병드는 시기가 필연적으로 오게 마련인데, 이때 경장을 해야 한다고 주장했습니다. 임진왜란을 눈앞에 두었던 조선의 현실이 경장의 적기였던 것처럼, 동학농민운동과 청일전쟁 전야의 당시 상황도 경장이 필요했던 시기였습니다.

한편, 갑오개혁이라는 단어는 일제강점기의 일본 역사학자들의 연구에서 비롯되었습니다. 그들은 경장이라는 전통적인 용어 대신에 근대적인 성격을 강조하는 개혁이라는 단어로 이 사건에 의미를 부여했습니다. 다만 이 개혁은 처음부터 끝까지 일본의 지도와 간섭을 통해 이루어졌다는 점이 강조되었고, 그나마 제대로 실행되지도 못한 채 실패로 돌아갔다는 평가를 담고 있었습니다. 일본의 연구에 반발해서 광복 후 우리 역사학자들은 갑오개혁 대신 갑오경장이라는 용어를 한동안 사용했습니다. 하지만 1960년대 이후 이 사건과 관련된 후속 연구가 진행되면서, 조선을 근대국가로 변화시키려고 했던 노력에 주목해서 경장보다는 개혁이 더 적절하다는 결론에 도달하게 됩니다. 기억해야 할 점은 일제강점기에서 말했던 갑오개혁은 타율성이 강조된 것이지만, 이때는 조선 정부의 자율성이 더 강조되었다는 점입니다. 한편 최근 갑오개혁을 '갑오왜란'이라고 부르는 한국 학자도 있습니다. 일제강점기의 일본 역사학자들이 강조했던 것처럼 갑오개혁의 외세 의존적인 성격에 주목하는 한편, 조선 정부가 일본군에 요청해서 농민군을 대량 학살했던 것을 비판적으로 평가했기 때문입니다. 하지만 갑오왜란이라는 용어는 일본에 대한 타율성을 지나치게 강조한 나머지, 갑오개혁의 복합적인 성격을 담아내지 못하는 단점을 가지고 있습니다.

갑오개혁에 제대로 다가가기 위해서는 개혁이 진행되었던 1년 7개월 동안 국내 여러 정치 세력 간에 복잡하게 얽혀 있었던 갈등과 일본의 개입 양상을 단계적으로 고려할 필요가 있습니다. 갑오개혁은 대략 네 시기로 구분됩니다. 1기는 1894년 7월에서 12월까지 군국기무처가 활동했던 시기입니다. 이 기간에 갑오개혁의 큰 방향이 정해졌는데, 청일전쟁 때문에 일본이 갑오개혁에 적극적인 간섭을 하지 못해 자율적인 개혁이 이루어질 수 있었습니다. 2기는 1894년 12월에서 1895년 7월까지로, 일본이 농민군을 진압하고 청일전쟁의 승리를 눈앞에 두면서 조선의 내정에 깊이 개입했던 때였습니다. 이때 일본은 박영효를 앞세워 조선을 보호국으로 만들려는 노력을 기울였는데, 일본인 고문관이 조선의 정치에 간섭하기 시작했고 일본식 제도가 조선에 그대로 도입되기도 했습니다. 6장에서 설명했던 「홍범 14조」도 이때 만들어졌습니다. 그래서 갑오개혁의 타율성을 강조하는 학자들은 이때의 상황에 주목하는 경우가 많습니다.

3기는 1895년 7월에서 8월까지의 한 달 남짓한 시기입니다. 1895년 러시아·프랑스·독일이 간섭하여 일본이 청일전쟁의 결과로 얻은 랴오둥반도를 청에 돌려준 '삼국간섭' 이후의 변화와 관련이 있습니다. 조선 정부는 삼국간섭 이후 러시아의 역할에 주목했고, 이런 분위기를 막기 위해 노력했던 박영효가 역모 혐의로 일본에 망명하면서, 일본이 조선을 보호국으로 만들기 위해 추진했던 작업이 실패하게 됩니다. 고종은 일본을 배척하고, 러시아나 미국과 더욱 가까워지려고 노력을 했습니다. 2기와 비교해서 조선 정부의 자율성이 다시 커졌던 시기입니다.

4기는 일본이 왕비를 시해했던 을미사변 전후의 시기로, 1895년 8월부터 1896년 2월까지 진행되었습니다. 우리가 흔히 을미개혁이라는 이름으로 알고 있는 시기로, 태양력, 단발령, 종두법 등이 시행되었습니다. 그러나 단발령을 시행하자 을미사변으로 분노하고 있었던 조선 사회에 불을 끼얹어 반일·반정부 의병이 전국적으로 확대되었습니다.

이처럼 갑오개혁은 19개월 동안 여러 단계를 거치면서 진행되었고, 1894년을 가리키는 갑오년을 거쳐 1895년 을미년을 넘어서까지 계속되었습니다. 물론 갑오개혁의 각 시기마다 나름의 성격을 가지고 있기 때문에 을미개혁에 특별함을 부여할 수도 있지만, 을미개혁은 별도의 개혁이 아니라 갑오개혁의 연장선에서 진행된 세부 개혁이라고 할 수 있습니다. 다시 정리하자면, 갑오경장·갑오개혁·갑오왜란이라는 상이한 명칭은 전통과 근대, 자율성과 타율성 등 개혁의 성격을 어떻게 바라볼 것인지를 둘러싼 견해 차이에서 비롯된 것이고, 갑오개혁·을미개혁은 갑오개혁의 시기와 단계를 구분하기 위해서 만들어진 용어라고 할 수 있습니다. 갑오개혁의 다양한 이름은 1894~1896년에 진행된 연속된 정책에서 우리가 어떤 점에 주목해야 하는지 알려 줍니다.

갑오개혁은 과연 자율적이었을까?

갑오개혁의 복합적인 성격에 접근하기 위해서는 우선 친일이라는 주홍글씨가 어떻게 새겨졌는지 그 과정을 살펴볼 필요가 있습니다. 일본은 청의 조선 파병을 기회로 삼아 톈진조약을 근거로 조선에 군대를 보냈습니다. 일본군을 이끌고 서울에 들어온 일본 공사 오토리 게이스케大鳥圭介는 조선 정부에 내정 개혁을 요구하며 유리한 지위를 확보하고자 하는 외교적 압박을 가합니다. 그러나 고종은 일본군의 철수 이후에 내정 개혁을 추진하겠다고 답했고, 일본 공사도 군대를 철수하지 않은 채 내정 개혁을 강력히 요구할 뿐이었습니다.

결국 조선 정부는 일본 공사와 내정 개혁안을 두고 세 차례 회담을 열게 되는데, 이 회담이 열린 민영준의 별장 이름을 따서 '노인정 회담'이라고 부릅니다. 조선 정부는 회담 과정에서 일본의 내정 개혁 강요를 받아들일 수 없음을 확인하게 되었고, 전주화약에서 맺은 농민군과의 약속을 이행하기 위해 교정청이라는 기구를 설치해서 독자적으로 개혁을 추진하려고 했습니다. 마지막 3차 회담에서도 조선 정부와 일본 공사는 기존 입장을 고수하였고 회담은 결국 결렬되었습니다. 일본은 자신들의 주장이 받아들여지지 않는 한 일본군을 철수시킬 수 없다고 억지를 부리며, 청과 맺은 모든 조약을 파기하라는 최후통첩을 보내옵니다. 조선 정부가 일본의 요구를 거부하자, 7월 23일 일본은 1500명 군대로 경복궁을 점령하고 서울 안의 조선 군대를 습격해서 무장을 해제시키는 데 성공합니다.

어떤 학자는 일본의 경복궁 점령을 쿠데타라고 표현하지만, 이는 대원군을 앞세운 것을 빌미로 삼은 일본의 변명일 뿐 일본의 불법적인 군사점령이라고 해야 합니다. 최근 일본인 학자가 밝혔듯이 일본이 만든 『일청전쟁사』에는 경복궁 점령과 관련된 내용이 없습니다. 일본인의 눈으로 보더라도 경복궁 점령은 명백한 국제법 위반이기 때문입니다. 청일전쟁의 시작이 경복궁 점령에서 시작되기 때문에 『일청전쟁사』 초고에는 이 내용을 서술했지만, 정본을 만들면서 경복궁 점령 문제의 심각성을 알고 결국 삭제할 수밖에 없었던 것입니다.

일본군의 만행이야 그렇다고 할 수 있지만, 문제는 경복궁 점령 이후의 조선 정부의 태도였습니다. 갑오개혁을 추진했던 조선의 개혁 세력들, 즉 '갑오정권'이라고 불린 개혁 주체들은 일본의 침략적인 성격보다 개혁을 지원해 줄 세력이라는 점을 더 중요하게 생각했습니다. 당시 조선의 현실에서 일본의 무력만이 왕권을 제약할 수 있었기 때문에, 조선의 근본적인 개혁을 추구했던 갑오정권은 개혁의 원동력으로 일본의 지원을 바랐습니다. 또한 일본은 조선의 개화 세력이 지향했던 모델이었고, 일본군의 경복궁 점령 이후 정권의 성립과 유지를 위해서라도 조선의 개혁 세력들은 일본에 의존할 수밖에 없었습니다. 국가의 근본적인 개혁은 절박했지만, 이를 추진할 주체적인 역량이 결여되었기 때문에 나타난 결과였습니다. 특히 이노우에가 일본 공사로 활동했던 갑오개혁 2기에는 일본에 대한 의존도가 훨씬 심화됩니다. 이노우에는 조선 정부의 모든 정책 결정에 관여하는 고문 역할을 담당했고, 그 결과 모든 인사와 재정 정책이 일본의 손을 거치게 되었습니다. 갑오개혁의 타율성을 강조하는 학자들은 이 2기를 주목한 것입니다.

그러나 갑오개혁의 주요 안건들은 1기에 집중되었고, 군국기무처가 중심이 되어 조선의 근간을 개혁하는 일에 앞장섰습니다. 그런데 1기에 일본은 조선의 개혁에 특별한 간섭을 하지 않았습니다. 일본이 군사적·경제적으로 다소의 불편함을 겪는다고 하더라도 다른 열강이 조선 정치에 간섭할 가능성을 배제하고, 청나라보다 일본이 더 관대하다는 인상을 주고 싶어서였습니다. 또한 이때까지는 일본이 청과 여러 전투를 벌이는 중이라 조선의 내정까지 간섭할 겨를이 없었던 것도 한몫을 했습니다. 갑오개혁에서 가장 중요했던 시기가 1기였기 때문에 이때의 자율성을 근거로 갑오개혁의 성격을 전체적으로 긍정하기도 합니다. 사실 어떤 연구자도 갑오개혁이 온전하게 자주성을 견지했다고 보지는 않습니다. 그래서 갑오개혁의 자율성을 주목하는 연구자들도 '문제의 복잡성'을 이야기합니다.

갑오개혁을 더 높게 평가한 것은 의외로 북한 학계였습니다. 북한 학계는 일본의 경복궁 점령과 군국기무처의 성립을 분리해서 보았고, 갑오개혁의 담당자들이 청일전쟁의 혼란기 속에서 일시적인 세력 균형을 이용해 조선 정치 무대에서 활약할 수 있었다고 평가했습니다. 그러나 갑오개혁의 긍정성을 높이기 위해서 북한 학계는 1기만 갑오개혁 시기로 보고 2기 이후는 갑오개혁의 범위에서 제외시켰습니다. 반면 현재 남한에서는 조선의 장기적인 발전 과정에서 갑오개혁의 의미를 긍정적으로 평가하는 한편, 일본의 강요도 함께 수용하는 절충적인 견해가 가장 큰 힘을 얻고 있습니다.

마지막으로 생각해 볼 점은 갑오개혁의 타율성과 자율성 중 어느 하나만 강조하는 것이 별 의미 없는 소모적인 논쟁이라는 사실입니다. 갑오개혁을 일본의 앞잡이로 규정하거나 조선의 개화파 관료들에 의한 근대국가의 완성으로 보는 것은 모두 21세기를 살아가는 우리에게 큰 의미를 지니지 못합니다. 더 중요한 것은 갑오개혁의 각 단계에서 나타난 특징을 파악하고 이 개혁이 이룩한 성과와 한계를 총체적으로 인식해서, 갑오개혁이 한국 근대 민족운동에서 미친 영향을 구체적으로 파악하는 것이라고 할 수 있습니다.

국가 대개혁 구상을 통해 무엇을 바꾸려고 했을까?

갑오개혁은 조선 사회의 정치·경제·사회·문화를 근본적으로 전환하는 획기적인 프로젝트였습니다. 서구의 근대국가 형성 과정에서 볼 수 있었던 군주권 제한·삼권분립·자본주의경제 시스템·신분제 폐지와 새로운 교육 기구 설치 등의 변화가 20세기를 5년 여 앞둔 시점에서 조선의 현실을 고려해 기획되고 실천되었습니다. 갑오개혁 1기에 해당하는 3개월 동안 군국기무처는 무려 200여 건의 개혁안을 의결했는데, 평균을 내어 보면 하루에 2건이 넘습니다. 당시 조선의 현실에서 쉽게 실시될 수 없는 조항들이 많아서 '헛 공문' 또는 문서로만 존재하는 '종이 공문'이라는 비판도 받았지만, 갑오개혁의 주요 내용들은 이후 조선 사회를 근대로 이끄는 큰 방향을 제시했습니다.

우선 갑오정권은 중국 중심의 외교 관계에서 벗어나는 각종 조치를 취했습니다. 전통적인 조공 책봉 관계에서 벗어난다는 의미도 있었지만, 임오군란 이후 청이 조선을 속방으로 여겨 강압적인 정책을 펼친 것에 대한 반발도 컸습니다. 청일전쟁이 시작된 후 청이 여러 전투에서 패배하자, 군국기무처는 청의 연호를 버리고 조선의 개국을 기점으로 새 연호를 사용합니다. 그리고 청의 외교적 우위를 인정했던 장정을 개정하는 한편, 조선의 외교권을 보호하는 조치를 취했습니다. 조선은 이제 전통적인 중화 질서에서 벗어나 만국공법 체제라고 불렸던 근대적 국제 질서 속으로 진입했습니다.

갑오정권이 가장 공을 들였던 분야는 중앙 권력을 개편하는 과제였습니다. 개편의 방향은 군주권을 크게 제한하고, 의정부와 내각의 결정권을 높이는 것이었습니다. 이를 위해 궁내부라는 별도의 부서를 만들어 왕실 업무를 전담하게 함으로써 궁내부가 정치를 집행하는 의정부에 영향력을 행사하지 못하도록 분리시켰습니다. 국정을 총괄하는 의정부의 기능과 역할도 예전과 다른 모습을 가지게 됩니다. 의정부는 내무·탁지·군무 등의 8아문으로 바뀌었는데, 각 아문의 책임자를 '대신大臣'이라고 불렀고 대신 8명을 지휘해서 의정부를 총괄하는 관리는 '총리대신'이라는 이름을 가지게 되었습니다. 마치 입헌군주제에서 내각 총리제와 유사한 정부 조직을 만들어, 군주의 권한을 약화하고 내각의 권한을 강화하는 조치를 시행한 셈입니다. 이로써 고려 이후부터 시행되었던 전통적인 6조 체제는 사라지게 되었고, 근대적인 행정 시스템이 그 자리를 대신했습니다.

경제개혁의 방향은 국가 재정 관리의 효율성을 높이고, 조세제도를 개혁하는 데 있었습니다. 우선 국가 재정을 탁지아문, 지금의 기획재정부에 해당하는 부서로 일원화했습니다. 왕실이 사용한 경비를 포함해 각 아문에서 멋대로 부과한 각종 잡세까지 탁지아문이 관리하게 되면서, 국가 재정을 체계적으로 관리하는 길이 열렸습니다. 이 조치는 왕실과 여러 부서에서 잡다하게 부과되었던 조세를 간소화하는 조치로 이어졌고, 조세를 화폐로 내는 금납제가 함께 실시되면서 그동안 각종 수탈에 시달려 온 농민들의 전폭적인 지지를 받을 수 있었습니다. 그러나 화폐를 넉넉하게 확보하지 못해 조세의 금납제가 계획대로 실시되지 못하자, 조선 정부는 근대적 화폐제도로 이를 뒷받침하기 위해 '신식 화폐 장정'을 공포하고 은본위제를 채택했습니다.

백성들에게 무엇보다 환영받았고 오늘날에도 가장 많은 영향을 준 것은 바로 사회제도를 개혁한 조치였습니다. 갑오개혁이 시작되자자 군국기무처는 민심을 수습하기 위해 사회제도를 개혁하는 데 앞장섰습니다. 먼저 양반과 평민을 차별적으로 구분하는 신분제도를 폐지해 신분의 귀천에 상관없이 인재를 채용할 것을 선언했습니다. 이어서 과부의 재가를 허용했고, 공·사 노비제를 폐지해서 인신매매를 금지시켰습니다. 또한 과거제를 폐지해 능력 있는 모든 인재들이 국가행정에 참여할 수 있는 길을 여는 한편, 지방에서는 향회를 설치해 지방민들도 정치에 참여할 수 있도록 제도를 마련했습니다.

그중에서도 군국기무처가 수립된 지 사흘 뒤에 발표한 신분제 폐지는 그야말로 혁명과 같은 조치였습니다. 1801년에 있었던 공노비 해방, 1886년의 사노비 세습제 폐지에 이은 결정판이라고 할 수 있고, 수천 년간 이어 왔던 낡은 신분 세습 제도가 막을 내리는 순간이기도 했습니다. 신분제가 폐지되었다는 소식을 들은 각 지역의 노비들은 즉각적으로 환영했고, 노비 주인들은 노비 문서를 없애 그들을 해방시켜야 했습니다. 그러나 노비제는 20세기 초까지도 남아 있었습니다. 가난과 빚 때문에 오갈 데 없는 이들이 여전히 노비로 묶여야 했던 당시의 상황 때문이었습니다.

그 외에 주목할 만한 것은 신분제와 과거제가 폐지되자 능력 위주로 인재를 뽑아 정부 관리를 선발하는 새로운 시험제도가 마련되었다는 사실입니다. 하급 관리는 보통 시험과 특별 시험으로 선발했는데, 보통 시험은 국문·한문·산술·국내 정책·외국 사정·논술 등의 실무 지식을 평가했고, 특별 시험은 특별한 기술 소유자를 추천해서 시험을 쳐서 선발했습니다. 고위 관리는 추천제로 진행되었는데, 추천자 3명 중에서 왕의 선택에 의해 임용되는 방식을 채택했습니다.

교육개혁에서 주목되는 부분은 학무아문의 설치입니다. 조선의 6조에서 교육을 담당했던 부서는 예조였는데, 교육뿐 아니라 외교와 문화

분야까지 모두 책임졌던 예조와 달리, 오늘날 교육부에 해당하는 학무아문은 교육행정의 전문성을 높이고자 했던 결과로 등장했습니다. 또한 군국기무처는 소학교와 사범학교의 설립을 발표해서, 관리 양성을 목적으로 했던 전통적인 방식에서 벗어나 백성 모두를 근대 국민으로 길러 내는 새로운 교육 시스템의 시작을 알렸습니다.

조선 사회는 왜 단발령에 그토록 강력하게 반발했을까?

갑오개혁의 4기에 해당하는 을미개혁은 왕비가 시해되는 끔직한 비극 이후에 실시되었습니다. 김홍집 내각은 을미사변으로 인해 한동안 중지되었던 개혁을 다시 추진했는데, 이때 실시된 대표적인 정책이 바로 태양력 사용과 단발령이었습니다. 먼저 태양력을 채택한 연유부터 살펴보면, 갑오개혁 이후 조선이 자주독립 국가를 선포하면서 중국과 연관된 각종 굴레에서 벗어나려고 했던 의지를 확인할 수 있습니다. 당시 조선 정부는 임금의 지위를 황제에 버금가는 지위로 높이고, 조선이 나라를 열었던 1392년을 기준으로 연대를 매겼습니다. 그러나 이것도 부족하다고 생각했는지, 1896년부터는 서양의 시간 체계인 양력에 맞추어 정식 연호를 사용하기로 결정했습니다. 이것은 중국의 시간에서 벗어남으로써 중국 중심의 세계관을 무너뜨리고자 했던 상징적 사건이라고 할 수 있습니다. 중국 역법에서 벗어나 양력을 사용하면 천하의 기강이 어지럽게 될 것이라고 조선 유학자들이 강하게 반발한 것도 이 때문일 것입니다.

1896년 1월 1일부터 쓰기 시작한 '건양建陽'이라는 새 연호는 양력으로 나라를 세운다는 뜻입니다. 시간을 바꾸는 것은 세계관을 바꾸겠다는 의지의 표현이었습니다. 그렇다고 전통적으로 우리가 사용했던 음력이 과학적이지 않다는 것은 아닙니다. 달의 순환을 한 축으로 삼아 한 달의 변화를 읽으면서도, 24절기를 통해 한 해의 질서까지 담아냈던 우리조상들의 시간은 매우 유용한 방식이었습니다. 서양의 시간이 임의적으로 시간을 정하고 기계적으로 오차를 조율했던 것과 달리, 실제의 달과해의 운행을 정확하게 맞추려고 했기 때문에 훨씬 과학적인 방식을 채택하고 있었습니다. 그래서인지 태양력을 공식 시간으로 채택했지만 대한제국 정부는 사실상 양력과 음력을 같이 사용했습니다. 정부의 공식적인활동은 양력으로 표현했지만, 왕실에서도 생일과 제사 등 생활과 관련된시간은 음력을 그대로 사용했습니다. 이 타협책이 오늘날까지 이어진 이유입니다.

을미개혁 당시, 태양력 도입보다 더 충격적인 사건은 단발령이었습니다. 기원전 2세기에 중국 연나라 사람 위만이 자신도 조선 사람임을 증명하기 위해서 머리에 상투를 틀었던 것에서 알 수 있듯이, 상투는 2000년 이상 조선인의 정체성을 보여 주는 확실한 증거였습니다. 조선의상투를 자르는 것은 조선의 정체성을 없애는 것이었습니다. 그러나 단발령은 "위생에 이롭고 활동하기 편하다."는 이유로 공포되었고, 단발령이공포된 그날 고종은 세자와 함께 머리카락을 자름으로써 모범을 보였습니다. 그다음 날에는 총리대신 김홍집을 비롯해 정부의 모든 관료들에 대한 단발이 강행되었고, 1896년 1월 1일부터는 일반 백성을 대상으로 단발이 강제로 실시되었습니다. 당시의 경찰에 해당하는 순검이 가위를 들고 사람들이 많이 지나가는 곳에 배치되어, 신분과 관계없이 상투를 튼 모든 사람에게 가위를 들이댔습니다. 상투를 잘린 사람들은 머리카락을 그대로 늘인 채, 상투를 움켜잡고 하염없이 분노의 눈물을 삼켜야 했습니다. 조선 사회에서 두발은 부모님으로부터 물려받은 것이므로 잘 보존하는 것이 효도의 시작으로 여겨졌기 때문입니다.

서울 사대문에서 가위를 든 순검들이 문안으로 들어오는 시골 선비들의 상투를 강제로 자르면서, 서울로 들어서는 선비와 상인 들의 발길이 끊겨 서울의 물가가 치솟을 정도였습니다. 실제로 머리카락 때문에 자결하는 사람들이 나타나기도 했습니다. 아들이 상투를 자르자 아버지가 자살하기도 했고, 남편이 단발을 하겠다는 데에 아내가 단발을 반대하며 자결하는 사건도 일어났습니다. 상황이 여기에 이르자 전국 각지에서 단발령에 반대하는 시위가 뒤를 이었습니다. 조선 정부는 유림으로부터 두터운 신망과 존경을 받는 최익현을 설득해 전국 유림들의 마음을 돌리려고 했습니다. 그러나 최익현은 "내 목을 자를지언정 내 머리카락은 자를 수 없다."는 유명한 한마디로 단호하게 거절했습니다. 최익현이 말하는 머리카락은 단지 물리적인 머리카락을 의미하는 것이 아니었습니다. 수천 년 동안 이어졌던 조선의 정체성과 수백 년 동안 지켜 왔던 유교 문화의 전통을 '머리카락'에 담아 목숨을 걸고 지키려 했던 의지의 표현이었습니다.

사실 단발령은 대규모의 정치적 반발이 예상되는 무모한 조치였습니다. 그럼에도 일본은 군대를 동원해서 궁궐을 둘러싸고 단발하지 않는 자는 모조리 죽이겠다고 엄포를 놓았습니다. 혼란이 당연시되었던 단발령에 왜 그렇게 집착했던 것일까요? 오늘날의 의미에서 음모론으로 여겨질 수도 있지만, 조선인들이 소중하게 생각하는 머리카락을 강제로 자름으로써 백성들의 반발을 일으키고자 했던 것은 아닐까요? 그렇게 된다면 조선 정부를 위기로 몰 수 있었고, 이를 빌미로 더 많은 일본군을 조선으로 보낼 수 있는 구실을 마련할 수 있기 때문입니다. 또한 단발이 이루어지게 되면 머리 스타일에 잘 어울리는 옷과 모자 등이 필요할 수밖에 없었고, 이 물자들은 모두 일본 상인의 판로에 의지해야 했습니다. 단발령을 실시했던 또 다른 이유는 조선인들의 상투를 잘라 조선인의 유교적 전통과 자존심을 단번에 무너뜨림으로써 패배감을 높이려 했기 때문일 수도 있습니다.

미국 선교사 언더우드의 부인이 발간한 책 제목이 『상투의 나라』였던 것에서도 확인할 수 있듯이, 조선은 상투의 나라였으며 상투를 감싸기 위해 썼던 모자의 나라이기도 했습니다. 그런 의미에서 프랑스인 앙리 갈리가 1905년 발간한 『극동전쟁』에서 "한국 모자의 모든 형태를 전부 나열한다는 것은 불가능한 일이다. 한국 모자의 종류는 너무나 다양하여 약 4000종에 달할 것이라고 들었다."고 지적한 내용은 상투와 모자를 중시했던 당시 상황을 정확하게 보여 줍니다. 그래서 조선인의 머리카락을 자른 것은 조선의 문화적 정체성을 무너뜨린 대사건이 되었고, 우리 근대사에서 최초의 의병을 불러일으킨 동기가 되었습니다.

갑오개혁에서
우리는 무엇을 배워야 할까?

1894년은 조선에 위기이자 기회의 시간이었습니다. 이 역설적인 공간을 열었던 동학농민운동은 아래로부터 반봉건·반외세의 개혁 요구를 집결시켜 조선 정부가 있는 서울을 향했습니다. 청과 일본 양국 군대의 출동으로 인해 외세라는 새로운 변수가 생겼지만, 갑오정권은 조선을 근대국가로 만들겠다는 열망으로 위로부터의 개혁 의지를 담아 농민군의 요구에 부응하려고 했습니다. 전주화약에서 이미 만났던 아래와 위로부터의 개혁은 낡은 제도를 개혁하고자 하는 공통분모를 가지고 있었기 때문에, 다시 만나 위기를 기회로 전환할 수 있는 지혜를 발휘할 수 있었습니다.

조선 정부는 갑오개혁 1기에 결정했던 각종 개혁안을 인쇄해서 전국 각지로 홍보하는 한편, 관리를 파견해 정부가 실행하고자 했던 개혁안에 대해서 농민군을 설득하는 데 힘을 기울였습니다. 이 시기에 군국기무처가 준비했던 개혁안은 농민군의 요구를 대부분 수용하면서, 일본의 경복궁 점령 때문에 발생한 농민군의 반감을 어느 정도 가라앉힐 수 있었습니다. 예를 들면, 농민군의 요구 중에서 '노비 문서를 소각하고 천민에 대한 차별을 개선할 것, 젊어서 과부가 된 여성의 재혼을 허용할 것, 편파적인 관리 채용을 타파하고 인재를 등용할 것, 각종 잡세를 일절 거두지 말 것' 등은 앞서 살펴본 것처럼 갑오정권의 즉각적인 개혁 조치에 따라 대부분 반영되었습니다.

그러나 둘 사이에는 쉽게 넘을 수 없는 깊은 골이 두 가지가 있었습니다. 첫째는 토지의 평균 분작, 즉 토지를 공평하게 나누어 경작하게 해 달라는 농민군의 요구였습니다. 군국기무처 시기에 갑오정권은 주로 정치제도를 개편하고 불법적인 수탈을 제거하는 것에 주력했습니다. 조선 정부가 힘을 기울였던 농민 경제 안정책은 농민군의 평균 분작이나 조세 삭감이 아니라, 조세 행정을 합리적으로 운영해서 농민들의 불편함을 덜어 주겠다는 것에 머물렀습니다. 농민들의 어려운 삶을 근본적으로 해결할 수 있는 비전을 제시했던 것이 아니라, 정부 내 여러 부서의 이해관계를 조정해서 얻을 수 있는 미봉책 정도에 그쳤음을 확인할 수 있는 아쉬운 대목입니다. 둘째는 '왜와 통하는 자는 엄중히 징벌한다.'는 농민군의 주장에서 확인할 수 있듯이, 일본에 대한 관점을 좁힐 수 없었습니다. 갑오정권은 독자적인 정치적 기반에서 개혁을 추진했던 것이 아니라 일본의 군사력에 의지해야 했던 약점을 가지고 있었습니다. 권력의 핵심이었던 왕권을 배제한 채 외세에 의존하고 있었기 때문에 개혁의 명분과 영향력이 크지 못했습니다. 급하게 쏟아 내고 있던 개혁안이 기득권 세력의 반발에 막히면서, 개혁은 구체적인 시행 계획조차 제시하지 못한 채 후퇴할 수밖에 없었습니다. 또한 9월에 들어와 평양 전투에서 승리한 일본이 박영효를 앞세워 이전과 달리 본격적으로 내정간섭에 나서게 되었습니다. 그나마 농민군의 기대에 부응했던 개혁 성과는 후퇴했고, 농민군이 반대했던 친일적 성향은 더욱 강화된 것입니다. 갑오개혁 2기의 변화된 상황은 전주화약 이후에 형성된 두 세력의 연대에 금을 만들었습니다.

결국 양력 10월에 와서 농민군은 다시 봉기했습니다. 농민군의 칼날은 반일을 외치며 일본을 향했을 뿐 아니라, 반개화의 구호를 내세우며 조선 정부까지 향했습니다. 농민군이 다시 일어나자 그들의 요구를 나름대로 최선을 다해 수용하고자 했던 갑오정권은 당황할 수밖에 없었습니다. 조선 정부는 농민군을 '몹쓸 백성'이라고 비판하며 회유에 나섭니다. 하지만 농민군의 기세가 여전히 이어져 서울 부근의 경기도에까지 이르자, 정부는 농민군을 비도匪徒, 즉 도적 무리라고 부르며 회유에서 탄압으로 방향을 전환했습니다. 그리고 이노우에 일본 공사를 찾아가 농민군을 무력으로 진압해 줄 것을 요청하게 됩니다. 갑오정권은 아래로부터 올라왔던 농민의 요구를 받아들여 조선을 혁신하고자 했으면서도, 일본의 도움으로 권력을 가지게 된 원죄를 끝내 벗어 버리지 못했습니다. 이 딜레마를 해결하지 못한 그들의 최종적인 선택은 농민군이 아니라 일본이었고, 일본군의 힘을 빌려 농민군을 탄압할 수밖에 없는 비극적인 결말을 맞이해야 했습니다.

전주화약 이후 아래로부터의 개혁과 위로부터의 개혁은 그 접점을 찾을 수 있었고, 짧게나마 집강소를 함께 운영하며 새로운 조선에 대한 꿈을 꿀 수 있었습니다. 정부는 농민군을 배려했고, 농민군은 조선 정부의 정책을 인내했습니다. 그러나 개혁의 속도와 외세의 간섭에 대한 입장 차이를 좁히지 못한 채, 결국 파국에 이르고 말았습니다. 이 뼈아픈 경험이 21세기를 살고 있는 우리에게 시사하는 바는 무엇일까요? 외세, 남북한 사이의 민족 갈등, 그리고 대한민국 내부의 계급 갈등으로 더욱 복잡해진 우리의 현실은 지난날의 과오에서 어떻게 벗어날 수 있을까요?

갑오개혁은 농민군의 요구에 호응해서 국가의 전 영역을 개혁하려는 조선 정부의 화답에서 시작되었다. 그러나 일본군의 경복궁 점령은 개혁의 방향에 새로운 변수로 등장했다. 낡은 체제를 개선하고자 하는 의지와 외세에 의존해야 하는 한계를 동시에 안아야 했기 때문이다. 결국 농민군은 다시 군대를 일으켰고, 조선 정부는 농민군 진압을 위해 일본 정부에 지원을 요청했다. 조선 정부와 농민군에게 과연 다른 선택은 없었을까?

| 동학농민군 백산 봉기 민족기록화(음력 1894.3)

8장

명성왕후는 왜
비극적인 운명을 맞이했는가?

고종의 사진을 만나기는 그리 어렵지 않지만, 그 아내였던 명성왕후의 사진은 지금도 무엇이 진짜인지 논란이 되고 있다. 처음에는 호머 헐버트Homer B. Hulbert가 쓴 『대한제국 멸망사 The Passing of Korea』(1906)에 실린 사진이 왕후의 사진으로 인정받았지만, 이승만의 『독립정신』(1910)에 실린 사진이 공개되면서 한동안 중·고등학교 국사 교과서에 실릴 만큼 널리 인정받았다. 그러나 서울대 이태진 교수와 조선일보 이규태 논설고문이 카를로 로제티Carlo Rossetti의 『꼬레아 꼬레아니Corea e Coreani』(1904)에 실린 '대례복 차림의 왕비'를 두고 왕비 사진의 진위 여부에 대한 논쟁을 펼침으로써 명성왕후의 사진은 모두 진실성을 의심받게 된다. 그 후에도 프랑스 언론인이자 베이징 특파원으로 활동한 빌타르 드 라게리Villetard de Laguerie의 저서 『한국-독립이냐, 러시아 혹은 일본의 손에 넘어갈 것이냐La Coree -Independent Russ, Ou Japonais』(1898)에 수록된 삽화 주인공이 명성왕후라는 주장이 나와 한동안 논란이 되기도 했다. 결국 분야별 전문가들이 동원돼 사진의 얼굴 모양·복식·앉은 자세·사진을 찍은 곳·사진에 대한 당대인들의 생각 등의 검증 단계를 거치게 되었고, 왕비의 진짜 모습이라고 확증된 사진은 아직도 나타나지 않고 있다.

우리가 '잃어버린 얼굴'은 무엇일까?

우리는 왕비의 모습만 모르는 것이 아닙니다. 우리는 그녀의 이름도 알지 못합니다. 명성왕후의 이름은 '민자영'이라고 대중적으로 알려져 있지만, 그 이름은 정비석의 소설에 등장한 상상력의 산물일 뿐 역사 자료에 등장하는 이름이 아닙니다. 또한 명성왕후와 시위대 연대장 홍계훈의 이야기를 창작해서 만든 영화 〈불꽃처럼 나비처럼〉의 사이트 이름이 www.minjayoung.co.kr이었던 것도 민자영을 실제로 착각하게 만든 이유 중 하나일 것입니다.

왕비의 사진 중 어느 것도 진짜로 인정받지 못했듯이 그녀를 가리키는 공식 명칭도 여전히 논란이 되고 있습니다. '민비'와 '명성황후'의 호칭을 둘러싼 각종 논쟁이 이를 잘 보여 줍니다. 을미사변이 일어난 후 120년이 되던 2015년 9월에 이 논쟁과 관련된 세 가지 사건이 나란히 일어났습니다. 그 시작은 일본 『산케이신문』이 2015년 8월 31일 자 칼럼을 통해 박근혜 대통령을 '민비'에 비유한 데서 비롯되었습니다. 『산케이신문』은 박 대통령의 중국 전승戰勝 70주년 기념식 참석을 '사대주의 행보'라고 비난하면서, "이씨 왕조에는 박 대통령과 같은 여성 권력자가 있었다. 제26대 왕 고종의 왕비였던 민비"라고 주장했습니다. 또한 "민비는 1895년 러시아의 지원으로 권력을 탈환했으나 석 달 뒤 암살됐다"라는 극한 발언까지 서슴지 않았습니다. 청와대는 외교 문제로 커질 것을 염려하며 이 발언에 대응하지 않았지만, 국내 정치권과 여론은 이 '민비' 발언에 극도의 분노감을 터뜨렸습니다. '민비'는 당대부터 일제강점기까지 일본인들이 '명성황후'를 비하하는 명칭이라고 알고 있었기 때문입니다.

이 논란이 일어났던 때, '명성황후'를 다룬 창작 뮤지컬 두 편도 나란히 무대에 올랐습니다. 첫 번째 뮤지컬은 을미사변 100주년인 1995년에 초연된 후 20년 동안 꾸준한 인기를 누리면서, 국내 창작 뮤지컬의 고전이 된 〈명성황후〉였습니다. 열강의 틈바구니 속에서 국권을 지키려다 영웅적인 죽음을 맞은 조선의 국모國母는 '민비'라는 이름 대신 '명성황후'라는 당당한 명칭을 대중들의 머릿속에 새겼습니다. 한편 〈잃어버린 얼굴 1895〉라는 이름의 창작 뮤지컬이 〈명성황후〉와 함께 공연되며 경쟁했습니다. 이 뮤지컬의 기획 의도는 이 작품이 뮤지컬 〈명성황후〉와 어떤 관계를 형성하려고 했는지 잘 보여 줍니다.

> 명성황후……. 어떤 이는 '민비'라고 칭하고, 어떤 이는 '명성왕후'와 '명성황후'라는 호명 사이에서 갈팡질팡하기도 한다. 명성황후는 잊고 싶은 우리 역사의 부끄러운 일면이면서 한편으로는 기억해야 할 야만성의 희생양이기도 하다. 민중 사관의 입장에서 보면 '가해자'일 것이고, 다른 관점에서 보면 외세 제국주의자들의 야욕에 스러진 '피해자'이기도 하다.

〈잃어버린 얼굴 1895〉는 선과 악의 이분법으로 쉽게 재단할 수 없는 왕비의 실제 모습을 찾아가는 과정을 담으려 했는데, '잃어버린 얼굴'이라는 제목이 우리에게 시사하는 바가 큽니다. '민비'와 '명성황후'라는 이름에 갇혀 우리가 잃어버린 그 얼굴은 무엇이었을까요?

우선 왕비를 부르는 공식 명칭에 대한 문제부터 풀어 보겠습니다.

조선 시대의 왕비를 지칭하는 명칭은 바로 '왕후'입니다. 숙종 때 장희빈과 대립했던 인현왕후나 영조의 어린 아내이자 정조의 할마마마로 유명한 정순왕후에서 그 명칭을 확인할 수 있습니다. 또한 우리는 왕후의 명칭 뒤에 성을 붙여서 인현왕후 민씨, 정순왕후 김씨 등으로 부르기도 합니다. 그래서 조선왕조의 전통에 따르게 되면 고종의 아내는 '명성왕후' 또는 '명성왕후 민씨'가 가장 자연스러울 것입니다.

그렇다면 '민비'라는 단어는 명성왕후를 비하하는 단어일까요? 명성왕후는 왕비가 죽은 뒤에 정해지는 명칭이기 때문에 살아 있을 때는 '왕비'나 '왕후'라는 단어를 쓰거나, 그 앞에 성씨를 붙여 사용하게 됩니다. 그래서 '민비', '민왕후'라는 용어는 자연스러운 용례라고 할 수 있습니다. 명성왕후와 동일한 시간을 살았던 황현이 『매천야록』에서 왕비를 '민비'라고 지칭했던 예에서 볼 수 있듯이 말입니다. 그런데 을미사변 후 '민비'는 대원군에 의해 서인으로 강등되었다가 곧바로 고종에 의해 복권되었고, 고종이 대한제국을 선포하고 황제로 즉위하면서 '명성明成'이라는 시호와 함께 '황후'로 높여졌습니다. 장례는 죽은 지 2년이 지난 1897년에 가서야 국장으로 치러질 수 있었습니다.

문제는 그다음에 등장합니다. 이제 '민비'를 어떻게 불러야 할까요? 명성왕후는 '황후'로 추존되었지만, 그녀는 대한제국 시기를 살았던 인물이 아닙니다. 그녀의 시간과 존재에 적합한 명칭은 '왕후'였습니다. 그러나 장례 일정이 늦어졌고 그 지연된 시간에 조선이 대한제국으로 전환되면서, 왕후는 '황후'가 되었습니다. 대한제국을 선포했던 고종과 황실은 명성왕후에 대한 특별한 존경을 담아 이 예외가 정당하다고 말하고 싶겠지만, 모두가 이 낯선 조합을 달가워하지는 않았을 것입니다.

왕후를 시해했던 일본은 그녀를 황후로 높이는 것이 그들의 범죄를 더욱 크게 보이도록 한다는 점을 충분히 인지했습니다. 또한 조선을 보호국 또는 식민지로 삼으려 했던 그들로서는 조선을 일본 제국과 동일한 황제의 나라로 인정하고 싶지 않았을 것입니다. 그래서 일본은 예전의 '민비'를 고수했고, 이는 일제강점기 내내 그대로 유지되었습니다. 그러나 우리는 '민비'를 선택했던 또 다른 사람들을 주목할 필요가 있습니다. 그들은 바로 고종과 명성왕후에게 반감을 가졌던 조선의 비판적 지식인들과 농민군으로 대표되는 백성들입니다. 최익현이나 황현 같은 유학자들은 외세에 휘둘리며 나라의 정체성을 제대로 지키지 못하는 황실의 무능을 비판하며 '황후'라는 명칭을 사용하지 않았습니다. 또한 백성들도 농민군을 학살하도록 방치했던 정부가 존경심을 담아 발표한 '황후'라는 명칭에 쉽사리 동의하기가 어려웠을 것입니다. 21세기에도 고종과 명성왕후를 비판적으로 바라보는 많은 역사가들이 '명성황후' 대신에 '민비'라는 용어를 사용하는 까닭이기도 합니다.

　　그래서 '명성황후'라는 단어에 맹목적인 지지를 보내는 것은 그저 일본의 만행에 대한 분노에 머무는 것이 아닙니다. 그것은 '민비'라는 용어를 사용함으로써 조선 황실을 비판했던 수많은 비판적 시각에 귀를 기울이지 않겠다는 선택이 되기도 합니다. '민비'라는 용어를 선택함으로써 조선의 개혁과 반일의 기치를 더욱 높이고자 했던 이들이 있었다는 사실을 이해한다면, 21세기에도 '민비'라는 용어는 여전히 유효할 수 있습니다.

　　그러나 여전히 일본이 비하의 의미를 담아 '민비'를 입에 담고 있고 아무리 예외적이더라도 대한제국이 공식적으로 사용했던 '명성황후'

가 여전히 옳다고 생각된다면, 제3의 길로 '명성왕후'도 함께 고려해 보는 것이 어떨까요? '명성황후'를 고집하는 많은 분들이 대한제국의 공식 명칭이라는 근거를 앞세우지만, 정작 대한제국의 황제였던 고종의 명칭에는 별 관심이 없습니다. 한순간도 대한제국 시기를 살지 못했던 '황후'의 명칭에 대해서는 그토록 분개하면서도, 우리는 대한제국 시기를 온전히 살았던 '태황제', '광무제', '고종황제'라고 불러야 할 황제의 명칭에 대해서는 왜 그토록 관심이 없을까요? 우리에게 '고종'이라는 이름이 자연스럽다면 그에 대응하는 '명성왕후'도 자연스러워야 하지 않을까요? 어쩌면 '명성왕후'라는 용어야말로 우리가 잃어버린 왕비의 얼굴일지도 모르겠습니다.

을미사변 당일에
무슨 일이 있었을까?

이노우에와 교체되어 파견된 주한 일본 공사 미우라는 왕비를 시해할 계획을 세웁니다. 삼국간섭 이후 조선 정부가 러시아 외교에 힘을 기울이는 한편, 일본의 의도가 개입된 각종 제도를 복구하고 일본인 교관이 훈련시킨 조선 훈련대까지 해산시켰기 때문입니다. 일본의 입지가 좁아지자 미우라는 이 상황을 뒤바꾸기 위해 조선에 들어와 있던 일본 낭인들과 조선 훈련대의 장교들을 동원하고 흥선대원군을 포섭해 왕비를 몰아낼 계획을 세웠습니다.

을미사변 전날인 1895년 10월 7일(음력 8월 19일) 밤에는 두 개의 연회가 열렸습니다. 경복궁 안에서는 명성왕후가 청일전쟁 동안 청에 망명했다가 귀국한 척족 민영준의 궁내부대신 내정을 축하하는 연회를 열었습니다. 그리고 같은 시각, 서울 남산자락의 진고개(지금의 명동)에서는 을미사변에 투입될 일본인 낭인패들과 서울에서 발간되던 일본 신문 『한성신보』 기자들이 파티를 벌이고 있었습니다.

왕비가 전날의 파티 후 달구경을 하고 돌아온 지 얼마 지나지 않은 10월 8일(음력 8월 20일) 새벽 5시 30분경, 일본 낭인들은 경복궁 정문인 광화문 앞에 들이닥쳐 궁궐을 수비하고 있던 훈련대 연대장 홍계훈 일행을 살해하고 곧바로 근정전을 지나 건청궁으로 쳐들어갔습니다. 일본의 작전명, 이른바 '여우사냥'이 시작된 것입니다. 당시 왕과 왕비, 왕세자와 왕세자비는 모두 함께 현장에 있었습니다. 고종과 왕비는 다소의 시간적인 여유는 있었지만 일본 군대와 조선 훈련대가 경복궁을 포위하고 있었기 때문에 몸을 피할 수 없었습니다. 그리고 새벽에 갑자기 침입한 습격자들의 목표가 왕비라는 사실도 정확하게 인식하지 못했습니다.

침입자들은 고종의 숙소에 난입해서 온갖 난폭한 행동을 자행했습니다. 고종은 일본 자객에게 붙잡혀 옷이 찢겼고, 왕세자는 상투를 잡힌 채 자객이 휘두른 칼에 목을 맞고 쓰러지는 수모를 당해야 했습니다. 낭인들 중 한 무리가 왕비의 침전으로 달려가자, 궁내부대신 이경직이 길을 막고 나섰습니다. 폭도들은 이경직을 총으로 사살하고 왕이 보는 앞에서 다시 칼로 베었습니다. 곧이어 왕비의 침전에서 여인들의 비명이 울려 퍼졌습니다. 폭도들은 궁녀와 왕세자를 통해 피살된 사람들 중 한 사람이 왕비임을 확인하고는 그 시신을 홑이불에 싸서 인근 녹원 솔밭에서 석유불로 태워 없애는 만행을 저질렀습니다.

일제는 을미사변에 대해 위증·날조·은폐로 일관하면서 범죄 사실을 끝까지 인정하지 않으려고 했습니다. 심지어 '대원군 주도설'과 '고종 주도설'까지 유포하며 그 진실을 은폐하려고 했고, 기껏해야 일본 정부와는 무관한 낭인들의 범죄로 무마하려고 했습니다. 하지만 시해 현장에는 고종·왕세자 및 미국인 교관 다이W. M. Dye·러시아인 건축 기사 세레딘사바틴Afanasy Ivanovich Seredin-Sabatin, 그 외 많은 조선인이 진상을 자세히 목격했기 때문에 사건 전말이 외부에 알려질 수 있었습니다. 왕비 살해라는 만행에 대해 러시아·미국·독일·이탈리아·오스트리아 등의 외교관들은 일본군의 철수와 조선에 대한 불간섭을 촉구하는 성명을 발표했으며, 사건의 여파로 일본이 장악하고 있던 조선 훈련대는 해산되었습니다. 또한 시해 사건에 관계된 군부대신 조희연과 경무사 권형진이 파면되었으며 대원군은 스스로 은퇴해야 했습니다.

하지만 당시 일본 공사였던 미우라는 대원군이 사건을 주모했으며 조선군 훈련대가 왕비를 시해한 것이라고 위증했는가 하면, 공정한 재판을 통해 자국의 불명예를 씻겠다고 장담했던 일본 정부는 증거 불충분이라는 이유를 들어 범죄에 관련된 모든 일본인을 무죄 방면했습니다. 그로 인해 현재까지도 을미사변과 관련된 기초적인 사실조차 정확하지 않습니다. 당시 사건이 발생했던 장소, 왕비의 암살 과정, 일본군과 일본 낭인들의 행적, 훈련대와 시위대의 활동 등에 대해 한일 양국 학자들은 서로 다른 주장을 하고 있습니다. 그러나 을미사변의 배후를 추적하는 과정에서 왕비의 암살자로 일본 군부가 개입했을 가능성이 점점 설득력을 얻게 되었습니다. 이는 명성왕후 시해의 핵심이 바로 주한 일본 공사관과 일본 정부였다는 사실을 말해 주는 증거가 되었습니다.

왜 왕비를 노렸을까?

한 국가의 왕비를 시해한다는 것은 누가 보다라도 정치적·외교적으로 큰 부담을 떠안는 일입니다. 국제 외교에서 영리한 행보를 보였던 일본이 왜 이런 무리수를 선택했을까요? 여러 복잡한 분석이 가능하겠지만, 가장 단순하게 접근하면 리스크만큼이나 이득을 볼 수 있다는 계산을 했기 때문이 아닐까요? 이것은 명성왕후의 역할과 비중이 조선 정부 내에서 상당히 컸음을 역설적으로 보여 줍니다.

당대의 조선 유학자들과 일본은 고종과 명성왕후의 관계를 대립적으로 설정해서, 왕비가 고종의 왕권을 유린하며 국정을 농단했던 것으로 묘사했습니다. 그러나 최근 우리 학계의 연구 성과에 따르면 명성왕후는 왕과 제로섬게임을 벌였던 것이 아니라, 고종의 충실한 참모로 활약하며 시너지 효과를 발휘했던 것으로 나타납니다. 그녀가 두드러진 활약을 했던 분야는 바로 외교였습니다. 동도서기 계열의 관료였던 김윤식은 임오군란 당시 명성왕후가 군인들과 민중들에게 봉변을 당했던 까닭이 외교를 관장하면서 개화 정책을 주도했기 때문이라고 증언했습니다. 명성왕후의 담당 의사였던 언더우드 여사도 왕비가 세계 각국의 사정에 대해 깊은 관심을 가지고 있었으며, 왕비 자신이 기민하고 유능한 외교관이어서 반대자들이 그녀의 기지를 당해 낼 수 없었다고 평가할 정도였습니다.

명성왕후의 외교 전략은 균세均勢 외교, 즉 열강의 세력균형 아래 조선의 독립을 유지하는 것이었습니다. 고종도 왕비의 외교를 '수원綏遠 정책'이라고 불렀는데, 이는 먼 나라를 끌어들여 가까이함으로써 세력균형을 도모한다는 의미를 가지고 있습니다. 그런데 여기에서 '먼 나라'를 끌어들인다는 것에 주목할 필요가 있습니다. 개화 정책 초기에 큰 이슈가 되었던 외교 노선은 황쭌셴의『조선책략』에서 제시된 '친親중국, 결結일본, 연聯미국'해서 러시아를 견제하는 전략이었습니다. 중국이나 일본 등의 가까운 나라와 손을 잡고, 먼 나라인 러시아를 배척하는 노선이었습니다. 그러나 명성왕후가 구상했던 외교 전략은 오히려 기존의 전략을 뒤집어서, 먼 나라였던 러시아를 끌어들여 가까운 나라인 청과 일본을 제거하는 역발상으로 나타났습니다.

그 배경은 임오군란 이후 청이 속방 정책을 통해 조선에 대한 내정 간섭을 강화하면서, 고종이 청과 가까운 동도서기파 관료들에게 정국의 주도권을 빼앗긴 것에서 비롯됩니다. 갑신정변마저 청군의 승리로 끝나자 위안스카이로 대표되는 청 세력이 힘을 얻었고, 민씨 척족 중에서 왕후의 각별한 신임을 얻었던 민영익마저 청에 기울면서 명성왕후는 청 세력을 견제하는 방편으로 러시아를 끌어들이는 계획을 몰래 추진합니다. 이것이 갑신정변 다음 해였던 1885년과 1886년에 두 차례의 '조러밀약'이 추진되었던 까닭입니다.

사실 조선 정부는 러시아보다 미국을 외교 파트너로 삼고 싶었습니다. 그러나 갑신정변 때 고종이 미국에 지원을 요청했지만 미 정부는 조선 정치에 개입하는 것에 대해 냉담한 반응을 보였습니다. 미국의 태도에 실망한 고종과 명성왕후가 차선으로 선택한 나라가 바로 러시아였습니다. 러시아를 끌어들이자는 인아引俄 정책의 제안자는 외교고문 묄렌도르프였지만, 이 정책을 적극적으로 추진했던 이가 명성왕후였습니다. 제1차 조러밀약 추진 당시, 고종은 심복들과 상의해서 독단으로 신하들을 블라디보스토크에 보내 보호를 요청하는 한편, 묄렌도르프를 주일 러시아 공사관과 접촉하게 해서 조선의 중립과 영토 보장, 그리고 군사교관 파견에 협조해 줄 것을 요청합니다. 하지만 조러밀약 시도가 알려지면서 위안스카이와 조선 정부 내 친청 세력의 강력한 반발에 직면했습니다. 그 결과 고종은 위안스카이의 폐위 압박에 시달렸고 묄렌도르프는 사임해야 했습니다.

청이 임오군란으로 연금되어 있던 대원군을 돌려보내는 방법으로 고종을 계속 압박하자, 1886년 8월 고종과 명성왕후는 러시아와의 수교로 서울에 부임했던 러시아 공사 베베르Karl Ivanovich Weber를 통해 다시한 번 러시아에 지지를 요청했습니다. 이것이 제2차 조러밀약입니다. 러시아는 조선의 독립 유지를 지지했지만, 러시아가 군사동맹국이 되어 과도한 책임을 지는 것에는 반대했습니다. 그나마 조선의 독립이 보장될 수있도록 러시아가 청을 설득한 것이 그때 얻었던 최고의 성과라고 할 수있습니다.

러시아를 끌어들여 청을 견제했던 '인아거청引俄拒淸' 외교 전략은 청일전쟁 이후 '인아거일引俄拒日, 즉 그 대상을 일본으로 바꾸게 됩니다. 청일전쟁의 승기를 잡은 뒤 조선을 보호국으로 만들려는 일본에 맞서, 조선 정부가 제1·2차 조러밀약의 경험을 다시 떠올린 것입니다. 더구나 러시아의 주도로 삼국간섭이 이루어지고 일본이 랴오둥반도를 청에 반환하자, 명성왕후는 러시아 공사 베베르와 은밀히 교섭하면서 일본에 정면으로 반발했습니다.

'거일拒日'을 공통분모로 하는 제3차 조러밀약의 가능성을 없애고 향후 조선을 둘러싼 국제 정세를 자국에 유리한 방향으로 전환하기 위해, 일본 공사관은 비열한 만행을 계획하게 됩니다. 군사력으로는 상대가 되지 않는 조선의 남은 힘을 꺾기 위해, 조선 외교의 중심이었던 명성왕후를 제거하려고 했습니다. 그것이 바로 일본이 왕비를 노린 까닭입니다.

그 시절에 왕비는 어떻게 평가되었을까?

조선왕조의 공식 기록은 그 특성상 왕후와 관련된 내용을 거의 담지 않습니다. 국정國政은 남자들의 몫이었고, 여자들에게는 집안을 다스리는 가정家政만 부여되었기 때문입니다. 또한 국가의 공식적인 자료 외에 당대의 유학자들이 전하는 기록은 명성왕후에 대한 비판으로 가득했습니다. 왕이 어려서 수렴청정이 필요한 상황이 아니었음에도, 대비도 아니고 왕대비도 아닌 왕비로서 국정에 참여한 명성왕후를 기존 유학자들이 긍정적으로 평가하기는 어려웠습니다.

19세기판 정치 혁신의 아이콘이 될 수 있었던 그녀는 오히려 18세기 프랑스 민중의 분노 속에서 비난의 몰매를 맞아야 했던 마리 앙투아네트와 비슷한 처지에 직면하게 됩니다. 실제로 갑오정권의 핵심 인물 중 하나였던 유길준은 을미사변 직후 미국인 은사였던 모스에게 보낸 편지에서 그녀를 프랑스의 마리 앙투아네트보다 더 악질이라고 비판할 정도였습니다. 유길준의 비난은 임오군란에서도 확인할 수 있습니다.

당시 개화 정권을 무너뜨리고 권력을 다시 쥐게 된 흥선대원군은 명성왕후의 죽음을 공식화했습니다. 왕비는 난을 피해 충주로 도망갔지만, 시아버지는 라이벌이던 명성왕후에게 사망 선고를 내렸습니다. 육체의 사망이 아니라 정치적 사망 선고를 내리고 싶었기 때문입니다. 왕비의 사망이 공식화되자 많은 양반들이 국상을 치르는 장소로 몰려들었지만, 백성들은 극심한 반감을 드러내며 양반 관료들을 길에서 가로막고 모욕을 주며 가마를 부수는 행위까지 일삼았습니다. 개항 이후의 물가 폭등과 개화 비용을 온몸으로 겪어야 했던 하층민의 어려움은 화풀이 대상을 찾았고, 개화와 함께 등장한 민씨 척족과 그 정점에 있던 조선의 마리 앙투아네트 '민비'야말로 그 적임자였습니다.

임오군란에서 몸을 피했다가 왕비와 함께 돌아온 무당 한 명 때문에 명성왕후는 더욱 곤경에 처하게 됩니다. 130여 년 뒤 탄핵 정국을 초래한 '최순실 게이트'에 대해 외신들이 '샤머니즘 스캔들'이라는 이름을 붙였을 때 소환되었던 진령군이 바로 그 주인공입니다. 충주로 피한 왕비의 정계 복귀 일자를 정확하게 맞혔다는 그 무당은 왕족에 버금가는 지위를 의미하는 '군君'의 이름을 받고 기세를 떨칩니다. 『고종실록』에 전하는 지석영의 상소에 따르면, 진령군은 "신령의 힘을 빙자하여 임금을 현혹시키고 기도한다는 구실로 재물을 축내며 요직을 차지하고 농간을 부린 요사스러운 계집"이었습니다.

진령군의 권력을 키운 것은 명성왕후였습니다. 명성왕후는 총 4남 1녀를 낳았지만 자녀 복이 없었습니다. 후사를 보지 못해 애를 태우던 명성왕후가 1871년에 첫 왕자를 낳았지만 태어난 지 5일 만에 쇄항증(항문이 막히는 병)이라는 선천적 기형으로 죽었고, 그 뒤로 1873년에 딸을 낳지만 역시 200여 일 만에 사망하고 맙니다. 1874년에 태어난 두 번째 왕자가 뒷날 순종이 되는 세자였고, 삼남은 14일 만에, 사남은 100여 일 만에 사망했습니다. 순종은 어려서 천연두를 앓았고 잔병치레가 많았으며, 세자빈이나 후궁으로부터 자녀를 얻지 못한 걸로 보았을 때 생식 능력에도 문제가 있었던 것으로 보입니다. 명성왕후가 진령군이라는 무당에 의존하고 명산대천에 수만 냥 기금을 쓰면서 기도를 드렸던 것은 어쩌면 어머니로서 불행했던 그녀의 개인사 때문일지도 모르겠습니다. 그러나 진령군과 얽힌 명성왕후의 평판은 과거에나 지금에나 악명으로 가득 차 있습니다.

황현은 『매천야록』에서 명성왕후가 어머니로서 보여 주었던 모습에 대해서는 비판했지만, 왕비가 총명하고 정치적 계산도 풍부해서 언제나 고종의 부족한 점을 도와주었다는 긍정적인 평가를 하기도 했습니다. 황현의 긍정적인 평가는 『독립신문』의 주필이었던 서재필에게서도 동일하게 나타납니다. 그는 명성왕후가 매우 명석한 두뇌를 가지고 있어서 상황 분석에 뛰어난 인물이라고 높이 평가했습니다. 당시 여러 사람들이 김옥균을 비롯한 갑신오적이 나서면 세상에 못할 일이 없다고 말했지만, 그다섯도 왕비 앞에서는 으레 기선을 제압당하고 머리를 긁적이며 물러날 수밖에 없었다고 서재필은 증언합니다.

명성왕후를 직접 만나 본 당대 외국인들의 평가는 어떠했을까요? 조선의 권력관계나 사회적 관습과 거리를 두고 있었던 그들의 평가는 명성왕후를 당대의 선입견에서 벗어나 조금 더 객관적인 시선을 우리에게 전해 줄지도 모릅니다. 명성왕후에 대한 외국인들의 공통적인 평가는 두뇌가 명석하고 학문적으로 우수하며 기지가 뛰어난 것으로 요약됩니다. 특히 영국 왕립지리학회 회원으로 『한국과 그 이웃나라들Korea and Her Neighbours』을 남긴 지리학자 이사벨라 비숍Isabella Bird Bishop 여사의 평가는 명성왕후를 다시 생각해 보는 계기가 됩니다. 그녀의 책에서 볼 수 있는 한국에 대한 탁월한 통찰은 시인 김수영이 「거대한 뿌리」에서 '그녀와 연애'하고 있다고 표현했듯이 우리에게 신뢰를 줍니다. 비숍 여사는 네 차례에 걸쳐 고종과 왕비를 알현한 다음 명성왕후에 대해 이렇게 썼습니다. "눈빛은 차갑고 예리했으며 반짝이는 지성미를 풍기고 있었다. …… 나는 왕후의 우아하고 매력적인 예의범절과 사려 깊은 호의, 뛰어난 지성과 당당함에 깊은 인상을 받았다. 통역자를 통해 나에게 전달되기는 했지만 그녀의 화법은 탁월한 것이었다. 나는 그녀의 기묘한 정치적 영향력, 국왕뿐만 아니라 그 외의 많은 사람들을 수하에 넣고 지휘하는 통치력을 충분히 이해하게 되었다."

또한 미국의 외교관이자 조선 궁내부의 외교고문으로 활동했던 윌리엄 프랭클린 샌즈William Franklin Sands 역시 명성왕후가 "뛰어난 학문과 지성적인 강한 개성과 굽힐 줄 모르는 의지력을 지녔으며, 시대를 추월한 정치가이자 외교가로 조선의 독립을 위해 애쓴 분이었다."고 평가했습니다. 국내의 시선과 상반되는 해외의 평가를 통해, 19세기 말 조선의 정치인이자 외교가로서 명성왕후가 지녔던 뛰어난 면모를 확인할 수 있습니다.

우리는 명성왕후를 어떻게 기억해야 할까?

명성왕후를 직접 만났던 외국인들은 그녀의 명석함에 대해서 높이 평가했지만, 일본인들은 당대에도 일제강점기에도 명성왕후의 총명함을 악의적인 이미지로 왜곡했습니다. 을미사변이라는 끔찍한 범죄를 저지른 일본인들로서는 명성왕후에 대한 평가가 높아질수록 그들의 악행도 함께 커지기 때문입니다. 일본의 지식인들은 일제강점기 내내 망국의 책임을 물으면서 고종은 '유약한 군주'로, 왕비는 총명하지만 덕이 없고 간악한 '악녀'의 이미지로 묘사했습니다.

이 시기에 조선 지식인들의 인식도 일본인들이 만들어 놓은 경로 의존성을 그대로 따랐습니다. 1930년 전후에 『동아일보』에 연재된 김동인의 역사소설 「젊은 그들」과 「운현궁의 봄」에서 명성왕후는 음탕하고 나라를 망친 악독한 아내이자 남편인 고종을 바보로 만든 '여우' 같은 이미지로 묘사됩니다. 반면 명성왕후의 라이벌이자 시아버지였던 대원군은 영웅적인 면모를 과시하며 왕비의 '악행'을 대조적으로 드러내는 인물로 그려졌습니다.

광복을 맞이한 이후에도 한동안 한국 근대사가 본격적으로 연구되지 못하면서 명성왕후의 과거 이미지는 그대로 지속됩니다. 1980년대 이전까지 영화와 드라마에서 등장했던 '민비'에 대한 이미지는 대부분 시아버지 대원군에 맞서 싸운 악독한 여성으로 그려지며 극적 흥미를 높이는 보조적인 역할을 담당했을 뿐이었습니다. 재미있는 것은 TV 드라마에서 최고의 여배우들이 맡는 배역으로 춘향, 장희빈과 함께 명성왕후도 그 한자리를 차지하게 되었다는 점입니다. 최은희·도금봉·김영애·김희애·하희라 등 유명한 여배우들이 1990년대까지 명성왕후를 연기하며 많은 인기를 누렸습니다.

명성왕후의 부정적인 이미지를 단박에 벗겨 준 것은 을미사변 100

주기를 기념해 상연된 뮤지컬 〈명성황후〉의 성공이었습니다. 이 뮤지컬은 이문열의 희곡 「여우사냥」을 원작으로 삼았는데, 이 소설에서 명성왕후는 매우 긍정적인 인물로 그려졌습니다. 뮤지컬 〈명성황후〉는 1995년 12월 30일 예술의전당 오페라극장에서 초연되었고, 1996년에 제2회 한국뮤지컬대상에서 대상·연출상·미술상·의상상·연기상을 수상했습니다. 또한 1997년 8월 15일, 뉴욕주립극장 공연을 시작으로 미국과 영국 등지에서 순회공연을 했고, 뉴욕 브로드웨이 장기 공연까지 이뤄 냈습니다. 뮤지컬 〈명성황후〉 팸플릿에 나와 있는 "홀로 강한 외적과 싸우다 불꽃 속에 사라진 여인!", "타오르는 불길 속에서 나는 조선의 잔다르크를 본다.", "그녀의 지혜와 슬기를 바탕으로 한 뛰어난 외교술은 동서 열강들의 각축장이던 조선의 국권 수호에 마지막 횃불처럼 빛을 발했다." 등의 표현은 명성왕후의 이미지를 '악녀'에서 '조선의 잔다르크'로 빠르게 바꿔 놓았습니다.

뮤지컬 〈명성황후〉의 마지막 장면에서 왕비는 죽은 궁녀들의 혼령과 함께 '백성이여 일어나라'를 부릅니다.

백성들 – 수려한 강산 비옥한 들판 짓밟혔네. 우리들의 왕비마마 비통하게 가셨네. 간악한 일본, 짓밟힌 들판, 어허허허 이 수모와 이 치욕을 우리 어찌 잊으리.

명성황후 – 알 수 없어라, 하늘의 뜻이여. 조선에 드리운 천명이여. 한스러워라, 조정의 세월, 부질없는 다툼들. 바위에 부서지더라도 폭포는 떨어져야 하고 죽음이 기다려도 가야 할 길 있는 법. 이 나라 지킬 수 있다면 이 몸 재가 된들 어떠리. 백성들아, 일어나라. 일어나라. 이천만 신민 대대로 이어 살아가야 할 땅.

백성들 – 한 발 나아가면 빛나는 자주와 독립, 한 발 물러서면 예속과 핍박. 용기와 지혜로 힘 모아, 망국의 수치 목숨 걸고 맞서야 하리.

명성황후, 백성들(합창) – 동녘 붉은 해, 동녘 붉은 해 스스로 지켜야 하리, 조선이여 무궁하라, 흥왕하여라, 흥왕하여라, 흥왕하여라.

뮤지컬 〈명성황후〉는 과거에 부정적으로 그려진 명성왕후를 성스러운 존재로 재창조함으로써, 명성왕후는 역사학이 밝혔던 내용을 벗어나 '백성의 어머니'로서 급격하게 비약했습니다. 또한 2001년 5월부터 이듬해 7월까지 124부작의 대작으로 제작된 드라마 〈명성황후〉는 아역 문근영, 성인 역으로 이미연에 이어 최명길을 등장시키며 뮤지컬 〈명성황후〉의 이미지를 성공적으로 재생산하는 역할을 담당했습니다. 2002년 한·일 월드컵을 맞아서 우리 역사의 자긍심을 높이려는 분위기가 반영된 것이지만, 이 드라마는 명성왕후를 지나치게 긍정적으로 해석했다는 평가를 받기도 했습니다. 드라마의 뮤직비디오에서 조수미가 불렀던 〈나 가거든〉이 흐르는 가운데, 배우 이미연이 외쳤던 "나는 조선의 국모다"라는 명대사는 뮤지컬 〈명성황후〉가 그린 신비화를 더욱 강화시켰습니다.

뮤지컬 〈명성황후〉의 성공 이후 명성왕후와 관련된 여러 장편소설이 발표되었고, 그녀와 관련된 도서도 큰 인기를 누리게 됩니다. 한 나라의 왕비가 일제 낭인들에 의해 잔혹하게 살해당했다는 사실에 대한 민족적 분노가 동력이 되어 명성왕후가 주목받았지만, 어느새 을미사변을 모티프로 삼은 픽션은 논픽션의 견제를 벗어나 명성왕후에 대한 무한한 가능성으로 증폭되었습니다.

마치 마리아처럼 거룩해진 명성왕후는 더 이상 '민비'라는 해석을 거부하고 있습니다. 그러나 극에서 극으로 치달은 명성왕후의 평가를 바라보면서 많은 역사학자들이 우려를 표시합니다. 과연 현재 우리의 뇌리에 그려진 명성왕후가 실제의 그녀와 얼마나 닮아 있을까요? 우리는 뮤지컬과 드라마를 통해서 어느새 우상으로 변해 버린 '별세계의 비운의 왕비'를 마음속에 그린 채, 현실의 명성왕후를 향해서는 어쩌면 돌을 던지고 있지는 않을까요?

'민비'일까, '명성황후'일까? 일제강점기에 폄하되었다가 뮤지컬로 부활한 이 비극적인 인물에 대한 해석은 여전히 우리에게 많은 도전이 되고 있다. 부정과 긍정, 폄하와 신비화, 그 사이의 어느 지점에 역사적 인물로서 '명성왕후'가 서 있지 않을까?

| 명성왕후 장례식

9장

아관파천,
무엇을 얻고 무엇을 잃었는가?

아관파천은 러시아 공사관을 뜻하는 '아관俄館'으로 왕이 '파천播遷', 즉 본궁을 떠나 옮겼던 사건이다. 우리 역사에서 최고 권력자가 전쟁이나 반란을 피해 궁궐을 비운 일은 간혹 있지만, 외적을 눈앞에 두고 외국 공사관으로 피신한 일은 전무후무하다. 또한 전 세계 역사를 살펴보아도 나라가 망해 나라 밖에서 망명정부를 세운 일은 있지만, 왕이 자신의 나라 안에서 외국 공사관으로 몸을 피했다는 기록은 찾기 힘들다. 심지어 누군가는 이 사건을 '아관망명'으로 부르지만, 군주가 자국 안의 외국 공사관에 망명 신청을 했다는 점 때문에 이 용어조차 받아들이기가 쉽지 않다. 또한 임금이 궁녀의 가마를 타고 몰래 피신했다는 사실은 마치 첩보 영화에서나 만날 수 있는 설정처럼 다가올 정도다. 고종은 무엇을 얻고자 굳이 이런 파격까지 감행해야 했을까? 그리고 이 사건이 우리 역사에 초래한 문제는 무엇이었을까?

을미사변 직후의 상황은
어떠했을까?

왕비가 시해된 을미사변은 세계사에서도 유례를 찾아볼 수 없는 큰 비극이었습니다. 일본은 대원군을 앞세워 마치 내부의 권력투쟁인 것처럼 위장하려고 했지만, 사건을 목격한 외국인들의 눈과 그들의 보고를 전해 들은 조선 주재 외교관들의 입을 피할 수는 없었습니다. 일본의 범죄행위는 만천하에 공개되어 서구 열강의 압력에 직면했고, 그로 인해 조선의 처지가 더욱 개선되었을 것이라고 예상하기가 쉽습니다. 그러나 이 당연한 예측과 달리 오히려 일본의 입지가 강화된 까닭은 무엇일까요?

조선 현지의 선교사들과 외교관들은 일본의 만행을 강력하게 비난했지만, 보고를 받은 본국 정부들은 자국 외교관의 조선 내정 개입을 자제하라고 촉구합니다. 반인륜적인 범죄 앞에서도 자국의 이해관계를 따지는 냉정한 계산이 이루어졌기 때문입니다. 각국의 반응에 안도한 일본은 조선을 장악하기 위한 기본 방향을 그대로 유지했고, 일본과 유대 관계를 가지고 있었던 제4차 김홍집 내각 역시 별다른 도전을 받지 않으면서 개혁 작업을 계속 이어 갔습니다.

조선의 내각은 여전히 일본군의 위협에 노출되어 있었고, 심지어 고종의 신변조차 장담하지 못하는 불안한 상황이 지속되었습니다. 고종은 독살과 암살에 대한 두려움에 떨어야 했습니다. 고종은 선교사들에게 도움을 요청했고, 선교·의료·교육 분야에서 영향력을 확장하고 싶었던 선교사들은 고종의 요청에 적극적으로 호응합니다. 선교사 언더우드는 밀봉된 깡통에 담긴 음식과 껍질째 삶은 계란을 작은 상자에 넣어 자물

쇠로 잠근 뒤에 고종에게 보냈고, 고종은 식사할 때마다 언더우드가 건넨 열쇠를 받아 자물쇠를 직접 열고 음식을 꺼내 먹어야 했습니다. 또한 고종은 매일 밤 선교사 두세 명이 입궁해서 자신을 경호해 줄 것을 부탁했는데, 궁궐 호위를 담당한 시위대의 지휘관들이 일본에 매수되었을 지도 모른다는 두려움 때문이었습니다. 왕비를 살해한 일본이 자신마저 죽일 수 있다는 두려움 속에서 서양 선교사의 도움을 받아 목숨을 연명해야 했던 고종의 처지를 잘 보여 주는 대목입니다. 을미사변이 고종에게 남긴 깊은 트라우마를 느낄 수 있습니다.

한편 을미사변 이후 명성왕후를 도왔던 여러 정치인들도 일본의 탄압을 피해 외국 공사관으로 몸을 피했습니다. 그들은 외국 공사관의 도움을 받아 고종을 경복궁에서 구하려는 계획을 세웁니다. 이른바 '춘생문 사건'입니다. 을미사변으로부터 52일이 지난 1895년 11월 28일에 조선의 관료들과 군인들은 감금된 고종을 경복궁 동쪽의 춘생문 밖으로 구출하고자 했습니다. 이 작전에는 언더우드 · 헐버트 · 에비슨Oliver R. Avison · 다이 · 알렌 등 미국의 선교사 · 교사 · 교관 · 외교관이 참여했고, 러시아 공사 베베르도 호응했습니다. 그러나 대궐문을 열어 주기로 약속했던 친위대 대대장 이진호가 이 계획을 김홍집 내각에 알렸고, 내각은 이 계획이 실행될 때까지 기다렸다가 주도 세력을 일망타진합니다.

사건 당일에 군부대신 어윤중은 성루에 올라가 춘생문 사건에 참가한 시위대 병사들에게 군대로 복귀할 것을 명령하였고, 사건이 발각된 것을 알게 된 병사들은 뿔뿔이 흩어졌습니다. 또한 이 사건에 참여했던 지도부는 대부분 현장에서 사살되거나 체포되었으며, 이범진을 비롯한 살아남은 인물들은 러시아 공사관이나 미국 공사관으로 도피할 수밖에 없었습니다. 고종과 뜻을 함께했던 관료들이 춘생문 사건으로 큰 타격을 입으면서, 김홍집 내각의 국정 장악력은 더욱 커졌습니다.

일본도 춘생문 사건을 이용해서 을미사변으로 궁색해진 외교적 입지를 반전시키는 계기로 삼습니다. 일본 언론은 춘생문 사건에 미국과 러시아 외교관이 개입했다는 점을 대대적으로 선전하면서, 일본 외교관이나 구미 외교관이나 조선에서 하는 행동은 마찬가지라고 강변했습니다. 이 역공이 먹혀들어 일본은 서방 여론의 비난을 모면할 수 있었고, 구미 외교관들이 일본의 확장을 견제하기 위해 조선에서 펼쳤던 각종 시도를 차단하는 기회로 이용했습니다. 춘생문 사건 이후의 결과를 보면 김홍집 내각과 일본 공사관이 춘생문 사건을 미리 알고서도 사건 당일까지 왜 기다렸는지 그 이유를 가늠하게 합니다.

아관파천은
어떻게 가능했을까?

고종은 춘생문 사건 때 '밀지'를 보내 사건을 기획했던 배후 조종자였습니다. 그러나 거사가 실패하자 고종은 자신의 개입을 부인하면서 밀지는 그저 위조되었을 뿐이라고 잡아뗍니다. 그러나 뒷날 고종이 춘생문 사건에서 희생되었던 주도자들을 위해 장충단獎忠壇을 만들어 대대적인 기념 사업을 벌인 것을 보면, 이 사건이 고종에게 얼마나 큰 의미를 부여했는지 알 수 있습니다. 고종은 여전히 '경복궁 탈출'을 포기하지 않았지만, 이 아이디어가 성공을 거두기 위해서는 우선 일본의 눈을 피해 궁궐 밖으로 나갈 수 있어야 했고, 탈출 이후의 안전처가 마련되어야 했습니다.

기회는 정국의 주도권을 장악한 김홍집 내각의 성급한 단발령 조치로 나라 전체가 시끄러워지면서 찾아왔습니다. 을미사변 때문에 봉기한 의병이 단발령을 계기로 전국 각지에 번져 갔는데, 고종은 지방 곳곳에 밀사를 파견하여 의병 봉기를 독려했습니다. 이로 인해 각종 생활용품의 조달이 어려워져 서울의 물가가 폭등하는 등 불안이 가중되었습니다. 김홍집 내각과 일본은 들불처럼 번져 가는 의병 운동을 진압하기 위해 지방에 군대를 내려보낼 수밖에 없었고, 경복궁과 서울 경비도 그만큼 느슨해졌습니다.

그러나 춘생문 사건 때처럼 병력 수백 명을 동원하거나 여러 외국인들에게 계획을 알린다면 거사 전에 발각될 가능성이 컸습니다. 이번에는 최소한의 움직임으로 조용하게 일을 추진하는 것이 중요했습니다. 고종은 공적·사적 업무를 보기 위해서 궁녀들이 궐 밖으로 나가는 경로에 주목했습니다. 궁녀들은 필요한 물건을 들여오거나 왕족들의 소식을 전하기 위해서 또는 친정 부모들에게 인사를 하는 등의 이유로 궁궐 밖 출입이 가능했는데, 연말이 되면서 출입은 더욱 잦았습니다. 또한 고종은 김홍집 내각과 끈이 닿은 궁녀들의 눈을 피하기 위해 10년 전 명성왕후의 미움을 받아 궁에서 쫓겨났던 엄 상궁을 불러 파천 계획을 진행시켰습니다. 엄 상궁은 몇 주간 수시로 궁 밖을 출입하면서 궁궐 문을 지키는 병사들에게 그녀의 궐 밖 출입을 당연하게 여기도록 하는 한편, 고종의 계획을 이범진과 러시아 공사에게 알리는 역할을 담당했습니다. 이 엄 상궁이 뒷날 고종의 후궁이자 영친왕의 어머니가 된 엄비입니다.

아관파천이 성공하기 위해서는 이제 마지막 퍼즐을 맞춰야 합니다. 러시아는 왜 아관파천에 참여했을까요? 을미사변 이후 러시아 공사 베베르가 보낸 보고서에서 그 단초를 확인할 수 있습니다. 베베르는 "일본에 의한 한국 강탈은 일본의 요동반도 점령보다 우리에게 더욱 중요한 사안"이라고 인식했고, 을미사변 이후 빠르게 힘을 얻고 있던 일본의 영향력을 최소한 을미사변 이전으로 돌려놓는 것이 러시아의 극동 정책에 필수적인 조치라고 생각했습니다. 그래서 춘생문 사건 실패 이후 고종이 파천을 다시 요청하자, 베베르와 신임 러시아 공사 알렉세이 스페이에르Alexei de Speyer는 러시아 공사관으로 고종을 피신시키는 방법을 받아들이게 됩니다.

아직까지 아관파천의 전후 관계를 명확하게 밝혀 줄 수 있는 구체적인 자료가 발견되지 않아서, 이 사건을 누가 주도했는지는 의문으로 남아 있습니다. 그러나 러시아 정부가 두 공사를 서울에 함께 머물게 해서 아관파천의 과정을 책임지게 했고 러시아 군함을 인천으로 보내 측면에서 지원하는 한편, 아관파천 전날 수병 100여 명을 서울에 보내 공사관을 경비하게 했던 점을 보면 아관파천에 대한 러시아 당국의 상당한 역할을 확인할 수 있습니다.

모든 준비가 끝난 1896년 2월 11일 아침 7시 30분, 마침내 디데이를 맞이했습니다. 고종과 세자는 여인 복장으로 변장하고 엄 상궁과 김 상궁의 가마에 각각 나누어 탔습니다. 가마 두 대는 궁궐 문 앞에서 아무런 검문도 받지 않고 무사히 빠져나갔습니다. 지난해 연말부터 엄 상궁과 김 상궁의 가마가 수시로 대궐 문을 빠져나갔고, 병사들에게 이 상황은 반복적으로 맞이했던 평범한 일상이었기 때문입니다. 가마 두 대는 곧바로 러시아 공사관을 향했고, 고종의 탈출 소식을 들은 군중 수천 명이 공사관으로 몰려와 고종의 탈출을 만세로 환호했습니다. 계획의 성패 여부로만 판단한다면, 너무나 완벽해서 싱겁게 끝나 버린 '미션 임파서블'이었습니다.

고종의 아관파천은 삼국간섭 직후 조선 정부가 적극적으로 추진했던 '인아거일' 외교정책의 연장선이었다고도 볼 수 있습니다. 러시아와 일본 모두 외세라는 점은 동일했지만, 조선의 독립을 바라보는 관점에 많은 차이가 있었기 때문에 고종의 선택은 당시의 현실 속에서 충분한 설득력을 보여 줍니다. 고종의 정책에 호의적이지 않았던 지식인들, 예를 들면 강경한 위정척사파인 최익현, 저명한 양명학자인 이건창, 훗날 고종과 대립하여 사형선고를 받는 이승만 등도 아관파천을 비판하기보다 위기에 대처하는 임시방편으로 여기거나 조선이 독립할 수 있는 기회였다고 평가했습니다.

아관파천은 나름대로 성공한 기획이었습니다. 그러나 할리우드 영화가 해피엔딩으로 끝난 후 관객들은 영화의 여운을 간직한 채 그 순간에 머물게 되지만, 아관파천의 성공은 여운으로 끝날 수 없는 구체적인 현실이었습니다. 궁궐을 탈출할 때야 피치 못할 사정 때문이었다고 하겠지만 어찌 되었든 한 나라의 국왕이 남의 나라 공사관에 피신해 있다는 사실 자체가 국가의 위신을 손상시키는 일이었기에 시간이 지날수록 민심은 곱지 않은 시선으로 점차 변하게 됩니다.

아관파천 이후 조선 내부의 권력은 어떻게 변했을까?

아관파천은 갑오정권의 빠른 몰락을 가져왔습니다. 고종은 러시아 공사관에 들어간 후 곧바로 을미사변의 책임을 물어 총리대신 김홍집·내부대신 유길준·농상공부대신 정병하·군부대신 조희연·법부대신 장박 등 5명을 역적으로 규정해 체포령을 내립니다. 김홍집과 정병하는 살해되었고 유길준·조희연·장박은 일본으로 망명했습니다. 그리고 비록 체포령이 내려지지는 않았지만 탁지부대신 어윤중이 경기도 용인에서 살해되었고, 외부대신 김윤식은 나중에 자수해 제주도로 유배되었습니다. 이로써 일본의 힘을 빌려 개혁을 이끌었던 갑오정권의 시대가 막을 내리고, 정국의 주도권은 고종에게 다시 넘어갔습니다.

그러나 이들의 몰락에 대해서 다시 짚어 볼 지점이 있습니다. 백성들은 갑오정권에 친일을 했다는 의미에서 '왜대신倭大臣'이라는 오명을 씌웠습니다. 갑오개혁과 을미사변의 행적을 보았을 때 민심이 왜 그러한 판단을 했는지 이해되는 측면도 있지만, 갑오정권의 핵심 인물들이 일제강점기의 친일파와 같은 모습이라고 생각해서는 곤란합니다. 가령, 아관파천 후 총리대신 김홍집은 고종을 만나기 위해 급히 러시아 공사관으로 갔지만 끝내 만나지 못하고 돌아오는 길에 성난 군중에게 둘러싸였습니다. 겁을 먹은 수행원들이 일본 군대가 있는 곳으로 피신할 것을 권했지만, 김홍집은 이를 사양하고 다음과 같이 말했다고 합니다. "나는 조선의 총리대신이다. 다른 나라 군대의 도움을 받아 목숨을 부지하느니 차라리 조선 백성의 손에 죽는 것이 떳떳하다. 그것이 천명이다." 이 마지막 말을 남기고 김홍집은 광화문 한가운데서 군중에게 맞아 죽었습니다. 그의 최후는 비참했지만 황현은 "세상 사람들이 그의 죽음을 몹시 애석히 여기었다."고 안타깝게 생각했고, 박은식과 정인보를 비롯한 많은 역사가들 역시 김홍집을 걸출한 온건 개화파 정치가로 평가하면서도 그의 친일 정책에 대해서는 특별히 언급하지 않았습니다.

갑오정권에서 탁지부대신을 맡았던 어윤중의 경우도 김홍집과 비슷한 사례입니다. 체포령이 내려진 것은 아니었지만, 어윤중은 그다음 날 서울을 떠나 친척이 거주하는 경기도 광주에서 5일간 머물렀습니다. 한 곳에 오래 머무를 수 없었던 그는 충청도 보은으로 향하는 귀향길에 올랐다가 도중에 머물렀던 용인에서 마을 주민에게 피살되었습니다. 그러나 신내각도 어윤중의 죽음을 크게 애석해하며 그 시신을 후하게 장례하도록 명령할 정도였고, 갑오정권에 비판적이었던 황현도 "그는 성품이 강직하여 남이 원망을 하더라도 목적을 과감하게 달성했으므로 과오도 많았지만 공무에 열중하여 시속배들은 그를 따를 사람이 없었다. 그는 김홍집과 함께 세상을 구제할 수 있는 인재로 불렸고, 그가 살해된 이후에는 개화에 앞장설 사람이 없음을 모두 한탄하였다."고 평가했습니다.

개화기에 활동한 정치인 중에서 동도서기파에 속하는 김홍집·어윤중·김윤식 등과 급진 개화파 중 유길준 등의 인물을 평가하는 것은 쉽지 않은 문제입니다. 그들은 수구 대 개화라고 하는 이분법에도 쉽게 갇히지 않고, 친청 대 친일이라는 단순한 논리로도 설명이 어렵습니다. 그들은 빠르게 변화하는 국내 정치와 대외 외교의 변동을 고려하며 현실적으로 실현 가능한 근대화와 독립의 방법을 끊임없이 모색했습니다. 김윤식은 이러한 자세를 각 나라가 당면한 상황에서 힘써야 할 일이라는 의미로 '시무時務'라고 표현했습니다. 그 어떤 명칭보다 '시무 개혁파'라는 이름이 어울리는 조선 최고의 엘리트들이 아관파천으로 급속하게 몰락하면서, 조선 정부의 인재 풀은 한층 좁아졌고 그로 인해 시무 개혁파가 선택했던 실리 중심의 유연한 정책도 만나기 어려워졌습니다.

갑오정권이 힘을 잃자, 고종은 박정양·이완용·이범진 등 러시아나 미국과의 외교 관계를 중시하는 관리들을 등용해서 자신의 권력 기반을 강화했습니다. 이때 기용된 인물들은 서울 정동을 배경으로 구미 외교관들 및 선교사들의 사교 단체인 정동구락부에 주로 소속되어 있었는데, 일본을 배제한 채 미국 또는 러시아 중심의 외교 관계를 중시하는 다양한 세력이 연합했습니다. 신내각은 최소한 반일反日과 왕권 강화라는 공통분모를 가지고 있었습니다. 그 결과, 신내각은 친일적인 개화파 대신들을 몰아내고 갑오개혁 시기에 시행된 각종 제도를 폐지하는 한편, 내각제 대신에 과거의 의정부 시스템을 부활해 고종이 참석해야만 의정부 회의가 열리도록 하는 등 복고적 성향을 드러내었습니다. 또한 국내에 있던 일본인 고문관과 교관을 파면하고, 그들 대신 러시아인 고문과 사관을 초청하였으며 러시아 학교를 설립하는 등 러시아를 중시하는 노선을 본격적으로 추진하게 됩니다.

러시아 공사관에서
조선이 치러야 했던 대가는
무엇이었을까?

세상에 공짜는 없다고 합니다. 일본의 탐욕에서 보호해 준 대가, 왕권을
강력하게 견제했던 관료들을 단번에 몰아내게 해 준 대가는 그리 값싼
것이 아니었습니다. 아관파천에 협조한 러시아의 요구가 가장 거셌지만,
미국 등의 열강들도 아관파천이라는 특별한 상황을 인정해 주는 대가로
시설 투자나 자원 개발 등의 각종 경제적 이권을 획득하려고 했습니다.
조선 정부가 각국과 맺은 조약에는 최혜국 대우 조항이 있었고, 열강은
이를 빌미로 이권을 나눠 먹기 위해 분주하게 로비를 벌였습니다. 아관파
천으로 입지가 좁아진 일본은 다른 열강이 획득한 이권을 다시 사들이는
방법으로 우회적으로나마 이권 쟁탈에 참가했습니다.

　　러시아가 가장 눈독을 들였던 이권은 삼림 벌채권이었습니다. 러
시아가 획득한 함경도 경원과 종성의 금광 채굴권도 큰돈을 만질 수 있
었지만 투자에 따른 리스크를 안아야 했던 반면, 두만강·압록강·울릉도
등 조선에서 삼림이 가장 풍부한 지역의 목재 사업은 확실한 이익을 보
장하는 특별한 이권이었습니다. 당시 원시림에서 벌채한 목재들은 선박
제조의 원료로 사용되었기 때문에 세계적인 수요를 가진 인기 있는 수출
품이었습니다. 뒷날 러일전쟁이 압록강 주변의 삼림 벌채와 관련된 논란
에서 시작되었고, 러일전쟁에 '삼림전쟁'이라는 별명이 붙는 것도 이런
맥락에서 이해할 수 있습니다. 그 외에도 인천 월미도 저탄소(석탄고 기지)
설치권, 조선의 전신선을 시베리아 전선에 연결하는 권리, 동해 포경권

등이 러시아의 손에 넘어갔습니다.

미국 공사관도 이권 침탈에 발 빠르게 움직였는데, 여기에 앞장선 사람이 바로 알렌Horace N. Allen입니다. 알렌은 의료 선교를 위해 조선에 들어와 갑신정변 때 부상을 입은 민영익을 치료한 것을 계기로 왕실 의사로 임명되었고, 고종이 개설한 한국 최초의 현대식 병원인 광혜원의 의사로 활동했습니다. 고종의 든든한 신임을 얻었던 그가 1890년부터 미국 공사관 서기관으로 임명되었고, 1895년에 운산 광산 채굴권을 획득해서 미국인 사업가 모스J. R. Morse에게 넘겨줍니다. 평안도 운산 금광은 막대한 수익을 얻게 되는데, 이 때문에 금광의 채굴권을 헐값에 넘겨 버린 고종의 무능을 비난하는 소재로 자주 거론되기도 하고, 미국인 경영자들이 조선인들에게 금에 손대지 말라고 'No touch!'라고 말한 것이 와전되어 금을 '노다지'라고 부르게 되었다는 기원으로 언급되기도 합니다.

아관파천 이후 알렌은 경인 철도 부설권을 획득해서 모스에게 다시 넘겨주었습니다. 알렌과 모스는 서울-인천 간의 철도가 큰 이권이 될 것을 알고서 그 이전부터 로비를 펼쳤지만 조선 정부의 반대에 막혀 성공하지 못했는데, 아관파천이라는 기회를 이용해서 마침내 이 권리를 얻었습니다. 그러나 공사에 돌입한 지 2개월 만에 자본이 고갈되면서, 모스는 경인 철도 부설권을 일본에 190만 달러라는 큰 금액을 받고 팔아 버렸습니다. 이 지점에서 알렌과 모스는 전형적인 '브로커'와 같은 느낌으로 우리에게 다가옵니다. 알렌이 공식적인 지위를 이용해 로비스트로서 활약했던 모습은 어쩌면 조선을 대했던 미국 정부의 민낯을 대변하는 사례일지도 모르겠습니다.

그런데 아관파천 시기에 열강이 조선의 이권을 침탈한 내용을 보면, 이전과 다소 차이가 있습니다. 아관파천 이전에 열강들은 치외법권이나 선교의 자유 등 법적·종교적 특권을 얻는 것에도 관심을 보였지만, 이 시기에는 철저하게 경제적 이익을 얻는 것에 주력했습니다. 또한 이권 침탈의 방식도 불평등조약이나 차관 제공 등의 여러 방식을 선택했던 것과 달리, 이때는 직접 투자라는 더욱 적극적인 방식을 취하게 됩니다. 자본 규모와 기술 수준의 측면에서 보더라도 아관파천 이전에는 소규모 자본과 낮은 수준의 기술이 요구된 것에 비해, 아관파천 무렵에는 광산 채굴·삼림 벌채·철도 부설 등의 대규모 사업에 필요한 자본과 고도의 과학기술이 투입되었습니다.

그래서 열강의 이권 침탈을 다른 관점에서 바라볼 필요가 있지 않느냐는 반론이 제기되기도 합니다. 소극적인 주장은 대규모의 자본과 기술이 투입되어야 하는 각종 사업을 조선 정부가 감당하기 어려운 현실에서, 산업화를 이루려면 다소의 불이익을 감수할 수밖에 없었다고 지적합니다. 한편 적극적인 반론을 펼치는 학자들은 열강의 직접투자를 통해 우리도 적극적인 대응에 나섰던 사실에 주목합니다. 가령 1896년 프랑스 회사가 경의선 철도 부설권을 획득한 뒤 자금 유치에 실패하면서 철도 부설권을 반환하자, 박기종 등이 대한철도회사를 세워 경의선 부설권을 획득하고 우리 정부도 서북철도국을 설치해서 경의선 건설에 직접 나서게 됩니다. 또한 철도 운영에 필요한 석탄을 얻기 위해서 평양의 석탄을 개발하는 사업에 관심을 가졌던 것도 대표적인 사례로 거론됩니다. 이권 침탈이 아관파천에 대한 손실 비용에 불과한 것인지, 아니면 새로운 발전을 위한 투자 비용이었는지 오늘날의 관점에서 다시 생각해 보는 것도 의미가 있을 것입니다.

러·일이 맺은 세 개의 의정서는 어떤 결과를 가져왔을까?

고종이 경복궁을 탈출해서 러시아 공사관으로 대피한 후, 뒤늦게 이 사실을 알게 된 일본군은 대포까지 끌고 와서 고종의 환궁을 요구하는 무력 시위를 벌였습니다. 서울에 주둔했던 일본군의 숫자는 1000명 이상이어서 러시아 공사관의 경비를 맡고 있는 병력 160명을 압도했지만, 러시아 공사관을 공격하는 것은 전쟁까지 불사하겠다는 결단이 있어야 가능했습니다. 결국 일본 정부는 이 청천벽력 같은 소식 앞에서 삼국간섭 때의 쓰라린 경험을 다시 반복할 수밖에 없었습니다. 이토 히로부미 내각은 러시아를 가상의 적으로 삼아 10년 동안 군비 확장에 착수하겠다고 전 국민에게 알리면서, 하루 세 끼를 두 끼로 줄여서라도 상비병 15만 명과 전시 병력 60만 명을 길러 내자고 호소했습니다. 그러나 러시아와의 전쟁은 먼 미래의 일일 뿐 아관파천 직후의 일본은 말 그대로 '닭 쫓던 개'가 된 상태였고, 고종의 보호자를 자처한 러시아의 의도를 파악하느라 전전긍긍할 뿐이었습니다. 특별한 해결책을 찾지 못한 일본은 궁궐을 버리고 달아난 국왕의 폐위를 들먹이면서 환궁을 촉구하는 한편, 러시아와 외교적 타협을 통해 위기를 모면하려고 했습니다.

일본은 조선에서 자신의 지위를 다시 회복하기 위해, 러시아와 세 차례 협상을 벌였습니다. 1차는 아관파천 3개월 뒤인 1896년 5월 서울에서, 2차는 1896년 6월 모스크바에서, 그리고 3차는 약 2년 뒤 1898년 4월 도쿄에서 열렸는데 러·일 두 나라는 조선 문제를 협상 카드로 사용하며 세 개의 의정서를 맺었습니다.

1896년 5월 14일 서울에서 열린 제1차 협상은 러시아 공사 베베르와 일본 공사 고무라小村壽太郎 사이에 이루어져, 이때의 결과물을 '베베르-고무라 각서'라고 부르기도 합니다. 4개 조로 구성된 '서울의정서'에서 두 나라는 아관파천의 특수 상황을 인정하는 한편, 고종의 환궁과 조선 대신의 임명 문제, 조선의 전신선 보호를 위한 병력 배치, 조선 내 주요 지역에 배치할 양국 군사의 규모 등에 대해 의견을 조율했습니다. 아관파천 직후에 진행된 협상이어서 전체적으로 일본에 불리한 상황으로 진행되었기 때문에 조선 내 일본군의 전체 인원을 제한하는 한편, 일본군의 인원만큼 러시아군도 조선에 동일하게 주둔하도록 했습니다. 이러한 내용은 러시아에 유리한 지위를 부여했고 러시아가 조선에서 일본군을 억제할 수 있게 해 주었습니다.

제2차 러일 협상은 서울의정서가 체결된 지 한 달도 되지 않아 러시아 황제 니콜라이 2세의 대관식이 열리는 모스크바에서 진행되었습니다. 제1차 협상이 조선 주재 공사관의 '각서' 수준에 머무르는 예비 회담의 성격을 가지고 있었다면, 2차 협상이야말로 러시아 외무장관 로바노프A. Lobanov-Rostovsky와 일본 육군대장 야마가타山縣有朋 사이에 진행된 양국 정부 사이의 본회담이라고 할 수 있습니다. 6월 9일에 체결된 '모스크바의정서(로바노프-야마가타 협정)'는 표면적으로 3개 조항을 담았습니다. 그 주요 내용은 조선 정부의 차관 도입과 군대·경찰 조직을 위한 지원에 양국이 함께 참여한다는 것이었습니다. 서울의정서는 일본군 규모를 제한해서 일본에 불리했다면, 모스크바의정서는 조선에서 일어나는 주요 사항에 대해 러시아와 공동으로 대응할 수 있는 권한을 일본에 부여함으로써 러·일 양국 간 일정한 세력균형이 가능하도록 규정했습니다.

그러나 우리가 주목해야 할 내용은 모스크바의정서에 숨어 있는 2개의 비밀 조항입니다. 첫째 조항은 "만약 한국에서 질서가 유지되지 않는다면 러시아와 일본은 한반도에서 양국의 상호 군사 활동의 영역을 구분한다."는 것이었고, 둘째 조항은 "고종의 신변 안전을 위한 조선 군대가 설치될 때까지 러시아와 일본은 조선에서 동일한 인원의 군대를 유지한다."는 것이었습니다.

첫째 조항에 나와 있는 '양국의 상호 군사 활동의 영역'에 담긴 숨은 뜻은 비상사태에 조선을 분할할 수 있는 가능성을 의미합니다. 임진 왜란 때 일본이 명과 협상하면서 삼남(충청도·경상도·전라도)을 분할하려고 했던 것처럼, 그리고 뒷날 38도선을 경계로 남한과 북한을 나누었던 것처럼, 당시 일본은 북위 38도나 39도를 경계로 러시아와 조선 영토를 분할할 계획을 가지고 있었습니다. 다만 러시아가 조선을 분할하자는 일본의 제안을 거절함으로써 모호한 표현으로 그 가능성을 남긴 채 비밀 조항에 담기게 된 것입니다.

두 번째 조항은 고종의 신변 안전을 내세우고 있지만 러시아 군대와 일본 군대가 조선에 주둔하면서 조선 정부를 함께 통제하겠다는 것에 합의한 것입니다. 이 조항에 따르면 조선은 겉으로는 독립국가로 인정받았지만, 실제로는 두 나라의 공동 보호를 받는 보호령으로 취급되는 셈이었습니다. 만주를 차지하려 했던 러시아가 조선을 완충지대로 삼아 일본과 공동으로 관리하겠다는 뜻을 내비침으로써 일본도 그에 따르는 많은 권리를 인정받을 수 있었습니다.

제3차 러일 협상은 1898년 4월 25일 일본의 도쿄에서 일본 외무대신 니시西德二郎와 주일 러시아 공사 로젠Roman R. Rosen에 의해 진행되었습니다. 이때 체결된 '도쿄의정서(로젠-니시 협정)'의 주요 내용은 "러시아는 조선에 있는 일본의 상공업 기업이 크게 발달한 사실과 일본 거류민이 많다는 사실을 인정하며, 조선·일본 양국의 상업·공업상의 관계가 발전되는 것을 방해하지 않는다."는 것이었습니다. 즉 러시아는 한반도에서 일본이 상공업에서 우위를 가지고 있음을 스스로 인정하며 일본의 권리를 보장하겠다는 뜻을 내비친 것입니다. 모스크바의정서에서 이미 많은 것을 내주었던 러시아가 굳이 이런 양보를 해야 했던 이유는 무엇일까요? 그것은 만주를 노리고 있던 러시아가 1898년 3월 뤼순항과 다롄항을 청으로부터 조차했기 때문입니다. 그런데 이 지역은 청일전쟁 때 일본이 차지했던 랴오둥반도의 핵심 지역이었고, 러시아가 주도한 삼국간섭 때문에 일본이 반환해야 했던 바로 그 장소였습니다. 러시아는 일본의 반발을 우려해서 도쿄의정서를 맺어 일본을 달래고자 했고, 그 결과로 일본은 한반도에서 자신의 기득권을 더욱 인정받게 된 셈이었습니다. 러시아와 일본이 각자의 이익에 따라 외교적으로 서로 제휴하면서, 러시아와 일본의 대립과 세력균형을 통해서 대한제국의 안전을 도모했던 고종의 '이이제이以夷制夷' 전략은 더 이상 통하지 않게 되었습니다.

아관파천은 을미사변이라는 야만적인 범죄 이후에도 조
선을 삼키려는 일본의 야욕에 치명적인 타격을 입힌 '신
의 한 수'였을지도 모른다. 그러나 자신의 나라 안에 있는
외국 공사관에서 보호를 받아야 했던 비정상적인 현실은
여러 이권을 내어주고 러·일의 협상에 운명을 내맡겨야
하는 대가를 치르게 했다. 아관파천은 과연 최선의 선택
이었을까?

| Homer Hulbert, 〈Russian legation to Korea(주한 러시아 공사관)〉(1900)

10장

대한제국은
어떤 나라를 꿈꾸었는가?

조선 건국 후 505년이 지난 1897년, 고종은 나라의 이름을 '대한제국'으로 바꾸었다. 우리가 일반적으로 생각하는 제국의 이미지는 로마제국이나 대영제국처럼 강한 군사력을 바탕으로 많은 식민지를 거느린 나라이거나, 일본 제국처럼 주변의 일부 국가라도 차지한 경우에 해당된다. 그러나 조선의 제국 선포는 직전까지 다른 나라 공사관으로 대피했던 약소국의 처지와 그리 어울리지 않는다. 작은 식민지 하나도 가지지 못한 조선에 '제국'은 어떤 의미를 가졌을까?

당시 조선이 선포한 '제국'의 의미는 외세의 간섭으로부터 벗어난 주권국가로서의 의지였을 뿐, 식민지를 거느린 침략 국가를 의미하지는 않았다. 개항 이후 두 제국, 즉 청과 일본 사이에서 주권을 지켜야 했던 조선이 이제는 다른 두 제국, 즉 러시아와 일본의 세력균형을 이용해 대한제국의 이름으로 자주독립을 위한 강한 의지를 표출한 것이다. 후대에 살고 있는 우리는 알고 있다. 이 '절박한 제국'에 남은 시간이 그리 많지 않음을. 고종과 대한제국 정부는 10년 남짓한 이 짧은 기간에 무엇을 이루려고 했을까?

고종은 왜
환궁을 결정하게 되었을까?

아관파천은 궁지에 몰려 있던 고종에게 반격을 위한 결정적인 한 수였지만, 그다음의 해결 과정을 어렵게 만드는 딜레마가 되었습니다. 국왕이 궁궐을 벗어나 일개 외국 공사관에 머문다는 소식에 여론이 들끓었던 점을 고려하면 최대한 빠르게 환궁해야 했습니다. 그러나 왕비를 시해한 일본군이 언제 왕의 목숨마저 노릴지 모르는 상황에서 왕의 안전 보장이 환궁을 위한 충분조건이었고, 이것은 빠른 시간에 해결될 수 없는 사안이었습니다.

고종은 이 문제를 해결하기 위해 9장에서 살펴보았던 러시아 황제 니콜라이 2세의 대관식에 민영환을 파견했습니다. 모스크바의정서로 러·일 양국이 각자의 이익을 챙겼던 그 시점에서, 민영환은 러시아 외무장관 로바노프를 만나 러시아 군대의 파견·차관 제공·재정고문 초빙·전신선 가설 등을 요청했습니다. 러시아는 조선의 요청을 받아들여 재정고문과 군사교관단을 파견했습니다. 그러나 조선이 기대했던 차관은 제공되지 않았고 러시아가 파견한 군사교관단도 고종이 요청한 200명에 미치지 못하는 13명이어서, 조선 정부는 러시아의 지원에 크게 실망했습니다.

또한 아관파천 이후 내각을 의정부로 개편해서 고종이 정치 전면에 직접 나섰지만, 아관파천의 주역이었던 이범진과 통역관 김홍륙 등이 러시아를 등에 업고 권력과 이권을 마음대로 주무른다는 비판이 이어졌습니다. 한편 김병시·민영준·민영환·신기선 등의 중신들은 파천 불가와 즉시 환궁을 주장하며 상소 운동을 주도했습니다. 특히 내각 총리대신에 임명된 김병시는 임명장을 받는 자리에서 즉시 환궁할 것을 주장하며 총리대신 임명을 거부할 정도였습니다. 이와 함께 1896년 5~6월 전국 각지에서 환궁을 요구하는 의병 운동이 일어나 고종의 환궁 결정을 압박했습니다.

러시아의 지원도 부족하고 환궁 여론도 높아지면서, 고종도 환궁을 결심하게 됩니다. 그런데 환궁을 위해서는 어디로 갈 것인지, 어떻게 신변을 지킬 것인지를 해결해야 했습니다. 예전에 머물렀던 경복궁으로 가게 되면 일본의 영향권에 들어가는 데다 방어도 어려워서, 외국 공사관이 몰려 있는 정동과 가까운 경운궁(지금의 덕수궁)을 왕의 거처로 결정합니다. 러시아를 비롯하여 미국·영국 등 경운궁을 에워싸고 있는 여러 외국 공사관의 존재가 만일의 사태를 대비할 수 있는 최소한의 보호 장치가 되리라고 기대했습니다. 환궁의 장소가 경운궁으로 결정되자 왕이 머무를 수 있도록 수리 공사가 진행되어 12월에 거의 마무리됩니다. 또 러시아 군사교관으로부터 훈련받은 친위대 80명이 경운궁 수비대로 배치되면서 연말을 기점으로 환궁이 진행될 것이라는 기대가 높아졌습니다.

경운궁으로 환궁하는 것이 거의 결정되자, 친러 세력은 환궁을 결사적으로 저지했습니다. 고종이 의지했던 점쟁이까지 내세워 환궁 날짜가 길일이 아니라고 주장하거나, 일본 병사 2000명이 부산에 상륙해서 사방으로 흩어졌는데 그 행선지를 알 수 없다는 소문을 퍼뜨려 고종이 환궁 계획을 취소하도록 유도했습니다. 그 외에도 일본 군대나 자객을 군인으로 위장시킨 다음, 고종을 일단 경운궁으로 옮겼다가 경복궁으로 다시 데려온다는 계획까지 세웁니다. 친러 세력에게 고종의 환궁은 자신들의 독점적인 권력을 일시에 무너뜨리는 날벼락 같은 소식이었기에 모든 수단과 방법을 가리지 않고 이를 저지하려고 했던 것입니다.

그러나 그들의 헛된 욕망과 달리 독립협회를 중심으로 백성의 환궁 요구가 계속 이어지고 경운궁 수리와 궁궐 경비 체계가 마무리되자, 1897년 2월 20일 고종은 아관파천을 단행한 지 1년이 지나 경운궁으로 돌아왔습니다.

대한제국은
어떻게 탄생했을까?

환궁 이후 조선 정부에서 가장 큰 이슈가 된 것은 '칭제건원'과 관련된 각종 논쟁이었습니다. 청일전쟁으로 인해 전통적인 외교 관계였던 조공 책봉체제가 무너진 상황에서, 일본과 러시아로 대표되는 외세의 압박을 극복하고 자주독립 의식을 높여 나라의 위상을 다시 세우는 일이 중요했기 때문입니다. 전국 각지의 지식인들은 상소 운동을 펼쳐 칭제건원이 필요하다는 여론을 형성했습니다. 그러나 칭제건원을 반대하는 유림의 반발도 만만치 않았습니다. 최익현으로 대표되는 위정척사파는 국왕 중심의 통치 방식을 지지하면서도, 국왕을 황제로 부르고 독자적 연호를 쓰는 것에는 결사적으로 반대했습니다. 그들은 중국과 조선이 군신 관계에 있음을 강조하면서 천자 중심의 질서가 무너지면 명분이 문란해진다는 논리를 펼쳤습니다. 다만 그들이 말하는 중국은 몰락의 길을 걷고 있던 현실의 청이 아니라, 몇백 년 전에 멸망해서 이제는 이름만 존재하는 기억 속의 명이었습니다.

한편 아관파천 시기에 『독립신문』을 통해 자주독립을 강조했던 독립협회는 칭제건원 문제를 두고서 여러 의견으로 나뉘었습니다. 윤치호는 "나라의 독립을 보장해 주는 것은 국가의 힘이지 군주의 존호가 아니다. 외국의 군대가 왕궁을 유린하고 국모를 살해하는 마당에 황제 즉위가 무슨 의미가 있느냐?"고 주장하며 껍데기뿐인 칭제건원에 반대 입장을 보였습니다. 그러나 독립협회의 상당수 인물들은 청과 일본이 모두 황제나 천황을 칭하는데 우리만 스스로 비하할 이유가 없다고 주장하며, 칭제건원이 중국의 오랜 영향력에서 벗어난 시점에서 꼭 필요한 조치임을 강조했습니다.

칭제건원에 대한 찬성 여론을 받아들인 고종은 1897년 8월 15일에 조칙을 내려 연호를 건양에서 광무로 바꾸고, 사직단과 종묘에 제사를 지냈습니다. 고종은 황제라고 칭하는 것에는 조심했는데 관료들과 향촌 선비들이 3일 내내 궁중의 뒤뜰에서 하루에 네 시간씩 무릎을 꿇고 아홉 번 상소를 올리면서 칭제를 요청하자, 고종은 여덟 번을 물리친 뒤 아홉 번째 상소를 받아들여 황제 요청을 수락했습니다.

황제의 자리에 오르려면 하늘에 제사를 지내는 천자의 역할을 담당해야 했고, 하늘에 제사를 지내려면 환구단이 필요했습니다. 환구단圜丘壇은 예전 교과서에서는 '원구단'이라고도 불렸는데, 뜻은 같지만 당시 순 한글 신문이었던 『독립신문』에서 '환구단'이라고 쓴 까닭에 환구단이라는 이름으로 통일되었습니다. 환구단은 고려 초기에 황제국을 주장하면서 수도 개성에 설치되기도 했지만, 고려 말기에 명을 의식해서 폐지된 후로 조선에 들어와서는 사대명분에 따라 복구되지 않았습니다. 그런데 환궁 후에 칭제건원을 하게 되면서 남별궁 터(현재 서울 중구 소공동 조선호텔 자리)에 환구단을 다시 만들었습니다. 남별궁은 본래 중국 사신을 접대하거나 숙소로 쓰던 곳이었는데, 이곳이 환구단으로 조성되면서 자주독립국에 대한 조선의 의지를 더욱 분명히 드러낼 수 있었습니다.

1897년 10월 12일 새벽, 환구단에서 하늘과 땅의 신에게 제사를 지낸 후 고종은 황제에 등극했습니다. 고종이 황제를 상징하는 열두 가지 무늬가 새겨진 옷을 입고 황금색 옥좌에 앉아 황제의 옥새를 받던 날, 환구단에서 경운궁으로 돌아가는 고종을 향해 백성들은 만세를 외치며 환호했고, 그날 밤 서울은 집집마다 태극기를 걸고 색 등불을 달아 황제국의 앞날을 기념했습니다. 새로운 황제국가의 국호는 '대한大韓'이었고, 연호는 '광무光武'였습니다. 대한이란 옛 삼한의 땅에 세워진 나라라는 의미였는데, 굳이 조선이라는 이름을 버리고 삼한을 아우른다는 의미의 '대한'을 국호로 사용하게 된 까닭은 명과의 관계 때문이기도 했습니다. '조선'이라는 국호가 명 황제에게 승인을 받아서 채택된 이름이었고, 그런 점에서 그 이름은 조공책봉 질서와 분리될 수 없는 용어였기 때문에 조공질서에 들어가지 않았던 옛 삼한 시대의 이름이 필요했습니다. 이때부터 서구 열강도 대한제국을 공식 명칭으로 사용하게 되었고, 이를 줄여 '한국'이라고 표현하기도 했습니다. 『대한매일신보』, 대한천일은행 등의 이름에서도 확인할 수 있듯이 우리나라를 대표하는 이름으로 '대한'은 반복적으로 사용되었고, 대한민국 임시정부에 그 명칭이 계승되어 오늘날까지 이르게 됩니다.

그런데 대한제국의 연호였던 '광무光武'는 어떤 의미를 담고 있을까요? 누군가는 광무의 한자어인 '빛 광光' 자와 '굳셀 무武'를 연결해서 '외세의 간섭에서 벗어나 힘을 기르고 나라를 빛내자'는 뜻으로 해석하기도 합니다. 당시의 상황을 고려했을 때 이 해석도 설득력을 가지고 있지만, 꿰어 맞춘 듯한 느낌을 줍니다. 광무를 직접 지칭하는 역사적 사례는 중국 후한 시대를 열었던 광무제라는 이름에서 찾을 수 있습니다. 한이 왕망에 의해서 무너진 뒤 신新이라는 이름을 가진 새 나라가 등장했는데, 광무제는 신을 멸망시키고 한의 중흥을 꾀했습니다. 이렇듯 대한제국의 연호는 광무제의 중흥처럼 나라를 다시 세우고자 했던 고종의 희망을 담고 있을지도 모르겠습니다.

그런데 당시 대한제국과 이해관계가 있었던 나라들은 약소국 조선의 제국 선포를 인정해 주었을까요? 주한 러시아 공사였던 스페이에르는 세계 어느 나라도 고종을 황제로 승인하지 않을 것이라고 러시아 외무부에 보고했지만, 러시아 황제 니콜라이 2세는 서구 열강 중 가장 먼저 대한제국 선포와 칭제건원을 승인하는 축하 전문을 보냈습니다. 또한 제국 선포 후 고종이 명성왕후의 국장을 거행하자, 일본은 일왕의 조문을 전하며 '대한국 대황제 폐하'라는 호칭을 공식적으로 사용했습니다. 대한제국을 승인함으로써 고조되는 반일 감정을 진정시키려는 의도가 담겨 있었습니다. 그 후 프랑스·영국·독일·미국도 조선의 제국 선포를 인정하게 됩니다.

대한제국 선포에 불쾌한 감정을 숨길 수 없었던 나라는 바로 청입니다. 청으로서는 신하의 나라로 여겼던 조선이 자신과 대등한 제국이라 일컫는 것을 청일전쟁의 패배보다 더 모욕적으로 여길 정도였습니다. 서구 열강을 비롯해 일본마저 대한제국을 승인한 마당에 청은 끝까지 마지막 조공국의 지위 상승을 받아들이지 않았습니다. 그러나 청일전쟁 후 조선에 그대로 남아 있던 청 상인을 보호하기 위해서라도 청은 만국공법 질서에 따라 조선과 주권국가 간의 대등한 통상조약을 체결해야 했습니다. 결국 1899년에 9월에 두 나라는 '한청통상조약'을 맺습니다. 청의 우위를 인정했던 과거의 조청상민수륙무역장정은 폐기되었고 양국이 대등한 관계에서 통상조약을 맺음으로써 대한제국은 중화 질서와 완전히 결별했습니다.

광무개혁은 무엇을 추구했을까?

러시아와 일본 사이에 형성된 세력균형의 틈을 타, 대한제국 정부는 국가 체제를 빠르게 정비해 자주독립의 토대를 세우려 했습니다. 정부가 내세운 새로운 개혁 방향은 구본신참舊本新參이었습니다. 옛 제도를 근본으로 삼고 새로운 제도를 참조하겠다는 뜻 때문에 복고적이라는 비판을 받기도 하지만, 일본에 의존해서 개혁을 성급하게 추진했던 갑오정권의 방식을 반성하고 주체적인 자세에서 개혁의 속도를 조절하려는 고심을 읽을 수 있습니다.

구본신참의 성격을 가장 상징적으로 보여 주는 것이 단발령에 대한 후속 대책입니다. 고종은 아관파천 이후 단발령을 폐지해 전통문화의 가치를 존중하겠다는 '구본'을 보여 줍니다. 단발령 폐지로 일반 백성들은 머리 모양과 옷차림을 자유롭게 선택했지만, 조선 정부는 군인과 경찰

등의 단발을 그대로 유지하게 했습니다. 신식 무기와 신식 훈련에는 서구식 복장과 두발이 더 적절하다고 판단했기 때문입니다. 고종 스스로도 한번 깎은 머리를 되돌리지 않았습니다. 부국강병의 실현과 근대 주권국가에 필요하다면 적극적으로 개혁을 받아들이겠다는 '신참'을 표방했던 이유였습니다. 개항 이후 개혁의 방향으로 내세웠던 '동도서기'는 갑오개혁의 혼란기를 거치면서 '구본신참'으로 재조정되었습니다.

또한 대한제국이 내세운 '부국富國'의 꿈을 이루려면, 재원을 확보해 근대적 산업을 발전시키는 것이 급선무였습니다. 이 목표를 이루기 위해 대한제국 정부가 공을 들인 사업이 바로 토지조사사업, 즉 '양전量田'이었습니다. 토지조사사업이 마지막으로 실시된 것이 140년 전이어서 그동안의 소유권 변동을 반영하지 못했고, 토지대장 관리가 제대로 이루어지지 않아 세금이 제대로 걷히지 않았던 문제점을 개선할 필요가 있었습니다. 토지 소유권을 정확하게 파악하고 세금을 공정하게 부과하면 국가 재정이 튼튼해질 수 있었고, 이를 토대로 근대산업을 일굴 수 있는 길이 열릴 것이라 생각했던 것도 그 이유입니다.

정부는 양전을 실시할 기구와 법령을 정비하고, 양전의 원칙과 시행 방식을 구체적으로 규정했습니다. 수확량을 기준으로 토지 등급의 면적을 결정했던 복잡한 방식을 버리고, 실제의 토지 면적만을 고려해 토지 조사를 시행했습니다. 또한 토지의 소유권자뿐만 아니라 경작권자를 함께 기록해서, 경작권을 보호하고 조세를 안정적으로 거둘 수 있는 방법을 채택했습니다. 원칙이 정해지자 1899년 여름부터 양전 사업에 돌입했는데, 한성부와 지방을 나누어서 진행되었습니다. 한성부에서는 외국인의 토지 소유 확대를 저지해서 토지 주권을 확보하는 것이 중요했고, 지방에서는 누락된 토지를 밝혀서 정부의 재정을 확충하는 것이 중요했기 때문입니다. 정확한 토지조사를 위해 미국인 기사를 고용해 서구의 측량 기술을 이용했으며, 조사 대상을 농지에 한정하지 않고 전체 토지를 그 대상으로 삼았습니다. 그리고 토지조사를 통해 확인된 내용에 대해서는 '관계官契'라고 불린 공식 문서를 발급해서 소유권을 공식적으로 인정해 주었습니다. 전국의 3분의 2에 이르는 지역이 조사를 마쳐 관계가 발급되었지만, 러일전쟁이 일어나자 일본의 압력으로 이 사업은 중지됩니다. 비록 끝까지 마무리되지는 못했지만 이 토지조사사업은 광무 정권의 자주적인 근대국가 건설 방략을 보여 주는 대표적인 개혁으로 평가받습니다.

대한제국 정부가 토지조사와 함께 심혈을 기울였던 사업이 생산을 늘리고 산업을 일으킨다는 뜻을 가진 '식산흥업정책'입니다. 서구의 물품이 우리 시장을 장악해 가는 현실에서 외국의 선진 기술을 수용해 국내의 상공업을 빠르게 발전시키는 일은 더 이상 지체할 수 없는 사안이었습니다. 대한제국 시기에 새로 등장한 회사들은 제조업과 운수업 분야에 집중적으로 나타납니다. 제조업의 경우 의류와 담배 산업에서 수입품의 비중이 점점 커져 가고 있었기 때문에 이를 대체할 수 있는 물건을 생산하는 회사들이 필요했습니다. 국가로서는 극심한 수입 초과 때문에 발생하는 재정 문제를 해결해야 했고, 국내 상인들은 수입품의 시장 확대를 막고 시장의 주도권을 회복하는 일이 중요했기 때문입니다.

또한 국내 운수 산업도 빠르게 성장했는데, 육로와 해운을 통한 사람의 이동과 상품 유통의 중요성을 더욱 실감했기 때문입니다. 정부의 연안 항해권 보호 정책에 힘입어 대한협동우선회사를 비롯해서 많은 운수 회사들이 해운업 부문에서 두각을 나타냈습니다. 국내 해운업이 빠르게 발전하면서 이에 따라 석탄 수요도 증가하자, 여러 광업 회사들이 등장해서 해운업을 뒷받침했습니다.

그리고 우리 힘으로 철도를 부설하기 위한 움직임도 활발히 전개되었습니다. '철도사'라는 관청이 설치되어 서울-목포 사이와 영남 일부에 철도를 만드는 계획이 추진되었고, 정부에서도 경의선과 경원선을 건설하는 계획에 박차를 가했습니다. 이를 뒷받침하기 위해 박기종은 대한철도회사를 설립했고, 이용익도 권력의 핵심이었던 궁내부에 서북철도국을 설치했습니다. 그러나 산업 발전을 위한 인프라를 구축하려는 이 시도는 사업에 필요한 막대한 자본 조달에 어려움을 겪게 되었고, 이로 인해 대한제국의 정책은 정체 상태에 빠지게 됩니다.

대규모 자본을 마련하기 위해서는 은행을 설립할 필요가 있었습니다. 예전 조선에서도 대규모 자본을 유통하는 방법으로 어음이나 환煥 등을 이용해서 신용거래를 하거나, 각 지방의 객주를 중심으로 은행과 유사한 대부 활동이 원활하게 진행되었습니다. 또한 개성상인이 주로 사용했던 '시변時變'이라는 대부 활동은 전통 사회에서 산업을 발전시킨 유용한 수단이 되기도 했습니다. 그러나 근대산업을 발전시키기 위해서는 그와 어울리는 새로운 제도가 필요했고, 은행이라는 서구의 시스템은 그 해답이었습니다.

은행 설립을 위해 끊임없이 노력한 끝에 1897년에 조선은행과 한성은행이, 1899년에는 대한천일은행이 잇달아 문을 열었습니다. 이들 은행은 국가의 중앙은행이라고 할 수는 없지만, 정부의 예치금이나 대여금 등을 유치하며 정부와 밀접한 관련을 맺었습니다. 특히 대한천일은행의 경우 정관에 황실 지원을 명문화했고 정부의 조세 청부를 맡으면서 '황실 은행'의 성격을 지녔습니다. 이로 인해 한동안 안정적으로 자금을 확보할 수 있었지만, 은행 설립의 실질적인 출자자였던 민간인들이 정부의 개입을 의식해 소극적인 태도를 보이는 계기가 되기도 했습니다.

식산흥업을 달성하기 위한 정부의 또 다른 조치는 학교를 설립해서 근대산업을 뒷받침할 수 있는 인재를 양성하는 일이었습니다. 개화 초기에는 외국과의 통상 문제가 가장 중요한 이슈여서 '동문학'이나 '육영공원' 등의 학교를 통해 통역관이나 개화 지식을 갖춘 고급 관리를 양성하는 것을 중요한 목표로 삼았습니다. 그러나 대한제국 시기에는 국가 산업 발전의 동력을 교육에서 찾으려고 했고, 이때부터 시작된 '교육입국教育立國'의 기치는 4차 산업혁명을 맞이한 지금까지도 계속 이어지고 있습니다. 당시 광무정권은 독립협회와 함께 개최한 관민공동회의 건의를 받아들여 상공학교 개설에 착수했고, 체신 사무원을 양성하는 우편학당, 전신 업무를 담당하는 전무電務학당을 설립합니다. 그 외에도 상공업학교·의학교·광산 학교 등 교육기관을 연이어 설립해서 상공업 발전을 위한 인적 인프라를 구축하려고 했습니다.

서구 문물은 우리의 의식주를 어떻게 바꿔 놓았을까?

대한제국 시기는 서양 문물의 본격적인 도입으로 생활문화 곳곳에 '양洋' 자가 등장했습니다. 양복·양옥·양식 등이 한국인의 생활에 점진적으로 자리 잡았고, 이 신문물을 사용하면서 한국인들은 서양에서 발전시킨 근대적 세계관을 자연스럽게 받아들였습니다.

1897년『독립신문』에 광고를 실은 원태양복점이 서울 정동에 위치한 것에서도 엿볼 수 있듯이, 대한제국 초기에 양복 수요는 외국 공사관이 밀집한 정동의 외국인과 정부 개화 인사 정도에 머물렀습니다. 양복의 성장세를 막은 것은 다름 아닌 단발령의 폐지였습니다. 양복을 입으려면 우선 서양식 머리를 하는 것이 우선이었는데, 아관파천 이후 단발령이 폐지되어 자발적으로 단발을 하고 양복을 입는 것이 그리 쉽지 않았습니다. 그러나 시간이 지나면서 양복은 단발과 더불어 자연스럽게 퍼져 나갔습니다.

여성 양장도 궁중이나 유학생들로부터 시작되어 일반 백성들의 눈을 사로잡았습니다. 아관파천의 일등공신이었던 엄 상궁이 고종황제의 후비가 되었는데, 이 엄비가 양장을 하고 찍은 사진이 지금도 남아 있습니다. 유학을 마치고 귀국한 여성 유학생들의 양장 차림도 일반인들의 눈요깃거리가 되었습니다. 또한 서양식 복장은 그와 어울리는 소품을 함께 불러들였습니다. 예전에 여성들이 외출할 때는 몸을 숨기는 용도로 장옷이 사용되었지만, 여성 양장을 입으면서 양산이 장옷을 대신했습니다. 그리고 가죽신 대신에 구두가, 버선 대신에 양말이 양장과 더불어 확산되었습니다.

서양식 요리인 양식도 궁중에 자주 등장했습니다. 1900년 독일 신문기자의 말에 따르면, 대한제국 황실의 연회에는 화려하게 장식된 식탁에 최고급 유럽식으로 갖춰진 양식이 차려졌고 프랑스산 샴페인도 선보였다고 합니다. 이 시기에는 양식 외에도 중국 음식(청요리)과 일본 음식을 판매하는 요릿집도 등장해서 우리 삶의 한 공간을 차지했습니다.

대한제국 시기에 들어온 음식 중에서 가장 큰 영향력을 보여 주는 것이 어쩌면 커피가 아닐까 싶습니다. 커피는 영어 발음을 따서 '가배차'로 불리기도 했고, 마치 한약 탕국과 같다고 해서 백성들은 '양탕국'이라고 부르기도 했습니다. 커피가 어떤 경로로 대한제국에 들어왔는지는 여전히 의문이지만, 처음으로 들어온 시기는 대략 1890년 전후로 추정됩니다. 1888년 개항지인 인천에 우리나라 최초의 호텔인 대불호텔이 생겼고 이곳에 커피를 파는 다방이 있었다고 하는데, 이 주장을 따르면 대불호텔 다방이 최초의 커피숍이라는 영예를 얻게 될 것입니다. 그러나 대한제국 시기에 가장 유명했던 커피숍은 1902년 서울 정동에 세워진 손탁호텔입니다. 호텔 1층에 위치한 서양식 식당에서 서양식 요리와 함께 커피도 팔았는데, 이곳에서 조선 관리들이 서양인들과 자주 접촉했고 정동구락부의 아지트가 되기도 했습니다.

대한제국을 대표하는 커피 마니아는 잘 알려진 대로 고종황제입니다. 고종은 아관파천 이후 러시아 공사관에 머물면서 커피 맛에 깊이 빠졌는데, 환궁한 이후에도 경운궁 내부에 서양식 찻집인 정관헌을 짓고 커피를 마시며 외국 공사를 접견할 정도였습니다. 그 때문인지 고종의 커피 애호는 암살의 수단으로 이용되기도 했습니다. 아관파천 당시 통역관으로 세도를 누렸던 김홍륙이 환궁 이후에 권력을 잃게 되자, 커피에 아편을 타서 황제를 독살하려고 시도했기 때문입니다. 커피 맛을 이상하게 여긴 고종은 커피를 뱉어 별다른 피해를 입지 않았지만, 아들 순종은 이 독차 사건의 후유증으로 많은 고생을 해야 했습니다.

인천 등의 개항장이나 수도 서울에 서양 사람이 들어오면서 서양식 건물인 양옥, 또는 양관洋館이 등장했습니다. 서양 외교관이나 선교사들은 처음에 한옥을 개조해 사용했지만, 한국에 장기간 거주하면서 편리성을 고려해서 각국 공사관·교회·학교 건물 등을 서양식 건물로 지었습니다. 경운궁 내에도 서양식 건물이 들어섰는데, '덕수궁 양관'으로 불리는 석조전이 이때 착공되었고 앞에서 언급한 정관헌도 이때 만들어졌습니다. 이후 왕족과 고위 관리들도 양옥에 관심을 가지면서 궁궐 밖에서도 양옥이 점차 퍼지게 되었습니다.

황궁인 경운궁 내부에 여러 양관을 만들 무렵, 이와 더불어 서울의 도시 구조 전체를 개조하는 사업도 추진되었습니다. 미국의 수도 워싱턴 D.C.의 도로망을 모방해서 황제의 위엄과 은덕이 사방팔방으로 뻗어 나가는 것을 새로운 도로로 형상화했고, 신작로와 옛길이 만나는 교차점에 환구단이나 독립문 등 대한제국의 상징성을 높이는 각종 조형물이 세워졌습니다. 또한 고종은 1898년 1월에 한성전기회사를 설립해서 근대 문명의 발전상을 전화·전차·전등의 모습으로 서울 곳곳에 보여주었습니다.

음역해서 '덕진풍'이나 '다리풍', 의역해서 전어기傳語機라고 불렸던 전화는 1896년 10월에 궁중과 인천을 연결한 것을 시작으로 1897년 이후에는 고종황제의 침소와 정부 각 부처를 연결했고, 평양에도 전화기가 설치되어 먼 지방까지 확대되었습니다. 민간에서는 전화에 귀신이 붙는다는 소문이 떠돌기도 했는데 일반인의 상식으로는 도저히 이해할 수 없었던 이 신기한 물건에 대한 호기심과 반감을 엿볼 수 있습니다.

전차는 1899년 5월 17일 성대한 개통식을 열고 그 모습을 서울에 드러내었습니다. 대한제국이 전차를 개통한 시기는 중국보다 앞섰으며,

우리보다 개화가 훨씬 빨랐던 일본과 비슷한 시기에 이루어져 당시 대한 제국을 찾았던 외국인들조차 놀랐을 정도였습니다. 당시 우리의 형편에 비추어 봤을 때 상당한 무리를 한 셈인데, 고종은 전차 도입을 왜 이렇게 서둘렀을까요? 누구는 전차의 종착지였던 홍릉을 주목해서 명성왕후의 무덤에 행차할 때마다 막대한 경비를 드는 것을 절약하기 위한 것이라고 도 하고, 누구는 근대 문명을 빨리 받아들여 서구 열강에 대한제국의 발 전상을 보이고자 했던 것이라고도 합니다. 당시 서울 시민들은 전차의 빠른 속도를 보면서 '도깨비'라는 별명을 붙였는데, 남대문-종로-동대문-홍릉(청량리)을 가로지른 전차의 등장은 서울의 변화를 단적으로 보여 주는 근대 문명의 도깨비가 되었습니다.

근대 문명이 서울에 선보였던 또 다른 '도깨비'는 전기 가로등이었습니다. 대한제국을 선포할 무렵 서울 종로에 석유로 불을 붙이는 가로등이 등장했는데, 3년도 지나지 않아 1900년 4월 10일 한성전기회사는 서울 종로 네거리에 전등을 달게 됩니다. 같은 해 6월 중순에는 경운궁에 처음으로 영업 전등을 설치했으며, 이어 6월 하순에는 진고개에 거주하는 일본 상인들에게 판촉 활동을 벌여 전구 600개를 점등했습니다. 서울의 밤하늘이 달빛과 별빛에 의존하지 않고도 환해지자, 이 진기한 광경을 구경하기 위해 시골에서 서울을 찾아오는 사람들도 많았다고 합니다.

이외에도 대한제국 시기 서울의 풍경은 빠르게 변했습니다. 서울의 하수로가 잘 정비되어 오물 처리에 신경 쓰는 위생적인 도시가 된 것도 큰 변화이고, 1903년부터 동대문 안에 있는 전기회사 차고에서 일반인들이 10전을 내고 영화를 관람하는 것도 쏠쏠한 재미를 주었을 것입니다. 그러나 그것보다 더 중요한 것은 서구식 시계의 보급으로 분과 초를 기본단위로 하는 24시간 제도가 빠르게 정착해 갔다는 점입니다. 우리의 전통적인 시간 체계는 촌寸과 각刻을 기본단위로 삼아 12시간 제도로 지금보다 느슨하게 운영되었는데, 새로운 시간 개념이 한국인의 삶을 바꾸기 시작했습니다. 기선·전차·기차 등의 새로운 교통수단이나, 선교사나 정부가 설립한 신식 학교들이 모두 24시간제를 따르는 시간표를 채택하면서 시간을 더 꼼꼼하게 나눠서 삶을 통제하는 서양의 방식에 익숙해져 갔습니다.

대한제국은 왜 전제군주제를 지향했을까?

광무정권은 부국강병과 근대국가 수립이라는 분명한 목표를 가지고 있었습니다. 우리는 앞에서 부국을 위해 식산흥업정책을 도입하고 근대 문명국가를 향해 적극적으로 서양 문물을 들여온 과정을 살펴봤습니다. 그러나 러·일의 세력 균형에 의지해 독립을 유지했던 대한제국의 처지를 고려한다면 최우선적인 사안은 군사력 강화였습니다. 명실상부한 주권국가로서의 위상은 강병強兵이 있어야 가능했고, 이것이야말로 광무정권의 최종적인 목표였을 것입니다.

고종은 군대에 대한 통제권을 황제에게 집중시키려 했습니다. 임오군란·갑신정변·을미사변 때의 경험은 권력의 핵심이라고 할 수 있는 군권의 장악이 왜 중요한지 고종에게 분명히 말해 주었습니다. 임오군란 때는 흥선대원군의 조종을 받았던 구식 군인들이 궁궐을 침범했고, 갑신정변 때는 급진 개화파에 의해 군대 지휘권이 무력화되었으며, 을미사변 때는 친일 장교들이 지휘하는 일부 부대가 일본의 만행에 동원되었습니다. 황제의 신변을 보호하고 군사력을 빠르게 성장시켜 국가의 위기를 효율적으로 돌파하기 위해서 고종황제가 떠올릴 수 있는 최선의 방법은 군대를 황제 직속으로 두는 것이었습니다.

1899년 6월, 고종황제는 새로운 국가기관인 원수부를 신설하고, 그 아래에 친위대·시위대·호위대를 두어 서울의 방어와 황제의 호위를 맡겼습니다. 고종은 원수부의 대원수로 취임하면서 독일의 군복을 모방한 제복을 입고 나타났습니다. 독일은 의회보다 군주의 권한이 강한 전제군주국이었고 오스트리아와 프랑스를 무력으로 진압하고 유럽의 패권을 장악한 신흥강국이었기에, 강력한 군주권을 행사하고 싶었던 고종에게 독일은 최고의 롤 모델이었습니다. 원수부를 만든 것에 이어서 고종은 헌병·포병·공병·수송병·군악대 등을 설치해 서구 열강을 모방한 신식 군대를 구상했습니다. 영국에서 대포를 구입하고, 일본에서 3000톤급 기선 양무호揚武號를 사들여 근대적 해군을 만들려고 시도했습니다. 군사력 확장을 위한 재정이 충분히 확보되지 못하자 궁내부 예산을 전용하기도 했고, 관세 수입을 군사비에 몽땅 투입하기도 했습니다. 그러나 일본에서 구입한 군함은 낡은 것이었고 근대적 해군은 창설되지 못했으며, 최종 목표였던 징병제도 결국 실시되지 못했습니다. 의지는 넘쳤지만 역량은 부족했고, 열강의 방해는 깊었지만 시간은 충분하지 않았습니다.

고종이 황제권의 강화를 통해 개혁을 주도하려 했다면, 독립협회 강경파 등은 군주와 국민이 함께 나라를 다스려야 한다는 입헌군주정의 논리를 내세우며 내각이나 중추원 중심의 정치체제를 강력히 주장했습니다. 이러한 갈등을 해소하기 위해 국가의 법적 체제를 규정해야 할 필요성이 높아지자, 고종은 교정소라는 기구를 설치해서 오늘날의 헌법에 해당하는 국제國制를 논의하게 됩니다. 『고종실록』을 보면 이 과정이 상세하게 소개되어 있습니다. 대한제국 정부는 국제를 "법규의 큰 두뇌요 큰 관건"이라 여겨 오늘날의 헌법으로 이해했으며, 국제 제정을 통해 주권의 소재와 집행 형식을 분명하게 규정하려 했습니다. 또한 만국공법이나 독일의 국제법학자였던 블룬칠리Johann Kasper Bluntschli의 『공법회통』에서 「대한국 국제」의 근거를 찾았습니다. 국제를 만들 때 국내의 여러 관리들뿐만 아니라 프랑스 고문과 미국의 법률 고문관들도 참여한 것을 보면, 대한제국이 얼마나 공을 들였는지 짐작할 수 있습니다.

1899년 8월 17일, 대한제국은 국가 운영의 기본 원칙을 담은 9개 조항의 「대한국 국제」를 반포합니다. 1조에서 대한제국이 세계 만국이 공인한 자주독립국임을 천명했으며, 2조에서 대한제국의 정치는 '만세불변 萬世不變할 전제정치'라고 규정했습니다. 이어서 황제가 육해군의 통솔권과 계엄권, 법률의 제정·공포권, 행정 각부 관제의 제정 및 임명권, 외국과의 선전포고·강화 및 조약 체결권 등 입법·행정·사법에 관한 절대적인 권한을 가지고 있음을 선포했습니다. 「대한국 국제」는 국가권력의 최고 지위가 황제에게 있음을 명백히 밝힘으로써 근대 주권국가로 진입하려는 광무정권의 이념과 국가 건설 방향을 법제적으로 규정하고자 했습니다.

그럼에도 많은 학자들은 「대한국 국제」가 천명한 전제군주제에 대해서 비판적입니다. 당시 서구 국가에서 대세였던 입헌군주제와 달리, 황제의 무한한 권리만 강조했을 뿐 국민의 권리에 대해서는 한 구절도 언급하지 않았다는 것이 비판의 요지입니다. 서구의 여러 나라들이 입헌정치를 통해 군주권을 제한하고 국민들의 권리를 높이는 것을 강조한 반면, 「대한국 국제」는 전제군주정을 강조함으로써 서구의 입헌 정신에 정면으로 도전한다는 것입니다.

그러나 대한제국 외에 당시 일본과 청의 헌법 제정을 살펴보면, 이러한 비판이 너무 가혹하다는 사실에 공감할 수 있을 것입니다. 메이지유신 이후 일본 정부는 서양의 헌법을 참조하여 헌법을 제정하고자 했습니다. 자유민권운동을 일으켰던 사람들은 입헌군주정을 기본으로 하는 영국형 모델을 선호했지만, 일본 정부는 군주권이 강조된 독일형 헌법에 많은 관심을 가졌습니다. 독일형을 주장했던 이토 히로부미는 독일과 오스트리아를 방문해 헌법을 조사한 뒤, 1889년 '대일본제국헌법'을 반포해서 만세일계萬世一系의 '신성불가침'인 천황이 나라의 원수이자 통치권의 총괄자임을 밝혔습니다. 동아시아에서 최초로 헌법을 제정한 일본도 천황의 강력한 권한을 강조하고, 국민의 권리는 제한적으로 인정했습니다.

청도 예외가 아닙니다. 러일전쟁에서 일본이 승리하자, 청의 여론은 이 결과를 러시아의 전제정치에 대한 일본 입헌제의 승리로 받아들이는 분위기였습니다. 그래서 입헌정치를 요구하는 움직임이 커졌는데, 청 정부는 대신 5명을 구미와 일본에 파견하여 정치체제를 조사하도록 했습니다. 그들은 군주의 권한이 강한 일본과 독일이야말로 중국의 모델이라는 결론에 도달했고, 이를 토대로 1908년 청 정부는 '흠정헌법'을 공포했습니다. 청도 황제의 만세일계와 신성불가침을 규정하는 한편, 황제의 대권으로서 법률 공포·의회의 소집 및 해산·관리의 임명 및 해임·군대의 통솔·사법 총람 등을 규정했습니다. 이런 사실을 봤을 때 「대한국 국제」

에서 밝힌 전제군주정은 역사의 퇴보가 아니라, 시대적 맥락을 고려한 현실적인 선택이었음을 확인할 수 있습니다.

러시아 공사관에서 환궁한 이후, 칭제건원으로
변화의 기회를 마련한 대한제국 정부는 부국
강병과 근대국가 수립을 위해 다양한 노력을
기울였다. 식산흥업정책과 교육입국을 위한 학
교 설립, 서울개조사업과 군사력 강화, 그리고
「대한국 국제」의 반포는 대한제국의 절박한 개
혁 의지의 산물이라고 할 수 있다. 그럼에도 불
구하고 고종과 대한제국 정부는 왜 항상 비판
의 대상이 되어야 했을까?

| 환구단(1910년대)

11장

만민공동회는 왜
'원조 촛불'이라고 불릴까?

촛불 집회는 한국의 대표적인 대중 집회가 되었다. 2002년 미군 장갑차에 깔려 사망한 '효순이·미선이 사건'의 추모 집회를 시작으로, 2004년 노무현 대통령 탄핵소추안 통과 반대, 2008년 미국산 쇠고기 수입 반대, 2009년 용산참사 추모, 2014년 세월호 침몰 사고의 진상 규명 촉구, 그리고 2016년에서 2017년까지 총 20회에 걸쳐 누적 인원 1500만 명이 참가해 박근혜 정권을 탄핵한 '촛불 혁명'에 이르기까지 2000년대의 굵직한 사건에는 어김없이 시민들의 촛불이 등장했다. 그런데 촛불 집회가 존재감을 드러낼 때마다 그 기원으로서 1898년의 만민공동회가 끊임없이 소환되는 것은 무슨 까닭일까?

서재필은 어떻게
독립협회를 세울 수 있었을까?

만민공동회를 이끈 독립협회는 한국 근대사에서 가장 유명한 단체 중 하나입니다. 그리고 이 단체의 중심에는 서재필이라는 인물이 있습니다. 그는 자기중심성이 무척 강한 인물이었던 것으로 보입니다. 자신은 1866년 생으로 1882년에 실시된 과거에서 13~14세의 최연소로 장원급제를 했노라고 자서전에서 주장했지만, 실제로는 1863년생이었으며 20세 때 3등으로 과거에 합격했습니다. 1883년 일본 도야마육군학교에서 유학했으며, 1884년 갑신정변 당시에는 사관생도들을 지휘해 왕을 호위하고 반대파를 처단하는 최선두에서 활약했습니다. 그는 공로를 인정받아 신정부에서 병조참판에 임명되었지만, 갑신정변이 실패한 후 본인은 일본을 거쳐 미국으로 망명해야 했고 가족들은 역적으로 몰려 자살하는 비극을 맞이했습니다. 미국 망명 후 온갖 고생을 마다하지 않고 '독하게' 공부해서 우수한 성적으로 의대를 졸업한 한국판 아메리칸 드림의 산증인이기도 했습니다.

조선을 떠났을 때 그가 휘두른 칼은 '역적의 칼'이었지만, 10여 년이 지나 그는 필립 제이슨Philip Jaisohn이라는 이름으로 '미국 의사의 칼'을 들고 1895년 12월 귀국합니다. 갑오개혁으로 역적의 오명을 벗은 서재필에게 조선 정부는 외교를 담당하는 요직을 제안했지만, 서재필은 미국 시민의 자격으로 신문을 창간해서 국민을 계몽하는 길을 선택합니다. 갑오정권은 서재필의 신문 창간을 돕기 위해 높은 월급이 제공되는 중추원 고문에 그를 임명했고, 아관파천으로 갑오정권이 몰락한 후에도 박정양 내각이 서재필을 계속 후원했습니다.

급진 개화파이자 미국 시민으로서 서재필에게 가장 중요했던 단어는 '독립'이었습니다. 그는 『독립신문』 창간과 함께 중국 사신을 맞아들였던 영은문迎恩門을 헐어 버린 자리에 독립문을 세우고 그 주변을 독립공원으로 조성하는 계획을 세웠습니다. 프랑스 파리의 개선문처럼 조선의 독립을 상징하는 건물을 세우려 했던 그의 아이디어는 고종과 여러 관료의 지지를 받습니다. 고종은 독립문 건립에 들어가는 비용의 5분의 1에 해당하는 1000원을 기부했고 정부의 고위 관료들은 독립문 건립과 독립공원 설립을 위해 조직된 독립협회에 대거 참여했습니다. '독립'은 서재필의 문제만이 아니라, 조선의 지도층 모두가 시급하게 이루고자 했던 최종 목표였음을 보여 줍니다. 또한 많은 국민들이 의연금을 내서 독립문 건립을 뒷받침했습니다. 서재필의 아이디어에서 출발한 독립문은 고종과 정부 관료, 그리고 일반 백성들 모두의 염원을 담아 기공을 시작한 지 꼭 1년 만인 1897년 11월에 완공되었습니다.

독립문 건립은 한 달 전에 이루어진 대한제국 선포를 축하하는 이벤트로 전 국민의 마음을 설레게 했을지도 모릅니다. 그러나 독립이라는 말을 처음 쓴 것은 강화도조약 때의 일본이었고, 그때부터 일본은 독립의 의미를 청이나 서구 열강이 조선에 힘을 행사하는 것을 배제하는 용도로 사용했습니다. 독립문이 건립되는 시점에서 일본은 대한제국의 반외세 분위기가 러시아로 향하기를 원했을 것입니다. 더 큰 문제는 독립을 바라보는 관점이 대한제국 내부에서도 서로 달랐다는 점에 있습니다. 대한제국 선포와 함께 모두가 한마음으로 독립을 외치는 듯 보였지만, 독립협회를 후원했던 고종은 독립의 주도권을 황제에게 두려고 했던 반면, 서재필을 비롯한 독립협회 인사들은 황제권을 제한함으로써 독립의 기틀이 마련될 수 있다고 생각했습니다. 대한제국이 그토록 원했던 '독립'은 고종, 서재필, 일본에 동상이몽의 단어였습니다.

『독립신문』이 큰 인기를 얻었던 까닭은 무엇일까?

서재필이 처음『독립신문』창간을 준비했을 때는 재정적인 어려움과 함께 일본 공사 고무라의 방해 공작으로 신문 창간이 거의 무산될 위기에 처해 있었습니다. 그러나 아관파천으로 일본의 영향력이 쇠퇴하자, 박정양 내각은 신문 창간비로 거액을 보조하는 것과 더불어 정동에 위치했던 정부 건물을『독립신문』사옥으로 사용하도록 해서 신문 창간을 적극적으로 지원했습니다. 또한 일본 오사카에서 인쇄 시설을 구입하는 한편,『독립신문』의 우편료도 저렴하게 책정하는 등 각종 편의를 마련해 주기도 했습니다.『독립신문』은 법적으로는 서재필 소유로 등록되었지만 창간 자금을 대고 설립될 수 있도록 한 것은 조선 정부였기 때문에, 정확히 표현하면 정부와 민간이 합작해서 발간한 신문이라고 할 수 있습니다.

『독립신문』은 1896년 4월 7일에 창간되었고, 현재 이 날을 '신문의 날'로 기념하고 있습니다. 1883년 10월 1일(음력)에 창간한『한성순보』가 우리나라 최초의 근대 신문이지만 한문으로 발간되어 제한된 독자층에게 유포되었던 것과 달리,『독립신문』은 순 한글로 발행되어 한국 사회의 변화와 국민의 성장을 이끌었기 때문에 근대 신문의 대표라는 상징성을 가지게 되었습니다. 또한 한글 띄어쓰기와 쉬운 한글 쓰기를 실현해 '상하귀천이 다 보게 하겠다.'는 목표를 이룰 수 있었고, 이는 한 연구자의 표현처럼 한글을 앞세운 『독립신문』에 이르러서야 비로소 근대 국민국가의 틀을 갖추기 시작했다는 평가의 결정적인 증거가 되었습니다. 구텐베르크의 금속활자가 찍어 낸 루터의 「95개조 반박문」이 종교개혁을 이끌었듯이, 그리고 근대 유럽의 신문들이 민족국가의 탄생을 촉진했듯이, 순한글 『독립신문』의 발간은 우리 역사에서 일종의 '문화혁명'이자 민주주의의 실천으로 평가될 수 있는 놀라운 사건이었습니다.

『독립신문』은 창간 초기에는 300부씩 찍었으나 곧 500부로 늘었고, 이후에는 3000부를 발행했다고 합니다. 그렇다고 해서 고작 3000명 정도가 신문을 읽은 것이 아닙니다. 오늘날도 마찬가지이지만, 당시 우리나라 사람들은 신문을 돌려 읽거나 사람들이 많이 모인 곳에서 낭독하는 경우가 흔했습니다. 서재필은 『독립신문』 한 부를 최소한 200명 정도가 읽었다고 회상했는데, 그 방식으로 단순 적용하더라도 60만 명이 읽은 것입니다. 실제로 1898년 11월 강원도 양구군 우망리 장터에서 군수가 시장에 사람을 모으고 글 잘 읽는 사람에게 『독립신문』을 읽도록 했다는 기록을 보면, 『독립신문』의 영향력이 입에서 입을 통해 전국 모든 이들에게 미치고 있었음을 볼 수 있습니다. 『독립신문』이 인기를 얻었던 또 다른 이유는 저가 신문을 추구했던 신문사 측의 노력 때문이었습니다. 『독립신문』의 1부 제작비는 1전 6리 정도였는데, 초기에는 한 부를 1전에 팔다가 적자를 감당할 수 없어 2전으로 올렸다고 합니다. 서재필이 직접 거리에 나가서 "한 장에 한 푼인 신문이요! 읽고 나면 창호지도 되고 밥상 덮는 상보도 되는 신문 한 장에 한 푼이요!" 하며 신문을 팔았다고 하는데,

신문사의 의지와 노력을 엿볼 수 있는 대목입니다.

『독립신문』의 영향력이 컸던 만큼 어떤 기사를 담고 있었는지를 살펴보는 것도 중요합니다. 『독립신문』의 내용을 분석한 여러 연구들을 보면, 『독립신문』의 긍정성과 더불어 몇 가지 문제점도 함께 지적합니다. 우선 『독립신문』의 필진들이 서구의 문명개화와 계몽을 강조하며 대한제국의 근본적인 변화를 이끌던 것은 높이 평가되지만, 서구를 이상향으로 미화하면서 우리의 전통을 지나치게 냉소·혐오·멸시하는 자세를 보였던 것은 비판받을 필요가 있습니다. 가장 대표적인 것이 위생과 청결문제였습니다. 서재필 본인이 세균학 전문가였기 때문에 위생을 특별히 강조한 측면도 있겠지만, 이틀에 한 번씩 목욕을 하라는 등의 주장은 당시의 한국 형편에 비추어 지나친 요구였습니다. 또한 미신을 강력하게 비판하는 것까지는 설득력을 가질 수 있지만, 그 대안으로 "그리스도교의 교를 착실히 하는 나라들은 지금 세계에 제일 강하고 제일 부요하고 제일 문명하고 제일 개화가 되어 하나님의 큰 복음을 입고 살더라."고 기독교 예찬론을 반복했던 것도 지나치게 서구중심적인 사고였다고 할 수 있습니다.

『독립신문』을 향한 또 다른 비판은 민중과 의병을 어떻게 바라보았느냐 하는 지점에 있습니다. 『독립신문』은 나름의 지식을 갖춘 지주와 자산가 계층의 정치 참여를 강력하게 주장한 반면, 민중은 교화의 대상일 뿐 정치 참여의 주체라고 생각하지 않았습니다. 『독립신문』이 말하는 민권은 지주 및 자산가의 개화를 의미했기 때문입니다. 또한 『독립신문』은 의병에 대해서도 떼를 지어서 재물을 약탈하는 도둑이라는 뜻의 '비도 匪徒'라는 단어를 사용했습니다. 『독립신문』이 '비도'라는 표현을 총 200

회 이상이나 사용하면서 보도했던 의병 관련 기사는 대부분 의병의 패전·만행·해산과 관련된 것이었고, 그것이 아니라면 정부군의 승전·활약상·진압 상황을 다루었습니다. 『독립신문』은 철저하게 '위로부터의 개혁'만을 강조했던 것입니다.

독립협회와 광무정권은 어떤 관계였을까?

당시 동아시아 사회에서는 의회 개설이 핵심 의제로 등장했습니다. 한·청·일 3국의 개화 지식인들이 정당과 의회를 주축으로 하는 대의제 민주주의가 서구 정치 시스템의 핵심이라는 사실에 주목했기 때문입니다. 근대국가 시스템을 가장 빠르게 만들어 갔던 일본의 경우 자유민권운동을 추진했던 세력들이 자유당이라는 정당을 만들어 활동했고, 이들의 의회개설운동에 자극을 받아 1890년 중의원(하원)과 귀족원(상원)의 양원제로 제국의회가 설립되었습니다. 국가에 15엔 이상 세금을 납부하는 만 25세 이상 남자에게만 선거권을 부여한 한계를 가졌지만, 이 의회는 동아시아 최초로 선거를 통해 설립되었다는 의의를 가지게 되었습니다. 또한 당시 청에서도 캉유웨이 등의 지식인들이 청일전쟁 패배 이후부터 국가 시스템의 전환, 즉 변법變法을 주장하며 의회 설립을 요구하고 있었습니다.

독립협회가 주장했던 의회 설립은 일본과 청의 의회 설립 주장과 유사한 맥락에서 진행되고 있었습니다. 서양과 같은 근대 국민국가를 만들겠다는 희망, 국가의 최고 권력을 견제함으로써 지식인이 바랐던 사회를 실현하겠다는 꿈이 함께 섞여 있었던 것입니다.

독립협회는 1898년 봄부터 대한제국 정부를 상대로 상소·집회 시위를 통해 의회 개설을 촉구하는 운동에 돌입했습니다. 또한 1차 만민공동회가 큰 성공을 거둔 후부터 공개적으로 의회 설립 문제를 주장하는 것으로 나아갑니다. 독립협회의 적극적인 의회 설립 운동에 놀란 대한제국 정부는 대의제 정부를 세우는 것은 시기상조이며 정부의 행정을 감시하는 자문 기관을 설치하는 것이 적절하다는 의견을 제시했습니다.

그런데 독립협회 내부에서도 정치 시스템에 대한 견해는 다양하게 나타났습니다. 우선 서재필, 박영효 등 예전 갑신정변을 주도했던 세력들은 대한제국 정부가 추진했던 전제군주정을 거부하고 입헌군주제 시스템을 원했습니다. 대한제국 시기에 정부가 추진했던 각종 정책에 대립각을 세워 왔던 이들은 독립협회를 정치단체로 탈바꿈하는 한편, 만민공동회를 통해 자기 세력의 요구 사항을 하나씩 이루려 했습니다. 이에 부담을 느낀 대한제국 정부는 서재필을 정부 고문직에서 해임하고 출국 조치를 명령하게 됩니다. 또한 독립협회 강경파는 협회의 여러 제안을 수용하겠다는 정부의 입장에도 불구하고 민권을 강화해서 고종황제의 인사권을 제한하려고 했습니다. 고종황제와 광무정권이 경계했던 서재필과 박영효를 정부의 장관으로 추천하려고 했고, 심지어 박영효의 사주를 받고서 정부 관료를 테러하거나 쿠데타를 시도할 만큼 정부 정책에 노골적인 반감을 드러내기도 했습니다.

독립협회 내의 또 다른 노선은 윤치호, 남궁억 등 온건파가 이끌었던 정치 세력으로 서재필이 출국한 뒤 독립협회를 이끌면서 정부와 공통분모를 찾아 협조하는 방향을 선택했습니다. 이들의 활동을 가장 잘 보여 주는 것이 바로 1898년 10월에 개최된 관민공동회입니다. 대한제국 정부와 독립협회 온건파는 이 모임을 통해 양자의 공통안인 6개 조항을 체결해서 고종황제에게 건의했습니다. 이 온건파는 강경파와 달리, 황제의 권한을 인정하면서 대내의 개혁을 추진하며 국권을 강화하고자 했습니다. 관민공동회 직후에 공포되었던 '중추원 신관제'에 따르면, 중추원은 정부의 법률을 제정·개정·폐지 등을 의논하는 입법권을 갖는 상원으로서 기능을 갖추고 있었습니다. 또한 정부 정책에 대해 심의할 수 있는 권한, 정부에 건의할 수 있는 자문권 등도 가졌습니다. 오늘날 국회의원에 해당하는 중추원 의관을 구성할 때 정부에서 추천한 25인과 독립협회에서 선출한 25인으로 참여케 함으로써 독립협회 온건파와 대한제국 정부는 보조를 맞추려고 했습니다.

독립협회는 중추원을 오늘날의 미국 국회의 상원처럼 개편하는 것에만 관심을 가졌을 뿐, 백성들이 대표자를 직접 선출하는 하원 설립에 반대했다는 비판을 받습니다. 오히려 독립협회에 대항했던 황국협회가 서민의 이익을 대변할 수 있는 하원 설립에 적극적이었던 점은 우리에게 생각할 지점을 남깁니다. 그러나 독립협회 역시 중추원을 구성할 때 인민이 선거를 통해 구성한다는 조항을 넣음으로써 백성의 정치 참여를 고려하는 모습을 보여 주었습니다. 19세기 말 서구 열강 중에서도 공화국을 지향했던 미국과 프랑스만 선거를 통해 상원을 구성했을 뿐, 입헌군주국을 지향했던 영국·독일·일본은 모두 황제가 임명하는 방식을 선택했습니다. 독립협회와 대한제국은 그 사이 어디쯤에서 의회 설립의 길을 찾고 있었습니다.

만민공동회는
어떤 가능성을 보여 주었을까?

독립협회는 중요한 현안에 대해서 토론회를 열어 내부에서 치열한 토론을 거쳐 상소 운동을 벌이고 집회를 개최했습니다. 이 토론회에는 독립협회 회원만이 아니라 일반 방청객도 참석했는데, 매주 현안 중 하나를 주제로 선정해 찬반을 대표하는 토론자끼리 토론하고 투표로 가부를 결정하는 일종의 디베이트 방식이었습니다. 이 과정을 거쳐 결정된 의견은 『독립신문』에 실려 각 지역 독자들에게 전달되었습니다.

토론회의 성공은 만민공동회라는 새로운 형식으로 발전했습니다. 근대적 집회의 기원을 열었던 첫 만민공동회는 1898년 3월 10일에 약 1만 명이 서울 종각에 모여 러시아의 침략 정책을 규탄하는 것으로 시작되었습니다. 러시아의 절영도(오늘날의 부산 영도) 조차 요구 철회와 한러은행 철수, 그리고 러시아 재정고문과 군사교관의 해임을 요구하는 목소리가 집회를 이끌었습니다. 『독립신문』을 통해 러시아의 이권 침탈에 비판적이었던 서울 시민들이 종로 일대로 모여들었고, 독립협회의 토론회가 길러 낸 배재학당과 경성학당의 젊은이들이 대중연설가로 나서 시위 참가자들의 가슴을 울렸습니다. 배재학당 출신의 이승만도 이때 떠오른 스타 중 한 명이었습니다. 대규모 집회의 영향력은 고종과 정부를 압박해 만민공동회에서 주장한 요구들을 대부분 수용하도록 하는 결과를 만들어 냈습니다.

과거에 나랏일은 상소 등 한문으로 작성된 문서를 통해 양반 사대부가 책임지는 것이었습니다. 그러나 만민공동회에서 등장한 연설 방식은 글이 아니라 말로 소통함으로써 일반 백성들도 자신의 뜻을 맘껏 펼칠 수 있는 새로운 정치 공간을 열었습니다. 오늘날 팟캐스트와 유튜브가 정치 참여의 새로운 지평을 여는 것처럼 말입니다. 그런 의미에서 '만민공동회'라는 이름이 우리에게 전달하는 의미가 큽니다. 첫 번째 모임에서 만 명이라는 대규모 인원이 동원되었기 때문이기도 하겠지만, 영남만인소에서 등장한 지배 계층을 의미하는 '만인萬人'에서 벗어나 피지배 계층을 뜻하는 '만민萬民'이 집회를 공동으로 주도하는 새 시대가 열렸음을 선포하는 의미가 되었기 때문입니다.

2차 만민공동회는 1898년 4월 말에서 10월 초에 이르는 제법 긴 시간 동안 간헐적으로 진행되었습니다. 이 기간에 진행된 만민공동회는 독립협회가 주최하기보다 시민의 자발적인 참여로 이루어질 때가 많았습니다. 만민공동회는 상설 기구가 아니었기 때문에 상임 간부를 별도로 두지 않았고, 만민공동회가 개최될 때마다 임시 회장과 총대위원을 선출하여 집회의 결의 사항을 집행하도록 했습니다.

1차 때 주요 의제였던 외세의 이권 침탈이나 부당한 요구에 항의하는 집회도 계속 이어졌지만, 두 개의 사건이 2차 만민공동회의 대표적인 사건으로 거론됩니다. 첫 번째 사건은 서재필의 미국행이었습니다. 1차 만민공동회의 규모에 당황한 정부가 서재필을 중추원 고문에서 해고하고 출국을 요청하자, 4월 30일에 시민들이 자발적으로 숭례문 앞에 모여 미국으로 떠나려는 서재필을 막았습니다. 서재필은 이 집회에 감격하지만, 정부가 자신을 다시 고빙雇聘하지 않는다면 대한제국에 머무를 수 없다면서 미국으로 떠나고 말았습니다.

두 번째 주목할 사건은 10장에 등장했던 '김홍륙 독차 사건'입니다. 김홍륙이 커피에 아편을 타서 황제를 시해하려다 실패한 사건인데, 보수 관료들은 역적을 제대로 처벌해야 한다며 갑오개혁 당시 폐지된 연좌제와 연좌제에 의해 죄인의 아내, 아들 등을 함께 사형에 처하는 노륙법을 부활시킵니다. 이 법의 부활로 김홍륙 사건에 연루된 인물들의 가족과 친척까지 끌려와 고문을 받게 되자, 서울 시민들은 피의자의 인권도 마땅히 보호되어야 한다고 맞섰습니다.

10월 1일에서 12일까지 철야 시위도 불사하며 만민공동회가 열렸는데, 철시를 한 시전 상인들이 집회에 가담해 힘을 보탰고 12일에는 소학교 학생들까지 참가했습니다. 시민들은 법부대신 신기선을 포함한 정부 대신 7명을 파면하고 개혁파 내각을 수립하라고 주장했습니다. 고종은 시위 군중이 점점 늘어나자 정부 대신 7명을 사임하게 하고, 독립협회가 신임하는 박정양과 민영환을 중심으로 개혁파 내각을 탄생시킵니다. 독립협회 회원들과 시민들은 12일 저녁에 만세를 부르면서 해산했으며, 그 결과에 대해 미국 공사 알렌이 "평화적 혁명이 이루어졌다."고 본국에 보고할 정도였습니다.

10월 28일부터 11월 2일까지 6일간 종로에서 열렸던 집회는 '관민공동회'라는 특별한 이름을 가지고 있습니다. 2차 만민공동회의 결과로 권력을 얻은 박정양 내각이 독립협회와 함께 국정 개혁을 공개적으로 선언하기 위해 마련한 자리였습니다. 박정양을 비롯해 정부 대신들이 대부분 참석했던 10월 29일 집회에서 개막 연설자로 지명된 사람은 놀랍게도 백정 박성춘이었습니다. "나는 대한의 가장 천한 사람이고 무지몰각합니다. 그러나 충군애국의 뜻은 대강 알고 있습니다. 이에 나라를 이롭게 하는 것과 백성을 편하게 하는 것의 길인즉, 관민이 합심한 연후에야 가하다고 생각합니다."라고 외쳤던 그의 연설은 관민공동회의 취지를 가장 잘 보여 주었던 기막힌 연출이었습니다.

관민공동회에서는 국정 개혁을 위한 6개 원칙을 담은 「헌의 6조」를 의결했고, 고종황제의 동의를 얻었습니다. 「헌의 6조」는 지금까지 만민공동회가 주장한 내용을 요약하고 있었습니다. 그중 1조에서 전제 황권을 굳건하게 하면서도, 5조에서 중추원 의관 임명을 다수 의견으로 정하겠다는 결정은 대한제국 정부와 독립협회 사이에 이루어진 가장 큰 타협 지점이었습니다. 이 결정으로 중추원을 개편해 의회를 설립하겠다는 꿈은 해피엔딩으로 끝날 것이라는 기대가 무르익어 갔습니다.

광무정권은 왜 만민공동회를 탄압했을까?

11월 4일 관민공동회가 성공적으로 막을 내린 그날 밤과 5일 새벽, 익명의 글이 서울 곳곳에 게시되었습니다. 독립협회가 의회를 설립하려는 목적이 황제를 몰아낸 후, 대통령 박정양·부통령 윤치호·내부대신 이상재 등을 내세워 공화제 국가를 만들기 위한 것이라는 주장이 담겨 있었습니다. 이 보고를 들은 고종은 독립협회 간부들을 체포하고 독립협회를 해산하라는 명령을 내립니다. 박정양 내각은 24일 만에 붕괴되었는데, 그날은 바로 독립협회에서 중추원의관 25명을 선출하기로 예정된 날이기도 했습니다.

서울 시민들은 독립협회 간부들이 체포된 경무청 앞에서 만민공동회를 열어 강력하게 항의했습니다. 오늘날 경찰청장에 해당하는 경무사 신기선이 해산을 명령했지만, 오후 들어 만민공동회 참가자의 숫자는 점점 늘어 밤에도 해산하지 않은 채 철야 농성에 돌입했습니다. 독립협회 간부들을 석방하기 위한 시위는 결국 6일 만에 성공을 거두게 됩니다. 그러나 만민공동회는 여기에서 멈추지 않았습니다. 오늘날의 가짜 뉴스에 해당하는 익명서를 배포한 인물들을 처벌하고 독립협회 설립을 다시 허가해 줄 때까지 만민공동회를 계속 이어 가기로 결의했기 때문입니다.

박정양 내각에 이어 등장한 보수파 내각은 황국협회에서 활동하는 보부상을 동원해 만민공동회를 무력으로 해산하겠다는 계획을 세웁니다. 11월 21일 보부상들이 만민공동회를 습격했지만, 서울의 민심은 황국협회가 아니라 독립협회로 기울었습니다. 서울의 모든 가게는 철시로 동조했고, 종로에서는 황국협회를 규탄하는 만민공동회가 열려 과격한 분위기가 연출되었습니다. 시민들은 떼를 지어 고위 관료의 집을 습격하거나, 몽둥이나 칼로 무장해서 황국협회의 보부상들을 공격하기도 했습니다. 두 세력이 본격적으로 맞붙게 되면서 시민 3명과 보부상 1명이 사망하게 되었고, 이로 인해 피가 피를 부르는 폭력적인 상황이 더욱 가열되었습니다.

이 상황을 해결하기 위해 고종황제가 직접 나서게 됩니다. 11월 26일 고종은 만민공동회 대표를 직접 만나, 수많은 시민들이 지켜보는 가운데 독립협회의 요구 조건을 모두 받아들였습니다. 고종황제의 노력과 더불어, 윤치호 등 독립협회 지도부는 정부에 무력 진압의 구실을 주어서는 안 된다고 강조하며 시민들의 자제와 해산을 당부했습니다. 마침내 독립협회 온건파의 주장대로 이틀 동안 해산해 정부의 조치를 좀 더 지켜보기로 하고 파괴 행위를 일시 중단하게 되었습니다.

12월 1일에는 황국협회의 습격을 받아 사망했던 구두 수선공 김덕구의 사회장社會葬이 열렸습니다. 많은 사람이 거리를 가득 메운 가운데 오후 1시부터 노제가 시작되었고, 학생 대표·여성 대표·교사 대표가 제문을 읽고 학생들이 추모의 노래를 합창했습니다. 만민공동회가 김덕구를 평범한 시민으로서 애국을 실천하다가 순국한 의사義士라고 기념한 이 사건이 우리 근현대사에서 사회장의 기원이 되었습니다.

일단 해산했던 만민공동회는 12월 6일부터 종로에서 국정 개혁 운동에 다시 나섰고, 매일 1~2만 명이 모여 날마다 철야 농성을 이어 갔습니다. 이 소식을 들은 전국 각지에서도 성금이나 물품을 보내 만민공동회를 지지했습니다.

고종은 독립협회 회장 윤치호를 중추원 부의장으로, 독립협회 회원 17명을 중추원 의관에 임명하며 타협을 시도했습니다. 그러나 이승만, 최정덕 등 독립협회 강경파는 일본에 망명했던 박영효와 연계해 폭력 시위를 통해 정권을 차지하려는 계획을 세우고, 일본에서 들어온 자금을 이용해 빈민 1200명을 무장시키는 등 정변을 일으킬 준비를 했습니다. 독립협회 강경파는 만민공동회에서 개혁적인 인물을 중추원 의관으로 추천하게 해 달라고 요구해 동의를 얻은 뒤, 정부가 반대했던 서재필과 박영효 등을 투표로 결정해서 추천했습니다. 이와 함께 박영효의 귀국을 허락해 달라는 요구서까지 제출합니다.

이로 인해 만민공동회는 분열하게 됩니다. 독립협회 온건파와 박영효를 미워하는 시민들이 만민공동회 참여를 거부하면서, 집회의 규모도 급격하게 줄어들었습니다. 근거 없는 익명서를 믿고 관민공동회의 합의 사항을 뒤집은 것이 고종의 결정적인 실수였다면, 고종의 타협안을 불신해서 쿠데타까지 불사했던 독립협회 강경파의 선택 또한 결정적인 패착이 되었습니다.

12월 25일 정부는 친위대를 동원해 찬비와 추위를 무릅쓰고 철야 농성을 불사하던 만민공동회를 무력으로 해산했고, 독립협회의 주요 인사들을 체포해서 투옥했습니다. 중추원은 모든 민회를 해산한다고 결의함으로써 만민공동회를 법적으로 정지시켰고, 독립협회 회장 윤치호도 사태의 심각성을 깨닫고 만민공동회의 자진 해산을 선언하고야 말았습니다. 의회를 만들어 입헌군주제 국가를 설립하고자 했던 독립협회의 꿈은 이렇게 좌절되었고, 이듬해인 1899년에 고종은 「대한국 국제」를 선포해서 대한제국이 전제군주의 나라임을 공포했습니다.

만민공동회는 양반의 상소에 의존했던 조선의
정치를 '만민'의 참여로 전환했던 창의적인 정
치 공간이었다. 또한 농촌을 배경으로 농민이
활약했던 이전의 시위와 달리, 도시라는 공간
에서 학생과 상인 등이 주도하는 직접 민주주
의의 새로운 가능성을 보여 주었다. 관민공동
회라는 대타협에 이르렀음에도 불구하고 결국
결별할 수밖에 없었던 이유는 무엇이었을까?

| 관민공동회 기록화

12장

고종, 현명한 군주인가
어리석은 군주인가?

우리에게 고종과 대한제국의 이미지는 어떻게 남아 있을까? 많은 한국인들이 고종에 대해서는 무능함을, 대한제국에 대해서는 무기력함을 떠올린다. 그 결정적인 이유는 일제에 나라를 빼앗겼기 때문일 것이다. '고종과 대한제국이 능력이 있었다면 일제가 국권을 빼앗을 수 있었겠는가'라는 의문은 지극히 자연스럽다. 고조선이 멸망한 이후 한 번도 외세에 의해 나라가 망한 적이 없었던 우리 역사였기에 나름의 설득력도 가지고 있다. 그러나 당시에 아시아와 아프리카의 상황을 보면 국권을 상실하지 않은 경우가 오히려 특별한 경우였다. 아시아의 수많은 국가 중에서 식민지로 전락하지 않은 나라는 단 세 나라, 제국으로 부상한 일본, 반半식민지 상태였던 중국, 그리고 영국과 프랑스의 중립지대로 독립을 유지했던 시암(태국)뿐이었다. 아시아의 모든 나라가 무지하고 무능하기 때문에 국권을 상실한 것일까? 침략자의 야만적인 폭력은 사라지고 피해자의 무능만 강조되는 이 지점에서, 우리는 고종과 대한제국을 다시 생각해 볼 필요가 있지 않을까?

고종을 평가할 때
고려해야 할 요소는 무엇일까?

1980년대 중반만 해도 고종은 한국 근대사의 연구 대상조차 되기 어려웠습니다. 독재 정권에 맞서 사회를 변화시켜야 한다는 요구가 높았고 역사학계도 이에 부응하고자 동학농민운동 등 '아래로부터의 개혁'에 연구역량을 집중했기 때문입니다. 또한 당시로부터 불과 100년 전후의 가까운 시기를 연구하면서, 연구자가 은연중에 연구 대상과 자신의 지향점을 동일한 것으로 간주하는 경향도 있었습니다. 그래서 고종을 연구 대상으로 삼는 것만으로도 '복벽론자'나 왕조 사관을 가진 사람으로 오해받기 쉬웠던 점도 고종 연구를 어렵게 만들었습니다.

고종 연구를 가로막았던 또 하나의 장벽은 대한제국의 멸망이 고종 때문이라는 '망국책임론'이었습니다. 대한제국은 전제군주정을 채택한 나라였고 황제는 '무한한 군권君權'을 가졌기 때문에, 고종이 망국에 대해서도 '무한한 책임'을 져야 한다는 주장은 나름대로 설득력이 있습니다. 그러나 이미 존재하는 결과를 보고 이를 설명해 줄 수 있는 원인만 끌어모으는 결과론적 해석 방식이 우리에게 어떤 도움이 될지 돌아보아야 합니다.

우리는 결과론적 해석에 매우 익숙합니다. 나름대로 열심히 준비한 시험에서 기대 이하의 성적을 받았을 때나 우리가 응원하는 스포츠팀이 경기에서 패배했을 때 등 우리가 원했던 결과에 도달하지 못한 그모든 상황에서 실패의 원인을 찾으려 합니다. 결과론에 집착할 때 핵심은 결과일 뿐, 그 과정에서 얻은 부분적인 성과는 그저 구구절절한 변명으로 접어놓아야 할 때가 많습니다. 이러한 접근 방식이 우리의 일상 곳곳에 자리 잡고 있기 때문에 성공과 패배가 결정되는 모든 상황에서 결과론적 해석은 조건반사와 같이 우리 뇌를 지배합니다.

고종과 대한제국을 평가하는 상황에서도 결과론적 해석이 늘 문제가 됩니다. 대한제국이 실패한 원인을 찾는 것에만 초점이 맞춰지면서, '그때는 왜 실패했을까?', '이 사건에서는 이렇게 했어야 했는데' 등 소 잃고 외양간을 고치는 '후견지명後見之明'이 계속 이어지기 때문입니다. 어떤 일이 결정되고 난 후 누군가에게 책임을 묻는 오래된 습관에서 벗어나려면, 우리의 질문을 '그때 무슨 일이 일어나고 있었을까?'라는 과정 중심의 사고로 전환할 필요가 있습니다. 그래서 고종과 대한제국에 대해서도 성급하게 평가를 내리는 것보다 당시의 역사적 맥락에서 고종과 대한제국 정부의 선택을 이해하는 것이 중요합니다.

조선의 국왕은 왕조의 상징이자 모든 정치권력의 근거가 되었고, 이로 인해 국왕을 둘러싸고 오늘날만큼이나 복잡한 정치적 갈등이 전개되었습니다. 고종이 즉위했던 기간은 이러한 대내적 갈등 위에 외세의 직접적인 간섭까지 더해지면서, 우리나라의 전체 역사에서 가장 복잡한 세력 갈등과 역학 관계가 진행되었습니다. 이 복잡한 변수들이 어떻게 전개되었는지를 하나씩 살펴보면서, 당대의 관점과 노력을 되짚어 보는 것이 한국 근대사를 이해하는 데 더 유익할 수 있습니다.

따라서 고종에 대한 평가는 국왕 개인의 품성이나 역량을 평가한다거나 그를 옹호 내지 책임을 묻겠다는 식의 도덕주의적 접근 방식에서 벗어나, 대한제국 시스템에 대한 총체적인 이해와 더불어 진행되어야 합니다. 우리 역사학계가 이 과정을 밟아 오면서 고종의 여러 개혁 정책을 긍정적으로 인정한 것은 그저 우리 민족의 자부심을 높이겠다는 소위 '국뽕 사학'의 결과가 아니었습니다. 그것은 대한제국 시기에 구체제의 핵심이었던 국왕이 어떻게 새로운 시스템을 만드는 개혁의 주체로 나서게 되었는지, 그 역사적 특수성을 이해하려는 노력이었습니다.

고종은 왜 '암군'의 이미지를 가지게 되었을까?

고종에게 '어두울 암暗' 자의 수식어가 붙기 시작한 때는 1907년부터입니다. 일제가 헤이그에서 열린 만국평화회의에 특사를 파견한 사건을 빌미로 고종황제를 강제로 퇴위시킨 후, 오사카 마이니치신문사 경성 지국의 기자가 『한국정미정변사韓國丁未政變史』라는 책을 써서 고종을 '어리석은 군주'라고 표현했습니다. 이 일본 기자는 조선을 문명국가로 만들고자 했던 일본의 호의를 무시하고 고종이 헤이그 특사 파견이라는 어리석은 짓을 했다는 뜻으로 '암군'을 거론했지만, 강제 병합 이후에는 이런 좁은 의미뿐 아니라 모든 대목에서 망국의 군주였던 고종의 어리석음을 지적하게 됩니다.

고종은 스스로의 지위와 능력으로 왕의 자격을 얻은 것이 아니었기 때문에 여러모로 주변의 도움이 필요했습니다. 또한 개항 전후로 일본이나 청의 군사적 압박을 강하게 받았기 때문에 외세의 위협을 어떻게 피할 것인지도 중요한 문제였습니다. 취약한 권력 기반과 국력은 고종의 통치력과 조선의 국권을 항상 위협했고, 이에 맞서 고종은 국내 정치에서는 적극적인 지지 세력에 '의지'하는 한편 대외 관계에서는 조선을 점령하려는 욕심이 적은 열강을 최대한 '활용'하고자 했습니다. 그러나 고종의 '의지'와 '활용'은 이를 비판적으로 바라보는 이들에게 '나약함'과 '종속'이라는, 암군 이미지의 근거가 되었습니다.

암군론이 제기했던 여러 비판 중에서도 고종 정권이 임오군란이나 동학농민운동 당시, 청의 군대를 빌려 국내 정치 문제를 해결하려 했던 것은 가장 큰 비판을 받았습니다. 자국 국민의 불만과 저항을 외세의 힘으로 막겠다는 발상은 동서고금을 막론하고 비판받아 마땅합니다. 청군을 끌어들인 것이 고종이 아니라 그의 신하였다는 주장이나 청이 먼저 군대를 투입했다는 주장도 고종의 정치적 리더십 배후에 외세가 있었다는 비판을 잠재우기 어려울 듯 보입니다. 또한 아관파천 이후 고종이 러시아에 의존하면서 그 대가로 각종 이권을 양보했던 것 역시 외세에 의존하는 고종의 나약함을 보여 주는 근거로 항상 거론됩니다.

이에 못지않게 고종의 정치 리더십에 의문을 품게 하는 요소가 바로 관료들과의 관계였습니다. 정치는 군주 혼자만의 몫이 아니라 여러 관료와 더불어 추진되는 정권 문제였고, 고종의 정치적 역량은 관료들을 통솔해서 산적해 있던 대내외의 문제를 현명하게 해결하는 것에서 드러나기 때문입니다. 그러나 갑신정변, 갑오개혁, 아관파천을 거쳐 대한제국을 선포하는 시점에 고종은 개화파 세력을 대부분 배제했고, 칭제건원을 적극적으로 지지했던 개신 유학자들도 제외하고 소수의 근왕파를 중심으로 정권을 구성했습니다. 고종은 의정부보다 황실 직속의 궁내부에 권한을 집중했으며, 국정을 운영하는 의정부 고위 관료의 경우 파워 엘리트 충원에 실패하면서 고종의 측근 인물 10여 명 정도가 돌아가면서 의정부를 맡는 '회전문 인사' 방식으로 운영되었습니다. 이러한 운영 방식은 고종이 국가기구를 사유물로 인식했다는 비판을 가능하게 했습니다.

또한 독립협회 회장 윤치호·재야 유학자 황현·대한제국 궁내부 고문 샌즈는 모두 대한제국 정부 내에서 매관매직이 심해서 뇌물을 받고 이권을 넘기는 부패 상황이 계속 이어졌다고 지적합니다. 과거제 폐지로 기존의 관료 선발 제도가 사라진 상황에서 이를 대체할 수 있는 새로운 관료 충원 시스템이 제대로 작동하지 못하면서 그 정착 과정에 여러 부작용이 나타난 결과였습니다.

그러나 고종의 무능력을 비판하는 주장 중에서 가장 안타까운 것은 국민 대다수의 권리 보장에 무관심했다는 지적입니다. 고종이 추구한 황제정은 국가기구조차 사유물인 것처럼 규정했지만, 국민의 권리에 대해서는 아무런 규정조차 하지 않았습니다. 최대치로 설정된 고종의 권리와 대조적으로 국민의 권리는 마치 '무권리' 상태인 것처럼 보였습니다. 실제로 고종의 개혁 작업은 농민층의 경제적 부담을 가져와서 농민층을 더욱 몰락시켰으며, 이로 인해 전국 곳곳에서 여러 농민항쟁이 나타나게 됩니다. 대한제국의 개혁 사업은 지주와 지배층의 입장을 반영했을 뿐 약자였던 농민층이나 소상인층의 성장 가능성을 끌어내는 데 미흡했고, 오히려 대다수 국민을 궁핍하게 만들었다고 비판받았습니다. 이 지적이야말로 고종의 정치 역량을 의심케 하는 실정失政이 아닐까 싶습니다.

고종을 '현군'이라고 주장하는 근거는 무엇일까?

암군론의 관점에 따라 고종은 대한제국 멸망 후 나약하고 무능한 군주의 이미지를 오랫동안 유지했습니다. 그런데 1990년대 이후 고종이야말로 한국의 현실에 맞는 자주적 근대화를 실현하고 마지막까지 국권을 지키려 했던 '우리의 황제'였다는 주장이 나왔습니다. 이 주장에 따르면, 대한제국의 멸망은 고종의 무능 때문이 아니라 오히려 고종이 주도한 대한제국의 개혁이 '뜻밖의 성과'를 거두자 일제가 러일전쟁이라는 비상수단을 동원해서 대한제국의 국권을 강제로 빼앗은 결과였습니다. 이후 고종의 재평가 작업이 중요한 과제로 등장했고, 고종은 현군賢君, 즉 현명한 군주이자 구한말의 특수한 상황에서 근대화를 이끌었던 핵심 주체라는 평가가 등장하게 됩니다.

암군론에서는 고종의 외세 의존적인 측면이 강조되었지만, 현군론에서는 고종을 '개명 군주'라고 평가하며 고종의 대외 정세 인식과 개화 의지를 높게 평가합니다. 고종은 즉위 이후 10여 년간 경연에 1300여 회 참여할 정도로 공부에 적극적이었는데, 당시 고종의 경연관으로 자주 참가했던 사람이 바로 초기 개화파의 중심인물이었던 박규수였습니다. 고종도 처음에는 전통적인 유교 세계관에 근거하여 서양 세계를 '오랑캐'로 이해하는 수준이었지만, 청나라에서 발간된 『해국도지』나 『영환지략瀛環志略』 등을 통해 서양에 대한 각종 정보를 받아들이고 중국 중심의 동아시아 질서가 전환하는 것을 확인하면서 개화에 대한 적극적인 의지를 가지게 됩니다. 대다수 조정 대신들이 척화를 주장하는 분위기 속에서 주류 의견과 맞서 문호 개방이라는 소수 의견을 밀고 나간 것은 용기와 확신이 필요한 쉽지 않은 선택이었습니다.

고종은 직접 정치를 맡게 된 이후부터 세계 문제를 비롯해 문호 개방 과정에서 대체로 개방론과 개화를 주장하는 입장을 지지했습니다. 김홍집이 들여온 『조선책략』을 인쇄해서 유생들에게 배포하도록 한 사람도 고종이었으며, 개화파를 정계에 등용해서 보수적인 관료들의 반대에도 불구하고 서양 열강들과 잇달아 수호조약을 체결한 장본인도 고종이었습니다. 조선이 문호를 개방한 것이 일본의 군함과 대포의 힘으로만 설명될 수 없는 까닭이 여기에 있습니다. 조선 내부에서 문호 개방의 필요성을 가장 강하게 역설했던 세력의 중심에 개화와 관련된 가장 많은 지식을 접했던 고종이 있었습니다.

또한 암군론에서는 고종의 인사 방식에 대해 매관매직에 지나치게 의존했다고 비판했지만, 고종은 실용주의 정책을 내세우며 1880년대부터 실무에 능통한 관료를 꾸준히 육성하는 모습을 보여 주기도 했습니다. 이용익·이근택·이기동·길영수·이유인 등 고종의 곁을 지켰던 친위 세력들이 바로 새롭게 성장한 관료층이었습니다. 또한 고종은 정통 양반 사대부가 아니라 서자나 무과 출신 인사들도 중용했습니다. 이러한 고종의 인사 방식에 대해 유생들은 공적 시스템을 벗어난 불합리한 인재 기용이라고 하거나 매관매직이라는 딱지를 붙여 비판했지만, 정권에 참여할 수 있는 계층을 확대한다는 측면에서 본다면 고종의 인재 육성 방식은 조선 사회의 한계를 극복하는 긍정적인 면이 있습니다. 신분에 구애받지 않고 실무 능력을 갖춘 실력 있는 인재를 국가 고위직에 등용한 점, 그리고 이학균, 현상건 등 근대적 교육을 받은 인재들을 기용해 그들의 외국어 실력을 빌려 서구 열강을 상대로 외교전을 펼쳤던 점 등은 고종의 현명한 안목을 보여 주는 또 다른 증거입니다.

『고종실록』 편찬에 참가했던 한 인물은 고종이 신하를 잘 다루고 제도에 밝았다고 하면서, 조선의 26명 왕 중에서 제도를 개선하는 일에서는 으뜸이라고 평가했습니다. 그의 평가처럼 고종은 한번 개혁한 제도는 쉽사리 되돌리지 않았습니다. 아관파천 때에도 단발령 강제 시행을 중지시키기는 했지만, 그 후 척사론자들의 강력한 요구에도 불구하고 단발령 취소를 거부했고 대한제국 수립 후에는 대신들의 단발을 강요하기까지 했습니다. 대한제국 시기의 정국 운영에서 여론의 지지가 필요할 때는 유생들의 상소를 동원하면서도, 그들이 주장하는 향약 실시, 과거제 부활 등 옛 제도로의 복귀 요구는 수용하지 않았습니다. 대한제국 시기에는 개화에 대한 의지와 제도 개혁에 대한 고종의 감각이 구본신참을 내세운 광무개혁의 성과로 나타났습니다.

'광무개혁' 논쟁은 왜 그토록 주목받았을까?

고종을 평가할 때, 대한제국의 선포에서 러일전쟁 발발 전까지의 6년에 많은 관심을 기울입니다. 이 시기에 러시아와 일본이 세력균형을 이루어서 외압이라는 변수가 상대적으로 적었고, 대한제국 정부도 의욕을 가지고 '광무개혁'이라고 불린 다양한 개혁 정책을 실시했기 때문입니다. 이때의 대한제국 정부에 대한 평가는 크게 세 가지로 나뉩니다. 첫 번째는 개화파를 근대화의 주체 세력으로 보는 관점으로, 개화파와 대립했던 대한제국 정부를 부패하고 무능한 친러 수구파 정권이라고 부정적으로 평가합니다. 이 관점에서는 개화파가 주도한 독립협회 운동이 성공하지 못했던 이유를 전적으로 대한제국 정부의 방해 때문이라고 보고, 대한제국의 반민중적이고 수탈적인 성격은 당시 백성들의 상황에서도 확인할 수 있다고 주장합니다. 두 번째는 앞의 주장과 달리, 대한제국 정부와 개화파가 계급적인 측면에서는 동일한 지향을 가지고 있었다고 파악합니다. 독립협회가 추진했던 운동을 지주적 입장에 선 '위로부터의 개혁'이라고 규정하고, 대한제국 정부도 이와 동일한 노선에서 근대적 개혁 사업을 마무리했다는 것입니다. 독립협회와 만민공동회 운동이 광무개혁의 방향에 일정한 영향을 미쳤지만, 이 시기에 진행된 광무개혁의 중심 세력은 어디까지나 대한제국 정부라는 점이 강조됩니다. 세 번째는 앞서의 두 주장을 절충한 견해입니다. 대한제국의 정치 상황은 황제권을 강화하면서 보수화되었지만, 양전지계사업·식산흥업정책 등의 경제 방면이나 교육·인재 등용 등의 사회 방면에서는 예전보다 더욱 발전된 모습을 보였다고 평가합니다.

　　학문적 논쟁이 드문 역사학계의 현실에서 광무개혁과 관련된 주제만큼은 오랜 시간 뜨거운 감자였습니다. 광무개혁 논쟁이 처음 주목을 받았던 것은 1976년입니다. 두 번째 주장을 대표하는 학자였던 김용섭 교수의『한국근대농업사연구』가 1975년에 발표되었고 1976년에는 첫 번째 주장의 대표 주자였던 신용하 교수의『독립협회연구』가 간행되면서, 서로의 저서에 대한 서평 형식으로 광무개혁 논쟁이 시작되었습니다. 이 논쟁은 2년 후인 1978년에 두 번째 주장의 관점에서 강만길 교수가 상공업 부문에서도 광무개혁을 증명할 수 있다고 주장하면서 다시 이어졌습니다. 이때의 광무개혁 논쟁은 뚜렷한 결론을 내리지 못하고 마무리되었지만, 한국 근대사 연구에 여러 과제를 던져 주었습니다. 광무개혁은 과연 실재했는지, 만약 실재했다면 그 추진 주체는 누구였으며 개혁의 성과는 무엇이었는지, 또는 실재하지 않았다면 이 시기 개혁 운동의 중심을 어디에 설정해야 하는지 등의 질문들은 이후에 추가 연구를 촉진시켰고 더 나아가 우리 역사학계에 한국 근대사를 어떻게 보아야 할 것인가라는 근본적인 문제를 제기하는 계기가 되었습니다.

1980년대 이후 대한제국의 근대화 정책에 대한 연구가 본격적으로 진행되면서 광무개혁의 성과를 대단히 긍정적으로 평가하는 분위기가 등장했습니다. 정치·경제·사회·문화 그리고 군사 분야에 이르기까지 그동안 무시되었던 대한제국의 새로운 면모가 드러나기 시작했습니다. 그렇지만 대한제국의 전반적인 평가에 대해서는 많은 학자들이 여전히 유보적이거나 절충적인 견해를 고수했습니다. 그런데 대한제국 선포 100주년이었던 1997년의 각종 기념사업을 통해 대한제국의 긍정적인 면이 더욱 주목을 받았고, 고종은 만국공법에 근거해서 대한제국을 근대국가로 개편한 계몽 군주로서 광무개혁을 실천한 주체로 높이 평가받았습니다.

하지만 이번에는 대한제국과 광무개혁에 대한 지나치게 긍정적인 평가가 고종의 개혁 의지만 일방적으로 강조하는 또 다른 '부조적浮彫的 근대화론'이라는 비판을 받습니다. 광무정권이 보여 주었던 여러 실정과 러일전쟁 이후의 무기력한 대응을 고려한다면, 긍정 일변도의 대한제국 이미지는 어느 지점에선가 왜곡되어 있기 때문이었습니다. 그래서 민중을 중심으로 하는 '아래로부터의 개혁'을 강조하는 역사학자들은 대한제국과 고종을 높이 평가하는 이들을 향해 '근왕勤王 사학'이라는 냉소적인 비판을 보내기도 했습니다.

2004년 여름부터 겨울에 이르기까지 『교수신문』의 지면을 빌려 펼쳐진 '고종시대 논쟁(대한제국 논쟁)'은 광무개혁 논쟁의 새로운 양상을 보여 주었습니다. 이 논쟁은 5개월에 걸쳐 20여 회나 이어졌으며, 역사학계뿐 아니라 경제학계·사회학계·정치학계·철학계 등 여러 학계의 참여와 폭넓은 관심 속에서 진행되었습니다. 1970년대의 광무개혁 논쟁에서 시작된 논란이 더욱 커져서, 이번에는 대한제국이 한국 근대사에서 차지하는 역사적 위상이 무엇이었는지 종합적으로 평가하는 토론의 장이 되었습니다. 또한 역사학계와 달리 대한제국을 여전히 부정적으로 평가했던 사회과학계도 이 논쟁에 적극적으로 뛰어들면서, 일제강점기 인식까지 포함해서 한국 근대사 전반을 이해하는 문제로까지 논쟁이 확장되었습니다. 이 논쟁에 참여한 여러 학자들이 실증적인 근거를 통해 날카로운 논점을 형성했고 상대의 주장을 반박하고자 다양한 논리를 펼쳤기 때문에, 대한제국에 대한 이해를 한 단계 더 높일 수 있는 기념비적인 계기가 되었습니다. 이 논쟁을 결산한 책이 『고종황제 역사청문회』(푸른역사, 2005) 라는 이름으로 간행되기도 했습니다.

대한제국 평가에서 남은 과제는 무엇일까?

대한제국 논쟁은 지금도 여전히 진행 중입니다. 이 시기는 '봉건'이라는 이름으로 대표되는 전통의 무게와 자생적인 근대화의 가능성이 공존했던 과도기이지만, 결국에는 멸망이라는 결론으로 수렴되어야 하는 복합적이면서도 모순된 특징을 두루 가지고 있습니다. 논쟁과 토론 문화가 발달하지 못한 한국 학계에서 왜 대한제국을 평가하는 문제만큼은 주기적으로 논쟁의 대상이 되었는지 짐작하게 해 줍니다. 여전히 뜨거운 이 주제에서 아직 남은 문제는 무엇일까요?

우선 생각해 볼 것은 대한제국을 평가할 수 있는 시기가 너무 짧다는 것입니다. 대한제국 선포에서 러일전쟁까지는 6년 남짓한 기간이고, 강제 병합 때까지를 고려하더라도 13년이 채 되지 않습니다. 중국 근대사의 경우, 1840년의 아편전쟁 이후부터 시작해 1911년의 신해혁명과 1919년의 5·4운동에 이르러서 옛 시스템을 모두 청산하는 과정이 이루어집니다. 그런데 과연 6년 남짓한 기간의 개혁 작업만으로 대한제국을 평가하는 것이 과연 가능한 일일까요? 대한제국 시기에 한정 짓지 않고, 문호 개방이 실시된 1876년을 그 시작점으로 삼는다고 해도 30년조차 되지 않기 때문에 대한제국이라는 한 국가의 성공과 실패를 논하기에는 여전히 많은 아쉬움이 남습니다.

두 번째는 대한제국이 어떤 국가였는지 전체적인 그림을 그려야 한다는 점입니다. 우리가 고종과 대한제국을 바라보는 극단적인 찬반론에 머물지 않기 위해서는 대한제국이 성취했던 여러 정책적 성과가 어떤 근대국가를 만들고자 했는지 종합적으로 전망할 수 있어야 합니다. 현실에서 만들어질 수 없는 가상의 근대국가를 이론적으로 설정하고, 대한제국이 이 기준에 도달하지 못했기 때문에 실패했노라고 연역적으로 재단하는 것은 발전적인 논의를 가로막는 최대의 방해물일 수 있습니다. 또한 대한제국을 구성했던 여러 세력들을 도식적으로 설정하는 것도 문제입니다. 11장에서 살펴본 것처럼 대한제국 정부와 독립협회는 대립과 갈등만 했던 것이 아닙니다. 또한 「대한국 국제」의 경우에도 황제의 권리만 규정되어 있지만, 이후에는 민법과 형법 관계 조항을 두루 담고 있는 『형법대전』을 제정하여 국민에게 의무와 더불어 권리도 함께 부여하고자 했다는 점을 쉽게 짐작할 수 있습니다. 외세의 압박과 국내의 현실적 조건에서 대한제국 정부·독립협회·민중이 각 사안별로 어떻게 연대와 갈등을 경험하며, '위로부터의 개혁'과 '아래로부터의 개혁'을 씨줄과 날줄로 엮어 대한제국의 근대상을 형성했는지 귀납적으로 쌓아 가는 작업이 요구됩니다. 이 과정에서 고종과 대한제국을 향한 극단적인 찬반론의 경계도 허물어질 것입니다.

　　마지막으로 짚어 볼 내용은 외세의 압력과 대한제국의 자주적인 역량이라는 두 변수의 관계를 어떻게 설정하느냐 하는 문제입니다. 결국에는 침략의 발톱을 드러내었던 러·일의 위협으로 인해 대한제국의 개혁 운동이 성공할 수 없었을 것이라고 전망하는 의견도 있고, 대한제국이 개혁을 성공하지 못했기 때문에 일제의 식민지가 되었다고 판단할 수도 있습니다. 전자는 국제정치라는 구조를 앞세워 타율성을 강조하는 것이고, 후자는 식민지화의 원인을 내부적 개혁의 실패에서 찾으면서 자율성에 더욱 주목합니다. 일부 학자들은 대한제국 시기에는 러시아와 일본의 세력균형으로 대한제국이 자체의 개혁으로 자주독립을 이룰 수 있는 절호의 기회였다고 판단하기도 합니다. 그러나 이 시기에도 외세의 힘은 여전히 국내 정치와 밀접하게 연관되어 있었고, 러시아와 일본이 대한제국을 가만히 둔 것이 아니라 공동으로 관리한 측면이 강하다는 점을 고려해야 합니다. 대한제국의 선포가 전적으로 자체의 역량에서 가능한 것이 아니었다는 점을 다시 생각한다면, 과연 대한제국의 성과만으로 이 위기를 극복할 수 있을지는 여전히 의문으로 남습니다.

　한·청·일 동아시아 삼국이 세계 질서에 편입되는 과정에서 식민지·반식민지·제국주의로 그 운명이 갈라진 이유에 대해서는 오랫동안 논쟁이 진행되었습니다. 이러한 차이가 발생한 까닭이 각 국가의 내부 역량 차이라고 주장하는 견해와, 국제 질서에 편입되는 과정에서 세 나라에 가해진 외압의 차이라고 주장하는 견해로 나뉘어 서로 치열한 논쟁을 벌였습니다. 1960년대에 어느 일본 학자는 이를 '30년간의 논쟁점'이라고 표현했습니다. 그러나 이 논쟁은 아직까지 명확하게 해결되지 않았고, 21세기가 된 지금도 우리는 이 문제를 여전히 마주하고 있습니다. 이 문제가 일본에서 처음 제기되었던 때를 고려하면 조만간 100년을 바라보게 되고, 광무개혁 논쟁이 시작된 1976년을 기준으로 보더라도 40년을 훌쩍 넘겼습니다. 이 논쟁은 과연 해결이 가능할까요? 만약 해결될 수 없는 문제라면 우리는 이 논쟁을 통해 무엇을 얻어야 할까요?

현명함과 어리석음, 성공과 실패 사이
에는 넓은 스펙트럼이 존재한다. 고종과
대한제국을 굳이 도식적인 이분법의 양
극단으로 몰고 갈 때마다, 오히려 무언
가를 쉽게 규정하려는 성급함과 어리석
음에 빠지는 것은 아닐까?

| 서양식 복장을 한 고종황제

13장

독도와 간도,
왜 '문제'가 되었을까?

독도와 간도를 둘러싼 국경분쟁은 우리 역사에서 두 차례 집중적으로 등장했다. 첫 번째 시기는 조선 숙종 대인 1700년을 전후한 때로 동아시아를 뒤흔든 임진왜란과 병자호란의 전환기를 거쳐 한·청·일 3국이 국가 체제를 정비하고 안정기를 누리던 시절이었다. 1693~1699년까지 안용복의 도일로 촉발된 조선과 일본 간의 울릉도·독도 영유권 문제나, 1712년 청과 조선 간에 백두산정계비를 통한 국경선 획정은 몇몇 문제점을 남겼지만 서로가 만족할 수 있는 합리적인 수준에서 진행되었다.

약 200년이 지나고 두 번째로 진행된 국경분쟁은 첫 번째와 다른 결과를 낳았다. 청일전쟁 이전 청나라는 간도 문제에 대한 조선의 나름대로 타당한 요구를 힘으로 눌렀고, 이 대응은 청일전쟁 이후 청의 힘이 약화되면서 대한제국의 즉각적인 반발을 가져왔다. 또한 일본은 러일전쟁을 기회로 이전의 합의를 깨고 독도를 삼키려는 욕심을 노골적으로 드러내었고, 대한제국의 외교권을 빼앗은 뒤에는 간도협약을 통해 자국의 이익을 채우는 데 급급했다. 영토 분쟁에 접근했던 두 시기의 차이는 무엇이었을까? 오늘날까지 이어지고 있는 동아시아의 국경분쟁과 역사 전쟁을 해결하려면 우리는 이전 역사에서 어떤 혜안을 얻어야 할까?

'간도 문제'가 일어난 이유는 무엇일까?

간도. '사이 간間'과 '섬 도島'로 표시되지만, 이곳은 섬이 아닙니다. 간도는 압록강 북쪽의 쑹화강(松花江, 송화강)과 토문강土門江의 동쪽에 위치한 지역으로 지금은 옌지다오(延吉道, 연길도)라고 불리는 곳입니다. 그런데 섬이 아닌 곳에 왜 섬을 뜻하는 명칭이 붙었을까요?

지금도 그 이유를 정확하게 알지는 못합니다. 다만 병자호란 뒤에 청이 이곳을 이주를 금지하는 봉금封禁 지역으로 정해 청국인과 조선인의 이주를 금지했기 때문에 '청과 조선 사이에 놓인 섬과 같은 땅'이라는 데서 유래되었을 것으로 추측합니다. 그 외에 조선 후기에 우리 농민들이 이 지역에 들어가 땅을 개간했는데, '개간할 간墾'을 써서 '간도墾島'라고 적었다가 그 표기가 바뀐 것으로 설명하기도 합니다. 후금을 세운 조상들의 고향이었지만 이제는 떠나와 버린 이곳이 청으로서는 '기억의 섬'이었을 것이고, 산삼과 야생동물이 가득한데도 어떤 간섭조차 미치지 않는 두만강 너머의 그 땅이 조선인들에게는 '기회의 섬'이었을 것입니다.

간도를 포함한 만주 지역은, 고조선이 이곳에 자리를 잡은 이후 부여·고구려·발해로 이어지면서 우리 민족의 생활 터전이 되었습니다. 이곳은 발해가 멸망한 뒤로는 주인 없는 땅이 되었고, 고려를 거쳐 조선 시대에 들어와서도 남과 북 어느 한쪽의 일방적인 통제력이 작동하지 않는 군사적 완충지대이자 중립지대였습니다. 조선 초에는 여진족의 활동 무대였지만 그들은 유목민이기 때문에 이 비옥한 지역에 정착하지 않았고, 정작 조선인들이 조선 후기에 봉금 지역이 된 간도로 들어가 땅을 개간해 농경지로 만들었습니다. 조선과 청 모두의 시야에서 잠시 벗어나 있었던 이곳이 새로운 관심사로 떠오른 것은 국경 문제가 불거지면서였습니다.

러시아의 남하로 인해 1689년 청과 러시아 사이에 '네르친스크조약'이 체결된 후, 청의 강희제는 국경에서 여러 차례 분쟁을 일으켰던 조선과도 봉금 지역의 남방 한계를 명백히 할 필요성을 느꼈습니다. 1712년 강희제는 조선과 국경선을 획정하기 위한 책임자로 오랄 총관 목극등穆克登을 파견했고, 조선도 사절을 보내 국경선 획정을 위한 공동 조사에 착수했습니다. 목극등의 제안으로 백두산 일대를 답사해 국경을 결정하기로 하고, 목극등 일행과 조선측 군관·통역관 등이 백두산에 올라 현장을 조사한 후 백두산정계비를 세웠습니다. 이 정계비에는 양국의 국경을 서쪽으로는 압록강, 동쪽으로는 토문강을 경계로 한다는 내용이 새겨졌습니다. 그러나 이 문구에 뒷날 간도 문제가 발생할 소지가 숨어 있었습니다. 조선과 청이 합의한 토문강이 어디인지, 구체적으로 말하면 두만강의 상류인지, 만주 내륙의 쑹화강 상류인지 명확하게 밝히지 않았기 때문입니다.

백두산정계비를 세움으로써 18세기 초에 일어난 국경분쟁은 일단락되었지만, 19세기 중엽에 들어와 청의 봉금 통제가 느슨해진 틈을 타 조선 농민들 중에서 두만강 너머로 이주하는 사람들이 늘어 갔습니다. 세도 정권의 수탈이 오랫동안 이어졌기 때문입니다. 또한 1869년 무렵 함경도 지방에 큰 흉년이 들어 굶주린 백성들이 두만강을 넘어 간도로 들어가는 사례가 빈번해지면서 조선과 청 사이에 영유권 분쟁의 싹이 다시 자라났습니다. 그런데 19세기 후반 러시아의 남하와 영국의 침략에 위협을 느낀 청이 1881년부터 봉금을 해제하고 자국민의 간도 이주와 개간을 장려하는 정책을 펼치면서, 먼저 이주한 우리 농민과 새로 들어온 청국인 사이에 충돌이 생겼고 이와 함께 간도 문제가 다시 불거졌습니다. 마침 함경도 회령에서 민정을 살피던 어윤중의 지시에 따라 백두산정계비 조사가 이루어졌고, 조선 측은 간도에 거주하던 조선 백성을 보호할 명분을 찾으려 했습니다.

문제의 핵심은 백두산정계비에 적혀 있는 '토문강'에 대한 해석이었습니다. 청에서는 토문강을 도문강圖們江, 즉 두만강이라고 주장하며 조선의 영토를 한반도 내부로 제한하려 했던 반면, 조선은 토문강을 쑹화강의 지류인 분계강(하이란강)이라고 반박하며 간도가 우리 영토임을 주장했습니다. 1885년과 1887년 두 번에 걸쳐 조선과 청의 관리들이 공동으로 조사에 착수했지만, 임오군란 이후 속방 정책을 추진하며 조선 정부에 압력을 높여 갔던 청의 논리가 일방적으로 관철되었습니다. 결국 조선과 청의 국경선 담판으로 두 나라의 국경선은 두만강으로 결정되었고, 조선 정부는 국경을 넘는 행위를 방지하고 간도에 거주하는 조선 백성의 소환에 힘을 기울여야 했습니다.

대한제국은 어떻게 간도의 소유권을 다시 주장할 수 있었을까?

청일전쟁 이후 청의 세력이 약화되면서 간도 문제는 새로운 방향으로 전개되었고, 대한제국을 선포한 광무정권은 적극적으로 이 기회를 살리려 했습니다. 먼저 간도 문제의 실제 상황을 파악하기 위해 1897년과 1898년 두 차례에 걸쳐 현지 조사단을 파견해서 백두산정계비에 적힌 토문강이 두만강과 다른 물줄기이며 쑹화강으로 이어진다는 것을 확인했습니다. 나아가 조사단은 우리의 북방 영토선이 토문강·쑹화강·헤이룽강이며, 한국이 잠시 비워 둔 땅을 청이 러시아에 임의로 넘겨준 것이라고 주장하기까지 했습니다. 그래서 도달하게 된 최종적인 결론은 간도 문제와 관련 있는 대한제국·청·러시아 3국이 이 지역을 공동으로 조사해서 만국공법에 따라 국경선을 결정하자는 것이었습니다.

1899년 대한제국 정부는 청과 한청통상조약을 협상하면서 간도 문제를 쟁점화하고자 했지만, 청이 통상조약의 세부 내용을 조율할 때 이 문제를 함께 논의하자고 요구하면서 뒷날로 미뤄졌습니다. 그런데 1900년 봄에 의화단사건이 일어나 평안도와 함경도 방면으로 피난민 수천여 명이 중국 산둥성으로부터 밀려왔습니다. 대한제국 정부는 1900년 6월 평안북도와 함경남북도에 진위대를 설치해 압록강과 두만강을 건너오는 중국 피난민들을 단속하는 조치를 취했습니다. 이런 상황에서 러시아가 부설했던 동청철도(하얼빈철도) 일부가 의화단에게 파손되자 러시아군이 곧바로 연해주에서 만주로 들어와 만주 전역을 장악하게 됩니다. 간도에 거주하던 한국인들은 관리나 군대를 파견하여 자신들을 보호해 주기를 요청했고, 이에 따라 대한제국 정부는 1901년 2월 함경북도 국경에 경무서와 분서를 설치하고 200명 규모 경찰을 파견했습니다.

만주를 장악한 러시아는 간도 문제에 적극적으로 개입했습니다. 러시아는 마산포를 조차하는 조건으로 간도를 대한제국에 회복해 주겠다고 제의했지만, 마산포 조차가 가져올 여러 파장을 고려해 광무정권은 이를 받아들이지 않았습니다. 그러자 러시아는 대한제국과 청 양쪽에 간도 문제 해결을 위한 협상 카드를 제시했습니다. 1901년 5월경 러시아는 대한제국에 간도를 공동으로 통치하자고 제안했지만 뚜렷한 이유 없이 흐지부지되고 말았습니다. 1901년 12월 러시아는 청에도 해결 방법을 제안했는데, 주요 내용은 간도를 분쟁지로 간주해 한·청 양국이 공동으로 관리하라는 것이었습니다. 대한제국의 입장을 상당 부분 반영한 것이었지만, 청은 이에 대해 특별한 대응을 하지 않았습니다.

1902년 대한제국은 이범윤을 간도 시찰원에 임명해서 간도의 실태를 조사하게 했습니다. 당시 간도에 거주하던 한국인들은 청이 임명한 지방 관리에게 여러모로 시달렸는데, 변발과 중국식 옷차림을 강요받았고 세금을 강제로 납부하라는 압박이 이어졌습니다. 이범윤은 청의 지방 관리를 포박하고, 간도는 한국 영토이므로 청에 납세할 의무가 없다고 선언했습니다. 또한 1903년 5월까지 호적을 조사해서 정부에 보고했는데, 2만 7400여 호에 남녀 10만여 명이 파악되었습니다. 그러자 1903년 8월 대한제국 정부는 이범윤을 북변 간도 관리사로 임명해서 간도 주민을 직접 관리하라는 조치를 내렸습니다. 이범윤은 간도 주민을 보호하기 위해 대한제국의 군대가 들어오면 국제분쟁이 발생될 것을 우려해서, 사병을 모아 간도의 한국인들을 보호하는 데 힘을 쏟았습니다. 한편 대한제국 외부外部가 청 공사에게 간도 관리사 임명 사실을 통보하자 이와 관련된 논쟁이 두 나라 사이에 치열하게 벌어졌습니다. 청은 이범윤의 파견을 주권 침해 행위로 받아들여 그의 소환을 지속적으로 요구했지만, 이범윤을 고려의 윤관이나 조선의 김종서에 비유하는 국내 여론의 적극적인 지지를 받으며 대한제국 정부는 청에 간도 문제 해결을 계속 요구했습니다.

그러나 곧이어 러일전쟁이 일어났고, 전쟁에서 승리한 일본이 1907년에 조선 통감부 간도 파출소를 설치하면서 간도 문제에 새롭게 개입했습니다. 일제는 표면적으로 한국인들을 보호한다는 이유를 들었지만, 간도를 대한제국 영토라고 승인함으로써 이곳을 거점으로 대륙을 침략하려는 구상을 하고 있었습니다. 그러나 청이 자국의 발상지임을 내세워 일제에 반발하면서 각종 분쟁으로 이어지자, 구미 열강이 간도 문제에 관여할 가능성도 높아졌습니다. 구미 열강의 개입을 꺼렸던 일본은 간도를 청에 양보하는 한편, 만주에서의 이권을 최대한 유리하게 가져가는 결정을 내렸습니다.

그 결과 1909년 9월 7일 일본은 대한제국 정부를 배제한 채, 청과 독단으로 이른바 '간도협약'과 '만주 5안건 협약'을 체결합니다. 이를 통해 간도를 청의 영토로 확인해 주는 대신, 일본은 남만주 일대의 철도 사업 참여, 푸순·옌타이 탄광의 채굴권 등 상당한 이권을 얻어 만주 진출의 기회를 얻었습니다. 간도협약으로 청은 영토를, 일제는 이권을 얻었지만 대한제국은 간도와 관련된 모든 가능성을 잃었습니다.

독도는 왜 우리 땅일까?

대한제국 시기에 등장한 영토 분쟁 중 우리는 독도 문제를 간도 문제보다 더 중요한 사안으로 생각합니다. 독도는 우리나라 동해의 가장 동쪽 끝에 있는 울릉도의 부속 섬입니다. 독도가 우리 국토로 인식되었던 것은 신라 장군 이사부가 512년 우산국(울릉도)을 정복한 이후부터였습니다. 조선 건국 이후 왜구의 피해를 막고자 울릉도 주민을 육지로 옮겨 섬을 비우는 공도空島 정책을 실시하면서 주민이 거주하지는 않게 되었지만, 울릉도와 독도는『세종실록지리지』,『동국여지승람』,『동국문헌비고』,『만기요람』등의 국가 공식 기록과 신경준의『강계고』나 정상기의『동국지도』등의 개인 기록에서 우리 영토로 분명하게 인식되었습니다.

조선의 공도 정책으로 울릉도와 독도를 '임자 없는 섬'이라고 우길 수 있는 기회를 차단한 사람이 바로 안용복입니다. 안용복에 대해서 알려진 것은 거의 없지만 그의 호패에 '주인은 서울에 거주하는 오충추主京居吳忠秋'라는 내용이 기재된 점, 그리고 이익의『성호사설』에 "동래부의 노군으로 왜관을 드나들어 일본어를 잘했다."는 기록을 종합하면, 안용복은 평민 이하의 신분으로 일본어를 일정 수준 이상 구사했던 인물이라고 추정됩니다. 안용복의 제1차 도일은 1693년에 일어난 일종의 납치 사건이었습니다. 그때 안용복은 우리 어부 40여 명과 울릉도에서 고기를 잡다가 일본 어부들과 실랑이를 벌였고, 결국 싸움에 밀려 일본에 잡혀 끌려갔습니다.

안용복은 인질이 되었지만 조선 영토에 조선 사람이 갔는데 억류하는 까닭이 무엇이냐며 호키주 태수에게 강력히 항의했고, 호키주 태수는 그의 주장을 문서로 작성해 바쿠후에 판단을 문의했습니다. 바쿠후는 안용복을 조선으로 돌려보내라고 지시하면서 '울릉도는 일본의 영토가 아니다.'라는 내용의 서계를 써 주게 했습니다. 안용복은 쓰시마섬에 인계되었다가 9개월 만에 귀국했지만, 온갖 고초를 겪으면서 영토 문제를 논의하고 돌아온 그에게 내려진 것은 포상이 아니라 처벌이었습니다. 그는 허가 없이 국경을 넘었다는 죄목으로 곤장 100대를 맞아야 했습니다.

그러나 안용복의 활약으로 조선 조정의 인식도 획기적으로 전환하게 됩니다. 조선 조정은 일본인들이 울릉도로 건너와 어업 활동을 하는 것을 금지하는 강경책을 내렸고, 장한상이라는 관리를 보내 울릉도를 수색하게 했습니다. 장한상은 조사 내용을 작성한 『울릉도사적』에서 "동쪽으로 바다를 바라보니 동남쪽에 섬 하나가 희미하게 있는데 크기는 울릉도의 3분의 1이 안 되고, 거리는 300여 리에 지나지 않았습니다."라고 울릉도에서 바라본 독도를 보고했습니다. 이 내용은 『세종실록지리지』와 『신증동국여지승람』 등에서 울릉도와 우산도(독도)가 "날씨가 맑으면 가히 바라볼 수 있다."는 기록을 그대로 입증하는 것이었습니다. 그 뒤 1년 넘게 조선 조정은 일본 바쿠후와 울릉도·독도의 영유권 문제를 두고 복잡한 논의를 벌였고, 그 결과 1696년 1월 일본 바쿠후는 울릉도·독도를 조선의 영토로 인정하고 일본 어민의 어업 활동을 금지하기로 결정했습니다.

사태가 일단락된 듯 보였지만 안용복은 자발적으로 일본에 다시 건너갑니다. 일본 바쿠후의 결정이 있은 뒤에도 조선과의 외교 업무를 대행한 쓰시마에서 서계 접수를 미루며 시행을 계속 늦추자 안용복 자신이 이 문제를 직접 해결하려고 했기 때문입니다. 1696년 3월 안용복은 조선 어민을 대거 이끌고 울릉도로 갔는데, 일본 어민들은 바쿠후의 결정과 달리 여전히 어업 활동을 하고 있었습니다. 안용복은 그들을 내쫓고 다시 일본 호키주로 건너가면서 대담하게도 '울릉우산양도감세관鬱陵于山兩島監稅官'이라는 깃발을 내걸고 조선을 대표하는 정식 관리인 것처럼 위장했습니다. 안용복은 서계 접수를 미루는 쓰시마 도주의 죄상을 고발하는 문서를 작성해 제출했고, 호키주에서는 이 내용을 바쿠후에 전달했습니다다. 바쿠후의 연락으로 안용복의 활동 사실을 알게 된 쓰시마에서는 안용복의 고소장을 거부하고 안용복 일행을 표착민漂着民으로 처리해 조선에 송환하도록 바쿠후에 요청합니다. 그 결과 안용복 일행은 1696년 8월에 조선으로 송환되었고, 안용복은 관리를 사칭하고 멋대로 일본으로 건너갔다는 죄목으로 유배형에 처해졌습니다. 그러나 안용복의 활약 덕분에 1699년 울릉도·독도의 영유권과 어업권이 조선에 있음을 인정하는 바쿠후의 결정이 다시 확인되면서, 이 분쟁은 6년여 만에 일단락되었습니다.

  19세기 중엽에 들어와 일본 어민들의 울릉도 불법 침범이 다시 늘어나자 조선 정부는 일본에 강력하게 항의하는 한편, 1880년대부터 울릉도에 대한 공도 정책을 중단하고 육지 주민을 이주시켜 개척을 모색했습니다. 대한제국 정부는 더욱 적극적으로 이 문제에 대처했는데 울릉도 시찰사로 우용정을 파견해서 울릉도 현지 사정을 정부에 보고하게 했습니다. 이를 토대로 1900년 10월에 칙령 제41호로 '울릉도를 울도鬱島로 개칭하고 도감島監을 군수로 개정하는 건'을 제정하여 『관보』에 실었습니다. 이 칙령에서 울릉도와 더불어 독도를 가리키는 '석도石島'를 관할 구역으로 규정하고 자국 영토로 공식 선언함으로써, 대한제국이 울릉도와 독도의 영유권을 근대법 절차에 따라 영토 주권으로 행사함을 명백하게 드러냈습니다.

독도는 왜 분쟁의 대상이 되었을까?

일본도 안용복의 활동 이후 울릉도와 함께 독도를 조선의 영토로 인정했고, 이는 메이지유신을 거쳐 일본 신정부에도 그대로 이어졌습니다. 1877년 일본 시마네현이 '울릉도 외 한 섬(독도를 말함)'을 토지 문서에 넣을 것인지를 물었을 때, 메이지 정부의 최고 통치기관인 태정관은 이 두 섬이 일본과 관계없는 조선의 영토임을 다시 확인해 주었습니다. 그러나 일본은 러일전쟁이 한창이던 1905년 1월 28일 내각에서 무주지 선점론無主地先占論을 내세우면서 독도를 '다케시마竹島'로 이름 짓고, '시마네현 고시 제40호'로 자국 영토임을 선언했습니다. 이는 러일전쟁의 도발과 함께 일본의 대륙 침략이 본격화하는 과정에서 취해진 조치로, 국제법상 명백한 무효이자 대한제국 영토의 강점을 알리는 서막이었습니다.

1906년 3월에 대한제국 정부는 독도를 거쳐 울도 군청을 방문한 시마네현 관리로부터 이 사실을 전해 듣고 일본 정부에 항의하는 한편, 독도가 대한제국 영토임을 다시 분명히 했습니다. 이에 대해 일본 측은 대한제국의 칙령 제41호에서 말하고 있는 '석도石島'가 독도獨島라는 증거가 없으므로 한국에서 '독도'로 불리는 섬은 대한제국 영토가 아니라는 주장을 펼쳤습니다. 대한제국 정부가 예전까지 독도의 공식 호칭으로 사용했던 '우산도'를 사용하지 않고 '석도'라는 새로운 호칭을 사용한 것을 문제 삼은 것입니다.

당시 대한제국의 관리들이 '우산도'를 '석도'로 표기한 까닭은 1883년 울릉도를 다시 개척한 이후 울릉도에 이주한 남해안 어민들이 독도를 부르는 호칭을 그대로 사용했기 때문입니다. 울릉도 주민들, 즉 울릉도 이주민의 다수를 형성한 호남 지방 남해안 어민들은 남해안 사투리를 사용해서 '돌石'을 '독'이라고 했는데, '돌섬=독섬(방언)'의 뜻을 취하면 '석도石島'가 되었고, 그 발음을 따르면 '독도獨島'가 되었습니다. 러일전쟁을 기회로 삼아 독도를 강제로 빼앗고 싶었던 일본은, 조선인들에게는 너무나 당연했지만 다소 애매할 수 있었던 독도 명칭의 틈새를 노려 고약한 명분을 내세웠습니다.

광복 후, 독도 문제가 다시 제기된 것은 1951년 연합국과 일본이 맺은 '샌프란시스코 평화조약' 때문이었습니다. 샌프란시스코 평화조약은 일본이 도발한 '아시아태평양전쟁'을 법적으로 종결하기 위해 연합국과 일본 사이에 체결된 조약이었는데, 이 조약에서 우리가 주목할 내용은 제2차 세계대전 이후 일본 영토에 관한 규정입니다. 당시 문제가 될 수 있는 아시아 태평양 여러 지역 중에서 미국과 관련된 영토 문제는 명확하게 해결되었습니다. 하지만 이 조약에 참가하지 못한 한국과 중국, 그리고 조약에 서명을 거부한 소련과 관련된 영토 조항은 명확히 해결되지 못했습니다. 냉전이 심화되면서 미국 주도로 이 조약이 진행되었고, 결국 전범국이었던 일본에 유리한 방향으로 조약이 체결되었기 때문입니다. 샌프란시스코 평화조약에서 결정된 국경은 이후에도 큰 변화 없이 지속되어 왔을 정도로 국제사회에서 그 구속력을 인정받았는데, 일본은 이 조약 내용 중에 '독도가 한국 땅'이라는 명문 규정이 없다는 것을 근거로 삼아 독도를 분쟁지로 삼으려 했습니다.

1951년 9월 8일 샌프란시스코 평화조약이 조인된 이후, 1952년 1월 18일 한국 정부는 연안 수역 보호를 명분으로 독도까지 포함하는 이른바 '평화선'(이승만라인)을 해양 주권선으로 선포했고, 일본이 1월 28일에 "미·일 평화조약의 해석상 일본 영토라고 인정된 '다케시마竹島'를 이라인 안에 넣은 것은 한국의 일방적인 영토 침략이다."라고 맞서면서 본격적인 영토 분쟁이 벌어졌습니다. 한국은 1952~1953년간 독도 조사를 실시한 후 독도에 등대·막사·통신 시설·한국령 표지 등 상비 시설을 설치하는 한편, 경비 병력을 주둔시켜 독도를 실질적으로 지배하는 조치를 취했습니다.

1954년 무렵에는 한국 정부의 적극적인 행동의 결과로, 독도가 한국의 영토라는 점이 '기성사실'로 인식되기에 이릅니다. 1953~1954년까지 일본도 독도 상륙 및 일본령 표지 건설을 지속적으로 시도했지만, 1956년 이후부터는 더 이상 독도에 상륙을 시도하거나 독도 인접수역으로 접근하지 않게 되었고 그 결과 독도 부근에서의 무력 충돌은 현격하게 줄어들었습니다. 이후 일본은 전략을 바꿔 독도를 분쟁 지역으로 만들려는 시도를 지속적으로 추진하는 한편, 독도 문제를 국제사법재판소에서 해결하자는 주장을 내세워 왔습니다.

지금 우리에게
간도와 독도는 어떤 의미일까?

한·중·일 3국은 21세기에도 여전히 영토 분쟁을 끝내지 못했습니다. 한·일 간에는 독도, 중·일 간에는 댜오위다오(釣魚島, 일본명 센가쿠 열도)를 둘러싼 이견이 여전하고, 한·중 간에는 고구려와 발해의 무대였던 간도를 둘러싼 역사 전쟁이 계속 이어지고 있습니다. 영토 분쟁과 역사 전쟁은 동아시아 3국 국민의 민족 정서를 건드리는 뇌관이 될 뿐 아니라, 동아시아의 평화에 큰 방해물이 되고 있는 실정입니다.

　　오늘날 간도 문제는 영토 분쟁으로서 성격을 가지는 것은 아닙니다. 간혹 1909년 9월 4일에 체결된 간도협약은 무효라는 주장을 앞세워, 간도를 되찾자는 주장이 우리 언론에 등장하기도 합니다. 2005년부터 9월 4일을 '간도의 날'로 선포하고 매년 기념하고 있는 '간도되찾기운동본부'의 주장이 대표적입니다. 간도협약이 무효라는 주장은 간도협약 체결 100년이 되었던 2009년에 대대적인 관심을 받기도 했지만 지금은 국내 여론에서도 주목을 받지 못하는 상황입니다. '간도협약 무효론'에서 주장하듯 간도는 고조선 이래 우리 조상의 활동 무대였고 조선인에 의해 개척되어 지금도 다수의 조선족들이 살고 있지만, 과연 100년이 훌쩍 지나가 버린 간도협약을 무효로 할 수 있을지, 설령 간도협약이 무효가 된다고 하더라도 간도가 또다시 영토 협상의 대상이 될 수 있을지 많은 의문을 남깁니다.

　　특히 1962년 북한과 중국이 '조중변계조약朝中邊界條約'을 체결한 사실은 간도협약 무효론이 목표로 삼고 있는 가능성을 더욱 떨어뜨립니다. 이 조약의 구체적인 내용을 담고 있는 「조중변계의정서」를 보면, 북한과 중국은 압록강과 백두산 천지 직선 분할선(북한 54.5퍼센트, 중국 45.5퍼센트) 그리고 두만강 홍토수를 잇는 현재의 국경선을 이미 확정 지었습니다. 이 조약에 따라 현재 북한과 중국의 경계에는 압록강에서 백두산을 거쳐 두만강에 이르기까지 총 21개 국경 표지석, 즉 21개 현대판 백두산 정계비가 세워져 있습니다. 설령 남북한이 다시 통일되더라도 국제법상 유효하게 성립된 국경 조약은 국가 승계의 형태와 상관없이 계속 효력을 유지하기 때문에 북한이 체결한 국경 조약의 효력은 뒷날에도 부정하기 어렵습니다.

한편 독도 문제는 1950년대의 대치 상태에서 단 한 발짝도 진전되지 못했습니다. 1965년 '한일협정' 체결로 일본의 독도 영유권 도발은 잠시 소강상태에 들어갔지만, 1970년을 전후로 일본 순시선의 독도 영해 침범이 재발했고 이와 동시에 1971년판 일본 『외교청서』에 '한국의 독도 불법점거'라는 표현이 나타났습니다. 1970년대 중반부터는 한·일 양국의 12해리 영해법 선포를 계기로 독도를 둘러싼 한·일 간 갈등이 더욱 고조되었고, 1982년에 배타적 경제수역EEZ 설정의 근거가 되는 '유엔해양법협약'이 채택되자 EEZ 설정의 독도 기점 여부를 둘러싼 갈등이 해결될 기미조차 없이 커져만 갔습니다. 1990년도 일본 『외교청서』에는 기존의 '한국에 의한 독도 불법점거'라는 표현 대신에 '일본의 고유 영토 독도'라는 자극적인 문구가 새롭게 기술되기도 했습니다. 1998년에 일본이 '한일어업협정'을 일방적으로 파기하자, 새로 출범한 김대중 정부에서 두 나라가 독도를 '불문에 부치는 선'에서 중간 수역을 설정하는 타협안으로 '한일신어업협정'에 합의합니다. 그러나 EEZ 경계를 협상하는 문제는 어업 협정과는 차원이 다른 문제이기 때문에, 한일신어업협정 때처럼 독도 문제를 불문에 부쳐서 피해 갈 방법이 없습니다. 한·일 모두가 독도를 기점으로 EEZ를 주장하면서 이 교섭은 2010년 이후 중단된 상태입니다.

독도 문제는 여러 차원으로 한·일 양국 내에서 팽팽한 여론전을 이어 가고 있습니다. 2005년에 일본 시마네현에서 '다케시마의 날' 조례가 제정되어 매년 2월 22일 시마네현 차원에서 관련 행사를 이어 오고 있습니다. 또한 2005년 이후 일본 문부성의 교과서 검정본 및 『방위백서』

에도 독도가 '일본 고유 영토'라는 표현이 등장했고 현재까지 그 수위를 높이고 있습니다. 반면, 한국에서는 독도가 울릉도의 부속 섬으로 선포된 1900년 10월 25일을 기념해 '독도의 날'을 국가 기념일로 지정해서, 2008년부터 매년 10월 25일에 대대적인 기념행사를 진행하고 있습니다. 우리 나라 문화관광부는 독도를 '100대 민족문화상징'으로 포함시켜 우리 영해의 가장 중요한 상징물로 삼고 있으며, 외교부도 "독도는 역사적·지리적·국제법적으로 명백한 우리 고유의 영토"라고 주장하면서 "독도에 대한 영유권 분쟁은 존재하지 않으며, 독도는 외교교섭이나 사법적 해결의 대상이 될 수 없다"는 것을 기본 입장으로 밝히고 있습니다.

우리 외교부는 독도에 대한 모든 영유권 분쟁을 거부하고 있지만, 만약 일본이 주장하는 것처럼 독도 문제를 국제사법재판소에 회부하면 어떻게 될까요? 물론 일본이 일방적으로 독도 문제를 국제사법재판소에 회부할 수 있는 방법은 전혀 없으며, 굳이 우리 입장에서도 그럴 필요가 없습니다. 그러나 2010년대에 들어와 한·일 양국을 제외한 제3국 학자들이 독도 문제와 관련된 논문을 많이 발표했는데, 대다수 연구자들은 한국이 일본보다 독도에 대해 더 우월한 법적 영유 근거를 가지는 것으로 결론을 내리면서 오히려 일본의 독도 문제 제소 주장을 받아들이라고 한국에 권고합니다. 제3국 학자들이 이러한 결론에 도달할 수 있었던 것은 독도 관련 정보를 영어로 제공했던 한국 학자들의 다양한 노력 때문이었습니다. 우리가 독도와 관련된 내용을 세계인에게 제대로 홍보한다면 국제 여론에서 더 우위를 차지할 수 있으리라는 가능성을 보여 주는 반가운 소식이라고 할 수 있습니다.

간도는 우리 역사가 시작된 터전이고, 독도는 우리가 지금까지 지켜 왔던 우리의 강역이다. 중국의 동북공정이 우리의 고대사를 흔들고 독도에 대한 일본의 야욕이 드세어지는 이 지점에서 간도를 바라보는 냉정한 눈과 독도를 지키려는 열정적인 노력이 함께 만나야 하지 않을까?

| 간도 이주민

14장

대한제국은 왜
중립국이 되려고 했는가?

'중립'에는 여러 갈림길이 있다. 가령 광해군의 '중립 외교'처럼 두 세력을 모두 인정하는 형태로 나타날 수도 있고, 최인훈의 소설 「광장」에서 주인공 이명준의 '중립국'처럼 남한과 북한을 모두 부정하는 방법으로 사용될 수도 있다. 중립은 가장 손쉬운 해결책처럼 보이지만 '가운데에 서는 것'은 생각보다 어렵다. 대립하는 두 입장을 향해 중립을 주장할 때, 상대방은 '공정'이나 '공평'의 의미로 받아들이기보다 그저 기회주의로 생각할 가능성이 더 크기 때문이다. 중립은 쉽고 그럴듯해 보이는 넓은 출발점처럼 보이지만, 수많은 시행착오 끝에 그 무게중심 위에 설 수 있는 최종 단계이다. 대한제국은 중립에 어떻게 다가가려고 했을까?

조선에서 '중립'은
언제 등장했을까?

조선이 중화 질서의 테두리를 벗어나 제국주의 열강들이 주도하는 국제 질서에 뛰어들었을 때 이 살벌한 힘겨루기 판에서 살아남기 위해서는 몇 가지 선택지 중 하나를 골라야 했습니다. 누군가의 보호를 받거나, 누군 가와 동맹을 맺거나, 그것이 아니라면 모두로부터 인정받는 길을 선택해 야 했습니다. 그러나 보호는 점령당할 위험이 있었으며, 동맹은 대등한 힘이 필요했고, 모두에게 인정받는 것은 그 방법을 찾기가 힘들었습니다. 조선이 처음 선택한 길은 청으로부터의 보호였습니다. 안전을 보장받는 대가로 '속방'이라는 굴레를 받아들여야 했지만, 조선 정부는 상대적으로 더 익숙했던 이 방식을 선택했습니다.

청에 일방적으로 의지하고 있는 조선에 새로운 선택지가 필요하 다는 주장은 임오군란 직후 일본의 신문에서 시작되었습니다. 일본의 『호치신문報知新聞』은 사설에서 청과 조선, 그리고 이 두 나라와 조약을 맺고 있는 영국·미국·프랑스·독일의 6개국 외교관 회의를 도쿄에서 개 최해 조선 독립을 공동으로 보호하자고 주장했습니다. 일본 신문이 조선 의 중립을 굳이 강조했던 까닭은 '6개국 공동 보호'를 통해 청의 영향력 을 줄이고자 했던 것일 뿐, 조선의 자주독립을 실제로 걱정해서가 아니 었습니다.

갑신정변 이후에는 독일 영사 부들러Hermann Budler가 영세중립론 을 조선 정부에 제안했습니다. 조선의 안전과 동아시아의 평화를 위해 청·일본·러시아 3국이 서로 조약을 맺어 조선을 영세중립국으로 만들자는 의견이었습니다. 그런데 부들러의 견해는 스스로 밝혔듯이 조선과 러시아의 밀약을 추진하다가 해임된 외교고문 묄렌도르프의 조언을 발전시킨 것이었습니다. 부들러와 묄렌도르프는, 청과 일본의 경쟁 구도에서 조선의 국권을 지킬 수 있는 방법은 러시아를 포함한 관련국들의 보장 아래 스위스나 벨기에와 같은 영세중립국을 만드는 것이라고 보았습니다. 당시 청나라는 프랑스와 전쟁 중이었고 러시아는 영국과 아프가니스탄 분쟁에 힘을 쏟던 상태였으며 일본은 아직 국력이 뒷받침되지 않아, 주변국의 정세를 잘 활용한다면 조선 중립화의 가능성을 열 수 있지 않을까 전망한 것입니다. 일본의 전권대사 이노우에井上馨는 부들러의 의견에 적극적인 반응을 보였지만, 청의 실권자였던 리훙장이 부들러의 의견을 거절하면서 이 기회는 사라지고 맙니다.

조선의 중립화론을 구체적으로 제시한 또 다른 인물은 1885년 11월에 미국에서 돌아온 유길준입니다. 그는 「중립론」을 집필하면서 군사력을 갖추지는 못했지만 주변국의 보장으로 중립국의 지위를 얻었던 벨기에 방식으로 조선의 중립을 구상했습니다. 유길준은 유럽 강대국들이 자신의 안보를 지키기 위해서 벨기에의 중립화를 인정했다고 보았습니다. 그는 이와 같은 논리를 동아시아에 적용해서 러시아의 위협을 한·청·일 3국의 공통적인 이해관계로서 설정하고, 한반도의 중립화가 러시아의 남하 정책을 저지하는 중요한 계기가 될 것으로 생각했습니다.

특이한 점은 개화파의 막내이자 미국에서 유학했던 그가 조선 정부의 친미 정책을 오히려 경고하고, 청이 조선 중립화의 주도 국가가 되어야 한다고 주장했던 점입니다. 유길준의 견해는 자신의 이해관계를 떠나 조선의 중립화를 위한 가장 현실적인 분석을 제시한 것이어서 더욱 주목됩니다. 그러나 유길준은 개화파 계열이라는 이유로 귀국한 직후 가택에 연금되어 있었기 때문에 이 구상은 실현될 수 없었습니다.

대한제국의 외교정책은 왜 중립화로 귀결되었을까?

1880년대에 중립화론이 조선 정부에 소개되었지만 이 정책이 정부의 정식 외교 노선으로 결정되기 위해서는 일정한 조건이 필요했습니다. 청일전쟁 이전에는 청이, 그 후에는 일본이, 삼국간섭 이후에는 러시아가 각각 주도권을 장악하고 조선의 외교에 깊이 관여했기 때문에 조선 정부가 독자적인 외교정책을 세우는 것이 매우 어려웠습니다. 그나마 대한제국을 선포한 이후에야 독자적인 외교 노선을 펼칠 수 있는 여건이 마련되었습니다.

그런데 당시 대한제국은 가장 중요한 외교 파트너였던 러시아와의 밀월 관계를 청산하려던 중이었습니다. 러시아의 지원이 기대보다 크지 않았고, 러시아가 1898년 3월 뤼순항과 다롄항을 청으로부터 조차하면서 대한제국 정부에도 큰 위협이 되었기 때문입니다. 광무정권이 러시아를 배척하는 움직임을 보이자, 러시아도 한국에 파견된 재정고문·군사교관과 한러은행 등을 철수시켰습니다. 러시아 중심의 외교정책이 사실상 파탄나면서 대한제국 정부 내에서는 일본과 다시 손을 잡자는 주장이 등장했습니다. 고종도 이 제안을 받아들여 가토加藤增雄 주한 일본 공사의 자문을 얻어 국내의 여러 현안을 해결했고, 그 결과는 1898년 경부

철도 부설권을 일본에 넘기는 것으로 나타났습니다.

『독립신문』과 『황성신문』으로 대표되는 대한제국의 여론도 일본과 가까워지는 것을 환영하는 분위기였습니다. 두 신문은 한·청·일 3국이 솥의 세 다리와 같다거나 같은 뿌리에서 나왔다는 삼국정족三國鼎足, 동문동종同文同種 등의 주장을 반복해서 실었는데, 이러한 '동양 담론'은 대한제국의 친일 외교정책을 확장시키는 데 기여했습니다. 대한제국 선포 이후부터 1899년까지 대한제국의 외교는 뚜렷하게 친러시아에서 친일본으로 전환되었습니다. 외교정책에서 나타난 급격한 전환 양상은 조선 조정에서 추진된 균세 외교에서 그 이유를 찾을 수 있습니다.

조선은 어느 특정한 국가가 강력하게 개입하면 이에 반발해서 세력균형을 꾀할 수 있는 강대국을 끌어들이는 방식을 취했습니다. 1880년대 청의 속방 정책 아래에서는 러시아와 미국에 접근했고, 청일전쟁 직후에는 일본의 보호국 정책에 맞서 러시아를 선택했으며, 대한제국 선포 이후에는 러시아의 과도한 개입에 맞서 일본과 다시 가까워졌습니다. 그러나 당시 『황성신문』의 논설에서 "지금의 경우에 일본과 러시아가 전쟁하더라도 근심이요, 일본과 러시아가 전쟁하지 않더라도 근심이요, 일본이 이기고 러시아가 패하더라도 근심할 것이요, 러시아가 이기고 일본이 패하더라도 역시 근심할 것이다."라고 지적한 것처럼 균세 외교는 강대국의 형편에 따라 정책 방향을 매번 수정해야 하는 타율적인 면이 컸습니다.

대한제국 정부도 균세 외교의 한계를 인식하고, 중립화론을 적극적으로 모색하게 됩니다. 이 새로운 외교 노선의 중심에는 궁내부고문 샌즈가 있었습니다. 그는 러·일이 대한제국을 멸망시킬 준비는 되어 있지 않다고 전제하고, 각고의 노력으로 개혁을 한다면 외국의 간섭을 막을 수 있다고 주장했습니다. 샌즈는 만국공법에 포함된 국외중립 조항에서 중립화를 추진할 수 있는 근거를 찾았는데, 그의 중립화 안은 스위스나 벨기에처럼 열강이 공동으로 보장하는 영세중립화였습니다. 우선 대한제국과 이해관계가 적은 서구 열강들과 중립화 협정을 체결하고, 그들의 조정을 통해 한국 영토를 침략할 가능성이 높은 러·일을 이 협정에 참가시킨다는 계획이었습니다. 샌즈는 중재를 담당할 서구 열강들이 대한제국의 개혁·개발에 따른 각종 이득을 획득할 수 있도록 함으로써 현실성을 더욱 높이려고 했습니다.

샌즈가 마련한 대한제국의 중립화 계획은 1880~1890년대 묄렌도르프나 유길준 등이 제기했던 중립론과 비슷한 맥락을 가졌지만, 중립화를 달성하기 위해 내정 개혁을 함께 모색했다는 점이 눈에 띕니다. 구미 열강의 후원과 중재를 이끌어 내려면, 대한제국이 정치·경제 면에서 안정적으로 발전하고 있으며 자국의 주권을 주체적으로 지켜 낼 수 있다는 신뢰를 주어야 했기 때문입니다. 그래서 샌즈는 대한제국 정부가 직접적인 이해관계에 있는 나라들에만 이권을 주는 것을 중지하고, 자체의 내정 개혁을 통해 서구 열강 전체를 상대로 정책에 대한 신뢰를 획득하는 것이 더 중요하다고 판단했습니다. 샌즈의 중립화 안이 광무정권에 채택되면서, 이권 할양은 중단되었고 내정 개혁과 함께 중립화 정책이 본격적으로 추진되었습니다.

러·일은 대한제국의 중립화를
왜 거부했을까?

외교와 내정 개혁을 유기적으로 잘 연결시켰던 대한제국의 중립화 계획은 곧바로 제동이 걸립니다. 바로 청의 의화단운동이 남긴 결과 때문이었습니다. 1899년에 반기독교 운동에서 시작된 의화단운동은 1900년 4월에 텐진과 베이징으로 확산되어 외국 공사관을 포위하는 단계까지 이릅니다. 그러자 러시아와 일본이 포함된 8개국 연합군은 공사관을 지킨다는 명분으로 텐진과 베이징을 공격해 승리를 거두고, 청을 반식민지 상태로 만들어 버렸습니다. 그런데 러시아군은 의화단의 동청철도 파괴를 명분으로 삼아 만주를 빠르게 점령한 뒤 만주의 안정이 복구되면 군대를 철수하겠다는 성명을 발표합니다. 러시아의 만주 점령은 대한제국에 큰 충격을 주었습니다. 이 사건이 러·일 간의 분쟁으로 확산될 경우 한국도 피해를 볼 가능성이 컸고, 만주를 점령한 러시아군이 한반도로 침입해 올 가능성도 배제할 수 없었기 때문입니다.

　　러시아 위협론이 다시 떠오르면서 대한제국의 신문에서는 연일 러시아 함대가 압록강 주변 해안가에 모여들고 있다거나, 일본군이 한국으로 오고 있다는 등 각종 유언비어 기사가 실렸습니다. 또한 러·일이 북위 39도를 경계로 한반도에서의 세력 범위를 정했다는 러·일 밀약설이 보도되기도 했습니다. 대한제국 정부도 현 상황이 국가의 독립 여부가 걸린 절박한 상황임을 인식하고, 중립화를 위해 더욱 적극적으로 외교 활동에 나섭니다.

　　대한제국 정부는 법부고문으로 새로 고빙한 프랑스인 로랑 크레마지Laurent Cremazy에게 중립화를 위한 국제법 근거를 마련하게 하는 한편, 샌즈·민영환·강석호 등의 친미 계열 인사를 통해 미국을 움직이려고 했습니다. 그러나 미국 국무장관 헤이John Hay는 샌즈를 미국 외교관이 아닌 일개인으로 간주했고, 한국 문제에 대한 불개입 원칙만 고수했습니다. 또한 고종의 각별한 신임을 받았던 알렌조차 본국 정부의 방침에 따라 중립화를 방해하면서 한국이 이를 단념하도록 하는 데 힘을 기울였습니다. 알렌은 본국 정부에 주한 외교 사절단 모두가 샌즈를 반대한다고 보고하면서, 그를 주청 미국 공사관으로 보낼 것을 건의할 정도였습니다.

미국으로부터 지원을 얻지 못하자, 광무정권은 일본과 중립화 문제를 협상하려 했습니다. 1900년 대한제국은 조병식을 일본에 파견해 한국을 벨기에 방식으로 중립화해 줄 것을 요청했습니다. 그러나 일본은 차관 제공과 상비군 창설을 제안하며 양국의 국방 동맹만 강조했을 뿐, 중립화에 대해서는 관심이 없었습니다. 1901년에는 박제순을 파견해 일본의 국방 동맹 요구를 수용하면서 제3국과의 동맹 체결도 허락해 줄 것을 제안하는 타협안을 제시했습니다. 중립화 협상에 일본을 먼저 끌어들인 뒤, 이를 토대로 러시아까지 끌어들일 계획이었습니다. 그러나 일본은 양자 간의 국방 동맹만 고수했고 대한제국이 구상했던 다자 관계는 거부했습니다.

고종의 한반도 중립화 제안과 별개로 러·일 간에도 한반도 중립화 협상이 진행되었습니다. 1901년 1월에 도쿄에서, 7월에는 모스크바에서 러시아는 일본에 한국의 중립화를 제안했지만, 만주 문제와 한국 문제의 분리 여부를 두고 두 입장이 팽팽하게 맞서게 됩니다. 러시아는 만주와 한반도 문제를 분리하려고 했고, 일본은 만주와 한반도 문제를 하나로 처리하기를 원했습니다. 러시아의 주장을 '만한 분리론'이라고 하는데, 만주 문제는 러시아와 청 사이에서, 한국 문제는 러시아와 일본 사이에서 처리할 문제라는 것입니다. 이 주장을 자세히 살펴보면 러시아의 만주 점령은 묵인한 채, 북위 39도 이북을 중립지대로 정해서 일본과 공동 관리하며 한국에 영향력을 행사하겠다는 계산이 담겨 있었습니다. 반면 일본의 주장은 '만한 일체론'이라고 하는데, 한반도를 중립화하면 만주도 함께 중립화하자고 주장하면서 한국과 만주의 경계선 양측 50킬로미터를 중립지대로 설정할 것을 역제안한 것입니다. 이렇게 되면 한반도를 중립화하는 문제가 만주의 중립화로 이어져서, 러시아를 견제하려는 서구 열강들이 적극적으로 찬성할 것을 예상한 것입니다.

결국 러·일 양국의 이견은 좁혀지지 못했고, 협상이 결렬되면서 힘 대결이 본격화됩니다. 일본은 1902년 영국과 동맹을 맺었고, 이에 맞서 러시아는 프랑스와 공동선언을 채택했습니다. 이 상황을 보면서 대한제국 정부는 만주와 한반도를 둘러싼 세력균형이 더욱 견고해졌다고 판단해서 중립화에 더욱 매진했습니다. 그러나 한국 정부의 기대와 달리, 영·일과 러·불의 두 동맹은 세력균형을 견고하게 하는 것이 아니라 파괴하는 위험 요소였고, 이로 인해 한국의 중립화 가능성은 더욱 멀어지게 되었습니다.

대한제국은 어떻게 국외중립 선언을 할 수 있었을까?

러시아와 일본이 당긴 팽팽한 협상의 끈은 결국 1903년 4월부터 시작된 '용암포 사건'으로 끊어졌습니다. 러시아는 삼림 채벌권을 실행한다는 명목으로 압록강의 용암포로 진출해 군사기지를 만드는 공사에 착수했습니다. 일본은 영국과 함께 용암포 사건에 강력하게 반발하며 러시아와의 전쟁 준비에 돌입합니다. 러일전쟁의 위협에 직면한 대한제국 정부는 표면적으로는 중립화 정책을 계속 유지했지만, 정세가 긴박하게 전개되자 러·일 중 어느 한쪽을 택해 동맹을 맺자는 목소리가 더욱 힘을 얻게 됩니다. 이근택이 중심이 된 한·러 동맹파는 러시아와 밀약을 추진하면서 러시아 극동 총독에게 파병을 요청하려고 했고, 같은 시기 주일 공사 이완용을 중심으로 한·일 동맹도 추진되었습니다. 그러나 중립화를 추진했던 이용익 등은 한·일 동맹에 대해서는 대한제국의 독립을 위협한다는 이유로 반대했고, 한·러 동맹에 대해서도 러시아의 한국 파병이 오히려 화禍를 불러일으킬 우려가 있다는 이유를 들어 비난했습니다.

고종은 중립화 세력의 의견에 동조하며 8월에 현상건을 유럽에 특사로 파견했습니다. 그러나 기대와 달리 현상건은 프랑스에 도착한 뒤 프랑스 외상과 면담을 가질 수 없었고, 주프랑스 공사 민영찬에게 중립화에 대한 고종의 뜻을 전달한 뒤 네덜란드로 향했습니다. 현상건은 만국평화회의와 헤이그 상설 국제재판소를 방문해 한국의 영세중립을 제안하려 했지만, 만국평화회의는 개최되지 않았고 재판소는 휴정 중이었습니다. 현상건은 마지막으로 러시아 외무성과 국외중립 선언에 대해 협의한 뒤에 뤼순에서 러시아 극동 총독 알렉세예프Yevgenil Ivanovich Alekseyev와 회견한 뒤 유사시 러시아 병사 2000명을 서울에 파견해 궁성을 보호해 줄 것을 약속받고 귀국했습니다. 결국 고종의 유럽 특사 파견은 목표로 삼았던 국제기구의 지원을 얻지 못한 채, 러시아의 부분적인 지지만 확인하는 것에 그쳤습니다.

고종은 1904년 1월 11일 유럽 특사에서 귀국한 현상건이 니콜라이 2세의 친서를 제출하자 전쟁이 발발하더라도 러시아의 지원으로 한국의 독립이 보장될 것이라 판단했습니다. 그래서 고종은 이전까지 추진했던 일본과의 밀약에는 더 이상 관심을 보이지 않고, 중립화 세력과 함께 국외중립 선언을 준비했습니다. 이용익과 현상건 등이 벨기에 고문 및 영국·미국·프랑스·독일어 학교의 외국어 교사들과 연합하여 국외중립 선언을 준비했으며, 주한 러시아 공사 파블로프Aleksandr Ivanovich Pavlov의 협조를 통해 국외중립 선언을 청 즈푸芝罘 주재 프랑스 영사가 발표하는 것으로 계획을 세웠습니다. 1월 21일 즈푸 주재 프랑스 영사를 통해 미국·영국·러시아·프랑스·독일·이탈리아·오스트리아·일본·청 앞으로 러일전쟁이 일어날 경우 대한제국은 엄정하게 중립을 준수한다는 성명을 담은 전시중립 선언이 발송되었습니다. 물론 이 선언은 대한제국 정부가 추진해 왔던 중립화 정책과 달리 한반도가 직접적인 전쟁터가 되는 것을 피하기 위한 일시적인 방편에 불과했지만, 한국 정부의 태도를 국제사회에 분명히 보여 주었다는 점에서 의미가 있습니다.

국외중립 선언에 대해 영국·독일·이탈리아·프랑스·청 등은 긍정적인 회신을 보내왔습니다. 하지만 대한제국의 중립화를 현실적으로 보장할 수 있는 일본·러시아·미국으로부터는 아무런 답이 없었습니다.

대한제국의 중립 선언을 실제적으로 지지한 나라는 없는 셈이었으며, 오히려 영국과 미국은 일본의 대러시아 개전을 지지했습니다. 그럼에도 고종은 국외중립 선언의 성공에 고무되어 영세중립을 선포하는 단계를 준비했습니다. 국외중립 선언은 전시중립의 성격을 지닌 것이었지만, 주변 열강의 승인을 얻어 지속적인 효력을 발휘하면 영세중립국으로 전환하는 것이 가능했기 때문입니다. 이용익을 비롯한 중립화 세력도 국외중립 선언으로 대한제국이 전쟁의 위험에서 벗어날 것으로 판단해서, 벨기에 고문 및 외국어 학교 교사 등과 함께 궁중에 적십자사를 설치해 국외중립 선언을 뒷받침할 수 있는 조치를 취하고자 했습니다. 적십자사의 활동 지역은 중립 지역으로 공인받았기 때문에 당시 대한제국 정부는 전쟁이 발발할 경우 적십자를 이용하여 대한제국을 중립 지대로 인정받으려는 계획을 세웠습니다.

중립화 세력의 이런 노력들은 국제법과 국제기구에 대한 신뢰에 근거를 둔 것이었습니다. 그러나 제국주의 시대에 국제법이나 국제기구 등은 열강의 행동을 제약하는 데 별다른 효력이 없었고, 스위스나 벨기에 등의 유럽 국가의 사례가 극동의 약소국이었던 대한제국에 그대로 반영되는 것도 현실적으로 불가능했습니다. 그래서 국외중립 선언은 아무런 실효를 거두지 못한 채 공허한 메아리로 남았습니다.

대한제국의 중립화 실패는 무엇을 남겼을까?

국제법에서 중립국의 권리는 전쟁 당사국 사이에서 공평성을 유지해야 하는 의무와 연계되어 있습니다. 중립을 선언한 국가는 전쟁을 수행하는 국가들에 병력이나 무기의 공급을 피하고, 그 영역이 교전국에 의해 사용되는 것을 방지해야 합니다. 또한 중립을 유지하려면 중립국 스스로의 결정과 의지도 중요하지만, 국제법에서 교전국이 중립국에 전쟁을 개시하는 것을 금지하지 않았기 때문에 교전국이 중립국의 지위를 유지하는지 여부도 중요했습니다. 대한제국은 두 경우에서 모두 벗어났습니다.

1904년 2월 8일, 일본 함대가 인천과 뤼순을 동시에 공격하며 러일전쟁이 발발합니다. 일본군은 인천에 상륙한 뒤 11일에 서울에 들어와 중립 선언을 취소하라고 대한제국을 압박합니다. 12일에 주한 러시아 공사 파블로프가 서울을 떠났고, 중립화 세력의 중심이었던 이용익은 일본군에 납치되어 일본으로 압송되었습니다. 주한 일본 공사 하야시林權助는 일본군을 앞세워 '한일의정서' 체결을 강요했습니다. 한일의정서의 주요 내용은 한국의 시정 개선에 관해 일본 정부가 충고 및 조력할 것, 군사적 전략상 필요 지점을 임의대로 사용할 수 있을 것, 한국이 제3국과 협약을 체결하지 않을 것 등이었습니다. 대한제국의 관료들은 한일의정서 내용 중 '일본의 조언 및 조력을 받아 시정 개선을 도모한다'는 조항에 대해 이의를 제기했고 고종도 한일의정서의 조인을 주저했지만, 하야시의 강력한 설득으로 외부대신 서리였던 이지용이 조인에 동의했습니다. 구미 열강은 한일의정서 체결로 한국이 일본의 동맹국이 되었다고 인식했고, 그 결과 국외중립 선언은 더 이상 실효성을 가질 수 없게 되었습니다.

대한제국이 추진했던 중립화는 왜 실패했을까요? 우선 그 외적 요인을 살펴보면, 중립화에 유리한 대외 환경은 5개국 이상이 해당 국가에 이해관계를 가지고 일정한 세력균형을 유지하는 상태입니다. 유럽의 스위스나 벨기에가 이러한 외적 조건에서 중립국이 될 수 있었습니다. 그러나 한반도에서의 세력균형은 러·일 사이에 이루어져 불안정한 상태였고, 그나마 러시아는 한국의 중립화에 어느 정도 관심을 보였지만 일본은 한국의 보호국화를 국가 정책으로 정했기 때문에 대한제국의 중립화를 반대했습니다. 또한 러·일 외에 대한제국의 중립화에 영향을 줄 수 있는 영국과 미국이 오히려 일본을 지지하면서 중립화를 실현할 대외적 여건이 형성되지 못했습니다.

대한제국의 중립화가 실패한 내적 요인은 국제법이나 국제회의·국제기구에 지나치게 의존했다는 점입니다. 대한제국 정부는 스위스나 벨기에가 국제회의·국제기구에 적극적으로 참여해 영세중립을 유지할 수 있었다고 판단했고, 이 선례를 따라 만국평화회의나 적십자 등에 적극적으로 참여하려 했습니다. 그러나 광무정권은 만국공법이나 국제기구가 가진 본질적 한계를 간파하지 못했고, 제한된 국력을 지나치게 외교 역량에 집중했습니다. 게다가 외교 노선이 중립화 정책으로 통일되지 못하고 러·일과 동맹을 추진하는 방향으로 분산되면서, 중립화를 일관성 있게 추진하는 것에 많은 어려움을 겪어야 했습니다.

그러나 무엇보다 안타까운 점은 중립화 정책을 유지할 수 있는 군사력의 한계였습니다. 영세중립을 선언했던 스위스는 군사력으로 중립을 유지할 수 있었고, 벨기에는 군사력은 충분하지 못했지만 관계국 간의 보장으로 중립국의 지위를 가질 수 있었습니다. 그러나 벨기에조차 제1차 세계대전 시 독일에 의해 중립이 유린되어 영세중립을 포기한 사실을 본다면, 군사력이 뒷받침되지 않는 중립의 지위가 얼마나 위태로운 것인지 확인할 수 있습니다.

물론 대한제국도 이 사실을 모르지는 않았습니다. 대한제국 정부는 군사비를 대폭 증가시키고 징병제 실시도 검토했지만, 체제 변혁을 우려한 집권층의 반발로 가장 핵심적이었던 징병제는 결국 실시되지 못했습니다. 그리고 러일전쟁이 일어났을 때 최종적으로 서울 방어선을 지켜야 했던 한국 군인들은 일본군의 서울 침략을 수수방관하며 제 역할을 하지 못했습니다.

그러나 모든 한계 속에서도 대한제국의 중립화 정책은 나름의 의미를 가집니다. 최소한 러시아나 일본, 어느 한쪽에 기대어 힘의 차이가 명백한 양자 관계에서 독립의 가능성을 타율적으로 전망하는 것보다, 다자관계 속에서 주체적으로 자신의 위치를 자리매김하는 것이 독립을 유지할 수 있는 더욱 적극적인 자세였음을 부인할 수는 없기 때문입니다. 비록 우리의 의도대로 움직여 주지 않았던 냉혹한 제국주의의 현실이 가로막고 있었고 국제법이나 국제기구가 그다지 효력을 발휘하지 못했을 지라도, 스위스나 벨기에와 같은 약소국이 성취했던 영세중립의 가능성을 좇는 것이 당시로서는 최선의 가능성이자 현실적인 대안이었던 것은 아니었을까요?

구한말의 국제 질서와 오늘날을 단순 비교하는 것은 적절하지 않다. 오늘날 한국의 위상이 대한제국과 같을 수는 없기에 남북문제를 비롯해 현재 우리를 위협하는 요소들에 대한 대응도 달라질 수밖에 없다. 그러나 시대가 달라도 20세기 대한제국의 독립과 21세기 한반도의 평화를 위해서, 국제사회를 설득할 수 있는 외교 역량과 이를 뒷받침할 내부 동력을 갖추는 것은 동일한 과제이지 않을까?

| 'So Obliging' (『브루클린 이글』 1904.2.17.)

15장

러일전쟁이
대한제국에 남긴 것은 무엇인가?

러일전쟁은 러시아와 일본, 두 나라만 싸운 것이 아니다. 영국과 미국은 일본 편에 서서 만주로 세력을 확대하는 러시아를 저지하려고 했고, 독일과 프랑스는 러시아를 지지하며 자국의 이익을 추구했다. 영국·미국·프랑스·독일 등의 서구 열강은 겉으로는 '중립'을 내세웠지만 뒤로는 각자의 이익을 위해 모든 수단을 동원해 전쟁에 영향을 미쳤다. 러일전쟁은 유럽을 기준으로 서쪽부터 진행된 제국주의 침략이 이제 동쪽 끝 만주와 한반도에 이르러 러시아와 일본으로 나뉘어 표출된 대리전 성격을 가지고 있었다. 그래서 러일전쟁 100주년에 열린 어느 국제회의에서는 러일전쟁을 '제0차 세계대전 World War Zero'이라고 평가하기도 했다. 이 마지막 식민지 쟁탈전의 결과로 대한제국은 어떤 운명을 맞이하게 되었을까?

러시아는 왜
패배한 전투를 기념했을까?

1904년 2월 8일 우류 소토키치瓜生外吉가 이끄는 일본 함대가 제물포항을, 그리고 해군사령관 도고 헤이하치로東鄕平八郎가 이끄는 연합 함대가 뤼순항을 선전포고도 없이 공격하면서 러일전쟁이 시작됩니다. 2월 8일 제물포 앞바다에서 벌어진 해상 전투에서 러시아 함선 카레예츠호와 바랴크호가 해상에서 미리 진을 치고 있던 일본 함대에 의해 30분 동안 집중 포격을 당해 침몰하자, 러시아 함대는 일본군에게 선체를 넘겨주지 않기 위해 제물포항으로 퇴각해 자폭을 선택했습니다. 이 전투에 참전한 러시아 해군 700여 명 가운데 40여 명이 숨졌고 200여 명이 다쳤습니다.

제물포 해전은 당시 제물포항에 머물던 영국·미국·프랑스·이탈리아 선박에 탑승했던 외국인들에게 목격되어 전 세계에 알려졌습니다. 또한 『강철 군화』로 유명한 미국의 소설가 잭 런던Jack London이 러일전쟁 종군기자로 활동하면서 제물포 해전에 관련된 기록과 사진을 남겼고, 『오페라의 유령』을 쓴 소설가이자 언론인인 가스통 르루Gaston Leroux도 제물포 해전에 참전한 러시아 병사를 취재한 르포르타주를 통해 당시의 상황을 전 세계에 자세히 전했습니다. 선전포고 없이 기습 공격으로 전쟁의 기선을 제압하는 일본의 전쟁 방식은 서구 사회에 야만적인 것으로 보도되었습니다. 일본은 10년 전의 청일전쟁에서도 선전포고 1주일 전에 제물포 앞바다에서 청의 수송선을 일방적으로 공격했는데, 유럽 국가인 러시아와의 전쟁에서도 똑같은 방식으로 기습 공격을 감행하자 더욱 비난받게 된 것입니다.

이 보도로 인해 러시아 장병들이 일본군을 '황인종' '황색 난쟁이'라고 경멸했던 내용이 널리 퍼졌고, 이후 일본의 기습 공격은 서양인들이 일본군을 비난할 때마다 공통적으로 등장하는 근거가 되었습니다. 오히려 전투에서 패배했지만 일본의 비열한 행동에 굴복하지 않았던 러시아 병사들의 대응 자세와 희생정신이 높은 평가를 받았습니다.

실제로 러시아 해군의 생존자들은 귀국한 뒤 시민들의 열렬한 환영을 받았습니다. 당시 러시아 해군은 카레예츠호와 바랴크호 2척으로 일본의 군함 14척과 맞서 수적 열세를 무릅쓰고 끝까지 투항하지 않았기 때문에 '용감한 방어전'을 치른 영웅이 될 수 있었습니다. 황제 니콜라이 2세가 러시아 해군의 영웅적인 용기를 치하하면서 훈장을 수여했고, 이후 '제물포 해전 영웅들'의 활약은 신화로 남아 사회주의 체제 아래에서도 각종 동상·영화·노래로 기념되었습니다. 2004년에 러일전쟁 100년을 맞아 방송된 러시아 국영방송에서도 함정 바랴크의 '용감한 방어전'을 기념하는 2부작 프로그램을 방영해, 러일전쟁 첫 전투의 패배를 '정신 승리'로 극복했던 전통을 그대로 이어 나갔습니다.

그러나 우리나라에서 제물포 해전에 참전했던 러시아 장병들을 바라보는 시선은 다소 복잡합니다. 2004년에 인천 연안 부두 친수공간공원에 '러시아 전몰장병 추도비'가 세워지자 이에 반대하는 인천 시민 단체들의 격렬한 항의 시위가 전개되었습니다. 이 비석 건립에 반대했던 사람들은 1983년 사할린 상공에서 소련 공군에 의해 격추된 KAL기 희생자 추도비가 러시아 측의 비협조로 초라하게 조성되어 있는 점을 비판했고, 러일전쟁을 한반도 침략 전쟁으로 규정해, 러시아 전몰장병을 기념할 필요가 없다고 강조하기도 했습니다. 그러나 추도비 설립을 찬성하는 측은 러일전쟁에 대한 해석은 각국에 맡기고, 추도비 설립을 계기로 한·러 관계를 발전시켜야 한다는 점을 강조했습니다. 러시아 내에도 이상설의 유허비나 안중근의 단지斷指 동맹비, 이범진 추모비, 신한촌의 항일 독립운동 기념비 등이 세워졌다고 지적하면서, 추도비 건립을 선린과 우호의 관점에서 바라보자고 주장했던 것입니다.

일본은 왜 그토록 뤼순 점령에 집착했을까?

뤼순은 일본군의 핵심 목표였고, 러일전쟁의 승패를 가르는 전략적 요충지였습니다. 블라디보스토크가 결빙기여서 러시아 극동 함대 대부분이 뤼순항에 정박해 있었고, 유럽에서 활동 중이던 발트함대가 진출할 경우 이곳이 그 기항지가 될 예정이었습니다. 그래서 일본은 뤼순을 점령해야 전쟁을 빨리 끝낼 수 있다는 판단에 선전포고도 없이 공격을 감행했습니다. 일본군이 뤼순을 포위하면서, 발트함대가 도착할 때까지 버티려는 러시아의 저항과 발트함대가 도착하기 전에 끝내려는 일본의 총공세가 어떤 결론에 도달할지 여부가 러일전쟁의 핵심이 되었습니다.

도고 제독이 지휘하는 일본 해군은 뤼순 앞바다에서 극동 함대와 여러 차례 전투를 벌였지만, 뤼순항에 설치되었던 해안 포대 때문에 결정적인 타격을 입히지 못하고 뤼순항을 봉쇄하는 수준에 만족해야 했습니다. 해군만으로 뤼순 함락이 불가능해지자, 일본은 대규모 육군을 보내 해군과 합동 작전을 전개했습니다. 그러나 10년 전 청일전쟁에서 단 하루 만에 뤼순항을 함락시켰던 일본군의 경험이 오히려 큰 제약이 되었습니다. 당시 러시아군은 청군과 달리 뤼순항을 난공불락의 요새로 만들고 튼튼한 방어 체계를 구축했지만, 일본군은 청일전쟁 당시의 낡은 전술을 그대로 반복했습니다. 지속적인 포격 이후에 보병의 기습으로 요새를 탈취하는 일본군의 전술은 러시아의 현대화된 요새와 집중적인 기관총 사격을 감당해 낼 수 없었기 때문입니다. 그 결과 3만 명에 육박하는 일본군이 희생되었습니다.

일본군은 새로운 작전에 들어갔습니다. 1904년 12월 4일 뤼순항 전체가 내려다보이는 전망 좋은 고지를 먼저 점령한 뒤, 뤼순항에 포진되어 있는 극동 함대의 정보를 알아냈습니다. 이 정보는 일본의 포병 부대에 통보되었고, 대규모 포격과 뒤이은 공습으로 극동 함대를 제압할 수 있었습니다. 1905년 1월 2일, 일본은 집중 공격을 감행한 지 240일 만에 뤼순을 점령함으로써 러일전쟁의 승기를 잡게 됩니다.

뤼순 전투는 승자였던 일본군이 패자였던 러시아군보다 더 많은 상처를 입었던 전투입니다. 러시아군의 사상자 수는 3만여 명이었던 반면 일본군의 사상자 수는 6만여 명으로 피해 규모가 두 배에 이를 정도였습니다. 수많은 희생자가 이어졌음에도 일본군이 뤼순의 점령을 포기할 수 없었던 것은 일본인들에게 뤼순이 가졌던 의미 때문입니다. 뤼순은 일본이 청일전쟁에서 획득한 영토를 러시아에 빼앗긴 상징적 장소였고, 그로 인해 러일전쟁 발발 후 일본 여론과 국민의 바람은 뤼순 점령에 집중되었습니다. 뤼순 함락의 소식이 전해지자 일본열도가 마치 러일전쟁에서 최종적으로 승리한 것처럼 뜨겁게 불타올랐던 이유입니다.

뤼순 전투의 결과는 국제 여론에도 큰 영향을 미쳤습니다. 이 전투의 결과로 서구 열강들이 일본의 승전 가능성을 더욱 확신하게 되어서 전쟁 경비 조달을 위한 일본 정부의 국채 모집은 매우 순조롭게 진행된 반면, 러시아의 국제적인 위상은 한없이 추락했으며 국내 여론마저도 차갑게 돌아서게 됩니다. 뒷날 레닌이 "뤼순의 항복은 차르 체제 항복의 서막이었다."고 평가한 것을 보면 뤼순의 패배가 러시아 정부를 어떤 곤경에 빠뜨렸을지 짐작하게 해 줍니다.

뤼순 함락 이후 두 달이 지난 3월 1일부터 10일까지 만주 지방의 펑톈(奉天, 현재의 쉔양)에서 러·일 두 군대는 사활을 건 전투를 다시 치렀습니다. 러·일 양군은 각각 31만 명과 25만 명 규모의 병력을 동원해 10일 동안 총력전을 펼쳤고, 러시아군은 9만 명, 일본군은 7만 명의 사상자를 낼 만큼 모두 막대한 피해를 입었습니다. 결국 러시아군이 후퇴하면서 표면상으로는 일본군의 승리로 끝났지만, 이 전투로 인해 러시아와 일본은 더 이상 전쟁을 지속할 수 없는 상태에 빠지게 됩니다.

뤼순 전투와 펑톈 전투의 승리로 일본은 러일전쟁의 승기를 잡았지만, 10만 명이 넘는 사상자가 발생했고 그중 장교와 하사관의 전사자가 많아서 지휘관 수급에 어려움을 겪었습니다. 또한 러시아군이 본국에 여전히 많은 병력을 확보하고 있었던 것과 달리, 일본군은 이미 전 병력을 사용했기 때문에 전쟁이 지속될수록 일본의 고민이 커져 갔습니다. 전쟁이 장기화되면서 일본의 재정적인 여력도 바닥을 향해 가고 있었습니다. 일본은 1년간의 전쟁 비용을 4억 5000만 엔 정도로 예상했지만 실제로는 2년간 19억 엔이나 지출했고, 엄청난 전비 부담의 압박 속에서 담배 전매권 등을 미국과 영국에 팔아 비용을 마련해야 했습니다. 일본은 더 이상 전쟁을 지속할 수 있는 여력을 가지지 못했고, 종전을 서둘러야 할 입장이었습니다. 어려운 상황은 러시아도 마찬가지였습니다. 러일전쟁의 피해와 더불어 1905년 국내에서 '피의 일요일' 사건이 일어나 더 이상 전쟁을 수행하는 것이 어려웠기 때문입니다.

일본 해군이 승리할 수 있었던 까닭은 무엇이었을까?

러일전쟁에 마침표를 찍게 한 전투가 1905년 5월 27일 대한해협 앞바다에서 러·일 해군이 격돌한 동해 해전(일본명 쓰시마 해전)입니다. 이 전투의 결과는 러시아에게 치명적이었습니다. 러시아의 주력 함대 대부분이 침몰 혹은 나포되었고 발트함대 사령관 로제스트벤스키Zinovy Petrovich Rozhestvensky마저 포로 신세가 될 정도였습니다. 동해 해전으로 전쟁을 지속하기 어려워진 러시아는 종전을 위한 협상 테이블로 나갈 수밖에 없었으며, 일본 정부는 미국의 루스벨트 대통령에게 강화 회담 중재를 의뢰했습니다.

막강한 러시아의 발트함대를 상대로 일본 해군이 완벽한 승리를 거둘 수 있었던 까닭은 어디에 있었을까요? 그 단서는 동해 해전을 승리로 이끈 도고 제독의 발언에서 엿볼 수 있습니다. 도고 제독은 조선의 이순신 장군을 신처럼 존경했던 것으로도 유명합니다. 러일전쟁 승전 축하연이 있던 날, 한 신문기자가 도고 제독의 업적을 영국의 넬슨 제독과 조선의 이순신 장군에 비견될 만하다고 칭찬하자, 도고는 "이순신 제독은 국가의 지원도 제대로 받지 않고, 훨씬 더 나쁜 상황에서 매번 승리를 끌어내었다. 나를 전쟁의 신이자 바다의 신이신 이순신 제독에게 비유하는 것은 신에 대한 모독이다."라고 말했습니다. 도고 제독의 말을 뒤집어 보면, 국가의 지원과 좋은 상황이 뒷받침되었기 때문에 동해 해전에서 일본군이 승리할 수 있었음을 짐작할 수 있습니다. 이 '좋은 상황'은 다름 아닌 러시아 발트함대의 오랜 항해를 가리키는 것이었고, 이를 가능하게 했던 동맹국 영국의 지원을 우회적으로 표현한 것이었습니다.

동해 해전에서 러시아 함대들은 220일간 지구 둘레의 4분의 3에 해당하는 2만 9000킬로미터를 항해했으며, 이것은 뒷날의 평가처럼 "세상이 시작된 이래 어떤 군함도 시도한 적이 없는 항로"였습니다. 전투함 총 38척에 수송선 26척, 승무원 1만 4000명 규모를 이끌고 낙오한 함선 한 척 없이 태평양까지 도착한 자체가 기적이었으며, 이 불가능한 임무를 해낸 발트함대의 우수성과 지휘관 로제스트벤스키 제독에게는 지금도 찬사가 이어집니다. 그러나 대서양에서 인도양을 거쳐 태평양으로 거슬러 올라가는 대장정이었다고 하더라도 220일이라는 기간은 너무 길었습니다. 발트함대가 당시 영국이 관할하던 수에즈운하를 통과하지 못하면서 아프리카 동해안을 빙 둘러서 인도양으로 넘어가야 했기 때문이었지만, 이후 인도양을 지날 때 거쳤던 인도·말레이시아·싱가포르 등도 모두 영국 식민지여서 어떤 지원도 받지 못했습니다.

오랜 항해 끝에 태평양에 도달했을 때 220일간의 긴 항해로 병사들의 몸과 마음은 극도로 지쳐 있었습니다. 블라디보스토크까지의 항해도 무리인 상황에서 일본 해군의 눈을 피해 목적지에 무사히 입항하는 것이 가장 중요했습니다. 5월 25일 대한해협 근처에 다다른 발트함대는 속도를 늦추고 무전도 끈 상태에서 천천히 해협으로 진입했고, 때마침 긴

짙은 안개와 어둠을 틈타 무사히 해협을 빠져나가려 했습니다. 그러나 5월 27일 새벽, 불행하게도 발트함대의 병원선이 짙은 안개 속에서 등불을 켜는 실수를 했고, 이것이 발각되어 일본 해군의 집중적인 공격을 받게 되면서 처참한 패배를 맞이했던 것입니다. 이런 까닭에 도고 제독은 자신을 이순신 장군과 비교하지 말라고 꾸짖은 것 아닐까요?

그런데 우리나라에도 동해 해전과 관련된 유물이 하나 남아 있습니다. 거제도 앞의 취도라는 무인도에 있는 러일전쟁 기념비가 바로 그것입니다. 취도는 일본 연합함대가 발트함대를 기다리며 실탄사격 연습을 위한 표적으로 사용한 장소인데, 러일전쟁 30주년이었던 1935년에 일본 군부가 이곳에 기념비를 세웠습니다. 기념비 앞면에는 '취도기념'이라는 비명이 새겨져 있고 기념비의 정상에는 러일전쟁 당시 사용된 '40구경 철갑탄'이 세워져 있습니다. 러일전쟁 100주년이었던 2005년에 여러 시민 단체들이 이 취도 기념비를 철거하거나 이전해야 한다고 주장했는데, 현지 주민들은 그대로 두는 것을 선호했습니다. 그러나 철거를 주장하든, 보존을 주장하든 러일전쟁이 남긴 이 유물을 일제의 잔혹성과 침략 전쟁을 알리는 역사교육장으로 활용하자는 뜻은 하나였습니다.

결국 이 대립은 지역 시민 단체 회원들이 경술국치일인 8월 29일에 맞춰 취도 기념비 주위에 평화의 돌탑을 쌓는 것으로 훈훈하게 마무리되었습니다. 파시즘 시기의 기념탑 옆에 반파시즘 탑을 세워서 나치즘에 대한 역사교육 공간으로 활용하는 독일이나, 일제의 침략과 식민 유적을 '역사에 기록해서 국가의 치욕을 잊지 않겠다銘記歷史 勿忘國恥'는 중요한 지표로 기념하는 중국의 사례는 우리에게 일제의 흔적을 어떻게 다루어야 할지 다시 생각해 보게 합니다.

대한제국은 국제 질서에서
어떻게 고립되었을까?

동해 해전으로 전쟁의 우위를 확보한 일본은 전쟁을 종결하고 대한제국을 지배하기 위해 빠르게 조치를 취합니다. 1905년 7월 29일 일본의 총리였던 가쓰라 다로桂太郎는 미국의 육군 장관 윌리엄 태프트William Taft와 이른바 '가쓰라-태프트 밀약'을 맺어서, 미국의 필리핀 지배를 인정하는 대신 일본의 조선 지배를 인정받았습니다. 러일전쟁에서 일본의 승리가 예상되자 미국 대통령 루스벨트가 1899년 스페인으로부터 획득한 필리핀을 시찰한다는 명목으로 태프트를 보내 일본과 이 밀약을 맺은 것으로 알려져 있습니다. 그러나 최근 가쓰라-태프트 밀약의 사실 여부에 대해서 비판적인 견해가 많이 등장하고 있습니다. 즉 이 밀약은 루스벨트나 미국 정부의 공식적인 조약이 아니라 태프트의 개별적인 각서에 불과하다는 주장도 있고, 일본 외무성이 미·일동맹론을 강조하기 위해 사료 조작을 했던 것을 우리 역사 교과서에서 무비판적으로 수용한 결과라고 비판하는 주장도 있습니다.

1905년 8월 일본은 영국과 10년 기한의 제2차 영일동맹 조약을 체결했습니다. 이 조약에서는 두 나라 중 어느 한 나라가 전쟁을 할 경우 다른 나라도 참전하는 것을 명시했는데, 이러한 규정은 1차 동맹 때 체결된 방어동맹의 범위를 넘어 공격까지 포함하는 공수동맹의 성격을 보여 줍니다. 이 조약을 통해 영국은 중국에서 확보한 이익과 인도 식민지를 보호하기 위한 모든 조치를 일본에게 인정받았고, 일본은 대한제국에서 확보한 정치·군사·경제적 특권을 영국으로부터 인정받았습니다. "일본은 조선에서 정치·군사·경제의 우월한 이익을 보유하고 있으며 이 이익들을 옹호하기 위해 필요하다고 인정되는 지도·감독·보호의 조치를 취할 수 있다."는 조항은 일본이 대한제국에 '보호권'을 설정하는 것을 인정한 것이었습니다. 일본은 대한제국에 영향을 미칠 수 있는 미국과 영국의 외교적 지지를 확보함으로써 대한제국의 실낱같은 희망조차 모두 차단해 갔습니다.

1905년 8월 러·일 양국은 외무대신 고무라小村壽太郎와 재무장관 비테Sergei Yulievich Vitte를 전권대표로 파견해 미국 해군 군항이 있는 포츠머스에서 강화 협상을 진행했습니다. 포츠머스 회담은 러일전쟁의 군사적 결과를 토대로 동아시아에서 양국의 지위를 새롭게 조정하는 회의였고, 만주와 대한제국에서 러·일의 권리를 상호 조정하는 내용이 핵심이었습니다. 거의 한 달 동안 협상이 진행된 결과, 9월 5일에 최종적으로 조약이 조인되었습니다.

조약의 핵심은 제2조 "러시아는 한국에서 일본이 정치·군사·경제 영역을 지도·보호·감독할 권리를 갖는다고 인정한다."에서 밝힌 것처럼 러시아가 일본에 대한제국에 대한 모든 권리를 넘기는 것이었습니다. 또한 전쟁에서 우위를 점한 일본이 뤼순·다롄의 조차권과 창춘(장춘) 이남의 철도 부설권, 북위 50도 이남의 사할린섬에 대한 권리를 획득하는 것에 합의했고, 동해와 오호츠크해·베링해의 러시아령 연안 어업권도 일본이 차지했습니다. 포츠머스 회담이 체결됨으로써 한반도에서 러·일이 형성했던 세력균형은 일본의 독점적인 지배로 대체되었고, 만주에서 러시아가 독점했던 지배권은 러·일 양국의 공동 관리로 전환되었습니다.

포츠머스조약이 조인된 직후 『포츠머스 헤럴드Portsmouth Herald』

는 1면 톱기사에서 'Peace'라는 제목으로 회담의 결과를 전했습니다. 또한 회담이 열린 장소는 '평화 빌딩Peace Building'으로 불렸고, 빌딩 안내판에는 "포츠머스 회담은 역사상 가장 위대한 평화 회담"이라고 새겨졌습니다. 1906년 루스벨트는 중재 외교를 성공시킨 공로를 인정받아 미국인 최초로 노벨평화상을 받게 됩니다. 무엇이 그렇게 '평화'로웠을까요? 아마도 '포츠머스의 평화'는 일본이 대한제국을 독점적으로 지배하는 것에 대해 서구 열강 중 누구도 이견을 제기하지 않겠다는 의미의 평화였을 것입니다.

러일전쟁이 낳은 결과 이면엔 무엇이 있을까?

포츠머스조약이 조인된 1905년 9월 5일, 도쿄 히비야日比谷 공원에서는 전쟁 승리의 폭죽 대신 폭동이 일어납니다. 3만 명이 넘는 시민들이 모여 '조약 파기', '전쟁 지속'을 요구하면서, 조약에 조인한 내각을 탄핵하라고 외쳤습니다. 이 군중집회는 순식간에 폭동으로 변해 고위 관료들의 저택·신문사·파출소 등을 방화하는 것으로 이어졌고, 그로 인해 도쿄 시내 파출소의 70퍼센트가 불타고 1000명이 넘는 사상자가 나왔습니다. 일본 정부가 계엄령을 선포하고 군 병력을 투입한 후에야 이 시위를 진압할 수 있을 정도였습니다. 승전국 일본에서 왜 이런 기이한 결과가 나타났을까요?

그것은 러일전쟁에서 일본이 단 한 푼의 배상금도 받지 못했기 때문이었습니다. 포츠머스 회담의 일본 대표였던 고무라는 북부 사할린을 러시아에 돌려주는 대가로 12억 엔을 배상금으로 받기를 원했지만, 배상금을 전쟁 패배 선언으로 받아들인 러시아는 이 제안을 단호하게 거부합니다. 러시아 황제 니콜라이 2세가 회담 대표부에게 "1코페이카(kopeika, 1/100 루블) 금전도, 1인치 땅도 줄 수 없다."고 단언한 것도 일본의 희망을 물거품으로 만들었습니다.

러일전쟁의 승리에도 불구하고 배상금이 없다는 소식은 승리의 단물에 잔뜩 취했던 국민들에게는 도저히 납득할 수 없는 결과였습니다. 일본 정부가 러일전쟁에 대비한다는 명분으로 청일전쟁 직후부터 군사비를 폭증시키면서 민생은 엉망이 되었고, 러일전쟁이 시작된 후 총력전은 더욱 심해져 국민 대다수가 겨울에도 짚신을 신고 다녀야 할 정도로 빈곤했습니다. 그러나 일본 정부는 전쟁 승리의 환상을 심어 주며, 절약과 빈곤을 미덕으로 삼아 이 비참한 삶을 견뎌 내라고 강변했습니다. 또한 러일전쟁으로 이미 20만 명이 넘는 사상자가 발생한 상황에서 일본 가정 대부분이 아버지 · 남편 · 아들 등을 잃어버린 채 처절한 삶을 살고 있었습니다. 그런데 이 고통을 참아 낸 결과가 기껏해야 '얼어붙은 사할린의 반쪽'이라고 하자 그 분노가 폭발해 버린 것입니다. 히비야 방화 사건은 전쟁 승리의 영광 뒤에 가려져 왔던 힘없는 자국민들의 실상을 잘 보여 줍니다.

한편 강대국 러시아에 승리했다는 일본의 자부심은 주변의 이웃 국가를 멸시하면서, 내셔널리즘을 키우는 기폭제가 되었습니다. 전사자들은 야스쿠니 신사에 합사되어 신으로 추앙받았고, 러일전쟁에서 획득한 전리품들은 전국 각지의 학교 · 사원 · 관청 등에 배포되어 전쟁을 기억하고 국가와 군대에 대한 경의와 애국심을 재생산하는 장치로 활용되었습니다. 일본인들에게 러일전쟁은 전제 국가 러시아에 맞서 입헌 국가 일본이 치르는 '정의의 전쟁'이 되었고, 이 전쟁에서 일본이 승리함으로써 도덕적 우월성마저 증명되었다는 착각 속에 빠집니다. 전쟁에 대한 자신감이 커지고 약육강식이라는 힘의 논리가 숭상되면서, 일본 국민들은 자신들보다 힘이 약한 청과 조선은 구제할 가치조차 없는 존재이며 일본의 지배를 받아야 할 대상이라고 멸시하게 되었습니다.

아이러니하게도 일본의 승리는 당시 서구 열강의 식민 지배를 받던 아시아인들에게 백인을 이길 수 있다는 희망을 전하면서 식민지 독립운동에 큰 영감을 줍니다. 중국의 쑨원과 마오쩌둥, 인도의 네루, 베트남의 호치민 등의 뛰어난 지도자들이 모두 일본의 승리에 감동과 용기를 얻었다고 말했습니다. 러일전쟁의 결과는 러시아에 적개심을 가지고 있었던 오스만제국과 페르시아 등의 서아시아 독립운동에도 영향을 주면서 아시아 전체에 큰 울림을 주었습니다.

그러나 당시의 아시아는 러일전쟁의 본질을 제대로 직시하지 못했습니다. 이 전쟁이 서양 대 동양의 대립이 아니라 한반도와 만주의 지배권을 차지하기 위한 제국주의 세력들의 침략 전쟁이었음을, 그리고 일본이 이웃 국가였던 대한제국을 지배하기 위해 어떤 불법적인 만행을 저질렀는지 말입니다. 그럼에도 아시아 국가들의 '일본바라기'가 바뀌기까지는 그리 오래 걸리지 않았습니다. 러일전쟁 당시에도 이 전쟁의 본질을 꿰뚫어 본 중국의 『경종일보警鐘日報』와 같은 언론들이 '동양 평화'를 지킨다는 일본의 개전 명분이 허구에 불과함을 폭로하고 일본군의 승리에 환호하는 여론에 '경종'을 울리고 있었기 때문입니다.

러일전쟁 당시, 부당하게 전쟁의 피해를 입었던 대한제국은 국제사회로부터 철저하게 외면받았다. 그런데 100년이 훨씬 지난 오늘날에도 '코리아 패싱Korea Passing'이라는 신조어가 우리 사회에 불쑥 거론되는 까닭은 무엇일까? 러일전쟁이 남긴 교훈을 우리가 여전히 외면하고 있기 때문일까?

| 러일전쟁 풍자화 (『르 프티 파리지앵』 1904.4.3.)

16장

을사늑약 이후 주권은
어떻게 상실되어 갔는가?

우리는 1905년 대한제국의 외교권을 박탈했던 조약에 대해 '을사조약', '을사5조약', '을사늑약' 등으로 불러 왔다. 또한 이 동일한 조약에 대해서 일본도 '제2차 한일협약', '한일신협약' 등 여러 명칭을 사용해 왔다. 왜 이렇게 많은 명칭이 필요했던 것일까? 그것은 바로 이 조약의 원본에 공식 명칭으로 사용할 수 있는 제목이 없기 때문이다. 현재 서울대학교 규장각과 일본 외무성 사료관에 두 나라가 각각 보유하고 있는 조약안의 원본을 보면, 첫 페이지 첫 줄이 빈칸으로 되어 있음을 확인할 수 있다. 한 나라의 외교권을 박탈하는 내용을 담은 중요한 조약문에 공식 명칭이 없는 이유는 무엇일까?

'시정 개선'이
왜 비극의 시작이었을까?

한일 양 제국 간에 영원히 변치 않는 우호적인 관계를 보호·유지
하고 동양 평화를 확립하기 위해 대한제국은 대일본제국 정부를
확신하여 시정 개선에 관해 그 충고를 수용한다.

러일전쟁이 일어난 지 보름 후에 체결된 한일의정서 제1조의 내용
입니다. 일제가 이 평범하게 보이는 문장을 가장 중요한 시점에서 첫 번
째로 제시한 까닭은 무엇이었을까요? 그 답은 "시정 개선에 관해 그 충
고를 수용한다."는 문구에 담긴 속뜻에 있습니다. '시정 개선'은 언제든지
대한제국의 내정에 간섭하려는 일제의 의도를 우회적으로 표시한 것이
었고, 이후 일제가 외교·재정고문을 비롯해 수많은 고문관·교관·참여
관 등을 파견해서 대한제국의 내정을 장악한 근거가 되었습니다.

그런데 한일의정서에는 시정 개선에 관한 일본의 권리만 제시된
것이 아닙니다. 시정 개선의 목적은 "한일 양 제국 간에 영원히 변치 않
는 우호적인 관계를 보호·유지하고 동양 평화를 확립"하기 위한 것이었
고, 2조와 3조에서 밝혔던 "한국 황실의 안전을 도모"하고 "한국의 독립
과 영토 보전을 보장"하는 목적으로 이루어져야 할 것이었습니다. 문제
가 생길 때마다 법과 조약을 자의적으로 들먹이는 강자의 위선을 엿볼
수 있는 대목입니다.

한일의정서 체결 이후 일제는 내각의 의결과 천황의 결재를 얻어
「대한시설강령」이라는 '한국 지배 마스터플랜'을 결정합니다. 6개 강령과

세목들로 이루어진 이 지침은 대한제국을 군사적으로 강점한 상태에서 고문관을 파견해 외교·재정 부문을 장악하고 철도·전신·전화·우편 사업 등 제반 경제적 이권을 획득하려는 계획이었습니다. 이 계획은 '시정개선'이라는 이름을 걸고 단계적으로 모두 실현되었는데, 일제는 먼저 대한제국 정부가 고빙한 외국인 고문관 총 79명을 정리하고 그 자리에 일본인 고문관을 투입하는 조치를 시행했습니다.

일본인 고문관들이 한국의 내정에 본격적으로 개입했던 '고문정치'는 1904년 8월 22일에 체결된 '제1차 한일협약'과 함께 시작되었습니다. 그런데 제1차 한일협약의 원본은 일본어본 한 부만이 일본 외무성에 남아 있을 뿐, 한국 측에서는 무슨 이유에서인지 일본어본도, 국한문 혼용본도 남아 있지 않습니다. 또한 그나마 남아 있는 일본어본도 뒷날의 을사늑약의 경우처럼 제목조차 없어서 여러 의심을 낳고 있습니다.

제1차 한일협약 체결 후 일제는 재정고문으로 대장성 출신의 메가타 다네타로目賀田種太郎를 고용해 대한제국 통치의 심장부를 장악하려 했습니다. 메가타는 재정고문에 부임하자마자 재정 실권과 국고를 장악해서, 군비 지출을 줄이고 황실 재정을 정부 재정으로 집중시켰습니다. 이는 일제에 반발하는 데 쓰일 수 있는 자금줄을 모두 차단하기 위한 조치였습니다. 또한 일본 다이이치第一 은행 경성 지점을 국고 은행으로 삼아 모든 재정 지출과 수입을 통제하고 징세 기구를 대폭 개편했습니다. 일본의 화폐제도와 시스템을 그대로 도입해서 대한제국의 모든 재정을 장악하고, 세금을 증대해서 일본의 부족한 통치 자금을 마련하기 위한 것이었습니다.

그러나 1905년부터 1909년까지 '화폐 정리 사업'을 실시해 대한제국에서 유통되던 화폐를 정리하는 과정에서, 엽전과 백동화를 폐지해 많은 문제를 일으킵니다. 대한제국 화폐는 순식간에 그 값어치가 하락해 많은 한국인이 재산을 잃은 반면, 그만큼의 재산이 일제의 손아귀에 넘어갔습니다. 일제는 대한제국에서 사용하던 백동화를 갑·을·병 세 등급으로 나눈 뒤, 갑종은 제 가격을 계산해서 일본 화폐로 교환해 주었지만, 을종은 40퍼센트 가격으로, 그리고 병종은 교환 대상에서 제외하여 폐기했습니다. 을종이나 병종은 이전까지 갑종과 동일한 가격으로 거래되었는데, 화폐 정리 사업으로 그 가격이 폭락하면서 재산가와 상인 상당수가 몰락했고 병종을 많이 가지고 있었던 농민들도 큰 피해를 입었습니다.

외교고문으로 미국인 스티븐스Durham White Stevens가 고빙되면서 대한제국의 외교 업무를 장악하려는 움직임도 본격화되었습니다. 제1차 한일협약 체결 당시, 일제는 한국 정부의 조약 체결이나 특권 양여 등을 일본 정부와 협의하도록 규정했고, 이 내용을 서구 열강에 통보해서 한국 정부의 독자적인 외교 활동을 이미 막아 둔 상태였습니다. 스티븐스가 부임한 이후, 일제는 대한제국의 해외 공관 철수를 본격적으로 추진합니다. 그러나 공사관 철수 과정에서 런던 주재 대리공사 이한응이 자살하는 사태가 벌어졌고, 베이징에 남았던 청국 주재 대리공사 박대영도 철수에 반발하는 등 한국 외교관들의 강력한 저항에 직면해야 했습니다.

재정과 외교고문 외에도 궁내부고문 가토를 비롯하여 경무고문 마루야마丸山重俊 등의 각종 고문들이 잇달아 대한제국 정부에 고용되었습니다. 특히 궁내부고문 가토는 재정·외교고문이 고빙되기 전에 가장 먼저 임명되었는데, 궁내부고문을 두어 궁중을 장악한 뒤에야 일제가 계획한 시정 개선이 가능하리라고 생각했기 때문이었습니다. 또한 시정 개선을 추진하는 과정에서 발생할 수 있는 한국인의 저항을 차단하려면 경찰권 장악이 필수라고 생각했기 때문에 일제는 경무고문을 두는 것에도 힘을 기울였습니다. 한일의정서와 제1차 한일협약으로 대한제국의 통치권은 이미 일제의 수중에 들어가게 되었고, 이런 사정 때문에 일제 강점기를 1904년까지 소급해서 바라보는 의견도 등장했습니다.

을사늑약은 무효일까?

포츠머스조약 체결 후 한 달이 지나 일제는 대한제국을 보호국으로 만들려는 실질적인 조치에 착수했습니다. 이토 히로부미는 1905년 11월 17일 오전 1시경 덕수궁 중명전에서 한국의 외교권을 박탈하는 조약안을 한국 정부와 체결하려고 했습니다. 대한제국 황제와 대신들 대부분이 반대 의사를 표시해서 조약 채택이 불가능해지자, 이토는 군대를 동원해 위협 분위기를 만들며 대한제국 대신 8명에게 각각 의견을 물으면서 찬성을 압박했습니다. 결국 대신 8명 중 내부대신 이지용·군부대신 이근택·외부대신 박제순·학부대신 이완용·농상공부대신 권중현 등 이른바 '을사오적'이 조약안에 찬성 의사를 표시했고, 이토는 과반수 찬성을 근거로 외무대신 박제순과 일본 공사 하야시에게 조약안을 만들게 했습니다. 그러나 한국 정부의 대신들이 조약안에 도장을 찍으려 하지 않자, 이토는 일본인 관리들에게 외부대신의 직인을 훔쳐 내게 한 후 한국 측 대표가 아니라 자신이 조약안에 직인을 찍었다고 합니다. 이것이 사실이라면 1905년의 조약안은 강제로 조인된 '늑약'이 아니라, 조인조차 되지 않았기 때문에 '무효'라고 할 수 있습니다.

늑약의 내용은 크게 두 가지였습니다. 우선 일본 외무성이 향후 대한제국의 대외 관계 업무를 지휘해서 각국과 맺은 기존 조약을 이행하며, 한국 정부는 일본의 중개 없이 국제적 성격의 조약이나 계약을 맺지 못한다고 명시함으로써 한국의 외교권을 제한했습니다. 다음은 대한제국의 외교권을 관할하는 통감과 이사관의 직무를 규정한 것인데, 일본 정부의 대표자로서 한국 황제 밑에 통감 1명을 두어 "전적으로 외교에 관한 사항"만을 관리하고 개항장 등에는 이사관을 설치해서 통감의 지휘 아래 필요한 각종 사무를 관리하게 한다는 내용이었습니다.

그런데 도입글에서 언급했던 것처럼 이 조약에는 이름이 없습니다. 을사늑약의 조약문은 이토 측에서 미리 작성한 것을 토대로 문구 몇 곳만 고쳐서 도장을 찍었습니다. 조약문에 찍힌 도장도 조약 담당자인 외무대신의 것만 있을 뿐, 고종황제의 도장은 없습니다. 일본이 굳이 이 조약을 '협약'이라는 등급으로 체결하려고 했던 이유가 여기에 있습니다. 외교적 합의를 할 때 '협약Agreement'은 양국 주무대신의 합의와 서명만으로 효력이 발생할 수 있지만, 정식 '조약Treaty'은 국왕이나 의회의 위임과 비준이 필요합니다. 을사늑약에서 다루었던 외교권 이양은 그 중대성을 고려했을 때 정식 조약의 형식을 갖춰야 했지만, 고종황제가 이를 비준하는 도장을 찍지 않았기 때문에 정식 조약이라고 적을 수 없었습니다. 또한 조약의 사안이 워낙 중대했기 때문에 협약이라는 이름을 붙이기도 어려웠습니다. 이러지도 저러지도 못했던 일본의 모순이 조약문의 공식 명칭을 정하지 못하는 결과를 낳은 것입니다.

을사늑약은 형식상·절차상·문서상 모든 측면에서 결격 사유를 가지고 있었습니다. 조약 체결에 필요한 대한제국 측의 입법 규정, 즉 위임·조인·비준의 과정 중 어느 것 하나도 제대로 된 절차를 거치지 않았기 때문입니다. 이런 사실로 인해 당시 대한제국의 언론도 '조약'이라는 명칭 대신 '늑약'이라는 표현을 사용했고, 고종도 끊임없이 이의를 제기하면서 국제사회에 을사늑약이 무효임을 알리고자 했습니다. 그리고 1906년 프랑스의 저명한 국제법학자 프랑시스 레이Francis Rey도 「대한제국의 국제법적 지위」라는 논문에서 "서명이 행해진 특수한 상황을 이유로 우리는 1905년의 조약이 무효라고 주장하는 데에 주저하지 않는다."라고 주장하며 을사늑약이 왜 무효인지 당대의 눈으로 분명하게 지적했습니다.

그러나 오늘날 일본 학자들 중에서는 을사늑약과 같은 강제 조약은 제국주의 열강이 모두 일삼던 것인데 법적 문제를 따지는 것이 무슨 의미가 있느냐고 반문합니다. 또한 당시 국제조약에서 전권 위임장이나 비준 유무는 별도의 규정이 있는 것이 아니라 당사자 간의 합의에 따라 결정되는 것이므로, 형식 절차가 결여되었다고 협약이 무효가 될 수는 없다고 주장하기도 합니다. 일본의 도덕적 부당성은 인정하지만 국제법적으로 협약의 효력은 유효하다는 주장인 셈입니다. 우리나라 언론에서도 을사늑약의 부당성을 주장하는 것을 '민족주의 명분에 대한 집착'이라고 하거나, 고종의 무능을 감싸려고 하는 억지 주장이라는 비판을 제기하기도 합니다.

물론 을사늑약과 관련된 문제를 일제의 책임으로만 돌릴 수는 없습니다. 「대한국 국제」의 규정상 외국과의 조약 체결은 황제의 고유 권한이며, 일제의 국권 침탈 앞에서 정부 대신들의 대응이 분열되었을 때 고종이 더 강력한 리더십을 보여 주지 못한 점이 국권 피탈의 중요한 원인이 되었음은 틀림없습니다. 우리는 우리 몫의 책임을 지려는 노력을 해야 합니다. 다만 우리의 책임 의식만큼 일본 역시 부당한 행위에 대해서 반성하고 책임지는 것이 마땅하지 않을까요?

통감부 시기, 대한제국은 누가 통치했을까?

일제는 을사늑약에 따라 폐지된 한국의 외부를 대신해 외교 업무를 담당하는 통감부를 설치하고, 이토 히로부미를 초대 통감으로 임명해서 한국 강점을 본격화하는 작업에 들어갔습니다. 본격적인 통감부 시기가 시작된 것입니다. 그동안 통감부 시기는 일제강점기의 전 단계로만 이해되었을 뿐, 통감부가 기존의 대한제국 통치 구조와 어떤 관계에 있었으며 대한제국의 통치권을 어떻게 장악했는지에 대해서는 별다른 관심을 기울이지 않았습니다. 그러나 아무리 한국 정부가 일본 정부의 꼭두각시가 되었다고 하더라도 대한제국 정부가 통감부와 함께 존재했기 때문에 통치 구조는 단일한 성격을 가질 수 없었습니다. 그래서 이 시기의 권력 구조를 표현하는 용어로 '통치 구조의 이중성' 또는 '이중 권력 구조'와 같은 단어들이 등장했습니다. 두 개 통치 구조가 대립했던 상황에서 한국 정부는 어떻게든 주권을 보호하고자 안간힘을 썼고, 통감부는 '시정 감독'이라는 명분으로 대한제국의 통치권을 해체하면서 통감부의 행정 영역을 확대하려고 했습니다.

　을사늑약에서 규정한 통감의 원래 역할은 외교권을 대행하는 것입니다. 열강의 간섭을 최소화하는 것이 한국 강점의 핵심 사안이었기 때문에 통감부는 한국 내에 설치되어 있던 외국 공사관을 빠르게 철수시켰습니다. 한국 정부와 외교 관계를 맺고 있었던 11개국 중에서 공사를 파견한 나라는 일본·미국·영국·독일·러시아·프랑스·청 등 7개국이었습니다. 이 중에서 러시아와 일본을 제외하고 가장 먼저 공사관을 철수시킨 나라가 바로 미국이었습니다. 서양 국가들 중 조선과 가장 먼저 외교 관계를 수립했던 미국이 가장 먼저 국교를 단절하고 황급히 한국을 떠나자 미국 부영사조차 미국의 공사관 철수가 마치 "침몰하는 배에서 황급히 도망치는 쥐 떼 같은" 모습이었다고 표현할 정도였습니다.

한편 통감부는 대한제국에서 파견한 각국 외교관에 대해서도 철퇴를 명령합니다. 그러나 주미 공사관 측은 본국 정부로부터 을사조약 성립과 철퇴 등에 대해 전혀 통보받지 못했다고 주장했고, 주독 공사 민철훈도 자신은 황제의 칙명으로 임명되었으므로 황제 또는 정부로부터 훈령이 있기 전에는 스스로 진퇴를 결정할 수 없다고 저항했습니다. 그러자 외부대신 이완용은 각국 외교관들에게 보유 기록 및 관유 재산을 일본 대표에게 모두 이전하고 철퇴하라는 훈령을 내리고, 관보에 이 사실을 공식적으로 발표했습니다. 해외 주재 외교관들은 외교 서류의 인계를 거부하거나, 해외 망명객이 되어 고종의 외교 밀사로 활약하는 등 마지막까지 저항했습니다.

각국 공사관이 대한제국에서 철수하면서 통감의 역할은 사라졌지만 통감은 새로운 임무에 착수합니다. 이중 권력을 단일 권력으로 전환하는 것, 이것이 통감의 실질적인 역할이었기 때문입니다. 을사늑약의 협상 과정에서 한국 대신들이 '내정 불간섭' 조항을 요구했을 때 이토가 한사코 거부했던 것을 보면 처음부터 통감의 역할은 외교 업무에 한정된 것이 아니었습니다. 또한 이토는 통감으로 부임하면서 많은 일본인을 데려와서 한국 정부 각 부서에 고문으로 배치했습니다. 군사·경찰·궁내부·학부 등 정부의 거의 모든 부서에 일본인 고문들이 자리를 잡았으며, 그들은 사실상 한국 정부의 지휘 감독을 받지 않으면서 통감의 명령에 따라 행정 업무를 장악해 갔습니다.

통감부의 산하 기구를 보더라도 그 설립 목적을 알 수 있습니다. 통감부가 처음 만들어졌을 당시에는 정치를 담당하는 총무부, 경제를 담당하는 농상공부, 치안을 담당하는 경무부의 3부 아래 16과를 배치했는데, 1907년 외교를 담당하는 외무부가 신설되면서 4부가 되었습니다. 정치·경제·치안·외교 전 영역을 관장하며 한국의 행정 전체를 흡수하려는 통감부의 설립 목적을 확인할 수 있는 대목입니다. 그중에서도 통감부는 반일 기세를 억누르고 통치를 원활하게 하기 위해 경찰 기구를 늘려나가는 데 집중했고, 경찰고문의 수를 늘려 이들이 일선 경찰 업무를 지휘하는 경찰서장 역할을 담당하게 했습니다. 또한 헌병대를 강화해서 한국의 집회·결사를 막고 무기·탄약·폭발물을 단속하는 것에도 힘을 기울였습니다.

그러나 통감부가 아무리 많은 조직을 가지고 있다고 하더라도 대한제국의 내정에 관여하기 위해서는 나름의 통로가 필요했습니다. 그래서 이토가 만든 것이 '시정 개선 협의회'였습니다. 시정 개선 협의회의 법적인 근거는 전혀 없었지만, 이토는 통감 부임 직후부터 이 모임을 개최해서 대한제국 대신들을 통감 관사에 소집해 정책의 방향을 제시하고 그 집행을 강요하는 자리로 이용했습니다. 합법과 불법, 그리고 법 외의 모든 수단을 동원해서 통감부는 한국 정부의 권한을 빠르게 해체하고 흡수해 갔습니다.

고종황제의 양위식에
왜 환관 두 사람만 서 있었을까?

통감부는 각 부서의 고문들과 시정 개선 협의회를 통해 한국 정부를 어느 정도 통제할 수 있었지만, 대한제국 권력의 정점에 있었던 고종황제의 권력 행사를 완전히 봉쇄할 수는 없었습니다. 위로는 정부 대신으로부터 아래로는 군수 이하에 이르기까지 고종의 영향력은 지속되고 있었고, 통감부는 이 상황에 끊임없는 불만을 표출했습니다.

고종은 궁내부를 지휘하며 정부 행정에 관여하거나 의정부를 무시하고 직접 행정권을 행사했으며, 정부와 별도로 궁내부를 통해 각종 세금을 징수하면서 재정상으로도 독자적인 행보를 보였습니다. 또한 대외 관계에서도 통감부와 협의 없이 외국인과 계약을 체결하거나 광산 채굴 특권을 부여하는 등 예전과 다르지 않은 활동을 보였습니다. 궁내부를 통한 고종의 정치 활동은 황제가 여전히 '정부 이외의 정부' 혹은 '정부 이상의 정부'로서 그 위상을 유지하고 있었음을 보여 줍니다.

고종황제의 활동이 건재함을 확인한 통감부는 고문정치라는 우회적인 방법으로 내정을 충분히 장악하는 것에 한계가 있음을 실감하게 됩니다. 통감부 시기의 중간쯤에 해당하는 1907년 5월, 이토는 박제순 내각을 경질하고 고종 폐위를 계속 주장해 왔던 이완용을 내각의 수반으로 삼습니다. 이완용은 통감부의 시정 개선 사업을 적극적으로 수행할 수 있고, 고종의 뜻에 어긋나더라도 통감부의 요구를 수용할 수 있는 인물을 중심으로 내각을 조직했습니다. 새로운 내각은 경력도 부족하고 여론의 평가도 좋지 않은, 오직 이완용의 말을 따르는 친일적인 인물들로 구성되었습니다. 특히 고종의 강력한 반발에도 불구하고 일진회 대표였던 송병준을 농상공부대신으로 기용한 것만으로도 새 내각이 어떤 성격을 지녔는지 엿볼 수 있습니다.

이완용 내각은 고종의 황제권을 약화시키는 것에 총력을 기울였습니다. 그는 고종의 반발로 번번이 무산되었던 내각제를 전격적으로 실시해 일본의 내각 관제를 모델로 삼아 내각의 수반인 총리대신에게 모든 부서를 통괄할 수 있게 함으로써 황제의 권한을 축소하고자 했습니다. 이완용은 여기에서 멈추지 않고 헤이그 특사 파견을 빌미로 통감부와 함께 고종을 강제로 폐위하는 공작을 서둘렀습니다. 이완용의 친일 내각은 경운궁에 가서 고종에게 어전회의를 열 것을 요구한 뒤, 고종의 퇴위를 압박했습니다. 심지어 송병준은 권총을 차고 고종 앞으로 나아가 "헤이그 밀사 사건은 정치적으로 중대한 문제가 되었고 일본 정부나 이토 통감도 격분하고 있으며 이대로 둔다면 어떠한 중대사가 일어날지 모르니 폐하께서 사직의 안위를 염려한다면 자결함으로써 사직의 위기를 구할 수밖에 다른 도리가 없다."고 협박할 정도였습니다.

친일 내각은 내각회의를 열어 황제 폐위를 결정했고, 이완용은 일본의 외무대신이 서울에 오기 전에 황태자에게 선양하라고 고종에게 요구했습니다. 고종황제는 내각의 압박을 견디지 못해 황태자가 국정을 대신 통치한다는 조칙을 발표했습니다. 양위를 하는 것이 아니라, 세자가 통치를 대신하는 조선왕조의 전통을 따르고자 한 것이었습니다. 그러나 일제는 그다음 날 덕수궁 중화전에서 고종황제가 신황제에게 황위를 물려주는 '양위식'을 거행했습니다. 고종이 원래 의도했던 대리 통치가 양위로 변질되자, 황위를 물려줄 고종도, 황위를 이어받을 순종도 이 양위식에 참석하지 않았습니다. 그래서 환관 2명만이 신구 황제의 대역을 맡아 양위식이 진행되는 기이한 장면이 연출되었습니다.

형식상으로나마 원하는 바를 쥐게 된 일제는 세계 각국에 고종의 퇴위를 알려 기정사실화하는 한편, 경찰과 군대를 동원하여 고종의 양위를 반대하는 시위를 무자비하게 진압했습니다. 통감부가 권력을 장악하는 데에 마지막 걸림돌이었던 고종황제의 강제 퇴위는 대한제국의 주권을 더 이상 유지하기 어렵다는 신호였습니다.

대한제국의 주권은 어떻게 해체된 것일까?

고종의 퇴위와 더불어 일제는 이중 권력 구조를 단일하게 만드는 조치에 착수합니다. 그것은 바로 고문정치를 '차관정치'로 바꾸는 작업이었습니다. 행정부의 각 부서마다 일본인 차관을 배치해 행정권을 실질적으로 장악함으로써 대한제국의 내정을 통감의 손바닥 아래 두려고 했던 것입니다. 이토는 고종이 퇴위한 지 4일 만에 '한일신협약' 이른바 '정미7조약'을 체결해서, 한국의 고등 관리 임면과 일본인 관리 고용에 대한 모든 권리를 획득했습니다.

정미7조약은 내각 총리대신이었던 이완용과 이토가 조인하고 서명했습니다. 그러나 을사늑약의 경우처럼 정미7조약에도 국정의 최고 책임자인 순종의 서명은 없었고 일본인 통역관의 서명이 순종의 것인 양 위조되어 있었습니다. 고종황제가 퇴위를 거부하고 황태자도 조약 체결에 별다른 반응을 보이지 않자, 일제가 선택한 비정상적인 술수였습니다.

일제의 속임수는 여기에 그치지 않았습니다. 일제는 협약의 본문에는 주권을 침탈하는 구체적 내용을 명시하지 않았고, '부속 각서'를 따로 만들어 여기에 주권 침탈의 핵심 내용을 자세히 밝힌 뒤 이를 극비에 붙이는 교활한 방식을 채택했습니다. 부속 각서에 담긴 내용은 한·일 양국인으로 구성된 재판소를 신설하고, 감옥을 설치해 간수장 이하 절반을 일본인으로 고용하며, 궁궐 수비를 위한 육군 1대대 외 모든 군대를 해산하는 것이었습니다. 국가권력의 기본이 되는 감옥·재판소·군대 등을 일제가 장악함으로써 대한제국의 치안권·사법권·군사권이 모두 해체되는 지경에 이르렀습니다.

이런 상황이 되었음에도 한국 정부 내에서 어떠한 반대 의견도 제시되지 않자, 『대한매일신보』는 "세계 각국 사람들이여, 매국노를 수입하려거든 대한으로 건너오시오. …… 황족 귀인과 정부 대관 가운데 매국노 아닌 자가 없다."고 통탄할 수밖에 없었습니다.

일제는 정미7조약을 체결한 날에 언론·출판의 자유를 금지하는 「신문지법」을 공포해서 언론의 비판을 봉쇄했습니다. 또한 집회·결사를 금지하는 「보안법」을 공포해서, 의병을 토벌하고 계몽운동 단체를 해산할 수 있는 법률적 근거를 마련했습니다. 일제는 이 악법들을 근거로 대한제국의 많은 교육기관과 계몽운동 단체를 해산시켰고, 신문과 잡지를 폐간시키는 한편, 수많은 서적들을 압수했습니다. 한국인의 입을 막고 귀를 멀게 하고 눈을 가려, 일말의 저항도 일어나지 않게 하려는 수작이었습니다.

정미7조약이 공포된 지 1주일 후 통감부는 대한제국 군대를 해산시키는 조치에 들어갔습니다. "극히 쓸데없는 비용을 절약하여 이용후생의 일에 응용"하겠다는 명분을 제시했지만, 고종을 강제로 퇴위시킬 때 일부 시위대 병사들이 양위 반대 쿠데타를 계획한 것이 직접적인 계기가 되었습니다. 한일의정서 체결 이후에 이미 40퍼센트가량 축소되었던 대한제국 군대는 이 조치에 따라 완전히 해체되기에 이르렀습니다.

1909년 통감부는 정미7조약의 '부속 각서'에 따라 사법권 장악에 나섰습니다. 통감부는 이전부터 법부고문·참여관·보좌관을 통해 대한제국의 사법 업무에 광범하게 관여했지만, 이번에는 사법권 독립이라는 명목으로 각 재판소에 일본인을 배치하여 대한제국의 사법권을 완전히 장악하려고 했습니다. 「기유각서」를 통해 대한제국의 사법 및 감옥 사무를 모두 일본 정부에 위탁하게 함으로써 가장 중요한 국가기관인 사법부가 일제에 완전히 예속되었습니다. 이제 일제에 저항하는 한국인은 일본 순사에 의해 체포되고 일본인 판사의 재판을 받은 뒤 일본인 간수가 감독하는 감옥에 갇히게 되었습니다.

통감부가 시도한 대한제국 주권 침탈의 마지막 단계는 경찰권을 완전히 장악하는 것이었습니다. 통감부는 정미7조약 체결 후 일본인 경시 간부를 각 도에 보내 경찰권을 실질적으로 틀어쥐었지만 법적으로 경찰권을 확보한 것은 아니었습니다. 신임 통감으로 임명된 데라우치寺內正毅는 서울에 부임도 하기 전에 이완용에게 편지를 보내 경찰권을 넘기는 협정을 체결하라고 요구했고, 친일 내각은 1910년 6월 경찰권을 일본에 넘겨주는 협정을 체결해 버렸습니다. 대한제국은 이제 군대와 경찰이 없는 나라가 되었습니다. 데라우치는 헌병 경찰을 동원하여 정치적 집회나 연설회를 일절 금지하고, 이를 어길 때는 가차 없이 검거해서 투옥하는 등 한국 사회를 공포 분위기로 만들어 갔습니다. 대한제국의 모든 권리가 하나씩 해체되는 과정에서 모든 저항이 탄압되었고, 대한제국의 주권을 지탱할 어떤 힘도 남지 않게 되었습니다.

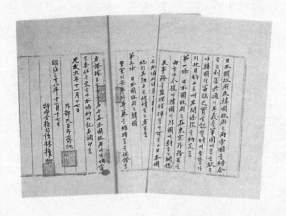

2005년 11월 을사늑약 체결 100년을 맞이해 독립기념관에서
'을사늑약 100년, 풀어야 할 매듭'을 주제로 특별기획전이 열
렸다. 이 행사에서 독립기념관장 김삼웅은 "을사늑약은 과거
완료형이 아닙니다. 아직 매듭지어야 할 일이 남아 있는 현재
진행의 사건입니다."라고 강조했다. 우리는 과연 을사늑약이
남긴 과제를 현재진행형으로 받아들이고 있을까?

| 조약 이름과 고종의 위임장이 첨부되어 있지 않은 을사조약 원문

17장

대한제국의 언론은
국망의 위기와 어떻게 싸웠을까?

을사늑약 이후, 『황성신문』과 『대한매일신보』는 대한제국의 여론을 주도하던 가장 중요한 언론 매체였다. 두 신문사는 각각 특별한 사연으로 여론의 주목을 받게 된다. 『황성신문』은 주필이었던 장지연이 「시일야방성대곡」을 발표해서 을사늑약에 대한 분노와 함께 그 명성을 키워 갈 수 있었고, 『대한매일신보』는 1907년 초부터 1년여간 전국을 뜨겁게 만들었던 국채보상운동과 더불어 그 영향력을 더욱 확장해 갔다. 국망의 위기 속에서 두 언론사는 왜 이 사건들에 주목했을까? 그리고 역사 교과서에 빠지지 않고 등장하는 이 사건들은 두 언론사에 과연 어떤 영향을 주었을까?

「시일야방성대곡」은
왜 유명해졌을까?

1905년 11월 17일 을사늑약으로 대한제국의 외교권이 박탈된 후, 일제는 민심의 동요를 우려해서 한동안 이 사실을 비밀에 부치려 했습니다. 그러나 『황성신문』은 11월 20일 자 기사로 '보호조약' 체결 과정에서 일제의 강압을 상세하게 폭로하는 한편, 주필이었던 장지연의 비분강개하는 논설을 게재했습니다. 「시일야방성대곡(是日也放聲大哭, 오늘이야말로 목 놓아 크게 울 날이로다)」이라는 이름으로 우리에게 널리 알려진 바로 그 글입니다.

우리 대황제 폐하의 강경하신 뜻으로 거절해 마지않으셨으니 이 조약이 성립되지 못할 것은 이토 히로부미 스스로가 알아 파기할 것으로 생각했는데. 아, 저 개돼지만도 못한 소위 우리 정부의 대신이란 자들이 사사로운 영화를 바라 머뭇거리고 으름장에 겁먹어 떨면서 매국의 역적 됨을 달갑게 여겨서 사천 년 강토와 오백 년 종묘사직을 남의 나라에 바치고 이천만 동포를 몰아 남의 노예로 만드니, 저 개돼지만도 못한 외부대신 박제순과 각부 대신은 깊이 나무랄 것도 없지만 명색이 참정대신이란 자는 정부의 수상으로 단지 부否 자宇로 책임만 때우고서 명예를 구하는 밑천으로 삼을 계획이었던가. …… 아 원통하고 분하도다. 남의 노예된 우리 이천만 동포여, 살 것인가 죽을 것인가. 단군 기자 이래 사천 년을 이어 온 국민정신이 하룻밤 사이에 갑자기 멸망하고 말 것인가. 원통하고 원통하도다. 동포여 동포여!

위의 내용은 을사늑약 체결을 허락했던 대한제국 정부의 대신들을 향해 '개돼지만도 못한'이라는 수식어를 붙여 매국 행위를 비판한 「시일야방성대곡」의 주요 부분입니다. 이 글이 발표된 이후 '개돼지만도 못한 놈'이라는 말은 한반도에서 최악의 욕으로 널리 쓰이게 됩니다.

그런데 장지연이 이 글을 쓴 또 다른 이유가 있었습니다. 그것은 믿었던 이토 히로부미에 대한 실망감 때문이었습니다. 장지연은 「시일야방성대곡」의 앞부분에서 일본이 러일전쟁을 일으키면서 '동양 평화론'을 스스로 깨뜨리고 한국의 외교권을 침탈한 것을 신랄하게 비판하며, 이토의 배신과 그의 말을 믿었던 우리 인민의 어리석음을 통탄했습니다.

원래 장지연은 이토의 열렬한 지지자였습니다. 1902년『황성신문』 사장에 취임한 후 한·청·일 삼국이 연대해서 서양의 군사적·문화적 침략에 대응해야 한다고 생각했습니다. 개신 유학자로서 1898년 이후 청이 서구 열강에 분할되는 과정을 지켜보며 그는 현실적인 대안을 찾고 싶어 했습니다. 그래서 장지연은 가장 부강한 일본을 중심으로 황인종 삼국이 뭉치면 백인종의 침략을 능히 막아 낼 수 있다는 이토의 동양 평화론을 적극적으로 지지하게 되었고,『황성신문』을 통해 동양 평화론을 널리 전파시켰습니다.

러일전쟁이 발발하고 한일의정서의 이행을 강요하기 위해 이토가 한국을 찾았을 때,『황성신문』은 '동양 평화론의 전도사'인 이토를 열렬히 환영하며 동양 평화의 실현을 기대했습니다. 그런데 그렇게 믿었던 이토가 고종과 정부 대신을 협박하여 한국을 침략하는 데 앞장섰다는 사실을 알게 되자 장지연은 목 놓아 통곡할 만큼 배신감을 느꼈고, 그제야 동양 평화론이 단지 일제의 침략 구호에 지나지 않았음을 깨달은 자신의 어리석음을 참을 수 없었던 것입니다.

비록 뒤늦은 '반성문'이 되었지만 「시일야방성대곡」은 "거의 집집마다 보관하고 외웠다."고 할 정도로 민심에 큰 영향을 주었습니다. 일제는 장지연을 구속하고 『황성신문』에 무기 정간 조치를 내렸습니다. 이 조치를 보며 『제국신문』은 '한때 분함을 참으면 백 년 화근을 면함이라.'는 제목의 논설을 써서 을사늑약의 책임이 한국인에게 있다며 일제의 탄압에 꼬리를 내렸습니다. 그러나 일본의 검열로부터 자유로웠던 『대한매일신보』는 『제국신문』과 달리 11월 22일부터 25일까지 『황성신문』에 실렸던 늑약 체결의 전말을 연재하면서, "오호라! 황성 기자의 붓은 가히 해와 달과 더불어 그 빛을 서로 다투리로다."라며 장지연과 『황성신문』을 높이 평가했습니다. 또한 순 한문과 영문으로 된 '호외號外'를 발행하여 을사늑약의 전 과정을 폭로하고, 「시일야방성대곡」을 영문으로 번역해서 그 부당함을 널리 알렸습니다.

을사늑약에 대한 언론의 적극적인 비판 활동으로 관리들의 상소가 줄을 이었고, 서울 시민들도 집단행동에 나섰습니다. 종로의 시전들이 모두 철시에 들어갔고, 학생들도 휴학을 결정하고 가두시위에 참가했습니다. 종로에서는 만민공동회로부터 이어진 대중 집회의 전통이 재현되었습니다. 격문과 가두연설, 시민들의 외침이 종로를 가득 채웠고, 시민들은 일본 헌병의 무력 앞에서도 굴하지 않고 기왓장과 돌멩이를 던지며 강렬하게 맞섰습니다.

혈죽은 어떻게 '신화'가 되었을까?

1905년 11월 30일에도 종로에서는 시위대가 일본군을 상대로 격렬한 투석전을 벌이고 있었습니다. 이때 시위대에 시종무관장 민영환의 자결 소식이 전해졌습니다. 그는 명성왕후의 조카였으며 30세 전에 이조참판·호조판서·병조판서를 지낸 민씨 세력의 중심인물이었습니다. 을사늑약이 체결되자 민영환은 조병세와 함께 상소의 책임자가 되어 몇 차례 대궐에 나아가 상소를 올려 늑약 폐기를 호소했지만, 일본 헌병들에게 강제로 쫓겨나는 신세가 되었습니다. 민영환은 이에 굴하지 않고 계속 반대상소를 올렸으나 별 소용이 없게 되자, 11월 30일에 자결을 선택했습니다. 그가 순국하기 전 남긴 유서 5통 중에서 「이천만 동포에게 남기는 유서」가 『대한매일신보』에 게재되어 많은 국민들에게 알려졌습니다.

> 슬프다! 국가의 치욕과 백성의 욕됨이 이에 이르렀으니, 우리 인민은 장차 생존경쟁 속에서 모두 멸망하게 되었다. 무릇 삶을 요하는 자는 반드시 죽고 죽음을 기하는 자는 반드시 삶을 얻는다는 것을 여러분은 어찌 모르겠는가. 영환은 다만 한번 죽음으로써 우러러 황제의 은혜에 보답하고 우리 이천만 동포에게 사죄하노라. 영환은 죽었다 하더라도 죽은 것이 아니다. 여러분을 구천지하에서 반드시 도울 것이다.

민영환의 자결 소식이 전해지자 서울 시민들은 '국가의 기둥이 쓰러지고 큰 별이 떨어졌다.'고 통곡하면서 그의 집으로 몰려가 인산인해를 이루었습니다. 뒷날 헤이그 특사로 활약하는 이상설도 민영환의 자결 소식을 듣고 종로에서 "민영환이 죽은 오늘이 바로 전 국민이 죽은 날이다. 우리가 슬퍼하는 것은 민영환 한 사람의 죽음 때문이 아니라 전 국민의 죽음 때문이다."라고 열변을 토했습니다. 그는 머리를 땅바닥에 부딪쳐 자결을 시도하다 기절하고 말았는데, 이상설 역시 민영환을 따라 순국했다는 소문이 퍼져 시민들의 비탄이 고조되기도 했습니다.

당대 제일의 권세가였던 민영환의 자결은 실제로 수많은 연쇄 자결을 불러왔습니다. 민영환과 함께 상소 투쟁에 앞장섰던 조병세도 민영환의 자결 다음 날에 목숨을 끊었습니다. 전 참판 이명재, 학부주사 이상철, 역적 처결을 주장하며 대사헌 관직을 거부했던 송병선, 전 영의정 홍순목의 아들 홍만식, 평양의 병사 전봉학 등이 잇따라 자결했습니다. 그리고 민영환의 아내와 민영환 집에 고용되었던 인력거꾼도 민영환의 뒤를 따랐습니다. '국가의 치욕과 백성의 욕됨'을 죽음으로 사죄하려고 했던 민영환의 자결은 '대한제국의 죽음'을 예고하는 전주곡이 되어 많은 우국지사들의 순국을 불러왔습니다.

민영환이 죽은 지 수개월이 지나 시민들의 기억 속에서 민영환이 서서히 사라질 무렵, 민영환과 관련된 기이한 소문이 퍼졌습니다. 그가 죽던 날에도 큰 별이 서쪽으로 떨어지고 까치 수백 마리가 울며 그의 집을 둘러싸고 흩어지지 않았다는 소문이 돌았지만, 이번에는 민영환이 죽었던 방, 그가 피를 흘렸던 바로 그 자리에서 대나무가 돋아났다는 이야기가 퍼진 것입니다. 대나무는 죽은 민영환의 피에서 자라났다고 해서 '혈죽血竹'이라는 이름이 붙었고, 이 신비한 광경을 보겠다고 사방에서 사람이 몰려들어 일종의 신드롬을 일으켰습니다.

『황성신문』1906년 7월 6일 자는 수많은 인파에 둘러싸인 민영환의 집 바깥 풍경을 보도하면서 민영환의 의로움을 칭송하는 군중의 반응과 대화 내용을 상세하게 소개했습니다. 『대한매일신보』는 『황성신문』보다 한발 더 나아가 7월 17일 자에 혈죽을 그린 그림을 신문 한 면 전체에 실었습니다. 신문의 한 면 전체가 삽화 한 장에 할애된 것은 『대한매일신보』역사상 전무후무한 일이었고, 수많은 미신들에 비판적인 목소리를 아끼지 않았던 『대한매일신보』로서는 이례적이라고 할 수 있는 일대 사건이었습니다.

이후 몇 개월간 민영환을 추모하는 시들이 신문 지면을 수놓았고, 개인 명의로 민영환의 혼을 기리는 광고를 신문에 싣는 사람들도 등장했습니다. 또한 그의 유언을 연상시키는 "누가 민영환이 죽었다고 말하는가?"라는 독자들의 호소가 국민들의 심금을 울리기도 했습니다. 민영환의 자결은 을사늑약에 분노했던 한국인 모두가 동참한 대표적 사건이 되었고, 혈죽과 관련된 각종 에피소드는 애국심을 공유하는 특별한 상징으로 비쳤습니다. 민영환의 이야기는 언론을 통해 두고두고 사람들 입에 오르내리며 대한제국판 '영웅설화'로 대중적인 인기를 누렸으며, 혈죽은 필통이나 술잔의 문양으로 새겨져 '애국의 상징'으로 자리 잡았습니다.

『대한매일신보』는 왜 국채보상운동에 주목했을까?

국채보상운동은 일본으로부터 들여온 외채 1300만 원을 갚기 위해 1907

년 2월 중순 대구에서 시작되어 전국 각지에서 약 1년 동안 전개된 민족 운동이었습니다. 위로는 국왕과 전·현직 고위 관리에서 아래로는 농민·상인·노동자·백정·기생 등에 이르기까지 모든 국민이 담배를 끊거나 패물을 팔아 다 함께 동참했기 때문에, 이후 'IMF 사태'와 같은 경제적 어려움이 있을 때마다 국민 모두의 후원으로 국난을 극복하려는 각종 운동의 원형이 되었습니다.

국채보상운동이 일어났던 이유는 일제가 대한제국의 경제 재편과 통감부 운영을 위한 자금으로 대한제국 앞으로 거액의 차관을 빌리게 한 뒤, 이를 빌미로 한국의 경제적 예속을 심화시킨 것에서 비롯되었습니다. 재정고문 메가타는 화폐 정리 사업 등을 추진한다는 구실로 연 6.5퍼센트 고율로 많은 차관을 도입했고, 통감부를 설치한 후에는 차관 공세를 본격적으로 강화해서 1905년 한 해에만 일본으로부터 차관 650만 원을 도입했습니다. 국채보상운동 직전까지 그 누적 액수는 총 1300만 원에 달했는데, 이 금액은 대한제국 1년 예산에 해당하는 거액이자 당시 월급 20환을 받는 노동자 1명이 5만 년 동안 모아야 할 돈이었습니다. 대한제국의 대표적인 은행이었던 대한천일은행의 자본금이 5만 6000원이었던 것을 고려하면, 1300만 원은 액면상으로 5만 6000원의 232배를 넘어서는 금액이었고 화폐 정리 사업 이전의 화폐가치를 고려한다면 대한천일은행과 같은 규모의 은행을 465개나 세울 수 있는 금액이었습니다.

그러나 1907년까지 대다수 지식인층과 국민들은 국채의 심각성을 인식하지 못했고, 그나마 국권 수호 운동에 참여한 일부 관료와 지식인층, 그리고 일본 상인의 경제 침탈에 직접적인 피해를 받은 상인들만 관심을 기울일 뿐이었습니다. 그런데 대한제국의 전직 관료이자 세금 업무를 담당했던 김광제와 서상돈 등이 국채 문제에 주목해 1907년 2월 21일에 대구에서 국채보상 모금을 위한 국민대회를 개최했고, 국채를 갚아서 국망의 위기에서 벗어나 국가 경제의 근간을 튼튼히 하자는 그들의 외침은 삽시간에 전국으로 확산되었습니다.

국채보상운동의 확산에 앞장선 주체가 바로 『대한매일신보』·『황성신문』·『제국신문』 등 민간 신문사들이었습니다. 『대한매일신보』는 2월 21일 자에 「국채보상취지문」을 게재했는데, 이 글에는 "2000만 동포가 석 달만 연초를 끊고 한 달에 20전씩 모은다면 1300만 원이 될 터이니 국채 갚는 것이 어찌 걱정이랴."라는 셈법이 제시되어 있었습니다. 서울에서는 2월 22일 이 운동에 호응하여 '국채보상기성회'가 설립되었고, 각 지방에서도 도·군·면 단위로 운동을 지지하는 취지서를 발표하고 모금 마련을 위한 조직이 설립되었습니다. 국외에서도 적극적으로 동참하면서 일본에 유학중인 학생 800명이 담뱃값을 절약해서 성금을 전달하기도 했습니다.

『대한매일신보』는 국채보상운동의 취지와 국민들의 성원에는 찬성했지만, 처음에는 다소 회의적인 태도를 보였습니다. 각종 수치를 들어가며 국채보상이 불가능한 이유를 냉정하게 지적한 것에서 볼 수 있듯이, 십시일반으로 의연금을 모아 거액의 국채를 갚는 것이 현실적으로 불가능하다고 판단했기 때문이었습니다. 그래서 3월 5일부터 24일까지 20여 일에 걸쳐 의연금을 신문사로 가지고 오지 말라는 안내를 매일 게재할 정도였습니다.

그러나 이 안내에도 불구하고 의연금이 신문사로 계속 밀려들자 『대한매일신보』도 태도를 바꿀 수밖에 없었습니다. 그래서 3월 25일부터

의연금을 접수하지 않는다는 안내를 중단하고, 오히려 모금에 참여한 사람들의 이름과 의연금 액수를 매일 보도합니다. 또한 4월 1일에는 '국채보상지원금총합소', 즉 의연금 모금 본부를 대한매일신보사에 두기로 결정하면서 운동의 중심에 직접 나서게 됩니다.

『대한매일신보』는 왜 국채보상운동으로 위기에 빠졌을까?

『대한매일신보』가 국채보상운동에 적극적으로 나서면서, 모금 활동은 1907년 5월과 6월에 최고조로 달아올랐습니다. 그러나 국채보상운동은 처음부터 국채를 갚자는 주장을 앞세워 의연금 모집만을 강조했을 뿐, 이렇게 모은 성금을 어떻게 관리할 것이며 어떤 방식으로 일본에 보상할 것인지 구체적인 로드맵을 가지고 있지 않았습니다. 국채보상운동이 전국적으로 전개되어 그 규모를 확장할수록 운동 추진 세력의 허술한 조직망과 지휘 체계의 부족은 큰 문제점으로 떠오르게 되었습니다. 국채보상운동에 참여했던 국내의 여러 조직이 내부적으로 갈등을 빚으면서 우왕좌왕하는 가운데, 통감부의 방해 공작이 힘을 발휘할 수 있는 여건이 마련되었습니다. 단일한 조직을 형성하지 못했던 운동 주도 세력들은 통감부의 탄압에 소극적인 대처로 맞설 수밖에 없었고, 이로 인해 1908년 이후 국채보상운동은 점차 쇠퇴해 갔습니다.

일제는 이 운동의 핵심 축이 『대한매일신보』라고 판단하고, 대한매일신보사의 중심인물들을 집중적으로 공격했습니다. 특히 신문사의 사주였던 영국인 베델Ernest Thomas Bethell이 1907년 1월에 을사늑약을 부인하는 고종의 친서를 영국의 『런던 트리뷴London Tribune』지에 전달하고, 영국발 신문 기사가 다시 한·청·일 3국의 신문에 큰 화제가 되자 일제는 베델 추방에 온 힘을 기울였습니다. 통감부는 『대한매일신보』가 한국인들을 선동했기 때문에 한국인들과 일본 경찰 사이에 유혈 충돌이 일어나 많은 사상자가 났다고 주장하면서 베델의 추방을 적극적으로 요구했고, 이 문제가 영국과 일본 사이에 외교 문제로 확대되면서 결국 베델은 두 차례에 걸쳐 재판정에 서게 됩니다. 첫 번째 재판은 1907년 10월에 주한 영국 공사가 진행한 약식재판으로 열려 6개월의 근신 명령에 그쳤지만, 두 번째 재판은 1908년 6월 상하이 고등법원의 판사가 서울에 와서 정식 재판을 열었고 결국 베델에게 3주일간의 금고형이 선고되었습니다. 베델은 3주일 동안의 감옥 복역을 위해 영국 군함에 실려 상하이로 가야 했고, 3주일의 기한을 채운 뒤 7월 11일에 출소했습니다.

베델이 상하이에서 출소한 다음 날인 7월 12일, 통감부는 『대한매일신보』의 제작을 총괄하고 있던 양기탁을 국채보상 의연금 횡령 혐의로 전격 구속했습니다. 국채보상운동을 주도했던 베델과 양기탁이 모금액 중 3만 원을 마음대로 사용했다는 혐의였습니다. 베델이 없는 『대한매일신보』에 치명적인 타격을 주는 한편, 국채보상운동의 중심인 국채보상지원금총합소도 함께 와해시키는 이중 효과를 노린 술수였습니다. 통감부는 친일 단체인 일진회를 동원하여 베델과 친분이 있는 평의원들을 방문하게 해서, 모금액을 유용했던 자들을 옹호하는 것은 잘못이라고 비난하도록 지시했습니다. 그러나 구속된 양기탁은 4회에 걸친 공판의 결과, 증거 불충분으로 무죄를 선고받고 풀려났습니다.

통감부가 조작한 이 사건으로 인해 국채보상운동을 주도했던 사람들은 도덕적으로 치명타를 입게 되었고, 일부 지식인층과 자산가 층의 방해가 더해지면서 모금 운동은 사실상 중단되었습니다. 그 대신 모금된 의연금을 조사하기 위해 '국채보상금 검사소'가 설립되어 의연금의 사후 처리를 위한 모임만이 남게 되었습니다. 그러나 모금액의 처리 방법에 대해서 뚜렷한 해결책이 마련되지 못한 가운데 시간만 계속 끌게 되었고, 1910년 8월에 와서야 13도 대표로 구성된 '보상금 처리회'가 열리게 됩니다. 이 모임의 주최 측은 모집한 의연금을 민립 대학 설립의 기금으로 사용하기로 하고 토지 재단을 세우려 했지만 통감부는 이조차 막았습니다. 곧이어 강제 병합이 진행되면서 1910년 12월 윤웅렬, 양기탁 등이 보관하고 있던 보상금은 조선총독부로 강제 이관되었고, 이를 마지막으로 국채보상운동은 씁쓸하게 마무리됩니다.

대한제국의 대표 신문은 어떻게 쇠락했나?

『대한매일신보』는 1904년 7월 영국인 기자 베델을 발행인, 양기탁을 발행 책임자로 삼아 창간되었습니다. 이 신문은 처음부터 일제를 비판하는 데 앞장섰고, 의병 투쟁에도 호의적이어서 독자들로부터 많은 호응을 받았습니다. "여러 가지 신문이 있었으나, 제일 환영을 받기는 영국인 베델이 경영하는 『대한매일신보』였다. 당시 정부의 잘못과 시국 변동을 여지없이 폭로했다. 관 쓴 노인도 사랑방에 앉아서 신문을 보면서 혀를 툭툭 차고 각 학교 학생들은 주먹을 치며 통론했다(유광렬, 『별건곤』, 1929년 1월)."
는 평가는 『대한매일신보』에 대한 당시 한국 독자들의 반응을 잘 보여 줍
니다. 이토 통감이 『대한매일신보』 한글판이 나오기 전인 1907년 초에
"나의 백 마디 말보다 신문의 한 마디가 한국인을 감동케 하는 힘이 크
다."고 말한 것에서도 『대한매일신보』가 보여 준 영향력을 짐작할 수 있
습니다.

1907년부터 국채보상운동이 전국적인 국민운동으로 전개되고 『대
한매일신보』가 그 중심에서 활약하면서, 『대한매일신보』의 영향력은 더
욱 확대되었습니다. 발행 부수의 증가에서도 이러한 점을 확인할 수 있는
데, 국채보상운동이 정점에 있던 1907년 9월 무렵 『대한매일신보』는 국
한문·한글·영문 세 종류의 발행 부수를 합쳐서 1만 부 이상을 발행했습
니다. 이 수치는 당시 한국에서 발행되던 여타 신문 부수를 합친 것의 두
배가 넘을 정도였다고 합니다.

통감부는 『대한매일신보』를 견제하기 위해서 영국과의 외교 교섭
을 통해 베델의 추방을 요구하는 한편, 「신문지법」의 일부를 개정하여
'외국에서 발행된 한국어 신문과 한국에서 외국인이 발행하는 한국어 신
문'도 발매·반포를 금지하고 압수할 수 있다는 조항을 포함시켰습니다.
『대한매일신보』의 판매와 배포를 금지할 수 있는 법적 장치를 마련한 후,
통감부는 이 법률을 내세워 신문을 압수하거나 구독을 방해하는 등의 탄
압을 가했습니다. 또한 통감부의 기관지였던 『서울 프레스』를 동원하여
『대한매일신보』의 기사와 논설을 비난하는 등의 방해 활동을 펼치기도
했습니다.

그러자 『대한매일신보』는 신문사 정문에 '일본인 출입 금지'라는

문구를 붙이고 일본의 침략 행위를 규탄하면서, 반일 논지를 전혀 굽히지 않은 채 통감부의 언론 탄압에 맞섰습니다. 또한 신채호와 박은식 등 『대한매일신보』 주필들은 논설을 통해 이완용 및 일진회의 매국 행위를 매섭게 비판하고, 실력 양성을 강조하는 문명개화론의 허구성을 폭로하면서 국가 독립을 지켜 나갈 것을 강조했습니다.

그러나 1909년 5월 1일 상하이에서 돌아온 베델이 심장마비로 사망하면서, 『대한매일신보』의 앞날에 검은 그림자가 드리웠습니다. 미국의 『워싱턴 포스트』가 "『대한매일신보』의 통감부에 대한 공격을 중지시킬 수 있는 방법은 베델을 암살하는 길밖에 없을 것"이라고 쓴 적이 있었는데, 이 기사가 예언처럼 맞아떨어진 것입니다. 베델은 2차 재판을 받기 전인 1908년 5월에 비서였던 알프레드 만함Alfred W. Marnham에게 『대한매일신보』의 발행 및 편집인 역할을 물려주었지만, 만함은 베델이 죽은 후 그만큼 강단 있게 반일 논조를 펼치지 못했습니다. 만함의 건강 상태가 점점 나빠지고 채권자의 독촉마저 심해지면서, 『대한매일신보』는 1910년 6월 14일 대한매일신보사에 근무하던 사원 이장훈에게 넘어가게 됩니다. 발행인 및 편집인의 명의가 이장훈으로 넘어가자 양기탁은 이 신문에서 손을 뗐다는 광고를 게재하고 『대한매일신보』를 떠났습니다.

그러나 『대한매일신보』의 실제 매수자는 통감부였습니다. 통감부는 강제 병합이 성사될 때까지 『대한매일신보』의 매수를 비밀에 부쳐 두었다가 강점과 함께 신문을 넘겨받아 '대한' 자를 떼어 내고 『매일신보』로 이름을 바꾼 뒤, 조선총독부의 기관지로 삼았습니다. 『대한매일신보』는, 심각한 경영난을 겪다가 강제 병합 이후 '황성'이라는 이름 대신 『한성신문』으로 바꾸었지만 결국 보름 만에 폐간된 『황성신문』처럼 완전히 사라지지는 않았습니다. 그러나 일제에 가장 비판적이었던 '대한'의 신문이 그 이름도, 그 목소리도 잃어버린 채 조선총독부의 앵무새가 되는 비극적인 운명을 맞이해야 했습니다.

"나는 죽을지라도 『대한매일신보』는 영생케 하여 한국 민족을 구하라." '배설裵說'이라는 잘 어울리는 한국 이름을 가지고 가장 한국적인 신문사를 운영하며 가장 한국인답게 활동하다가, 37세 젊은 나이로 한국 땅에 묻힌 이방인 저널리스트의 마지막 한마디가 여전히 우리에게 큰 울림을 주는 까닭은 무엇일까?

| 어니스트 베델

18장

'애국계몽'에 담긴 의미가
왜 서로 달랐을까?

1904년 이후 이름 끝에 '회會'라는 글자를 넣은 단체들이 유행처럼 번졌다. '회'라는 단어가 한국 사회에 등장한 것은 서재필이 설립한 독립협회부터였고, 서재필의 영향 때문인지 '회'라는 단어는 영어 '소사이어티society'의 번역어로 사용되었다. 우리는 소사이어티를 '사회'라고 번역해서 사용하지만, 이는 영화 〈죽은 시인의 사회Dead Poets Society〉에 나오는 것처럼 일개 고등학교의 동아리 규모에도 적용할 수 있는 단어였다. 러일전쟁 이후 '회'는 조선 시대에 '모임'을 지칭했던 '당黨'이나 '사社' 등의 단어를 빠르게 대체하면서 각종 정치단체·학회·교육단체의 이름에 붙기 시작했다. 이 단체들의 활동을 우리 역사 교과서에서는 뭉뚱그려 '애국계몽운동'이라고 부르고 있다. 이 시기에 수많은 '회'들은 왜 '애국계몽'을 외쳤을까? 그리고 다양한 성격을 가진 단체들이 외친 애국계몽은 모두 같은 의미를 가지고 있었을까?

을사늑약 이후에 수많은 정치단체와
학교가 만들어진 까닭은 무엇일까?

독립협회 이후 개화 관료·지식인·자산가 등이 중심이 된 계몽운동 세
력은 입헌군주론을 주장하며 '민권民權'을 키우는 것에 주력했습니다. 이
들은 문명개화를 주장하며 대한제국 정부와 강한 대립각을 세우는 한편,
일본이나 미국 등 외세와 연합해서 대한제국 정치를 개혁하겠다는 열망
을 강하게 드러냈습니다. 그러나 러일전쟁을 계기로 대한제국의 주권이
위기를 맞자 계몽운동 세력은 민권을 실현하는 것보다 '국권國權'을 수
호하는 것에 중점을 두고 언론과 교육을 기반으로 다양한 대중 계몽운동
에 나서게 됩니다. 이러한 변화는 보안회의 활동에서 찾을 수 있습니다.
1904년 6월 일제가 한일의정서 체결 이후 대한제국의 황무지를 개간하
겠다는 명분으로 경제적 이권을 침탈하려고 하자, 일부 계몽운동가들은
일본의 의도에 강한 의구심을 품고 보안회를 설립해서 만민공동회와 같
은 대규모 대중 집회를 열었습니다. "국가의 존망이 달린 것이므로 조그
마한 땅도 양여할 수 없다."는 보안회의 강경한 대응은 전국 각지에서 열
렬한 호응을 받았고, 일제는 결국 황무지 개척권 요구를 철회할 수밖에
없었습니다.

　　을사늑약 이후 국망의 위기가 가까워 오자 국권을 회복하겠다는
열망은 더욱 커졌고, 국권 회복의 구체적인 대안을 마련하는 것이 시대적
요구가 되었습니다. 『대한매일신보』는 1905년 12월 14일 자 논설을 통
해 "국권 회복의 관건이 자수자강自修自强, 곧 실력 양성에 있으며, 그 실
력 양성은 정계政界 개편·단체의 결성·신교육의 실시·신지식의 보급·

실업 진흥에 있음"을 강조했습니다. '실력 양성'이라는 모호한 구호에 담긴 목표는 국권을 회복하는 것이었지만, 어떻게 해야 나라를 다시 일으켜 세울 수 있을지에 대한 방법론은 각양각색이었습니다.

입헌정치를 실현시켜야 국권을 회복할 수 있다고 주장했던 단체가 1905년에 결성된 헌정연구회입니다. 이후 헌정연구회는 대한자강회(1906)를 거쳐 대한협회(1907)로 이어졌고, 대한협회에 이르러서는 정당을 지향할 만큼 정치적인 색채를 강하게 드러냈습니다. 반면 합법적인 정치 활동을 벌였던 대한자강회가 1년 반 만에 통감부에 의해 강제로 해산되자, 비밀결사 조직 신민회(1907)가 결성되어 언론·교육 활동을 비롯해 독립군 양성에 이르기까지 전 영역에서 일제와 맞서게 됩니다. 그 외에도 각 지역별로 학술·문화 활동을 내세운 '학회'가 설립되어 교육 활동에 앞장섰습니다. 평안도와 황해도 출신 인사들이 만든 서우학회는 함경도에서 설립된 한북흥학회와 합쳐 서북학회로 확대·개편되었고, 전라도의 호남학회, 충청도의 호서학회, 경기도와 충청도를 아우르는 기호흥학회, 강원도의 관동학회, 그리고 경상도의 교남교육회가 각각 설립되어 출신 지역별 학회가 전국에 만들어졌습니다.

이 무렵에 설립된 정치·언론·학술 단체 등이 한결같이 강조했던 것이 바로 교육입니다. 모든 희망을 잃어버린 상황에서 그나마 마지막까지 포기할 수 없었던 것은 아직 오지 않은 시간과 그 시간에 펼쳐질 새로운 가능성이었습니다. 『대한매일신보』 1906년 1월 6일 자 논설에서 박은식은 "국가 독립의 영광을 회복하고 국민이 자유의 권리를 잃지 않으려면 오로지 교육을 널리 하여 국민의 지식을 발달케 하는 것이 제일 중요하다. 교육의 힘은 실로 크다. 쇠퇴한 국운을 만회하고 빈사한 인민을 소생케 하는 것이 교육이다."라고 역설했습니다. 신교육은 단지 희망 차원에 머물지 않고, 일종의 '신앙'이 되었습니다. 이용익의 보성학교(1905), 안창호의 대성학교(1907), 이승훈의 오산학교(1907) 등 유명한 학교 외에도 전국 각지에 여러 단체들이 만든 수많은 학교가 세워졌습니다. 1910년 5월까지 공식적으로 인가를 받은 학교가 2000여 개에 이르렀고, 인가를 받지 않은 학교까지 포함하면 그 수가 5000개를 넘어섰습니다.

학교에서는 신문물만 가르친 것이 아닙니다. 당시 민립 학교 교육의 가장 큰 특징 중 하나는 체육교육을 강조한 것이었습니다. '숭문崇文'으로 인해 망국의 위기를 맞이했다고 생각한 당대 지식인들은 무예를 숭상하는 새로운 분위기를 만들고자 했습니다. 대성학교나 상동청년학원에서는 체육을 가장 중요하게 생각했고, 학생들에게 군복과 유사한 복장을 입히고 군가를 부르게 하면서 군대식으로 학생들을 훈련시켰습니다. 또한 1907~1909년에 활발하게 열렸던 운동회를 보더라도 참가 선수들이 입장식에 총을 메고 등장하거나, 경기 종목에 돌을 던져 승부를 가리는 석전石戰이나 대포알 던지기 등이 포함되어 있었습니다. 통감부가 민립 학교의 운동회를 감시하기 위해 경찰력을 동원하고 일부 운동회를 금지하는 조치를 취했던 것은 운동회의 성격이 군사훈련과 흡사한 데다 독립심을 고취시킨다고 보았기 때문입니다. 그러나 일제의 방해에도 불구하고 군사훈련 방식의 운동회는 쉽사리 사라지지 않았습니다.

애국계몽운동은 얼마나 '애국적'이었을까?

애국계몽운동이라는 용어는 1949년 국사학자 손진태에 의해 처음 사용된 후, 러일전쟁 이후의 정치단체 활동·식산흥업 운동·신교육 운동·언론 운동·국학 운동·신문학 운동·민족종교 운동 등을 모두 포함하는 용어로 개설서나 교과서에서 사용되어 왔습니다. 그런데 애국계몽운동을 구성하고 있는 '애국'과 '계몽'으로 위의 단체들을 하나로 묶는 것이 과연 적절한지 다시 살펴볼 필요가 있습니다. 기업의 식산흥업 운동이나 정치단체의 정치 운동 등을 계몽운동으로 분류하는 것도 문제이지만, 이 단체들의 활동이 과연 '애국적'이었는지 평가하는 것은 더 큰 문제를 남깁니다. '애국적'이라는 평가는 지극히 주관적일 수밖에 없기 때문입니다.

실제로 헌정연구회·대한자강회·대한협회·서북학회 등의 단체들은 입헌정치를 주장하며, 자신들이 정부를 대신해 정권을 직접 장악하는 것을 목표로 삼았습니다. 또한 이들은 일본이 주장했던 동양 평화론을 적극적으로 수용해서 일본의 '보호정치'가 한국의 문명개화를 위한 선진국의 지도라고 인식했고, 한국이 부강하게 되면 일본이 스스로 물러갈 것이라고 낙관해서 실력 양성만이 대안이라고 생각했습니다. 이 관점에서 일본은 물리쳐야 할 대상이 아니라 적극적으로 받아들여야 할 모범이었습니다. 그리고 17장에서 살펴보았던 장지연 등의 『황성신문』계열도 을사늑약 이후 동양 평화론을 더 이상 믿지 않게 되었다는 점에서 위의 단체들과 차이를 보였지만, 문명개화를 최우선으로 삼고 우리가 실력을 양성하지 않으면 일제에 의해 지배를 받는 것을 당연하게 받아들였습니다. 이런 판단 때문에 이들은 의병 투쟁을 무모한 모험이라고 생각했고, 일본이나 서구의 길을 뒤따라가는 것만이 국권 회복의 유일한 길이라고 주장했습니다. 이런 생각이 얼마나 '애국적'이었는지 의문이 생길 수밖에 없는 이유입니다. 그들의 주장은 '애국'보다 '자강'이나 '실력 양성'이라는 단어가 더 어울리기 때문입니다.

당대 지식인들이 국권 회복의 길을 이렇게밖에 설정할 수 없었던 것은 '사회진화론'의 영향 때문이었습니다. 사회진화론은 다윈의 진화론을 인간 사회에도 그대로 적용한 이론인데, 자연 세계에서 관찰할 수 있는 '적자생존'의 법칙을 '약육강식'으로 왜곡해서 제국주의의 침략을 합리화하려고 했습니다. 1900년대 한국 언론에서는 사회진화론을 전파하는 출판물들이 큰 인기를 누렸고, 그중에서도 중국 사상가 량치차오의 저서 『신민설新民說』의 영향은 대단했습니다. 거의 모든 신식 학교에서 『신민설』을 한문 교과서로 사용했으며, 1908년에는 한글로 번역되어 교재로 활용되었습니다. 『신민설』은 한국 지식인들의 필독서였고, 학생들이 반드시 숙지해야 하는 과제였습니다. 『신민설』이 강조했던 내용은 "민족국가를 건설하여 생존경쟁에서 살아남는 적자適者가 되자."는 것이었습니다. 그러나 량치차오는 1899년에 쓴 「한국인의 최근 상황」이라는 글에서 1500년 이전에는 한국이 일본보다 모든 면에서 우월했지만 이렇게 몰락한 까닭은 정치가 불량하기 때문이라고 지적합니다. 그리고 불합리한 정치 때문에 한국은 일본과의 경쟁에서 더 이상 '적자'가 될 수 없다고 평가했습니다.

제국주의를 앞세워 약소국을 침략했던 서구의 관점을 시대의 대세라고 받아들인 덕에, 또한 서구 열강의 주장을 수용했던 일본과 중국 학자들의 생각을 무비판적으로 옳다고 여긴 까닭에 통감부 시기의 한국 정치단체들은 줏대를 잃어버렸습니다. 그나마 『대한매일신보』의 언론인들과 신민회 내의 급진파 등이 일제의 동양 평화론이나 사회진화론의 문제점을 간파하게 됩니다. 이들은 1907년 고종의 강제 퇴위와 군대 해산을 목격하면서, 서양 제국주의의 실제 모습과 일본을 모델로 삼은 문명개화론의 허상을 목격합니다. 그래서 민권의 원천이 국권에 있음을 강조하면서, 문명개화만을 강조하는 문명개화론자들을 '어리석은 바보'라고 비판했습니다. 이들 역시 1908년경까지는 실력 양성을 먼저 내세웠지만, 1909년부터는 실력 양성보다 독립이 우선이라고 주장하기 시작했습니다. 이들은 국권을 수호하기 위해서는 국민들이 자기의 역사와 문화에 대한 인식 수준을 높여, 국가의 정신을 보전하는 것이 필수적이라고 판단했고 한국의 역사와 전통문화에 대한 주체적인 이해를 강조했습니다. 이들의 활동이야말로 '애국계몽'이라는 이름에 잘 어울린다고 할 수 있습니다.

신민회는 왜 아직까지도 미스터리로 남아 있을까?

애국계몽운동 단체 중에서 후대에 가장 주목받는 단체가 바로 신민회입니다. 안창호·신채호·양기탁·이회영·이동휘·이승훈 등 쟁쟁한 인물들이 모두 이 단체에 가담해 가히 '독립운동 드림팀'이라고 할 만한 규모와 위상을 가지고 있습니다. 한국인의 고등교육을 위해 안창호는 대성학교(평남 평양)를, 이동휘는 보창학교(경기 강화)를, 이승훈은 오산학교(평북 정주)를 세워 교육 운동에 매진했습니다. 또한 국권 회복의 중심을 청년에게서 발견하고 '청년학우회'를 창립해 청년운동을 전개했으며, 회원들이 출자해서 모범 공장과 회사를 세워 민족 산업자본을 키워 가고자 노력했습니다. 신민회의 총감독 양기탁이 『대한매일신보』의 운영진이었기 때문에 『대한매일신보』는 신민회의 주장을 전파하는 효과적인 매체가 되었고, '조선광문회'를 설립해서 많은 한국 고전들을 간행함으로써 민족문화를 보존·발전해 나가는 한편, 서울·평양·대구 등지에 태극서관을 운영하면서 언론·출판 사업에 많은 공을 들였습니다. 그리고 독립군 기지 설립에도 관심을 기울여 만주 쌴위안바오(삼원보)에 신한민촌을 건설하고 신흥강습소(뒷날의 신흥무관학교)를 세우는 데도 앞장서게 됩니다.

우리는 신민회의 활약상을 익히 알고 있지만, 당대의 한국인들은 신민회의 존재를 전혀 몰랐습니다. 신민회가 일제의 방해와 탄압을 피하면서 국권 회복 운동을 효과적으로 수행하기 위해 비밀결사로 조직되었기 때문입니다. 신민회 조직은 오직 위아래로만 고리처럼 이어져서 당사자 두 사람 외에는 서로 알지 못하게 할 만큼 폐쇄적으로 운영되었습니다. 또한 새로운 회원을 받을 때에도 국권 회복에 생명을 바치겠다는 결심을 한 인물에 한해 여러 번의 심사와 일정 기간의 관찰을 통해서 철저한 검증 단계를 거쳤습니다.

철저한 비밀결사였기 때문에 신민회는 1910년 말까지도 일제의 감시망에 걸리지 않은 채 활동할 수 있었고, 일제의 관리들도 1911년에서야 '105인 사건'을 통해 신민회의 실체를 알게 될 정도였습니다. 일제가 이 사건을 통해 파악한 신민회의 조직은 매우 방대한 규모였지만, 사건을 조작해서 일제에 저항하는 세력을 탄압할 목적으로 활용하려고 했기 때문에 일제가 파악한 신민회를 곧이곧대로 믿을 수 없게 되었습니다. 결국 조선총독부가 105인 사건을 통해 '조작해 만든 신민회'로는 '실제의 신민회'를 볼 수 없습니다. 또한 신민회 회원들이 직접 남긴 자료도 거의 남아 있지 않기 때문에 신민회의 실체에 다가가는 것이 어렵게 되었습니다. 철저한 비밀결사였기 때문에 조직을 보존할 수 있었지만, 역설적으로 이것이 신민회를 아직까지 미스터리로 남아 있게 한 이유가 되었습니다.

105인 사건으로 일제가 파악한 신민회는 공개적으로 활동했던 대성학교의 학생 및 교사, 그리고 청년학우회 회원 등에 불과했습니다. 그러나 1907년 4월에 창립된 신민회는 국권 회복 운동 집단 5개가 연합한 대규모 조직이었습니다. 우선 신민회의 창립을 처음 주도했던 것은 미국 LA에서 활동 중이었던 안창호와 공립협회 회원들입니다. 이들은 1907년 초에 국권 회복 단체로서 '대한신민회'를 조직했지만, 이 결사 조직이 미국에서만 활동하는 것은 큰 의미가 없다고 판단하고 본국에 조직망을 확대할 목적으로 안창호를 대표로 선정해 파견했습니다. 안창호는 1907년 2월 무렵 대한매일신보사의 주필이자 만민공동회 때의 동지였던 양기탁을 방문해서 신민회의 창립을 제안했고, 양기탁의 주선으로 여러 국권 회복 운동 지도자들과 만나 신민회를 설립하게 되었습니다. 신민회 설립에 주축이 된 다섯 개 집단은 안창호로 대표되는 미국의 공립협회, 양기탁으로 대표되는 대한매일신보 세력, 이동녕과 전덕기로 대표되는 상동교회 세력, 이동휘·이갑·유동열 등으로 대표되는 무관 출신들, 그리고 뒷날 신민회에서 적극적으로 활동한 이승훈의 평안도 실업가 집단이었습니다.

신민회는 공식적으로
공화정을 주장했을까?

신민회는 국권을 회복하여 자유 독립국을 세우고, 정치체제는 공화정을 채택하는 것을 궁극적인 목표로 삼았다고 알려져 있습니다. 신민회의 시작을 알렸던 미국의 '대한신민회' 관련 자료에도 "본회의 목적은 우리 대한의 부패한 사상과 습관을 혁신하여 국민을 유신케 하며, 쇠퇴한 교육과 산업을 개량하여 사업을 유신케 하고, 유신한 국민이 통일 연합하여 유신한 자유문명국을 성립케 한다."고 표현한 부분이 있습니다. 일부 학자들은 여기에 제시된 '자유문명국'이 바로 공화정에 기초한 자유 독립국이라고 적극적으로 해석하지만, 이 '자유문명국'이 '공화정'을 의미하는지는 확인할 수 없습니다. 당시의 여러 정황을 고려하면 공화정이라고 해석하는 것도 일리는 있지만, 직접적인 증거가 될 수는 없습니다. 그럼에도 미국에서 활동했던 '대한신민회'의 일부 자료를 근거로 신민회가 공화정을 지향했다는 주장이 나오게 되었고, 역사교과서에도 신민회의 공화정 주장이 반영되면서 어느새 정설처럼 되어 버렸습니다. 그러나 신민회가 공화정을 주장했다는 내용은 조금 더 생각해야 할 여지를 남깁니다.

신민회가 공화정을 주장했다는 근거로 흔히 활용되는 것은 1909년 일본 헌병대에서 입수한 자료인데, 당시 일제가 파악했던 신민회도 미국의 신민회였습니다. 그 후 105인 사건이 터지자 일제는 105인을 1909년에 파악했던 신민회와 연결시키려고 했고, 이 과정에서 미국에서 발행되던 『신한민보』 등에 나타났던 공화정 관련 내용을 한국의 신민회와 엮으려고 했습니다. 그러나 신민회의 공화정 주장이 신빙성을 얻으려면 일제의 정보기관이 억지로 조작하려고 했던 미국 신민회의 주장이 아니라, 국내에 조직된 신민회가 공화정 수립을 계획했다는 직접적인 근거가 있어야 합니다.

신민회가 공화정을 주장했다는 또 다른 근거로 제시되는 것이 사실상 신민회의 기관지 역할을 했던『대한매일신보』1910년 2~3월에 실린 「20세기 신국민」이라는 제목의 논설입니다. 이 논설에서 신민회가 입헌공화국을 지향했다고 해석되는 것은 다음의 내용 때문입니다. "서양은 암흑시대가 잠시 지나가고 황금시대가 다시 돌아와 문명의 기운이 정신계와 물질계에 팽창하여 도덕·정치·경제·종교·무력·법률·학술·공예 등이 장족의 진보를 만들어 내니, 국가의 이익이 날로 많아지며, 인민의 복이 날로 커져 전제봉건의 악습이 사라지고 입헌공화의 복음이 퍼져 국가는 인민의 낙원이 되며, 인민은 국가의 주인이 되어"라는 대목에서 '입헌공화의 복음'이라는 구절이 나타납니다. 그러나 자세히 살펴보면 '입헌공화의 복음'이 퍼졌다는 대상은 서양이지 한국이 아닙니다. 이 논설에서 한국에 대한 설명은 서양과 대비되면서 모든 영역에서 부진과 부패가 가득하다고 부정적으로 서술되어 있을 뿐입니다. 그런데 이 글에는 한국인의 정치사상이 결핍한 원인으로 전제 왕권을 지목하면서 반복적으로 '국민적 국가'를 강조한 점이 주목됩니다. 특히 논설의 마지막 부분에서 '국민적 국가'의 기초를 튼튼하게 해서 실력을 기르면 동아시아의 강국이 될 수 있을 것이라고 주장했는데, 여기에서 말하는 '국민적 국가'가 공화제를 지향하는 국민국가가 아닐까 추측할 수 있기 때문입니다.

이 '국민적 국가'와 더불어 신민회의 공화제 주장으로 언급되는 것이 안창호의 연설 내용입니다. 안창호는 평안도 지역의 학생들에게 연설하면서 "국가는 1인의 소유가 아니오, 우리들 어깨 위에 대한大韓 2자를 각기 짊어졌"다고 말했습니다. 이러한 국민주권론은 안창호를 국내에 파견했던 공립협회의 기관지 『공립신보』에 실린 글에서 더욱 분명하게 제시되었습니다. "나라라 하는 것은 강토와 그 안에 있는 백성을 합하여 부르는 명사이니, 나라는 백성의 나라이오, 임금과 정부의 나라가 아니며"라고 '국민주권'을 주장했던 것입니다.

이처럼 공화제가 명시적으로나 체계적으로 주장되지는 않았지만, 국내의 일부 지식인이나 미국의 신민회가 국민국가론이나 국민주권론을 통해 공화제에 대한 지향을 드러냈다고 말하는 것은 가능합니다. 그러나 신민회가 전국적 조직으로 활동하며 민족운동 세력을 하나로 모아야 하는 상황에서 과연 왕정 폐지를 공식화하며 공화제를 주장했다고 말할 수 있을지는 여전히 의문입니다. 신민회를 구성했던 일부 인사들의 지향과 신민회라는 거대한 조직의 지향이 동일할 수는 없으며, 안창호와 공립협회가 곧 신민회를 대표할 수 있는 것도 아니기 때문입니다.

105인 사건은 어떻게 신민회의 손발을 묶었을까?

신민회를 세상에 드러나게 했던 105인 사건은 복잡한 연쇄 과정의 결과였습니다. 강제 병합이 일어난 지 몇 개월 후였던 1910년 12월, 안중근의 사촌 동생 안명근이 황해도의 부자들을 상대로 독립운동 자금을 모집하다가 체포되었습니다. 서울 경무총감부로 압송된 안명근은 일본 헌병들로부터 혹독한 고문을 당했고, 일제는 황해도의 민족주의 세력을 뿌리 뽑기 위해 안명근의 진술을 조작해서 백범 김구를 포함해 160여 명을 체포했습니다. 이 사건을 이른바 '안악 사건'이라고 합니다. 이때 검거된 사람들은 대부분 신민회 황해도 지회의 회원들이었고, 안악 사건으로 신민회 황해도 지회는 마비 상태에 이르게 되었습니다.

조선총독부가 그다음으로 주목한 세력은 양기탁을 중심으로 활동했던 애국계몽운동가들이었습니다. 일제는 양기탁 등이 한국인들을 서간도에 집단 이주시켜서 신한민촌을 건설하려 한다는 사실을 빌미로, 1911년 1월에 서울에서 활동가 33명을 '보안법 위반' 죄목으로 체포했습니다. 1911년 7월, 이 사건으로 체포된 사람들에게 실형이 선고되었고, 그 결과 신민회 중앙 본부의 일부 기능이 마비됩니다.

황해도와 서울의 민족운동 세력을 탄압한 일제는 안악 사건을 단서로 삼아 평안도 지역의 민족운동 세력까지 소탕하기 위해 또다시 음모를 꾸몄는데, 이 사건이 바로 105인 사건입니다. 1911년 9월에 들어와 조선총독부는 평안도에서 활동하던 민족운동가 700여 명을 한 번에 체포했습니다. 그들에게 씌워진 혐의는 초대 총독이었던 데라우치 마사타케를 암살하기 위해 음모를 꾸몄다는 것이었습니다. 데라우치가 1910년 12월 27일에 압록강 철교 개통식에 참석해 평안도 지방을 시찰하는 기회를 이용해서 그를 암살하려 했다는 터무니없는 음모론을 들이댄 것이었습니다. 총독부는 이를 '데라우치 총독 암살 미수 사건'이라고 부르면서 총 123명을 기소했는데, 1심에서 유죄가 선고된 사람이 105명이었기 때문에 이 사건을 105인 사건이라고 부르게 되었습니다. 이 사건을 부르는 또 다른 이름으로 '선천 음모 사건'이나 '신민회 사건'도 있는데, 이 사건에 관계된 사람들이 선천 지역 사람으로 제한되지도 않고 신민회 회원만으로 구성된 것도 아니어서 적절한 명칭이라고 할 수 없습니다.

일제가 이 사건을 '총독 암살 미수 사건'으로 꾸민 것은 당시 일본 본국의 정세 변화와도 밀접한 관련이 있습니다. 비교적 자유로운 분위기를 추구했던 사이온지西園寺 내각이 물러난 후 새로 집권한 가쓰라 내각은 1910년 5월 '천황 암살 모의 대역죄'라는 명목으로 사회주의자 수백 명을 검거해서 그 가운데 123명을 기소하고 12명을 곧바로 사형했습니다. 대규모 반역 사건을 조작함으로써 정국의 주도권을 잡으려는 계산이 깔려 있었던 것입니다. 사건의 죄명과 성격 등에서 105인 사건은 일본에서 발생했던 '천황 암살 모의 사건'과 여러 면에서 유사합니다. 그래서 105인 사건을 '조선판 대역 사건'이라고 부르기도 합니다.

105인 사건에서 기소된 조직원 중, 기독교인이 93명이었으며 선교사도 24명이나 되었습니다. 자국의 선교사까지 기소되자 미국 선교부는 유능한 변호인단을 구성해 적극적인 법정투쟁에 나서게 되었고, 그 결과 공판 과정에서 피의자들에 대한 고문 사실이 폭로되고 사건을 조작한 사실이 드러나게 되었습니다. 총독부가 이 사건을 조작하는 과정에서 4명이 고문으로 죽었고, 3명은 정신이상 증세를 보일 정도로 후유증이 컸습니다.

1912년 9월에 열린 선고 공판에서 윤치호·양기탁·이승훈 등 주동 세력 6명에게 징역 10년, 옥관빈 등 18명에게 징역 8년, 그 외 39명에게 징역 6년, 오대형 등 42명에게는 징역 5년이 선고되었습니다. 이때 실형을 선고받았던 105인의 총 형량이 648년이나 되었습니다. 그러나 1913년 7월의 공소심 공판에서 윤치호·양기탁·이승훈·임치정·안태국 등 5

명에게 징역 6년, 옥관빈에게 징역 5년이 선고되었고, 나머지 99명은 모두 무죄로 풀려났습니다. 이때 유죄판결을 받은 6명 역시, 1915년 2월에 특별사면으로 석방되면서 105인 사건은 모두 종결되었습니다.

105인 사건으로 인해 신민회는 본래의 기능과 역할이 마비되었고, 국내에서는 1911년 9월부터 실질적으로 해체 상태에 들어갔습니다. 국내의 신민회가 일제의 탄압으로 해체되는 상황에서도 이회영을 비롯한 여러 신민회 회원들은 1911년 봄부터 만주의 삼원보에서 신한민촌을 건설하고 신흥강습소를 세우는 데 열을 올렸습니다. 이 신흥강습소가 뒷날 신흥무관학교로 바뀌어서 독립군 기지를 세우고자 했던 신민회의 꿈을 이루게 됩니다. 그런데 '신흥新興'이라는 이름은 '신민회가 다시 나라를 부흥시킨다'는 뜻을 담고 있었습니다. 신민회의 이상은 105인 사건으로 소멸되지 않고, 신흥무관학교와 함께 계속 이어졌던 것입니다.

20세기 초의 한반도는 문명개화라는 이름의 시대 변화와 일제의 위협이 동시에 교차하는 급격한 변화의 시기였다. 국가가 새로워져 '신국가'로 변하고 그에 따라 '신민新民'이 등장하는 것은 자연스러운 수순일 수 있다. 그러나 '신국가'가 너무 멀리 있었기 때문에 우리는 교육을 앞세워 '신민'으로 단번에 도약하려 했던 것은 아니었을까?

| 1908년 안창호가 설립한 평양 대성학교

19장

의병 전쟁은
어떤 유산을 남겼을까?

1907년 의병장 허위는 '13도창의군'의 군사장으로 선발대를 이끌고 서울 동대문 인근까지 진격했지만 결국 뜻을 이루지 못하고 이런 말을 남겼다고 한다. "나는 내가 하는 일이 꼭 이루어진다고 생각하는 것이 아니다. 차마 왜적과 함께 살 수 없어서 그러는 것이다."

『한국독립운동지혈사』를 쓴 박은식은 의병에 대해서 외적 침략에 대응해 투쟁해 온 우리 민족의 자랑스러운 전통이며, 우리가 수호해야 할 가장 중요한 정신적 자산이라고 평가했다. 그러나 의병 전쟁의 희생자를 포함해서 일제에 맞서 싸웠던 공로를 인정받고도 훈장을 전달받지 못한 독립유공자가 2017년 기준 5400여 명으로 전체 독립유공자의 37퍼센트에 이른다. 실제로 그들은 자신의 목표를 이루지도 못하고 불꽃처럼 환하게 피어올랐다가 재가 되었던 것이다. 임진왜란 때 처음 의병이 일어났던 때로부터 300여 년이 지난 시점에 다시 나타난 의병들은 어떤 '의로움'을 지키고 싶었던 것일까? 그리고 그들의 투쟁은 왜 우리가 수호해야 할 가장 중요한 정신적 자산이 되었을까?

의병장 유인석은
왜 큰 공을 세운 부하를 죽였을까?

의병 전쟁의 출발은 1895년에 일어났던 을미사변과 단발령이 일으킨 시너지 효과였습니다. 국모가 시해당하고 부모에게 물려받은 머리카락이 잘리는 것은 유교를 국교로 삼은 조선의 구성원들에게 충효라는 최고의 가치를 훼손하는 대이변이었습니다. 일본의 만행과 개화파 정권의 성급한 정책을 더 이상 참을 수 없었던 조선의 양반 유생과 백성은 '의義'를 앞세워 병력을 일으켰습니다. 충북 제천의 유인석과 강원도 춘천의 이소응 등 양반 유생들이 앞장섰고, 포군과 농민 들이 그들을 뒷받침했습니다.

흔히 '을미의병'으로 불리는 이때의 대표적인 의병장이 유인석입니다. 그는 충청북도 제천에서 의병을 일으켜 제천 군수를 몰아내고, 단양에서 정부군 및 일본군과 전투를 벌여 승리를 거두었습니다. 이후 충청도의 행정 중심지이자 군사 요충지인 충주성을 공격해 점령한 뒤, 부하들을 경상도와 충청도로 파견해서 각지의 의병들과 연합해 일본군 기지와 친일 관료들을 공격했습니다. 그러나 정부군과 일본군 연합 부대는 우세한 화력에도 불구하고 기습 공격에 놀라 충주성을 빼앗긴 실수를 만회하기 위해서 충주성 탈환에 힘을 기울였습니다. 전력 면에서 열세였던 유인석 부대는 충주성 방어가 어렵다고 판단해 제천으로 다시 돌아갔습니다. 유인석 부대가 제천에 집결해 있다는 소식을 듣고 각지에서 활약하던 의병들이 제천으로 모여들었고, 이곳을 중심으로 충청도 각 지역에서 일본군과 정부군을 상대로 상당한 성과를 거두었습니다.

이 무렵 아관파천이 일어나면서 친일 내각이 붕괴되자, 새로운 내각은 단발령을 철회하고 의병 해산을 요구했습니다. 그러나 유인석 부대가 개화 정책을 중단하고 일본군이 완전히 물러가지 않는 한 해산할 수 없다고 주장하자, 결국 정부군이 유인석 부대를 향해 대규모 공격을 감행했고, 전력의 열세로 인해 제천성을 내주어야 했습니다. 최후의 거점이던 제천성마저 상실하자 유인석 부대는 평안도로 몸을 피했지만 이곳에서도 정부군의 압박이 심해서 청의 군사적 원조를 기대하고 서간도로 망명을 떠났습니다. 그러나 청으로부터 무장해제를 요구당하면서, 유인석은 혼강琿江 주변에서 자신을 따르던 의병 219명을 해산해야 했습니다.

을미의병은 처음 봉기했을 때 나름의 성과를 거두었지만, 이 성공이 오래 지속되지는 못했습니다. 의병에 참가한 상당수가 주위의 권유로 참가했기 때문에 정부군의 공격을 받자마자 곧바로 해산할 만큼 허술한 경우가 많았습니다. 말이 의병이지 실제로는 시위 정도에 불과한 사례가 대부분이었기 때문입니다. 그러나 그보다 더 주목해야 할 것은 의병 부대의 구성과 이로 인한 갈등 문제였습니다.

당시 의병 내부의 신분 갈등은 활동의 가장 강력한 장애 요소였습니다. 실전에서 무능력했던 양반 유생들이 신분을 내세워 조직 내에서 우위를 차지했기 때문입니다. 의병장 유인석이 양반인 안승우에게 무례하게 굴었다는 이유로 충주성 전투에서 큰 공을 세운 평민 지휘관 김백선을 처형한 것이 대표적인 사례입니다. 김백선은 일본군 진지를 공격하던 중 원군이 오지 않아 패배하자 원군을 보내지 않은 중군장 안승우에게 거세게 항의했는데, 유인석은 군기를 문란하게 했다는 죄목으로 오히려 김백선과 그의 아들까지 처형했습니다.

결국 이 사건이 내부의 사기를 급격하게 떨어뜨려 제천의 의병 활동은 빠르게 쇠퇴했습니다. 갑오개혁으로 신분제는 폐지되었지만 양반 유생들은 성리학적 가치에 사로잡혀 새로운 세상이 왔음을 전혀 실감하지 못했습니다. 총알이 신분을 가리지 않고 심장을 겨냥한다는 엄연한 사실마저도 500년간 조선을 지배했던 신분 의식을 이길 수는 없었습니다.

따라서 이후 의병 운동의 성쇠 여부는 이러한 신분 문제를 어떻게 극복하는가가 관건이었습니다. 이에 한말 의병 전쟁의 시기를 나눌 때 의병들이 봉기했던 연도를 기준으로 흔히 을미의병·을사의병·정미의병 등으로 구분하는 것은 의미가 없습니다. 이러한 시기 구분은 의병이 언제 일어났는지 파악할 때는 유용하지만, 의병 전쟁의 성격과 변화 과정을 제대로 보여 줄 수는 없기 때문입니다. 그래서 연대기로 분류하는 것보다 이 의병 전쟁을 '전기'와 '후기'로 나누어 의병 활동의 변화와 연속성을 유기적으로 파악할 필요가 있습니다. 의병 운동을 전기와 후기로 구분해야 하는 가장 중요한 이유는 1895년 전후 일어난 의병 활동은 아관파천으로 사실상 종료되기 때문에 이후 의병이 다시 등장할 때까지는 무려 7년이라는 공백이 존재한다는 점입니다. 또한 두 시기는 의병이 봉기했던 정치적 환경이 달랐을 뿐만 아니라 의병 운동의 주도 세력과 참가층의 구성에서도 큰 변화가 나타났습니다.

최익현이 스스로 의병을 해산한 까닭은 무엇이었을까?

한동안 중단되었던 의병 활동은 7년 뒤 러일전쟁 이후의 위기와 함께 재개되었습니다. 1904년 7월 일부 군인들이 반일 의병 활동을 시작했고, 1905년 4월에는 무장 농민들로 구성된 활빈당의 거점이었던 경기도·강원도·충청도·경상북도 일대에서 의병들이 봉기했습니다. 군인과 백성들의 의병 활동이 이어지자, 양반 유생들도 각지에서 의병을 일으켰습니다. 전기 의병 때 유인석과 함께 활동했던 원용팔과 정운경이 각각 강원도 원주와 충북 단양에서 봉기했고, 경기도 광주에서도 구만서가 의병을 일으켜 일진회 응징에 앞장섰습니다.

후기 의병은 단발령으로 대표되었던 척사 대 개화의 대립보다는 국권 수호에 집중하는 특징을 보였습니다. 전기 의병 이후 7년 동안 개화 정책이 대한제국에 꾸준히 수용된 결과이기도 했고, 평민들이 의병 운동의 주도권을 장악하면서 성리학적 가치보다 외세의 침략에 맞서야 한다는 반제국주의적 요구가 더욱 커진 결과이기도 했습니다.

1905년 11월 을사늑약이 체결되자 더 많은 의병들이 국권 상실에 저항했습니다. 1906년 3월 충청남도 홍주를 거점으로 전 이조참판 민종식이 의병을 일으켜, 병력 1000여 명과 대포 여섯 문을 앞세우고 홍주성을 공격해 점령했습니다. 일본군과 정부군이 반격에 나서 여러 차례 홍주성을 공격했지만 의병의 기세를 꺾지 못했고, 결국 서울에서 전투 경험이 많은 증원부대와 기관총·폭탄 등의 신식 화기를 투입하고서야 홍주성을 함락시킬 수 있었습니다.

홍주성 전투가 치열한 공방을 벌였던 1906년 6월 위정척사파의 거두였던 74세 최익현도 제자였던 임병찬과 함께 전라북도 태인에서 의병을 일으켜 주변의 여러 관청을 습격했습니다. 그런데 순창으로 진출한 최익현 부대는 일본군이 아니라 정부군과 대치하는 상황에 처하게 됩니다.

최익현은 동족끼리 서로 죽이는 상황을 피하고자 정부군을 설득했지만 뜻한 바를 이룰 수 없었습니다.

그다음 최익현이 취했던 행동은 의외였습니다. 그는 자신이 이끌던 의병 부대의 해산을 명령했고, 이 갑작스러운 명령으로 의병 부대가 우왕좌왕하면서 정부군의 선제공격을 받고 패배하고 말았습니다. 의병장 최익현도 체포되어 쓰시마섬에 유배되었는데, 그는 일제가 주는 음식을 먹을 수 없다며 단식으로 저항하다가 유배된 지 4개월 만에 순국했습니다. 황현은 『매천야록』에서 최익현 부대의 한계에 대해 날카롭게 비판했습니다. 의병장 최익현은 충의는 뛰어났지만 군대를 부리는 데 익숙하지 못했고, 종군했던 유생들은 큰 관을 쓰고 넓은 옷소매를 하고서는 마치 과거장에 나가는 것 같았으며, 그들을 따랐던 오합지졸 수백 명은 모두 기율이 없었다고 말입니다.

유생 의병 부대의 실망스러운 활약과 달리, 신돌석을 비롯한 평민 출신 의병장들은 당시 상황을 고려한다면 눈부신 활약을 했습니다. 신돌석은 1895년에도 19세의 젊은 나이로 의병 100여 명을 이끌고 경상북도 영해에서 항일운동을 전개했습니다. 그로부터 10년이 지나 신돌석은 1906년 3월 경상북도 영해에서 다시 봉기했는데 그의 부대는 한때 3000여 명에 이를 정도로 막강한 세력을 자랑했습니다. 지역의 명망가가 아닌 평민이 의병장으로 활동하는 것이 쉽지 않았지만, 신돌석은 농민들의 상황을 배려해서 민폐를 끼치지 않았으며 뛰어난 소통 능력을 보여 주어 여러 곳에서 환영을 받았습니다. 신돌석이 이끄는 의병 부대는 농민들의 지원 속에 일월산을 중심으로 영해와 영덕을 누볐으며, 경상도·강원도·충청도의 접경지대였던 지리적 특징을 살려 여러 지역의 헌병 분견소·

우편 취급소·세무소·광산 등을 파괴했습니다. 이때 신돌석은 뛰어난 전술을 선보이며 일본군을 다양한 방법으로 공격해서 큰 피해를 안겼는데, 그가 구사한 과감한 유격전 때문에 '태백산의 나는 호랑이'라고 불렸습니다. 그의 활약은 의병 부대를 이끄는 지도부가 왜 양반 유생에서 평민으로 전환하게 되었는지 잘 보여 줍니다.

군대 해산 이후 의병 전쟁은 어떻게 변했을까?

통감부는 정미7조약의 비밀 조항이었던 군대 해산 조칙을 근거로 1907년 8월 1일 중앙군인 시위대에 해산 명령을 내렸습니다. 해산식에 불참한 시위대 병사들은 무장한 상태로 탈영하여 서울 시내 곳곳에서 일본군과 치열한 전투를 벌였습니다. 특히 시위대 대대장 박승환이 군대 해산에 반대하여 권총으로 자살하자, 해산 군인들의 저항은 더욱 격렬하게 이어졌습니다. 두 세력은 남대문 부근에서 두 시간 동안 한국군 200여 명과 일본군 90여 명의 사상자가 발생할 만큼 격렬한 시가전을 펼쳤습니다. 우여곡절 끝에 시위대를 해산시킨 통감부는 지방군인 진위대 해산도 함께 진행했습니다. 8월 3일 개성과 청주를 시작으로 9월 3일 북청 진위대까지 약 1개월 동안 해산 계획이 진행되었는데, 강원도 원주 진위대의 저항을 시작으로 각 지역 진위대 군인들이 반발하면서 시위대 해산 때의 무력 충돌이 줄을 이었습니다.

해산된 시위대와 진위대 병사들이 무기를 지닌 채 각지의 의병 부대에 합류하면서 의병 전쟁은 이전과 전혀 다른 양상으로 전개되었습니다. 의병 전쟁이 전국으로 확산되었고, 의병 부대의 구성도 유생과 농민 위주에서 벗어나 해산 군인을 비롯해 노동자·소상인·지식인·승려·화적·무직자 등 전 계층으로 확대되었습니다. 이런 변화 속에서 의병 부대는 점차 평민들이 주도하는 흐름으로 바뀌었고, 민긍호 등 군인 출신이 의병장의 다수를 이루어 이들의 지휘 아래 실질적인 전투력과 기동성을 갖추게 됩니다. 또한 홍범도로 대표되는 포수 출신들도 당시 의병 부대의 전투력을 높이는 데 크게 기여했습니다. 일제가 포수들에게도 총기 반납을 명령하자 총을 잘 다루는 사냥꾼 포수들이 이에 반발해서 의병 부대에 합류했기 때문입니다.

　　군대 해산 이후 새롭게 편성된 후기 의병은 여러 면에서 향상된 능력을 보여 주었습니다. 군인이나 포수가 주축을 이루어 군사 지식과 사격술에서 우수한 능력을 가졌고, 엄격한 군대 규율과 지휘 체계를 갖추어 실전에서도 조직적인 대응을 가능하게 했습니다. 또한 무기 개선을 위해서도 노력했는데, 1908년 4월 호남 의병들이 뇌관식 격발장치를 개발하는 데 성공했고 이후 연발총을 제작하기도 했습니다. 그 외에도 서해안을 따라 청 상인으로부터 신식 무기를 밀매하거나 일본군과 전투를 하면서 일본제 신무기를 획득하기도 했습니다.

　　그러나 무엇보다 후기 의병의 최대 장점은 인근 주민들과의 연대였습니다. 신돌석 부대가 보여 주었던 것처럼 대표적인 의병 부대들이 민폐를 근절하고 미곡의 유출 문제나 부패한 관리를 처단하는 데 앞장서면서 장기 항전에 필수적이었던 주민들의 적극적인 지지를 받을 수 있었습니다. 가령 의병에 참여했던 사람들 중에 술장사·주막업에 종사했던 사람들은 의병과 내통하며 각종 편의를 제공하는 한편, 다양한 정보를 수집해 의병 활동에 도움을 주었습니다. 또한 대장장이나 목수 중에서 의병 활동을 지원했던 이들은 화승총을 개량하는 데 많은 역할을 담당했습니다.

후기 의병은 지리적으로 유리한 조건을 적극적으로 활용해 '교란과 습격'을 반복하는 유격 전술로 일본군을 괴롭혔고, 의병 부대 간의 연합 투쟁에도 적극적이어서 집중적인 전투력을 확보할 수 있었습니다. 의병 부대들이 각 지역의 경계를 넘어서는 연락 체계를 구축하자 이러한 연결망은 자연스럽게 전국적으로 통일된 대규모의 연합 부대를 형성하는 방향으로 이어졌습니다. 그 결과 1907년 11월 경기도 양주에 집결한 각도의 의병 부대는 '13도창의대진소'라는 전국 연합 부대를 결성하고 이인영을 의병 대장으로 추대했습니다. 각 도에서 활약하던 명망 높은 의병장들이 참여해서 총병력은 1만여 명에 이르렀지만, 경상도 의병을 대표하여 의병 1000여 명을 모아 양주에 참여했던 신돌석은 평민 출신이라는 이유로 13도창의군에서 제외되었고, 평민 의병장으로 명성을 떨쳤던 홍범도와 김수민 역시 이 연합 부대에 참여하지 못했습니다.

양반 유생 출신 의병장들로 구성된 13도창의군은 1908년 1월 각국 공관에 의병 부대를 만국공법이 규정한 전쟁 단체로 인정해 줄 것을 요구하는 한편, 군사장 허위가 이끄는 선발대 300명이 동대문 밖 10여 킬로미터까지 진격하여 일본군과 전투를 벌이기도 했지만 후속 부대의 지원을 받지 못하고 퇴각했습니다. 이때 부친의 사망 소식을 접한 총대장 이인영이 지휘권을 허위에게 맡기고 귀향해 버리자, 서울 진공에 실패하고 총대장도 없는 13도창의군은 다시 각자의 지역으로 흩어질 수밖에 없었습니다. 13도창의군은 양반 유생 의병 부대의 연합으로 만들어 낼 수 있는 최대치의 결과였을지도 모르겠습니다. 그러나 그들의 뇌리에 깊이 새겨진 성리학적 질서만으로 국망의 위기를 타개할 수 있는 혜안을 열 수는 없었습니다.

일제의 의병 탄압을 '제노사이드'라고 부르는 까닭은 무엇일까?

13도창의군의 서울 진공 계획은 실패로 돌아갔지만, 평민 의병 부대의 활약은 멈추지 않고 이어졌습니다. 평민 출신이라는 이유로 13도창의군에서 제외되었던 신돌석이 자신의 거점이었던 경상도 영해로 돌아가 안동·울진·삼척·강릉의 의병들과 결합해서 일본군을 격파했듯이, 각 지역의 의병 부대는 산악 지대를 근거지로 일본군 수비대를 습격하고 철도와 전신선을 파괴하는 등 활발한 투쟁을 전개했습니다. 일본군 통계에 따르더라도 1907년 12월부터 1909년 6월까지의 기간에 의병이 일본군과 교전한 횟수는 월평균 200회가 넘으며, 연인원으로 12만 명이 넘는의병이 전쟁에 참여했습니다. 또한 1908년 이후 의병 전쟁이 가장 치열하게 전개된 지역은 호남이었는데, 1908년 전체 전투 횟수 중 25퍼센트 비중이었다가 1909년에는 47퍼센트로 증가했고, 참가 의병 수는 1908년 전체 의병수의 25퍼센트에서 1909년에는 60퍼센트까지 늘어났습니다. 호남 의병의 강력한 저항은 일본군의 발을 한 지역에 묶어 두도록 했고, 그만큼 다른 지역의 의병 활동이 원활하게 진행될 수 있도록 해 주었습니다.

각지의 의병들에게 패전을 거듭했던 일본군은 더욱 잔혹한 진압 방식을 구사했습니다. 그들은 우선 의병의 거점이나 근거지로 이용될 만한 장소는 그곳이 일반 마을인지 아닌지 가리지 않고 무조건 불을 질렀으며, 의병에 참여했거나 의병 활동을 방조한 것으로 의심되는 지역 주민은 재판에 회부하지도 않은 채 무차별적으로 학살했습니다. 뒷날 일본군이 1937년 난징대학살에서 보여 주었던 '삼광작전三光作戰', 즉 '태우고 빼앗고 죽이는' 잔혹한 진압이 1907년에 이미 한반도에서 자행되고 있었습니다. 런던 『데일리 메일Daily Mail』의 극동 특파원이었던 매켄지Frederic A. McKenzie가 당시의 상황을 묘사했던 것처럼, 일본군의 "살육 대부분이 무분별하며 공포를 조성하기 위한 것"이었습니다.

의병 투쟁이 계속 증가했던 호남 지역에서 소규모 부대의 수색으로 '토벌'이 어려워지자, 일본군은 1909년 9월 1일부터 약 2개월간 '남한 폭도 대토벌 작전'이라는 이름으로 호남 의병을 철저하게 탄압할 계획을 세웠습니다. 한 연구자가 이 작전을 '1909년 호남 의병 대학살 사건'이라는 이름으로 바꾸어 부르는 것이 타당하다고 지적했을 만큼, 일본군은 호남 의병의 기세를 꺾기 위해 총력전을 기울였습니다. 일본군의 잔혹한 진압 방식에 대해 황현은 "사방을 그물 치듯 해 놓고 촌락을 수색하고 집집마다 뒤져서 조금이라도 혐의가 있으면 죽였다. 그래서 행인의 발길이 끊기고 이웃과의 연락이 두절되었다. 의병들은 삼삼오오 도망하여 흩어졌으나 몸을 감출 데가 없어 강자는 돌출하여 싸우다 죽었고 약자는 기어 도망가다가 칼을 맞았다."고 기록했습니다.

일본군은 북쪽으로는 금산·김제·만경에서 동쪽으로는 진주·하동에 이르기까지 전라도를 중심으로 넓은 포위망을 형성하고 남쪽으로는 목포를 비롯한 남해안에 수뢰정과 경비선을 배치해 퇴로를 차단한 채, 사방에서 마치 빗질을 하듯이 군대를 동원해 마을을 샅샅이 수색했습니다. 한때 막강한 위력을 보여 주었던 호남 의병 부대들도 일본군의 촘촘한 포위망을 견디지 못하고 점차 궤멸되어 갔습니다. 이 작전으로 사망한 의병이 1만 6700명, 부상자는 3만 6770여 명에 이르렀으며, 2개월의 토벌 기간에 체포되어 결국에는 학살되었던 의병장 103명과 의병 4138명을 더하면 그 수는 훨씬 증가합니다. 일본군의 '남한 폭도 대토벌 작전'은 인종이나 이념 등이 다르다는 이유로 특정 집단의 구성원을 대량 학살하는 제노사이드genocide였습니다.

1910년에 접어들며 일본군의 의병 탄압은 정점에 도달했고, 이 무자비한 학살로 인해 의병들은 점차 궁지에 몰리게 되었습니다. 그나마 살아남은 의병들은 일본군의 토벌을 피해 두만강과 압록강을 건너 중국이나 러시아 등으로 피신할 수밖에 없었습니다. 그리고 이들이 일제강점기에 만주와 연해주 지역에서 일본군과 맞서 싸웠던 독립군의 주축이 되었습니다.

당대의 한국인들은 의병 전쟁에 어떻게 대응했을까?

의병을 탄압하는 과정에서 일본 군경만 작전에 참여한 것이 아닙니다. 통감부 설치 이후 일제는 한국 정부의 내정을 장악했고, 이로 인해 의병을 진압했던 각종 명령이 한국 정부와 순종의 이름으로 전달되었습니다. 한국 정부는 각급 군대를 파견하거나 지방 행정조직을 동원해서 의병 체포에 열을 올렸습니다. 또한 의병을 진압하는 경비와 많은 현상금을 예산으로 편성했으며, 의병을 숨겨 주거나 그들이 이동하는 내용을 보고하지 않은 지역민들을 처벌하기도 했습니다. 친일파가 장악한 한국 정부의 슬픈 민낯이었습니다.

지방에서는 각 지역 경찰서 단위로 의병 활동을 정찰했는데, 일본인뿐 아니라 한국인으로 구성된 경찰을 파견해 의병 근거지에서 변장 수색을 하거나 직접 습격해서 의병을 체포했습니다. 한국인 경찰들은 체포된 의병을 심문하거나 가혹한 고문으로 자백을 유도했고, 귀순을 권유하는 전향서를 받아 내기도 했습니다. 또한 의병이 출몰하는 지역 사정에 정통한 민간인이나 경찰 중에서 밀정을 선발해 파견했는데, 밀정들은 지역민, 상인, 예수교도, 심지어는 의병으로 변장해서 밀고 활동에 나섰습니다. '남한 폭도 대토벌 작전' 시기에는 전국의 경찰서에서 일반민에게 의병을 밀고하도록 장려했는데, 그 결과 각지에서 밀고가 이루어졌습니다. 또 주목해야 할 인물들이 의병 수색과 체포에 앞장섰던 한국인 헌병 보조원들입니다. 1908년 6월에 통감부는 한국인 헌병 보조원 4200여 명을 모집해 배치했는데, 이들은 과거 대한제국 진위대 등에서 하급 군인으로 활동하다가 군대 해산 이후 실직한 사람들이었습니다. 한국인 헌병 보조원은 "각지의 악소배(惡少輩, 폭력을 쓰면서 행패를 부리고 못된 짓을 일삼는 무리)들로 몇 푼 안 되는 돈을 받고 양민을 무고히 죽이고 숙원을 갚았으며 동리를 겁탈하여 사복을 채웠"던 부끄러운 사람들이었습니다.

후기 의병 진압 과정에 참여했던 대표적인 한국인들이 바로 일진회와 자위단입니다. 러일전쟁 이후 일진회는 친일 단체로 인식되었는데,

의병들은 단발을 하고 '도리우치(납작모자)'를 쓴 사람을 모두 일진회원으로 간주해 처단했습니다. 1908년 6월 16일 자『대한매일신보』에는 1907년 7월부터 1908년 5월까지 11개월 동안 의병에게 살해 또는 피해를 입은 일진회원 수가 9400명이나 된다고 소개되었습니다. 이에 따라 일진회는 1907년 11월에 자위단을 조직하는 문제를 이완용과 이토에게 건의했고, 통감부와 친일 내각은 자위단 조직을 결성했습니다. 1908년 2월 말까지 전국에 조직된 자위단은 총 1990개, 참가 인원은 대략 100만 명에서 1000만 명이었다고 합니다. 약 3개월이라는 짧은 기간에 전국의 모든 면 단위마다 자위단이 조직된 것은 통감부의 적극적인 지원을 받았던 일진회 때문이었습니다. 그러나 일진회가 일반 주민들을 자위단에 강제로 가입시키고 가입을 거절하면 의병이라 위협하며 온갖 구실로 약탈을 일삼으면서, 지역 주민들과 일진회 간의 많은 충돌이 일어나 활동은 주춤하게 됩니다.

의병에 대한 인식에 가장 큰 영향을 줄 수 있었던 한국인들은 당대의 언론인들이었습니다. 그러나 18장에서 살펴본 것처럼 애국계몽운동에 참여했던 상당수 지식인들은 오로지 실력 양성만이 합리적 해결책이라고 인식했고, 의병 활동에 대해서는 세계정세에 어두운 유생들이나 무지몽매한 백성들의 시대착오적인 척사 운동에 불과하다고 생각했습니다. 그래서 당시 언론인들은 불안을 일으키는 무리라는 의미에서 의병들을 '불안당不安黨'이라고 부르거나, 반국가적이고 무법적인 활동을 하는 '비도'나 '폭도'로 폄하했습니다. 심지어『대한매일신보』마저 1905년 9월 10일 자 '의병 소식'에서 의병이란 명분도 없고 오로지 인민에게 피해만 입힐 뿐이며, 오히려 중국 의화단의 예에서 볼 수 있듯이 자칫 외국 군대를 불러들여 국망의 위기를 가져올 수 있다고 경고할 정도였습니다.

그러나 1907년 고종의 강제 퇴위와 군대 해산 이후 최소한 『대한매일신보』 등의 일부 언론은 의병에 대한 인식을 근본적으로 전환했습니다. 『대한매일신보』가 의병 투쟁을 적극적으로 지지하는 기사를 실은 것은 아니지만, 종전처럼 의병을 비판하지는 않았습니다. 오히려 1907년 9월부터는 거의 매호마다 '지방 소식' 또는 '지방 통신' 등 별도 소식란을 통해 의병들의 활동을 상세히 보도했습니다. 『대한매일신보』의 논조 변화는 한편으로는 비밀결사 조직 신민회의 결성과 연결되어 있었고, 다른 한편으로는 문명개화와 실력 양성을 강조할수록 한국의 주권이 오히려 위협받았던 당시 상황에 대한 비판이기도 했습니다. 국권 보호를 최우선으로 여겼던 의병 전쟁의 목표는 신민회가 새롭게 모색하고 있었던 독립군 기지 건설과도 일치하는 방향이었습니다. 실력 양성보다 독립이 우선이라는 인식의 변화가 의병 전쟁을 다시 평가하는 기회가 된 것입니다.

어떤 이는 대한제국이 무기력해서 국권을 상실했
다고 말한다. 아마도 그는 의병 전쟁의 진실을 접
해 본 적이 없는 사람이거나, 의병이 품었던 뜨거
운 가슴으로는 세상을 바꿀 수 없다고 조롱했던
실력 양성론자의 계승자가 아닐까?

| Frederick A. McKenzie, 〈Company of Korean rebels〉(1907)

20장

고종은 왜 헤이그 특사라는 승부수를 던졌을까?

헤이그 특사 파견은 냉혹한 국제 관계의 본질을 꿰뚫어 보지 못한 결정이었다고 자주 비판대에 오른다. 비판자들에게 국제정치는 만국공법의 원칙이 적용되는 합법적 영역이 아니라, 시시각각 변하는 강대국 간 밀실 흥정의 결과물일 것이다. 우리 언론이 "대한제국이 망할 때 열강의 틈 속에서 아무런 역할도 못한 고종황제" 등의 표현을 주기적으로 내보내는 것도 이 강자의 논리 위에 서서 재단하기 때문이다. 그러나 약자에게 필요한 것은 '약자의 논리'이지, 강자의 논리가 아니다. 그래서 우리는 고종의 외교 특사로 활동했던 헐버트의 증언에 더욱 귀를 기울일 필요가 있다.

"역사에 마땅히 기록될 가장 중요한 일을 증언한다. 광무제 (고종황제)는 일본에 항복한 적이 결코 없다. 신성한 국체를 더럽힌 적도 없다. 휜 적은 있으나 끝내 굴복하지 않았다. 생명의 위협을 무릅쓰고, 미국의 협조를 구하였으나 효과가 없었다. 생명의 위협을 무릅쓰고, 만국평화회의에 호소하였으나 성과가 없었다. 생명의 위협을 무릅쓰고, 유럽 열강에 호소하였으나 강제 퇴위당해 전달되지 못하였다. 그는 고립무원의 군주였다. 조선의 모두에게 고한다. 황제가 보이신 불멸의 충의를 영원히 기억하라."

고종은 왜
만국평화회의에 주목했을까?

을사늑약이 체결된 직후부터 고종은 국제사회를 향해 일본과 맺은 조약이 무효라고 주장했습니다. 고종이 가장 먼저 주목했던 나라는 미국이었습니다. 늑약이 체결된 지 10일도 되지 않아 고종은 헐버트에게 긴급 전문을 보내 미국 정부에 늑약의 부당성을 알렸지만, 미 국무성은 헐버트의 전언을 무시했습니다. 고종은 다시 전 주한 미국 공사 알렌에게 로비 자금을 주면서 미국 정부가 열강과 공동으로 진상 조사에 착수할 수 있도록 교섭해 달라고 부탁했습니다. 또한 고종은 미국·영국·일본 3국의 공동 보호 방안을 제안했는데, 일본의 보호국에서 벗어나려면 열강의 공동 개입으로 대한제국 문제를 국제 이슈로 만들어야 한다는 절박함이 담겨 있었습니다. 그러나 루스벨트와 미국 정부의 입장은 한국에 전혀 호의적이지 않았고, 이를 잘 알고 있었던 알렌도 한국을 위한 로비를 펼치기가 어려웠습니다. 결국 알렌은 로비 자금을 반납하고 1906년 2월 무렵 모든 활동을 중단했습니다.

미국으로부터 기대했던 답을 얻지 못한 고종은 수교를 맺고 있었던 모든 나라를 상대로 한반도 문제를 국제 이슈로 만드는 전략을 실천에 옮깁니다. 1906년 1월 고종은 『런던트리뷴London Tribune』지 기자였던 스토리Douglas Story를 통해 베이징 주재 영국 공사에게 5년간 열강이 공동 보호를 해 줄 것을 요청하는 국서를 보냈습니다. 미국이 거절했던 공동 보호 구상을 영국을 통해 실현하고자 했던 우회로였습니다. 그리고 고종은 헐버트에게 위임장을 전달해서 미국·영국·프랑스·독일·러시아·

오스트리아·이탈리아·벨기에·청 등 9개국 국가원수에게 친서를 전달하고, 나아가 헤이그의 상설 중재재판소에 대한제국 문제를 제소하는 임무를 맡겼습니다. 대한제국의 운명을 국제사회의 외교 중재로 해결하고자 했던 고종의 마지막 노력이었습니다. 고종의 특명을 받은 헐버트는 1907년 5월 8일 대한제국을 떠나 헤이그로 출발했고, 7월 10일경에는 헤이그에 나타나 특사단의 활동을 지원했습니다. 그러나 고종의 명령대로 중재재판소에 대한제국 문제를 제소한 흔적은 보이지 않으며, 각국 원수에게 보내는 고종의 친서도 전달되지 못했습니다. 헤이그 특사 사건의 여파로 고종이 7월 20일 자로 강제 퇴위되었기 때문에 친서 전달이 아무런 의미가 없었기 때문입니다. 고종이 9개국 원수에게 보낸 친서는 그때로부터 87년이 지난 1993년에 미국 컬럼비아대학교 도서관에서 발견되었습니다.

헤이그에서 열린 제2차 만국평화회의에 특사단을 파견하려고 했던 것도 만국공법과 국제사회의 조정 역할에 대한 고종의 기대를 보여줍니다. 만국평화회의는 세계 각국의 군비 확장을 제한하고 전쟁을 방지할 목적으로 1899년에 처음 열려 군비축소와 국제 중재재판소 설치 문제를 다루었지만, 당시 서구 열강이 아시아와 아프리카에서 식민지 쟁탈전을 벌였기 때문에 이 회의에서 마련한 대안이 큰 호응을 받지 못했습니다. 제2차 평화회의는 러일전쟁으로 촉발된 군사적 위험을 막기 위해 미국의 루스벨트 대통령이 먼저 제안했으며, 포츠머스조약 직후에 러시아가 이 회의를 주관하는 것으로 합의가 이루어졌습니다. 이를 알게 된 고종이 1905년 10월 불어학교 교사를 베이징 주재 러시아 공사에게 파견했고, 러시아 외무성이 전문을 통해 '대한제국의 주권 불가침을 인정하며 국제회의에서 한국의 견해를 밝힐 수 있도록 헤이그 국제회의에 대한제국 대표를 초청한다.'는 의사를 전달했습니다. 한국을 포함해서 세계 47개국이 모일 예정이었던 제2차 만국평화회의는 고종에게 일본의 불법적인 국권 침탈을 국제사회에 직접 호소할 수 있는 최고의 기회였습니다.

헤이그 특사는 국제사회의 외면을 어떻게 극복하려 했을까?

고종은 1907년 4월 법률에 밝은 이준을 헤이그 특사로 선발해서, 이미 1906년부터 블라디보스토크에 체류하던 이상설과 함께 러시아 수도 상트페테르부르크로 보냈습니다. 이들은 시베리아 횡단 열차를 이용하여 6월 4일 상트페테르부르크에 도착했고, 그곳에서 주러 한국 공사 이범진의 아들이자 세 번째 특사였던 이위종과 만났습니다. 국내에서 고종의 명령을 직접 받았던 사람은 이준이었고, 헤이그 현지에서 각국 대표와 언론을 상대로 통역과 연설로 외교 활동을 펼치는 임무는 이위종이 맡았으며, 특사 일행의 공식 대표는 이상설이었습니다.

특사단은 러시아 정부의 지원을 얻기 위해 15일간 상트페테르부르크에 체류하면서 교섭을 벌였지만 결국 니콜라이 2세를 만나지 못했습니다. 원래 1906년에 열릴 예정이었던 제2차 평화회의가 강대국들의 사정으로 1년 연기되면서 1907년 6월에 열리게 되었고, 일본과 만주 문제를 두고 비밀 협상을 진행했던 러시아가 일본과의 관계 개선에 낙관적인 전망을 하면서 입장이 바뀐 것이 문제였습니다. 특히 1906년 5월 러시아 외상으로 새로 취임한 이즈볼스키Aleksandr P. Izvolskii는 일본과 타협하는 쪽으로 외교 전략을 바꾼 상태였고, 그에 따라 6월 7일 주일 러시아 공사가 일본 외무대신에게 만국평화회의에 대한제국을 초청한 사실을 알리기도 했습니다. 물론 일본 정부는 한국의 만국평화회의 참석을 반대한다는 의사를 러시아에 전달했습니다.

이런 상황에서 러시아 정부는 헤이그 특사단의 요구를 외면하고 있었고, 이 사실을 몰랐던 특사단은 만국평화회의 참석을 더 이상 기다릴 수 없어서 6월 19일 상트페테르부르크를 출발했습니다. 특사단은 독일 베를린에 들러 공고사(탄원서)를 인쇄한 뒤, 만국평화회의 개최 열흘이 지난 6월 25일에서야 헤이그에 도착했습니다. 특사단은 만국평화회의 참석을 요청했지만, 만국평화회의 사무국은 초청국이 아니라는 이유로 한국 대표단의 입장을 거부했습니다. 그러나 6월 15일 개회식에서 만국평화회의 의장도 47개국 대표가 헤이그에 모였다고 언급해 한국을 정식 초청국으로 인정했고, 1993년 이준아카데미가 찾아낸 초청국 명단에도 한국이 12번째 국가로 기록되어 있었습니다. 러시아와 일본의 이해관계로 인해 '만국의 평화'를 외치는 국제회의에서도 '정식 초청국'이 외면받은 것입니다.

헤이그 특사단은 만국평화회의 의장인 러시아 대표 넬리도프 Aleksandr I. Nelidov 백작을 비롯하여 미국·프랑스·영국·독일 등 주요국 위원들과 면담을 신청했지만 모두 거절당했습니다. 만국평화회의 부회장은 특사단을 방문하여 "러시아는 대한제국의 운명을 전적으로 일본에 위임했으며 대한제국의 저항은 쓸모없는 것"이라는 러시아 정부의 입장을 전달했습니다. 소기의 목표를 만국평화회의 회의장에서 해결할 수 없게 되었음을 확인한 특사단은 회의장 밖의 국제 언론을 대상으로 적극적인 활동을 펼쳤습니다. 6월 27일 특사단은 준비한 공고사를 발표하고 유명한 저널리스트였던 윌리엄 스테드William T. Stead가 발행하는 『만국평화회의보Courrier de la Conference de la paix』에 일본의 국제법 위반 행위를 폭로했습니다. '네 번째 특사'였던 헐버트가 스테드를 미리 만나 한국 특사단의 임무와 활동을 보도해 달라고 사전에 조치를 취해 둔 것도 도움이 되었습니다. 공고사에는 각국 대표가 중재하여 일본을 탄핵함으로써 대한제국의 권리를 회복할 수 있도록 도와 달라는 호소가 담겨 있었습니다. 이 내용은 『만국평화회의보』 외에도 『런던타임스』, 『뉴욕헤럴드』 등에 실렸습니다. 또한 이위종이 7월 8일 '국제기자클럽'에 참석하여 1시간 동안 프랑스어로 진행한 연설 '한국의 호소A plea for Korea'도 각국 언론이 큰 관심을 보였고, 국제기자클럽 참가자들은 한국을 돕자는 결의를 만장일치로 채택하기도 했습니다.

국제기자클럽 다음 날, 그동안 특사들의 활동을 뒤에서 도왔던 헐버트가 신교도 회의 참석을 위해 영국으로 떠났습니다. 그리고 7월 14일, 숙소였던 드용 호텔에서 이준이 갑자기 숨을 거두는 비극이 발생했습니다. 이준의 죽음은 『만국평화회의보』와 현지 언론에서 "얼굴에 생긴 종양 수술이 원인이 돼 사망"했다는 보도와 전혀 다른 내용으로 한국에 알려졌습니다. 『대한매일신보』 1907년 7월 18일 자 호외는 "어제 동경전보를 접한즉 이준 씨가 분기를 이기지 못해 자결하여 만국 사신 앞에 열혈을 뿌려 만국을 경동하였다더라."라는 내용을 보도했고, 『황성신문』도 다음 날 같은 내용을 담은 기사를 실었습니다. 『대한매일신보』의 오보로 인해 한국인들은 오랫동안 이준의 죽음을 '할복'으로 알고 있었지만, 1956

년 문교부장관이 국사편찬위원회에 진상 조사를 요청하고 1962년 국사 편찬위원회가 발표한 조사 결과를 보면 할복이 아니라 분을 이기지 못해서 사망했다는 의미의 '분사憤死'였음을 확인할 수 있습니다.

우리는 왜 헤이그 특사 3인을 기억해야 할까?

갑작스럽게 순국한 이준의 유해는 3일 후 헤이그 공동묘지에 임시 안장되었습니다. 이준의 동생인 이운이 헤이그에 도착한 1907년 9월 6일에서야 장례식이 진행되었습니다. 그리고 이상설과 이위종은 헐버트와 함께 영국과 미국의 여러 도시들을 순방하면서 대한제국의 독립을 호소하며 헤이그 특사로서 마지막 임무를 수행했습니다. 헤이그 특사에 대한 우리의 기억은 여기에서 끝나는 경우가 많습니다. 그러나 법조인 이준, 정치인 이상설, 외교관 이위종이 우리에게 남긴 울림은 여기에서 그치지 않습니다.

이준의 유해는 순국 후 55년 만인 1963년 10월 4일에 다시 돌아와 국민장을 치른 후 서울 수유리 선열 묘역에 안장되었습니다. 1964년에는 서울 장충단공원에 이준 열사의 동상이 건립되었고, 1972년에는 헤이그 묘소에 흉상과 기념비가 세워졌습니다. 대검찰청도 이준 열사가 '우리나라 최초의 검사'라며 그의 흉상을 청동으로 제작하고, 그의 검사 임명장을 복원해 전시했습니다. 실제로 이준은 1895년에 최초로 설립된 법관양성소를 우수한 성적으로 졸업하고 한성재판소 검사보로 임명되었습니다. 그는 고관들의 비행과 불법을 적발하는 일에 앞장섰지만 탐관오리들의 중상모략으로 2개월 만에 검사직을 그만두었습니다. 그 후 독립협회 평의원, 만민공동회 활동, 보안회 활동, 신민회 활동 등 한국 근대사의 중요한 자리마다 그가 있었기에 대검찰청이 이준 열사를 '최초의 검사'로 높였던 것은 당연하다고 할 수 있습니다.

헤이그 특사단의 대표였던 이상설은 한말 정치인의 모범을 보여주었습니다. 1896년 그는 27세 나이로 성균관 교수 겸 관장이 될 만큼 성리학에 밝았으며, 신학문에서도 뛰어난 실력을 발휘해서 국제정치와 법률 분야에서 이름을 얻었습니다. 또한 수학 교과서인 『산술신서算術新書』를 집필해 '근대 수학교육의 아버지'로 불릴 만큼 다재다능한 능력을 가졌습니다. 을사늑약 이후에는 국외로 망명해서 1906년 북간도 룽징(용정)에 서전서숙을 세워 민족 교육에 헌신하기도 했습니다.

헤이그 특사의 임무를 마친 후 이상설은 1908년 미국에서 1년 남짓 머물면서 미주 한인 단체인 국민회 탄생에 기여했고, 1909년에 중국과 러시아의 접경지대에 최초의 독립운동 기지라 할 수 있는 한흥동을 건설했습니다. 1910년 6월 연해주와 북간도 일대의 의병을 하나의 군대로 통합해서 '13도의군'을 편성했으며, 강제 병합이 일어난 후에는 블라디보스토크에서 성명회를 조직해 활동하다가 러시아 정부에 체포되어 니콜리스크(현 우스리스크)로 추방되었습니다. 1911년 블라디보스토크로 돌아와 최재형, 홍범도 등과 함께 권업회를 창립하고 비밀리에 광복군 양성을 위해 사관학교를 운영했습니다. 1914년 제1차 세계대전 직전에 러시아와 일본의 전쟁을 예상하고 대한광복군 정부를 세워 책임자가 되었지만, 러시아와 일본이 동맹을 맺으면서 오히려 탄압을 당했습니다. 이상설은 중국 상하이로 이동해 1915년 신규식, 박은식 등과 함께 신한혁명당을 결성해 활동하다가 건강을 돌보지 못해 1917년 48세로 순국했습니다. 살아 있었더라면 임시정부의 대통령이 되었을 것이라는 아쉬움을 줄만큼 그는 훌륭한 정치인으로서 삶을 보여 주었습니다.

특사단의 막내 이위종은 뛰어난 외교관의 자질을 두루 갖추었습니다. 이위종의 아버지 이범진은 당시 러시아 사정에 가장 정통한 인물로 아관파천의 주역이었습니다. 1896년 이범진이 미국 공사로 발령받자 이위종도 미국에서 3년여 동안 생활했고, 이범진이 다시 유럽 주재 공사로 임명되어 프랑스로 갔다가 러시아 공사로 발령을 받자 이위종도 프랑스와 러시아의 중등학교와 군사학교에서 교육을 받았습니다. 그는 당시에 영어·프랑스어·러시아어 등 3개 국어, 심지어는 7개 언어를 자유자재로 구사할 수 있었던 유일한 한국인이었습니다. 그는 아버지를 수행하면서 한국 공사관 관리로 활동했으며, 1905년 러시아 귀족 놀켄 백작의 딸과 국제결혼을 했던 특별한 인물이기도 했습니다.

헤이그 특사 이후 이위종의 행적은 뚜렷하지 않습니다. 그의 부친 이범진은 강제 병합 소식을 듣고 자결했으며, 수만 루블을 국내와 해외의 독립운동 단체·학교·신문사 등에 기증했습니다. 이위종은 블라디보스토크에서 항일운동에 가담하다가 1911년 권업회가 창립되자 이상설과 함께 참여해 활발한 독립운동을 펼쳤습니다. 러시아 측 자료에 따르면 이위종의 말년과 연관되는 내용이 소개되기도 했습니다. 즉 '이위청'이라는 붉은 군대의 사령관이 모스크바에서 열린 집회에서 한국의 독립을 주장하는 연설을 했다는 것입니다. 그러나 이 자료의 '이위청'이 이위종인지는 더 깊이 연구되어야 할 부분입니다. 2017년 5월 이위종 탄생 130주년을 맞이해서 그를 주인공으로 삼은 뮤지컬 〈밀사-숨겨진 뜻〉이 공연되기도 했습니다.

고종은 강제 퇴위 후에 국권 수호를 위해 어떤 활동을 했을까?

고종은 헤이그 특사 사건으로 인해 곤경에 처했고, 통감부와 친일 내각의 '가짜 양위식'으로 강제 퇴위되었습니다. 우리가 역사 수업을 통해 알고 있는 고종의 활동은 여기까지입니다. 그러나 강제 퇴위 후에도 고종이 후기 의병을 적극 독려하고 지원한 사실이 통감부 문서에 자세히 전해집니다. "궁중의 잡배들이 (황제의) 밀칙을 받들고 재야의 야심가와 비밀히 공모하여 각 방면에서 종종의 운동을 하고 있다. …… 또 잡배들을 끌어들여 의병을 선동하여 음으로 일본에 반대 행위를 하였다."에서 볼 수 있듯이, 고종은 밀칙으로 의병을 일으키고 활동 자금을 지급해 그들을 후원하면서 후기 의병의 전국적인 활동을 배후에서 지원했습니다.

통감부의 의심처럼 고종은 정치적 위기 상황에서 의병과의 연결 수단으로 밀칙을 사용했습니다. 얼핏 생각하면 최고 권력자가 밀지를 이용해 외세에 저항하는 방법이 소극적인 대응이라고 여겨질 수 있지만, 밀칙은 일제의 감시를 뚫는 비상수단으로 활용되었습니다. 고종은 전기 의병 때에는 을미사변 이후 일제의 감시로 연금된 상태였고, 을사늑약 이후에는 통감부의 간섭이 본격화되면서 공식적인 방법을 활용할 수 없었으며, 이제는 강제로 퇴위되어 통감부의 감시하에서 일제에 대한 저항을 도

모해야 했습니다.

고종은 강제 퇴위 직후 강원도에서 활동하던 의병장 이강년에게 밀칙을 내려 7도의 전권을 위임하는 도체찰사로 임명하고, 의병을 모집해 항전할 것을 명령합니다. 이 밀칙에서 주목할 점은 그 이전까지 고종의 밀칙은 그저 의병을 격려하는 정도였지만, 이강년에게 전한 밀칙에서는 명령에 복종하지 않는 관찰사나 수령에 대해 참수할 수 있는 권한까지 부여해서 의병 봉기를 적극적으로 추진했다는 사실입니다. 이강년은 이 밀칙을 받고 감격해서 눈물을 흘리며 여러 장병들 앞에서 밀칙의 내용을 전했는데, 병사들도 감격해서 모두 죽도록 싸우기를 결심했다고 합니다. 고종의 밀칙이 당시 의병들에게 국권 수호를 위해 끝까지 투쟁할 수 있는 강한 동기를 부여했음을 엿보게 합니다.

또한 13도창의대장으로 추대되었던 이인영도 고종의 밀칙을 받은 것으로 보입니다. 이인영이 일제에 체포된 후 조사를 받는 과정에서 조사관은 "허위의 말에 의하면, 이인영이 김명성을 사자로 보내 이번에 이인영에게 조칙이 내렸으므로 전국에 통문을 보내 달라고 말했다고 하는데 사실인가?"라고 질문합니다. 이인영은 이 밀칙을 받았다는 사실을 부인하고 있지만 당시 13도창의군에 참여했던 다른 사람들의 기록을 보면 이인영이 밀칙을 받았을 가능성이 매우 높습니다. 이러한 사실은 전국 각지에서 활동하던 양반 유생들의 의병 부대가 왜 하나의 구심점으로 연합하려고 했는지 단서를 제공해 줍니다.

그리고 일부 역사학자들은 13도창의군이 펼친 서울 진공 작전도 고종황제의 파천을 위한 일종의 성동격서聲東擊西 전략이 아니었을까 추정하기도 합니다. 을미의병으로 아관파천이 성공적으로 진행될 수 있었던 것처럼, 일본군을 서울 외곽으로 끌어내 궁궐 수비를 약화시킨 후 고종의 다음 행보를 쉽게 하려는 전략이었다는 것입니다.

13도창의군의 활동과 고종의 새로운 파천 계획이 어떻게 맞물려 진행되었는지는 더 많은 연구가 필요합니다. 하지만 이 사건에서 주목할 수 있는 한 가지 사실은 의병 투쟁 과정에서 나타난 중앙 세력과 재야 세력의 연대 문제입니다. 성리학적 이념을 공유하며 중앙집권적 왕조 국가의 틀로 운영된 대한제국에서 전국적 무장투쟁이 원활하게 추진되려면 중앙의 정치적·경제적·군사적 후원이 뒷받침되어야 했기 때문입니다. 특히 후기 의병의 경우처럼 장기간의 항쟁이 요구되는 상황에서 의병이 서로 연합해 전국적인 규모를 이루려면 중앙 세력의 지원과 협조가 투쟁의 정통성을 확보하는 데 필수적이었을 것입니다. 고종의 밀칙과 자금 지원은 이 조건을 채울 수 있었던 핵심 요소였을 것입니다.

고종은 왜 러시아 망명을 준비했을까?

13도창의군의 활동이 고종의 파천 계획과 맞물려 있을 것이라는 주장은 그 이후에 등장하는 고종의 러시아 망명설과도 자연스럽게 연결됩니다. 1908년 후반부터 고종이 배편이나 육로로 러시아 망명을 준비한다는 정보가 러시아 정부에 보고됩니다. 당시 러시아는 제2차 러일협상을 진행하면서 일본에 한국 병합을 인정해 주는 대가로 북만주와 몽골에 대한 자국의 권한을 지키려 했는데, 고종이 러시아로 망명하면 한·러 국경 지역에 군사적 긴장이 더 커질 것을 우려했습니다. 반면 고종은 한일 병합으로 인해 주권이 완전히 상실될 상황에서 러·일 간의 협상을 막고, 병합 이후를 대비할 수 있는 특단의 조처를 찾을 수밖에 없었습니다.

1910년 6월 고종의 특사 이갑은 현상건과 함께 상하이 주재 러시아 상무관 고이에르L. V. von Goyer를 방문해서 고종의 러시아 망명 계획을 밝혔습니다. 이갑은, 고종이 망명 자금과 가족 문제로 망명을 실행하지 못했지만 비밀단체를 만든 해외 거주 한인들이 '총대장'인 자신의 망명에 필요한 비용을 지원할 것이라고 판단해서 망명할 결심을 굳혔다고 전합니다. 당시 한국인 약 4만 5000명이 연해주에 정착해 있었고, 헤이그 수석대표였던 이상설이 미국의 국민회 대표 정재관과 함께 연해주에서 한인 독립운동 단체들을 통합하고 있었기 때문에 고종은 망명정부를 세울 수 있겠다는 나름의 계산을 했던 것으로 보입니다.

또한 이갑은 제2차 러일협상을 중단할 것을 요청하는 고종의 친필 서신을 러시아 황제에게 보내려고 했지만, 고이에르는 러일협약 체결을 진행하던 주일 러시아 대사를 곤경에 빠뜨릴 것을 우려해서 이를 거절합니다. 그러나 이갑은 고이에르의 거절에 좌절하지 않고 상트페테르부르크로 직접 가서 고종이 그에게 부여한 임무를 완수할 것이라고 통보합니다.

이갑이 제안한 또 다른 안건은 연해주 지역 한인들이 러시아군과 협력해서 한반도 북부에 있는 일본군의 동향을 공동으로 감시하는 문제였습니다. 고이에르는 이갑이 제안한 사안들이 설득력이 있다고 판단해서 그를 연해주 군 당국자들과 연결시켜 주었습니다. 이미 1910년 중반부터 러시아 육군성을 중심으로 러시아 극동 지역의 방위를 위해 연해주 이주 한인들을 적극 활용하려는 계획이 논의되고 있었습니다. 한국의 의병들을 활용해서 일본의 힘과 자원을 의병 투쟁에 쏟게 하고 러시아의 지휘를 받는 한인 정보망을 이용해 일본의 군사전략 정보를 획득하자는 것이었습니다. 이갑의 계획은 러시아 육군성의 생각과도 일치해서, 육군성의 적극적인 지지를 받았습니다.

1910년 6월 하순 러시아 정부는 육군성이 제안한 연해주 한인의 활용 및 지원 계획을 본격적으로 논의하기 위해 내각회의를 열었습니다. 이 회의에는 스톨리핀Pyotr A. Stolypin 총리를 비롯하여 육군성과 외무성의 장관, 프리아무르주(연흑룡강주) 총독이 참여했는데, 대부분은 육군성의 계획에 부정적인 반응을 보였습니다. 협상을 통한 일본과의 새로운 관계를 모색했던 외무성이나 극동 지역에서 황인종 유입을 금지시키기로 한 극동이주위원회의 결정을 고려해야 한다는 총리의 의견이 일본과 전쟁을 준비했던 육군성의 주장에 제동을 걸었기 때문입니다. 또한 연해주를 감독하고 있던 프리아무르주 총독이 연해주 한인들의 충성심에 부정적인 의견을 제시함으로써 육군성이 구상했던 계획은 결국 거부되었습니다.

육군성의 계획이 좌절된 후 연해주 지역 한인들은 불리한 상황에서도 의병 세력을 통합해서 일본군에 맞설 준비를 계속 이어 갔습니다. 1910년 7월 21일 유인석·이상설·이범윤 등을 중심으로 북간도와 연해주의 의병이 결집한 '13도의군'이 편성되었습니다. 유인석과 이상설은 연명으로 고종에게 상소를 올려 13도의군이 창설되었음을 밝히고 군자금을 부탁하는 한편, 연해주로 조속히 파천하여 망명정부를 세워서 독립운동을 이끌어 달라고 요청했습니다.

그러나 고종의 러시아 망명 계획은 이미 6월 중순에 러시아에 전달되었음에도 불구하고 실현되지 못하고 있었습니다. 고종이 우려했던 러일협상이 타결되어 7월 4일 협약 체결을 앞둔 시점에서, 러시아와 일본이 한국 문제에 대한 각종 정보를 공유했을 가능성이 높기 때문입니다. 실제로 1910년 8월 25일 상트페테르부르크 주재 일본 공사가 러시아 외무성을 방문하여 연해주의 한국인들이 한일 병합을 계기로 봉기하면 저지해 줄 것을 요청하자, 러시아 정부는 한일 강제 병합과 더불어 인근 지역에 계엄령을 선포하고 8월 30일 블라디보스토크의 한인 마을을 전격 수색해서 유인석·이상설·이범윤 등 13도의군 핵심 인물들과 한인 독립운동 지도자 42명을 불법 단체 가담 혐의로 체포했습니다. 결국 연해주에 합법적인 항일 투쟁 공간을 확보하여 망명정부를 수립한 후, 러시아 정부와 협력하여 일본에 맞서려고 했던 고종의 구상은 결국 좌절되었습니다. 그러나 고종의 연해주 망명정부 구상은 1914년 블라디보스토크에서 이상설이 주도한 대한광복군 정부 수립으로 이어졌습니다.

많은 이들이 헤이그 특사 파견을 당시의 냉혹한 국제 현실을 제대로 이해하지 못한 이상적인 행보였다고 비판한다. 그런데 45년간 산전수전 다 겪은 국왕, 한국 최초의 검사, 최고 역량을 지닌 정치인, 7개 언어에 능통했다는 천재 외교관, 이들은 누구나 쉽게 이해할 수 있는 그 사실을 몰랐기 때문에 만국평화회의에 희망을 품었던 것일까?

| 헤이그 특사 이준, 이상설, 이위종 (왼쪽부터)

21장

안중근은 마지막 순간에
왜 '동양의 평화'를 강조했을까?

"무릇 나라의 원수가 된 이상에는 비록 공자 예수라도 이를 성인으로 보지 않고 흉악한 원수로 보며, 천신으로 알지 말고 악마로 알며, 그와 같이 내가 서지 않으리라는 혈분血憤을 가져야 원수를 갚을 날이 있을 것이거늘, 이제 망국을 당하여 이런 연설이 없을 뿐만 아니라 이런 심리까지도 없다. 만일 있다 하면 안응칠 하나뿐이다."

신채호는 안중근의 혈분과 의열 활동을 높이 사서 그를 국가 존망의 위기에서 살신성인한 의사義士로서 평가했다. 그러나 안중근을 관통하는 핵심이 의열 투쟁보다 평화 사상에 있다고 보는 시각도 있었다.

"안중근은 역사에 근거하면 몸을 바쳐 나라를 구한 '지사志士'라고 말할 수 있고, 또한 한국을 위하여 복수한 '열협烈俠'이라고도 말할 수 있다. 그러나 나는 이런 것이 안중근을 다 설명하기는 부족하다고 생각한다. 안중근은 세계적인 식견을 가지고 스스로 평화의 대표로 나선 사람이다."

신채호와 동시대인이었던 박은식은 왜 안중근을 "세계적인 식견을 가지고 스스로 평화의 대표로 나선 사람"이라고 설명했을까?

안중근은
왜 하얼빈으로 갔을까?

1909년 10월 26일 아침 9시 30분 무렵, 하얼빈 역에서 총성 일곱 발이 울려 퍼졌습니다. 탄환이 향한 대상은 일본 초대 내각의 총리이자 한국통감부의 초대 통감이었던 이토 히로부미였습니다. 만주 문제를 논의하기 위해 러시아 재무대신과 함께 하얼빈 역에 도착해 의장대 사열을 받는 순간, 탄환 세 발이 그의 오른쪽 가슴과 배에 정확하게 명중하면서 이토는 숨을 거두었습니다. 삼엄한 경계망을 뚫고 이토에게 접근해서 그의 가슴을 향해 방아쇠를 당긴 이 대범한 청년은 "꼬레아 우라!(대한 만세!)"라는 말을 외치고 러시아 헌병에게 체포되었습니다. 그 인물이 네 번째 손가락이 잘린 손도장과 함께 '대한국인 안중근大韓國人 安重根'이라고 쓴 유묵으로 유명한 바로 그 주인공입니다.

안중근은 1879년 황해도 해주에서 태어났습니다. 안중근은 청소년기까지 부친이었던 안태훈의 영향을 많이 받습니다. 안태훈은 성리학을 익혔지만 1884년 일본 유학생을 선발할 때 그 대상자로 선정될 만큼 신문물의 수용에도 적극적인 인물이었고, 안중근도 부친의 영향을 받아 개화사상에 밝았습니다. 또한 안태훈이 천주교에 입교하면서 안중근도 천주교를 받아들였고, '도마'라는 세례명으로 다양한 종교 활동에 참여했습니다.

1904년 러일전쟁이 일어나자 안중근은 해외 망명을 결심하고 산둥을 거쳐 상하이로 건너가 천주교 관계자들과 함께 일제의 만행을 세계에 알리는 활동을 했습니다. 그러나 1906년 1월 부친의 별세로 귀국해,

그 후로 실력양성론에 동조하며 애국계몽운동을 통해 독립 사상을 고취시키는 일에 앞장섰습니다. 1906년 3월 고향을 떠나 평안도 진남포로 옮겨 와 서우학회에 가입했고, 학교를 설립해서 교육 운동을 전개했습니다. 또한 평양에 석탄을 채굴하여 판매하는 광산 회사를 설립하기도 했고, 1907년 국채보상운동이 전국적으로 확산되자 국채보상기성회 관서지부를 조직하기도 했습니다. 실력양성론자들이 강조한 모든 활동 영역에서 그는 헌신적으로 임했습니다.

그러나 고종황제가 강제로 퇴위당하고 정미7조약 등으로 국가의 멸망이 더욱 가까워지자, 안중근은 서울로 와 이동휘 등 신민회 인사들과 대책을 협의했습니다. 고심 끝에 그는 국권 회복 운동의 방법을 애국계몽운동에서 독립 전쟁으로 전환합니다. 1907년 말 그는 연해주로 망명해서 한인촌을 유세하며 의병을 모집했고, 유력 인물이었던 최재형의 재정 지원으로 1908년 봄 의병 부대를 조직했습니다. 간도 관리사를 지냈던 이범윤을 총대장으로 삼고, 자신은 참모중장을 맡아 의병 부대를 실질적으로 지휘했습니다. 그는 300명 규모 의병 부대를 이끌고 연해주를 근거지로 군사훈련을 실시하면서 국내 진공을 준비하다가, 1908년 6월 제1차 국내 진공 작전을 펼쳐서 함경도 경흥에 주둔하던 일본군 수비대를 상대로 큰 전과를 올렸습니다. 그리고 같은 해 7월 홍범도 의병 부대와 연락을 취하면서 제2차 국내 진공 작전을 전개했는데, 함경북도 경흥과 신아산 일대의 일본군 수비대를 기습 공격해서 일본군 10여 명과 일본 상인들을 생포하는 성과를 얻습니다.

그런데 안중근은 이 일본군 포로들을 만국공법에 따라서 석방하는 결정을 내렸고, 이 때문에 의병 부대의 위치가 알려지면서 일본군의 공격을 받아 안중근의 부대는 대패하고 말았습니다. 온갖 고생을 하며 일부 부대원들과 함께 본거지로 귀환한 후 의병 부대를 다시 조직하려고 했지만, 일본군 포로를 석방한 의병장에게 군자금을 대는 사람도, 그 부대에 지원하는 병사들도 없었습니다.

안중근은 블라디보스토크에 머물면서 언론 및 교육 활동에 참여하는 한편, 1909년 3월 동지 11명과 함께 손가락을 자르는 '단지 동맹'을 맺습니다. 그는 침략의 원흉 이토를 제거할 것을 단지의 피로써 맹세하면서 3년 이내에 이를 성사하지 못하면 스스로 목숨을 끊어 국민에게 속죄하겠다고 서약합니다. 그러던 중 1909년 9월 이토가 만주에 시찰하러 온다는 소식을 듣고, 그를 제거하기 위한 구체적인 준비 작업에 착수했습니다. 안중근은 연해주의 민족 신문이었던 『대동공보』의 인사들과 이 계획을 실행에 옮겼는데, 대동공보사 사장 유진율이 자금과 권총을 제공했고 사원 우덕순 등이 하얼빈행에 함께했습니다. 그리고 단지의 피로 맹세한 것처럼 마침내 이토 히로부미를 사살하게 된 것입니다.

왜 1910년대 전후를 '암살의 시대'라고 할까?

안중근의 의거는 그저 일회성으로 일어난 사건이 아닙니다. 한 역사학자가 1907년 이후의 연쇄적인 의거를 '암살의 시대'라고 지칭했던 것처럼, 그의 의거는 한국의 주권을 지키려 했던 여러 의사들의 헌신이 상호 연결되었던 정점에 위치해 있었습니다.

1905년 을사늑약 체결 후, 국권을 팔아 개인의 이익을 도모했던 '을사오적'을 직접 처단해야 한다는 의지를 가진 이들이 나타났습니다. 1906년 초부터 기산도를 비롯해 여러 인물들이 을사오적의 목숨을 노렸고, 1907년 3월에는 훗날 나철이라는 이름으로 대종교를 창시했던 나인영을 중심으로 '감사의용단敢死義勇團'이라는 단체가 결성되어 을사오적의 집에 폭탄을 보내거나 저격에 나섰습니다. 통감부가 을사오적의 집에 군대를 보내 철저하게 보호했기 때문에 '오적 암살단'이라고도 불렸던 감사의용단의 거사는 대부분 실패했습니다. 그러나 이것을 시작으로 일제 침략자와 그 앞잡이를 처단하려는 애국자들의 의혈 활동은 계속 이어지게 됩니다.

'죽음을 무릅쓰고 정의를 용기 있게 실천하려는 이들'은 한국에만 있지 않았습니다. 태평양 건너 미국 땅에도 한국 청년들이 국권을 위협한 자들에 대한 뜨거운 분노를 품고 있었습니다. 일제가 외교고문으로 초빙했던 미국인 스티븐스는 1908년 3월 샌프란시스코에 도착해서 신문 기고와 기자회견을 통해 일본의 한국 통치를 미화했습니다. 그는 "한국 황실과 정부는 부패했고 한국은 국민들이 우매하여 독립할 자격이 없는 나라다." 등의 망언을 공개적으로 주장했고, 이에 격분한 한국인 교포들은 대표자를 뽑아 스티븐스에게 항의했습니다. 그러나 스티븐스가 이완용과 이토 때문에 한국인들이 행복하다는 등의 망언을 계속하자 대표 중 한 사람이 그를 구타했으며, 이에 놀란 스티븐스는 워싱턴으로 떠나려고 했습니다.

스티븐스가 오클랜드 역 안에 들어섰을 때 한국 청년 전명운이 먼저 권총을 쏘았지만 불발에 그쳤습니다. 그런데 또 다른 한국 청년 장인

환이 다시 3발을 쏘아 2발을 스티븐스의 가슴과 허리에 관통시켰지만, 나머지 1발은 전명운의 어깨를 맞혔습니다. 병원으로 후송된 스티븐스는 결국 죽음을 피하지 못했습니다. 이 사건으로 전명운은 무죄로 석방되었고, 장인환은 2급 살인죄로 25년 징역형을 선고받았다가 10년 형으로 감형되어 1919년에 출옥했습니다. 그 이전까지 알지 못했던 두 애국자가 같은 뜻을 품고 한 장소에서 만난 것도 놀랍지만, 한 사람은 암살에 성공하고 다른 한 사람은 그의 총을 맞게 되는 인연도 기이합니다. 그런데 총을 맞았던 전명운이 의거 직후 러시아 연해주로 건너가 안중근 의사와 만나게 되고, 전명운에게 연결된 안중근이 이후 이토를 사살하게 되는 연쇄 과정은 마치 한 편의 드라마 같습니다.

그러나 안중근 의거로 '암살의 시대'는 끝나지 않습니다. 이토가 사살된 지 두 달도 지나지 않은 1909년 12월 22일에 이완용을 제거하려는 시도가 있었습니다. 그날 명동성당에서는 벨기에 황제 레오폴트 2세의 추도식이 열렸습니다. 이완용은 이 추도식에 참석한 뒤 인력거를 타고 집으로 돌아가던 중이었는데, 한 청년이 인력거 뒤에서 달려와 단도로 이완용을 여러 번 찔렀습니다. 이를 지켜보던 인력거꾼이 달려들어 청년을 제지했지만, 청년은 인력거꾼의 어깨를 찔러 쓰러뜨린 뒤 다시 이완용에게 달려들어 오른쪽 신장 부분을 칼로 찔렀습니다. 이완용을 죽였다고 생각한 청년은 '대한 독립 만세!'를 외쳤는데, 하필이면 인근에서 호위하던 순사들이 달려들어 청년을 격투 끝에 체포했습니다. 이 청년이 바로 이재명입니다.

신기한 것은 이재명도 이토 히로부미를 처단하기 위해 원산을 거쳐 블라디보스토크로 건너가 기회를 엿보고 있었는데, 안중근의 의거 소

418

식을 듣고 귀국해서 다른 대상을 물색하다가 이완용을 선택했다는 사실입니다. 다량의 출혈로 목숨까지 위태로웠던 이완용은 50여 일 동안 치료를 받고 퇴원했지만, 이재명은 사형 판결을 받고 1910년 9월 21일 서대문형무소에서 순국했습니다. 그러나 의열 투쟁의 연쇄 고리는 이것이 끝이 아니었고, 끝일 수도 없었습니다.

안중근을 테러리스트라고 할 수 있을까?

안중근이 사살한 이토 히로부미는 근대화의 영웅이자 초대 총리를 역임한 거물 정치인이었습니다. 우리는 안중근의 사살 행위를 '의거'라고 부르지만, 반대편의 입장에서는 '테러'라고 부릅니다. 한국의 '의사'가 감행한 영웅적인 행동은 일본의 관점에서는 '테러리스트'가 자행한 만행이 되는 셈입니다. 실제로 일본의 언론 보도·재판·공식 기록물·연구 자료 등에서 안중근의 의거에 대부분 '테러'라는 딱지를 붙입니다. 그런데 의거와 테러의 차이는 과연 무엇일까요?

테러의 정의만 해도 현재 약 100여 가지가 있다고 합니다. 그중에서도 유엔 평화작전요원 훈련 교재에서는 테러를 '민간인을 상대로' 각종 피해(사망, 중상, 인질 등)를 입혀 특정인이나 집단에게 공포를 일으킴으로써, 소기의 목표를 달성하고자 하는 범죄행위라고 규정하고 있습니다. 현대의 테러는 중동의 자살 폭탄 테러처럼 불특정 다수의 민간인을 상대로 공포감을 극대화하기 위한 전략적 행위에 적용되는 것입니다.

그러나 많은 학자들은 민간인을 대상으로 삼는 테러 행위에서도 이러한 행동이 왜 일어났는지 그 이유를 찾으려고 애씁니다. 테러 행위로 인한 피해도 중요하지만, 테러가 일어나게 된 근본 원인을 찾는 것도 그만큼 중요하다고 판단하기 때문입니다. 국제사회에서 발생하는 테러의 상당수는 강대국들의 횡포에 대한 약자들의 대응으로 선택되는 경우가 많기 때문에 일부 학자들은 "전쟁이 정당화될 수 있다면 테러도 정당화될 수 있다"고 주장하기도 합니다. 이러한 맥락에서 "전쟁은 강자의 테러요, 테러는 약자의 전쟁"이라는 주장도 등장했습니다.

안중근은 민간인을 상대로 피해를 준 것이 아님에도 불구하고, 일본 여론은 의거 당시부터 그에게 '테러리스트'라는 이미지를 씌웠습니다. 이토는 일본의 관점에서는 유능한 정치인이었기 때문에 그가 안중근에게 사살되자, 일본 여론은 안중근에게 악당이나 암살자에게나 붙이는 '흉한兇漢'이라는 단어를 사용했습니다. 일제는 이토가 죽게 된 이유를 안중근이 주장하는 '한국 침략'이나 '동양의 평화'라는 대의명분과 연결시키는 것을 막고자 했습니다. 그래서 이토의 죽음은 그저 개인적인 충동에 이끌린 '살인자 안중근' 때문에 발생한 것이어야 했습니다.

이토가 안중근의 총탄에 쓰러진 지 꼭 30년이 되었던 1939년 10월 16일, 이토의 죽음을 추모하는 위령제에서 안중근의 아들 안준생이 이토의 아들에게 허리를 숙인 채 악수를 받는 장면이 연출되었습니다. 다음 날 일본 신문들이 일제히 선택한 제목은 '테러리스트 안중근의 자식이 아비 대신 용서를 구했다.'였습니다. 일제는 모든 수단과 방법을 동원해서 안중근을 '테러리스트'의 범주 안에 가둬 두려고 했습니다. 오늘날의 일본 정부도 이 전통에서 벗어나지 않습니다. 2014년 중국이 하얼빈 역 건물 안에 안중근 의사 기념관을 건립하자 일본 정부의 관방장관은 "안중근은 테러리스트"라고 발언했습니다. 일본인들이 디테일에 강하다는 평가를 받지만, 유독 의거와 테러의 차이가 무엇인지 구분하는 것만은 그들의 난제인 듯합니다.

안중근이 재판 당시에 했던 답변을 보면 그의 행동이 왜 테러가 아닌지 알 수 있습니다. 그는 이토 사살을 순간적이고 개인적인 충동으로 일으킨 것이 아니라, 일본이 고종황제를 폐위한 3년 전부터 생각했으며 결코 한 개인이 아니라 대한제국 의병 참모중장의 자격으로 결행한 것이라고 주장했습니다. 따라서 자신을 '일개 살인자'로 다루지 말고 의병 참모중장으로서 독립 전쟁을 수행하다가 '적군의 전쟁 포로'가 된 사람으로 대우해 달라고 요구했습니다. 1899년 제1차 만국평화회의에서 채택된 '포로에 관한 법'에 따라 한·청·일 어느 나라의 법도 아닌 만국공법에 의해 재판해 달라는 것이었습니다. 그의 주장은 자신의 배후에 대한제국 의병 조직이 있다는 사실을 철저히 무시하고 개인에 의한 테러 사건으로 의미를 축소하기 위해 만국공법이 아닌 일본 국내법을 적용해서 뤼순 법정에 자신을 세운 일제에 대한 반격이었습니다.

사건의 이해 당사자인 두 나라의 입장이 팽팽하게 맞설 때는 제3자의 관점이 중요합니다. 그래서 당시 안중근 재판을 지켜보았던 국제 언론의 분석을 살펴볼 필요가 있습니다. 호당 15만 부를 발간하던 영국 최대의 주간지 『그래픽The Graphic』의 기자 찰스 모리머Charles Morrimer는 재판을 참관한 후 "세기적인 재판의 승리자는 안중근이었다. 그는 영웅의 월계관을 거머쥔 채 자랑스레 법정을 떠났다. 그의 입을 통해 이토 히로부미는 한낱 파렴치한 독재자로 전락했다."고 썼습니다. 그리고 그는 "이 사건으로 인해 재판에 오른 건 다름 아닌 일본의 현대 문명이었다."고 결정타를 날렸습니다.

중국 상하이 『민우일보民吁日報』는 1909년 10월 29일 사설에서 "국제상에서 종종의 정치혁명이 다시 일어나는데 혁명군의 흥기가 어렵고 효과가 크지 않음을 검토하여 암살 사건을 일으키게 되었다. 그러므로 암살은 혁명군의 보충적인 방법으로 된 한 가지 기능이다."라고 전하며, 마치 오늘날의 학자들이 테러의 이유를 찾으려는 것처럼 '암살'의 정당성을 언급했습니다. 또한 톈진의 『대공보大公報』는 1910년 2월 1일 자로 "이토는 권총에 맞아 죽었으니 이것은 한국 독립 전쟁의 서막이라 하겠다."라고 보도하면서, 안중근의 이토 사살이 한 개인의 행위가 아니라 한국 독립 전쟁의 연장선임을 밝혔습니다.

당시의 만국공법에는 "조국의 독립을 지키고 그 존립을 유지코자 자위를 위하여 하는 전쟁은 국제법상 정당한 행위다."라고 규정되어 있었습니다. 중국 언론이 '이토는 전쟁터에서 죽었다.'는 사실을 계속 강조했듯이, 제3자의 관점에서도 안중근의 의거가 개인적 복수를 넘어 국가 간의 전쟁으로 인식되었다면 그의 행위는 '의거'이며 국제법상 정당한 행위였습니다.

안중근의 동양 평화론은 이토의 동양 평화론과 무엇이 달랐을까?

1910년 2월 14일 안중근은 사형을 선고받았습니다. 그리고 3월 26일 오전 10시 사형이 집행되던 순간, 안중근은 순백의 조선 옷을 입고 형장에 나타났습니다. 마지막으로 말하고 싶은 것이 있냐는 교도소장의 질문에 안중근은 "동양 평화를 위해 만세 삼창을 하고 싶다."고 말했지만 받아들 여지지 않았습니다. 안중근은 3분간 묵념하고 교수대에 올랐습니다. 마지막 순간까지 공을 들였던『동양 평화론』을 미완성으로 남겨 둔 채였습니다.

안중근은 144일간 뤼순 감옥에 수감되어 있으면서 자서전인『안응칠 역사』와『동양 평화론』을 집필했습니다. 자서전은 완성되었지만, 총 5 장으로 구상했던『동양 평화론』을 완성하기 위해서 1개월 정도가 더 필요하다고 생각해서 공소권을 청구해 그 기간에 집필을 마치려 했습니다. 뤼순 고등법원장 히라이시平石氏人가 글이 완성될 때까지 수개월이라도 사형 집행일을 늦춰 주겠다고 약속해 안중근은 이 말을 믿고 공소권 청구를 포기합니다. 그러나 일제는 그것마저 지키지 않았고, 그 결과 우리는 안중근이 계획했던 5장 중 1장의 서序와 2장의 전감(前鑑, 본받을 만한 사례)만 볼 수 있을 뿐『동양 평화론』의 본문과 만날 수는 없습니다.

안중근이 주장한 동양 평화는 모든 아시아 국가들이 대등한 독립 상태에서 공존하는 것을 전제로 삼고 있습니다. 어느 한 나라라도 독립하지 않으면 동양 평화라고 할 수 없다는 것입니다. 동양에 속한 모든 국가의 독립을 최우선으로 여겼다는 점에서 안중근의 동양 평화론은 이토의 동양 평화론과 결을 달리합니다. 이토도 동양 평화를 주장하며 동양 인종의 일치단결과 아시아의 연대를 통해 구미 열강의 침략을 막자고 강조합니다. 또한 서둘러 문명개화를 이룩해서 자주독립해야 한다고 강조하면서, 러일전쟁 이전까지 한국의 독립을 동양 평화의 필수 조건으로 삼기도 했습니다.

그러나 이토의 동양 평화론은 문명개화의 만형인 일본을 '중심'으로 하는 연대였고, 이 중심은 힘을 바탕으로 언제나 침략주의로 돌변할 수 있는 것이었습니다. 이토의 동양 평화론은 겉으로는 '평화'를 내세우지만 이면에는 '중심'과 '우위'를 앞세워 '일본우선주의'를 위장한 것이었습니다. 안중근이 이토를 처단한 것은 이웃 나라를 해치는 것이 동양 평화를 위한 것이라는 억지 논리의 가면을 벗기기 위함이었습니다.

안중근은 동양 평화를 실현하기 위한 구체적인 방법으로 만국평화회의와 유사한 '동양평화회의'를 만들 것을 제안했습니다. 헤이그 특사 사건으로 만국평화회의의 한계를 간파하고 있었던 그는 동양평화회의가 실질적으로 운영될 수 있는 구체적인 대안을 제시했습니다. 그가 우선 주목한 것은 동양평화회의가 위치할 장소였습니다. 만국평화회의가 네덜란드 헤이그에서 개최되었던 것처럼 동양평화회의도 개최 장소가 필요했는데, 안중근이 주목했던 곳이 바로 자신이 수감 생활을 하던 뤼순이었습니다. 그는 청일전쟁과 러일전쟁의 격전지였기 때문에 갈등의 정점에 있던 뤼순을 평화의 장소로 뒤바꾸는 역발상을 내놓았습니다. 일본이 러일전쟁의 승리로 차지한 뤼순항을 청에 돌려준 뒤 동아시아 3국이 공동으로 관리하는 항구로 설정하고 세 나라에서 각각 대표를 파견해서 평화회의를 조직하자는 아이디어는 이해관계만 조정될 수 있다면 탁월한 의견임에 틀림없습니다. 동양평화회의를 운영하는 재정은 3국의 국민에게 회비로 1원씩 모금하고, 그 회비를 이용해서 은행을 설립하고 공용 화폐를 발행하면, 금융과 산업이 발전해서 재정 문제를 극복할 수 있다고 생각했습니다. 현재 유럽연합이 채택하고 있는 유로화의 방식을, 안중근은 동아시아 공동체를 구상하며 이미 진지하게 모색했던 것입니다.

안중근이 그다음으로 제안한 것은 서구 열강의 침략으로부터 동양의 평화를 지키기 위해서 동아시아 3국의 청년으로 군대를 편성하고 공동 방위 체제를 구축하자는 것이었습니다. 서구의 만국평화회의가 상설 중재재판소를 설치해서 강대국 간의 국제분쟁을 평화적으로 처리하는 것에 집중했다면, 안중근이 제안한 동양평화회의는 서구의 침략에 대응할 수 있는 집행부의 성격을 띠었습니다. 이해관계를 조정하는 것에 그치지 않고 이해관계를 공유한다는 측면에서 공동체의 의미에 더욱 부합한 연합체를 꿈꾼 셈입니다. 동양평화회의 군단에 소속된 3국 청년들은 2개 국어 이상을 배우게 해서 연대를 돈독하게 하고, 이를 통해 친구와 형제라는 관념을 키워 동양 3국의 영원한 평화 체제를 구축할 수 있을 것이라고 기대했습니다. 이렇게 동양 3국이 평화 체제를 이룩하면 상호 교류에 의해서 상공업이 발전해 무역이 증대할 것이고, 이를 지켜본 다른 아시아 국가들도 이 평화회의에 서둘러 가입하게 될 것이라고 전망했습니다.

『동양 평화론』에는 죽음을 앞둔 31세 청년이 한 국가의 독립을 넘어 동아시아 전체의 평화를 위해 구상한 웅대한 비전이 담겨 있습니다. 그의 꿈이 비현실적이고 체계적이지 못하다고 누군가는 조소하겠지만, 그가 품었던 꿈의 크기와 진정성 앞에서 안정적인 삶을 최우선으로 여기는 우리는 고개를 저절로 숙이게 됩니다.

안중근은 왜 한·중·일 모두로부터 존경받았을까?

당시 한국인들은 안중근의 의거를 일제의 만행에 대한 복수로 여겨 대부분 통쾌하게 생각했습니다. 황현이 『매천야록』에 "사람들은 감히 통쾌하다는 말을 함부로 하지는 못하였으나 모든 사람들의 어깨가 들썩 올라갔으며, 깊은 방에 앉아서 술을 마시며 서로 기뻐해 마지않았다."고 기록한 내용을 읽으면 덩달아 슬며시 웃음을 짓게 됩니다. 통감부 기관지 『서울 프레스』는 연해주에서 모금된 안중근 재판의 변호 비용이 7만 달러에 이르렀다는 기사를 보도했습니다. 1898년에 준공된 명동성당의 공사비가 당시 금액으로 6만 달러 정도였음을 감안한다면, 7만 달러를 모으기 위해 얼마나 많은 연해주 한인들이 참여했을지 짐작조차 어렵습니다.

안중근의 전기도 크게 유행했습니다. 여러 전기 중에서도 『근세역사』는 안중근이 순국한 지 불과 3주 뒤인 1910년 4월 15일에 국내에서 출판되었을 만큼 안중근은 한국인에게 우상과 같은 존재가 되었습니다. 안중근에 대한 추모 열기는 그의 사진을 구입하려는 일종의 '붐'으로도 나타났습니다. 이 열기가 독립 투쟁으로 확산될 것을 우려한 일제는 사진의 제작과 판매를 금지시켰지만, 독립운동가들 외에도 여학교 학생들까지 안중근의 사진을 가슴에 품고 다닐 정도로 인기가 있었다고 합니다. 1926년 1월 17일 자 『조선일보』에 보도된 것처럼 박기병이 안중근의 사진 1매를 구해 조기현에게 주고 이를 다시 사진사 김영교가 30매를 복사하여 밀매하는 일이 흔하게 나타났습니다. 이처럼 안중근의 이미지는 의거 당시부터 오늘에 이르기까지 나라를 구한 영웅의 모습으로 한국인에게 전승되었습니다. 또 안중근을 소재로 한 뮤지컬 〈영웅〉이 2009년에 초연된 후 매년 공연을 이어 가는 만큼, 안중근은 애국자의 상징으로 굳건히 자리매김하고 있습니다.

중국 지식인들은 대체로 안중근의 이토 히로부미 사살을 중국 고전에서 전하는 의협의 활동에 비유하거나 이를 능가하는 세계적 의거로 찬사를 아끼지 않았습니다. 위안스카이 · 량치차오 · 쑨원 등 중국 근대의 유명한 정치인들조차 안중근 의거를 높이며 시를 남겼습니다. 특히 량치차오는 1910년 2월 7일부터 일주일간 뤼순 지방법원에서 열린 안중근 재판을 직접 방청한 후 「추풍에 덩굴 끊어진다秋風斷藤曲」라는 시를 지어, 안중근은 해와 달처럼 영원할 것이며 자기는 살아서도 존경할 뿐만 아니라 죽어서도 그의 무덤 옆에 나란히 묻혀 동반하고 싶다고 했습니다. 중국의 대문호 루쉰(魯迅, 노신)도 안중근 의거를 듣고서 호놀룰루의 『자유신보自由申報』에 "4억 중국인은 부끄럽게 여기고 죽어야 한다."는 표현을 쓸 정도였습니다.

중국에서 안중근을 추모하는 열기는 일제 침략에 대규모로 저항했던 1919년 5·4 운동을 계기로 고조되었습니다. 이 운동이 전개되는 과정에서 안중근 의거에 관한 연극이 공연되어 반일 의식을 높였는데, 당시 톈진의 여학교에 재학했던 덩잉차오(鄧穎超, 등영초)는 이 연극에서 남장을 하고 안중근 역을 맡아 주연으로 열연했습니다. 그녀의 남편이자 훗날 중국의 수상이 된 저우언라이(周恩來, 주은래)가 이 연극의 지도교사를 담당했습니다. 이후에도 안중근을 주제로 삼은 연극은 한·중 인사들의 친목단체에서, 또는 항일 의식을 고취하려는 중국 인사들의 의도에 따라 계속 제작되었습니다. 1937년 중일전쟁이 일어나자 저우언라이와 궈모뤄(郭沫

若, 곽말약) 등 중국 공산당 주요 인사들이 선전대와 극단을 조직해서 연극 〈안중근〉을 공연해 반일 투쟁을 고무하기도 했습니다. 그렇지만 1980년대 이후부터 중국 학계에서는 조선족 출신 학자들을 중심으로 안중근을 협객이나 민족 영웅 등으로 칭송하던 시각에서 벗어나, 안중근의 동양 평화론에 대해 연구하려는 노력이 더욱 커지고 있습니다.

안중근의 의거로 거물 정치인 이토를 잃은 일본은 오늘날까지도 '암살'이라는 프레임에서 안중근을 바라보려고 합니다. 그러나 일본 학계에서도 안중근의 이토 사살이 개인적 원한이 아니라 한국의 독립과 동양의 평화를 위해 거행된 의거로 바라보는 연구가 꾸준히 이루어져 왔습니다. 안중근의 「이토 15개조 죄상」을 치밀하게 분석해서 이를 근거로 안중근의 의거는 정당한 행위라고 주장한 연구나, "하얼빈의 총성은 아시아의 한 국가이면서 서양 대국들의 진열에 가담해 아시아 지배를 확장했던 일본에 대한 동일한 아시아인의 분노를 상징하는 것"이라고 평가한 연구 등은 일본의 변화를 보여 주는 대표적인 사례입니다. 이러한 변화는 안중근과 관련된 전기와 소설 등이 출판되면서 일반인들에게도 점차 알려지게 되었고, 역사교육에서도 꾸준히 반영되고 있습니다.

특히 동양의 평화를 위해 일제의 한국 침략을 저지하고 한국의 독립을 지켜야 한다는 안중근의 동양 평화론은 일본에서도 대부분 긍정적인 평가를 받습니다. 같은 인종인 이웃 나라를 약탈하는 국가는 끝내 고립의 신세를 면치 못할 것이라는 안중근의 예언이 그대로 실현되었고, 이상주의처럼 느껴지는 부분이 있음에도 그의 동양 평화론은 동아시아인의 협력을 통해 평화를 실현하겠다는 강렬한 열망을 가지고 있기 때문입니다. 안중근의 동양 평화론은 특히 일본인에게 커다란 반성과 충격을 이

끌어 내는 힘을 가지고 있어서, 몇몇 일본 교수들은 안중근의 『동양 평화론』을 '평화학'이나 동아시아 공동체의 실현 가능성을 가르치는 교재로 활용하고 있습니다.

안중근이 동아시아의 평화와 공영을
위해 제안한 평화회의 구상은 당대에
는 공허한 몽상이었을지라도, 100여
년이 지난 지금에서는 동아시아의 갈
등을 극복할 수 있는 비전으로 평가
받고 있다. 그런 까닭에 말 많고 탈 많
은 한·중·일 3국이 다 함께 안중근 의
사의 『동양 평화론』을 주목하는 것이
아닐까?

| 안중근 단지 혈서 엽서

22장

경술국치 당일은
왜 조용했을까?

1910년 8월 29일 일제가 그토록 공을 들였던 한국 병합이 있던 날, 남산 밑 일본인 거주지에는 집집마다 일장기가 게양되고 시내 곳곳에는 오색등이 설치되어 저녁에 있을 등불 행렬을 준비했다. 일본이 동원한 인파 약 6만여 명은 총독부를 비롯해 총독·정무총감·경무총감·군사령관의 관저 앞에서 만세를 삼창하며 대한제국이 '조선'으로 바뀐 이날을 축하했다.

바로 그날, 종로 거리의 한국인들은 마치 '아무 일도 없었던 것처럼' 장사를 하고, 흥청거리며 먹고 마시는 평소의 모습을 잃지 않았다고 한다. 중국의 사상가 량치차오는 한국의 멸망을 애도하며 쓴 글에서 한일 강제 병합이 선포되었을 때 주변국 사람들은 망국의 백성들을 위해 눈물을 참지 못했는데, 한국인들은 그저 흥겨워했으며 고위 관리들은 새로운 시대에서 높은 지위를 얻고자 분주하기만 했다고 탄식했다. 반만년 우리 역사에서 가장 치욕스러웠던 그날, 한국인들은 왜 그렇게 조용했던 것일까?

안중근의 의거는 왜 일진회가 주장한 합방의 이유가 되었을까?

이토 히로부미가 하얼빈에서 안중근에게 사살당하자, 일본의 여론은 이 토의 죽음을 '메이지유신 이래 첫 불상사'로 규정하고 한국인들을 결코 용서해서는 안 된다며 들끓었습니다. 일본 정부는 한국을 병합하는 것에 반대했던 이토가 오히려 한국인 '흉한'에게 목숨을 빼앗겼다는 사실을 강조했고, 한국 병합을 서둘러 추진하는 이유를 안중근 탓으로 돌리려고 했습니다.

한반도 내의 친일 세력들도 이런 분위기에 발맞추어 덩달아 날뛰 었습니다. 당시 경상도 신령 군수였던 이종국은 '세계의 영웅이자 조선국 의 은인'인 이토를 살해한 한국인의 잘못을 사죄한다며 '사과 대죄단'을 만들어서 대규모의 사죄단을 일본에 파견했습니다. 또한 『한성주보』 주 필을 맡았던 장석주는 '동양의 영웅'인 이토의 동상을 건립하기 위한 모 금 운동을 벌이기도 했습니다. 그러나 이들보다 한발 더 나아가 진정한 친일의 자세를 보여 준 세력이 바로 일진회입니다.

일진회는 1909년 12월 4일 이른바 '100만 회원'의 이름으로 2000 만 민중을 대표한다고 주장하면서 「한일 합방 청원서」를 소네 통감, 이완 용 총리대신, 순종황제에게 각각 제출했습니다. 이 합방 청원서에서 일진 회는 대한제국을 '목숨이 끊어진 지 오래된 환자'로 비유했습니다. 한 부 대의 육군도, 한 함대의 해군도 없는 이 나라가 어찌 나라라고 할 수 있냐 고 되물으면서, 일본과 국경을 없애고 하나의 정치체제로 함께 다스려지 면 큰 나라가 될 것이라고 주장하며 합방을 스스로 청원했던 것입니다.

이때 일진회가 「한일 합방 청원서」와 함께 제출한 문서가 「정합방 政合邦 상소문」입니다. 일진회가 내세운 정합방은 오스트리아·헝가리 제국처럼 여러 개 국가가 결합해서 내정은 독립적으로 운영하되 외교에 대해서는 공동으로 대응하는 정치체제를 말합니다. 이 정합방 체제가 우리에게 익숙한 바로 그 '한일 합방'입니다. 그들의 한일 합방은 연방제 형식을 지향했는데, 대외적으로 독립적인 주권을 행사할 수는 없지만 국내 정치에서는 독자적인 의회와 내각을 구성할 수 있는 방식이었습니다.

일진회가 당시로서는 파격적이었던 한일 합방까지 주장한 까닭은 실제로 두 나라의 합방이 이루어졌을 때 한국의 정치단체 중 가장 많은 수의 회원을 확보한 자신들이 정권을 장악할 수 있다고 판단했기 때문입니다. 형식적으로만 황제권을 인정하고 일본처럼 의회와 내각을 통해 정국을 운영하는 입헌군주정 체제는 일진회를 구성했던 인사들의 오랜 희망이었습니다. 그래서 일진회는 나라의 독립은 외면한 채, 내정 자치의 실리를 챙겨 자신의 꿈을 이루려 했습니다. 매국노와 다름없는 그들의 주장에 대해 비난이 쇄도했지만, 일진회는 독립을 스스로 포기하고 일본의 지배 아래 놓이는 것을 '동양 평화론'이나 '한일 연대론'으로 미화하면서 문명개화의 논리로 맞받아쳤습니다.

일진회는 합방론 청원 이전부터 후기 의병의 집중적인 공격으로 이미 수천 명이 피해를 입었던 상황이었습니다. 그 시점에서 공개적으로 주권을 포기하자는 합방까지 주장하게 되면 그 역풍이 어떻게 돌아올 것인지 일진회가 모를 리 없었습니다. 그럼에도 '매국'이라는 오명까지 기꺼이 무릅쓰고 한일 합방을 주장한 것은 한일 합방만이 국가 발전과 국민의 행복을 위한 최선책이라는 그들의 왜곡된 생각 때문이기도 했습니다.

일진회는 어떤 조직일까?

친일파의 대명사로 역사에 이름을 남긴 일진회는 1904년 뿌리가 다른 두 단체의 기묘한 결합으로 만들어졌습니다. 1904년 8월 일본군의 통역이었던 송병준은 옛 독립협회 회원들과 손잡고 유신회를 만들었습니다. 이들은 일제가 한일의정서에서 강조했던 한국의 '시정 개선'을 정부 밖에서 선동할 나팔수 역할을 담당하려고 했습니다. 곧 '일진회'라고 이름을 바꾼 유신회는 서울에만 일부 세력을 가지고 있었을 뿐 전국적인 조직망을 갖추지 못했고 대중적인 기반도 매우 약했습니다. 그래서 송병준이 주목한 단체가 동학에 뿌리를 두고 조직된 진보회였습니다.

진보회는 일본에 망명 중이던 동학의 3대 교주 손병희의 명령에 따라 1904년 2월 이용구가 결성했는데, 전국 360개 군에 지방 조직을 가지고 있었으며 한국 정부의 부정부패와 무능을 비판하는 일에 적극적이었습니다. 독립협회에 뿌리를 둔 일진회(유신회)와 동학에 뿌리를 둔 진보회가 1904년 12월 '합동 일진회'로 통합되었고, 우리는 이 이름을 줄여서 일진회라고 부르고 있습니다. 과거에 서로를 비난했던 두 세력이 함께 만날 수 있었던 것은 러일전쟁 이후 한반도를 장악한 일본군의 힘을 매개로 한 것이었고, 두 단체 모두 일제의 지원을 받아서라도 권력과 경제적 이익을 얻기를 갈망했기 때문이었습니다.

일진회는 자칭 100만 명이라고 주장할 정도로 방대한 회원을 거느린 단체였습니다. 물론 일진회가 주장했던 회원 수는 과장된 것이지만, 일본 측의 조사를 보더라도 1904년 창립 초기에 그 회원 수가 12만 명이 넘었고 해산 직전에도 14만 명 이상이었습니다. 한말 계몽운동 단체 중 가장 큰 규모를 자랑했던 대한협회가 불과 7000명 정도였던 것을 보면, 일진회가 어느 정도의 규모를 자랑했는지 짐작할 수 있습니다.

과거의 연구에서는 이용구, 송병준 등 일진회 지도부가 통감부·일본 군부·흑룡회로 대표되는 일본 우익 등의 지원을 받아 일진회를 이끌어 간 것으로 파악했습니다. 가령 일진회의 재정은 표면적으로는 회원들부터 회비를 거둬 사용한 것으로 되어 있지만 회비 징수로 재정 운영을 한 것은 많지 않았고, 대부분 일본군의 특무기관이나 통감부, 흑룡회 등으로부터 재정적인 지원을 받았습니다. 일진회는 그 대가로 러일전쟁 중 일본군의 북진을 위해 함경도 지방의 군수물자를 수송하거나, 함경도에서 간도 일대를 출입하면서 러시아군의 동태를 정찰하는 일을 담당했습니다. 또한 경의선 부설 공사에 일진회 회원 20만 명이 거의 무보수로 동원된 것도 일제의 재정 지원에 대한 대가성이 강했습니다.

그러나 일제의 지원만으로 일진회가 10만 명 이상 규모를 꾸준히 지속했다고 할 수는 없습니다. 온갖 친일 행위에도 불구하고 이만한 규모를 유지할 수 있었던 것은 한말 한국 사회가 안고 있었던 구조적 조건과 밀접한 관계가 있기 때문입니다. 일진회는 조직을 결성하면서 인민의 생명과 재산을 보호하고, 정부의 정치를 개선하겠다는 목표를 밝혔습니다. 일진회가 전국 각 지방에 지회를 설치하고 지방민의 큰 호응을 받았던 것은 그들이 세금 문제와 일자리 문제에 적극적으로 나섰기 때문이었고, 이러한 문제를 전제군주정 대신 일본의 '보호' 아래 입헌군주정으로 해결할 수 있다고 대안을 내세웠기 때문입니다. 비록 잘못된 방향일지라도, 광무정권의 가장 취약한 지점을 노려 일견 구체적이고 현실적인 대안을 제시한 것입니다.

그러나 지방민들의 가려운 곳을 긁어 주며 세력을 키웠던 일진회가 을사늑약을 불과 10여 일 앞두고 외교권 이양을 주장하는 「일진회 선언서」를 발표하자, 이때부터 일진회를 향해 매국노라는 욕설이 쏟아졌습니다. 애국 시민과 의병들이 일진회 사무실을 습격해 회원들을 타도했으며, 이에 따라 멋모르고 일진회에 가입했던 회원들이 속속 탈퇴하는 사태가 벌어졌습니다. '문명개화'와 '인민 보호'라는 가면을 벗은 일진회는 일제의 한국 보호국화 정책을 적극적으로 지지하며 자신들의 정치적 기득권을 확보하고 유지하기 위한 이익집단으로 변질되어 갔습니다. 이런 까닭에 일본에서 돌아온 손병희는 동학을 천도교로 전환한 후 이용구와 일진회를 완전히 분리시켰으며, 후기 의병들은 일진회를 증오하며 필사적으로 제거하고자 했습니다.

일진회가 나라를 판 대가로 받은 것은 무엇이었을까?

일진회의 한 축을 이루었던 송병준은 권력과 재물이라면 어떠한 변신도 가능하다는 것을 전 생애로 보여 준 일진회의 축소판입니다. 그는 1907년 5월 박제순 내각이 사퇴하고 이완용 내각이 수립되자, 이완용의 추천을 받아 농상공부대신이 됩니다. 1907년 7월 초 헤이그 특사 사건이 알려지자 송병준은 고종황제의 자결까지 주장하며 누구보다 앞장서서 고종의 폐위를 주장해 이를 성사시켰습니다. 이때 일진회는 대한제국에 황제는 남겨 두지만 실제 권력은 통감에게 주고, 한일 양국의 정치 기관을 통일해야 한다고 주장했습니다.

하지만 이토는 고종 폐위와 정미7조약 체결 후 일진회에 대한 한국 여론의 강렬한 반대에 부담을 느끼고 일진회와 점차 거리를 두기 시작합니다. 의병들의 투쟁이 전국적으로 거세지고 일진회가 주된 공격 목표가 되면서, 통감부가 일진회의 이용 가치보다 위험 부담에 더 주목했기 때문입니다. 송병준과 일진회에 대한 통감부의 자세가 돌변하면서, 내각 내에서 송병준의 위치도 흔들리기 시작했습니다. 일진회 회원들은 송병준의 내각 진출 이후 추가적인 정계 진출이 이루어지지 않는 점과 이완용만 전폭적으로 신뢰하는 이토에 대한 실망으로 이완용 내각을 타도하자는 운동에 나서게 됩니다. 각 지방에서 의병의 공격을 받아 일진회 조직이 무너지고 있었고, 중앙 지도부의 재정 상황도 거의 파탄에 이른 상황에서 새로운 돌파구가 필요했기 때문이었습니다.

이완용 내각의 버팀목이 되었던 이토가 통감에서 물러나자, 일진회는 대대적으로 이완용 내각 타도 운동에 나섰습니다. 이번에는 일진회뿐 아니라 대한협회와 서북학회가 힘을 합쳐 재야 3단체가 연합해서 이완용 내각을 공격했습니다. 대한협회와 서북학회는 일진회와 달리 일제와 어느 정도 거리를 유지해 왔지만, 이완용 내각을 물러나게 해서 새로운 정권을 만들어야 한다는 강한 열망 때문에 일진회와 연합한 것입니다. 하지만 안중근의 의거를 계기로 일본 내에서 한국을 즉시 병합할 것을 주장하는 여론이 커지면서, 일진회는 합방을 서두르게 됩니다. 반면 3파 연합을 이루었던 대한협회의 회원들 중 대다수가 일진회의 합방 추진에 반발하며 탈퇴했고, 서북학회 역시 자신들은 교육을 목적으로 하는 단체로 정치 활동에는 전혀 관심이 없다는 광고를 연일 게재하면서 합방 청원에서 발을 빼게 됩니다. 3파 연합이 결렬되면서, 일진회는 즉시 총회를 열어 합방안을 가결하고 「합방 청원서」를 전격적으로 제출했습니다.

이를 계기로 일진회의 간부나 회원 중에서도 탈퇴하는 자가 속출했고 각계각층으로부터 성토와 규탄이 끊이지 않고 이어졌습니다. 일진회가 나라의 주권을 파는 과정에서 전국 각지의 일진회 회원들이 공격 대상이 되었고, 집과 세간을 파괴당한 채 서울로 쫓겨 오는 일이 자주 발생했습니다. 그때마다 일진회 회장 이용구는 회원들에게 간도로 이주해서 농업 경영을 하는 원대한 계획을 제시하면서 불만을 수습하고는 했습니다. 이용구가 이 계획에 필요한 자금 300만 엔을 일본 수상 가쓰라와 상의했을 때 가쓰라는 그 열 배인 3000만 엔이라도 책임을 지겠다고 장담했고, 이용구는 이 말을 믿고 병합에 적극적으로 나섰던 것입니다.

그러나 정작 한일 강제 병합이 이루어진 후, 이용구와 일진회는 헌신짝처럼 버려졌습니다. 병합이 진행되고 보름도 되지 않은 9월 12일, 일진회는 원래 약속한 액수의 20분의 1에 불과한 15만 엔만 받은 채 강제로 해산되었습니다. 매국에 온 힘을 바친 결과는 일진회가 그토록 원했던 부와 권력이 아니라, 철저한 배신과 무관심뿐이었습니다.

강제 병합 당시에
무슨 일이 있었을까?

1907년 고종을 강제로 퇴위시킨 일본이 곧바로 병합을 추진하지 못했던 것은 만주 문제를 두고 러시아와 미국 등 열강과 갈등을 겪고 있었기 때문입니다. 러시아는 일본에 대한 복수를 계획했지만 국내의 혁명 열기가 높아 사정이 여의치 않았고, 1906년 외무대신으로 임명된 이즈볼스키가 외교정책의 초점을 유럽으로 옮기면서 일본과 협상을 통해 긴장 관계를 해소하는 데 힘을 기울였습니다. 러시아는 두 차례에 걸친 러일협약으로 북만주와 외몽골을 세력범위로 확보함으로써 큰 손해 없이 일본과 타협했고, 일본 역시 한국을 병합하는 문제에서 러시아를 완전히 배제할 수 있어서 원하는 목표를 이룰 수 있었습니다.

하지만 만주 철도에 대한 이권을 확보하고자 했던 미국 때문에 일본은 한국 병합을 곧바로 추진할 수 없었습니다. 미국은 일본의 조선 지배에 관해서는 이미 승인했지만, 만주 철도에 대한 경제적 이익을 공유해야 한다는 입장을 강하게 고수했습니다. 미국은 러시아와 일본이 만주의 이권을 그들만 차지하는 것에 제동을 걸려고 했지만, 미국의 개입이 오히려 러시아와 일본 양국의 불안을 자극하게 되면서 1910년 7월 4일 제2차 러일협약이 체결되기에 이르렀습니다. 영국과 프랑스도 이 협약에 지지를 보내면서 러시아와 일본은 서로의 이익을 더욱 확고하게 인정하게 되었고 미국에 대응하는 공동전선을 형성할 수 있었습니다.

일본은 열강이 간섭할 수 있는 모든 장애물을 제거하고 협력까지 이끌어 냈지만 한국 병합을 위해서는 최후까지 저항했던 의병들을 완전히 진압해야 했습니다. 이토가 1909년에 통감직을 사임하게 된 실질적 이유가 의병 전쟁을 제대로 진압하는 과정에서 자신감을 상실했기 때문이었습니다. 1910년 5월 30일 일본 내에서 한국 병합의 촉진을 주장하던 데라우치 육군대신이 제3대 한국 통감으로 부임한 것도 의병 전쟁을 빠르게 마무리함으로써 병합을 실현하고자 했던 일제의 포석이었습니다.

데라우치는 대한제국을 차지하기 위한 책동을 빠르게 진행시켜 1910년 7월부터 전국을 사실상 계엄 상태로 만들었으며, 헌병과 순사 들을 30미터마다 배치해 경계를 강화하고 기마대에게 순찰을 돌게 했습니다.

모든 준비가 끝났다고 생각한 데라우치는 이완용을 시켜서 8월 22일 순종으로부터 강제로 위임장을 받아 와, 준비한 조약문에 미리 빼돌린 황제의 도장을 찍었습니다. 조약은 8조로 이루어져 있었는데 주요 내용은 '한국 황제는 한국 정부에 관한 일체의 통치권을 영구히 일본 천황에게 넘겨주고 천황은 이를 수락해 한국을 일본에 병합한다.'는 것이었습니다. 그런데 두 나라의 병합은 국가를 통합하는 중대사였기 때문에 형식상이나마 두 나라의 최고 통치권자가 조칙을 반포해야 했습니다. 일제는 이 절차마저 빠르게 진행해서, 이완용이 위임장을 받은 날부터 1주일 뒤인 8월 29일에 순종황제의 이름으로 병합을 공포했습니다.

그런데 도입글에서 소개한 것처럼, 순종의 병합 조칙이 공포되었던 8월 29일에 서울을 비롯한 전국에서 별다른 반응이 나타나지 않았습니다. 을사늑약이나 정미7조약 때와 대조적으로 전국이 조용했던 까닭은 선동자 한 사람도, 선동 문자 한 구절도 나오지 못하도록 데라우치가 지휘하는 통감부가 철저하게 막았기 때문이었습니다. 일제는 강제 병합에 대한 국제적인 비난이 나타날 것이 두려워서 군대와 경찰을 총동원해 항일 의병을 철저하게 진압했고, 애국계몽운동을 이끌며 국권 수호를 외쳤던 애국 인사들을 미리 투옥하거나 협박했습니다. 게다가 만약의 사태에 대비해서 언론·결사·집회·출판 등의 모든 자유를 박탈해 강제 병합이 어떻게 진행되는지조차 철저하게 비밀에 부쳤습니다. 국치 당일의 고요는 철저한 은폐의 결과였습니다.

뒤늦게 강제 병합을 알게 된 한국인들은 경악과 분노로 땅을 치고 통곡하며 망국의 슬픔을 경험해야 했습니다. 일제의 탄압에도 불구하고 의병 투쟁이 지속적으로 전개되었고, 을사늑약 때와 마찬가지로 자결을 통해 강제 병합의 부당함을 만천하에 알리려는 시도가 이어졌습니다. 금산 군수 홍범식·주러시아 공사 이범진·승지 이만도·승지 이재윤·환관 반학영·유생 김도현 등의 지식인과 관료 들이 국망의 책임을 스스로 끌어안고 순국했습니다. 그리고 매천 황현도 9월 10일 「절명시」를 남기고 자결했습니다. "새와 짐승은 슬피 울고 바다와 산도 찌푸리네. 무궁화 피는 세상은 이미 사라졌는가. 가을 등불 아래 책을 덮고 옛 일을 회상하니, 인간 세상에 지식인 노릇이 정녕 어려워라." 한 시대의 지식인으로 보수 인사의 진정한 가치가 무엇인지 보여 주는 최후였습니다.

반면 일제에 동조해서 나라를 팔았던 고위 관료들은 일제로부터 귀족 작위와 은사금을 받았습니다. 경술년(1910년)의 국가 역적이라는 뜻을 담고 있는 이들 '경술 국적'은 개인적으로 평생을 호강할 수 있는 거액을 받았지만, 이 은사금은 500년 역사를 외적에 팔아넘기기에는 너무나 헐값에 불과했습니다. 그들의 셈법은 그토록 이기적이었고 어리석었습니다.

한일 병합을 가리키는 용어는 왜 그렇게 많을까?

을사늑약을 무리하게 추진하면서 여러 곤경에 처했던 일제는 병합 조약을 체결하는 과정에서 이 실수를 반복하지 않으려고 했습니다. 데라우치 통감은 병합 조약의 형식적 절차를 순조롭게 마무리 짓기 위해 총리대신 이완용과 계략을 꾸미며, 조약 체결에 필요한 위임(전권위원 임명)·조인·비준 절차를 신속하게 진행하려 했습니다. 데라우치는 순종을 압박해서 이완용을 전권위원으로 임명하는 위임장을 받아 내었고 이 과정에서 형식상으로 하자가 없게 했습니다.

순종의 서명과 어새가 찍힌 위임장을 받았다고 해서 전권대표 이완용의 합의만으로 조약이 효력을 가질 수는 없습니다. 황제 본인이 최종적으로 자신의 통치권을 양여할 의사가 있는지 확인해야 했고, 비준으로 그 내용을 증명해야 했기 때문입니다. 데라우치와 이완용은 병합 조약문을 작성하면서 제8조에 비준 절차를 생략할 수 있도록 '황제의 재가를 경유'했다는 내용을 삽입했지만, 이것은 순종의 거부와 저항 때문에 형식적 절차를 갖추지 못할 것을 우려한 얕은 술수에 불과했습니다. 설령 비준을 생략할 수 있다고 가정하더라도 병합 조약을 공포하는 조칙(칙유)에는 순종의 친필 서명이 반드시 필요했는데, 8월 29일에 공포되었던 조칙 원문에 순종의 서명은 들어 있지 않았습니다. 결국 조약 체결의 가장 중요한 절차인 위임·조인·비준의 전체 과정이 불법·강제·날조로 이루어졌기 때문에, 이 조약은 명백한 불법이자 유·무효를 따질 필요 없이 성립조차 되지 못했다는 비판을 받게 됩니다.

병합 조약과 관련해서 순종은 1926년 승하 직전에 유언을 남겼는데, 미국 샌프란시스코에서 발행된 『신한민보』에서 1926년 7월 28일 자로 이 「유언조칙」을 발표했습니다. "한 목숨을 겨우 보존한 짐은 병합 인준의 사건을 파기하기 위하여 조칙하노니 지난날의 병합 인준은 강한 이웃 나라(일본)가 역신의 무리와 더불어 제멋대로 선포한 것이요, 다 나의 한 바가 아니라. 오직 나를 유폐하고 나를 협박하여 나로 하여금 명백히 말을 할 수 없게 한 것으로 내가 한 것이 아니니 고금에 어찌 이런 도리가 있으리오." 조약 체결의 최종 책임자였던 순종이 병합 조약의 강제성에 대해 남긴 생생한 증언이었습니다.

그런데 한국의 병합을 확정한 이 조약의 명칭이 참으로 다양합니다. '병합', '합병', '합방', '병탄' 등의 여러 용어들이 사용되고 있는데, 모두 기본적으로 '두 나라가 합쳤다'는 의미를 가지고 있습니다. 그러나 이 단어들에 담긴 차이를 이해하는 것도 한국 병합에 담긴 의미를 파악하는 데 도움이 됩니다. 일본 측이 공식적으로 채택한 이 조약의 명칭은 '한국 병합 조약'입니다. 조약의 실질적 내용이 '일제가 한국을 한 나라로 만드는 조약'이었기 때문에 문맥상으로는 이 명칭이 가장 이해하기가 쉽습니다.

그런데 '병합'이라는 단어는 원래 한국에서 사용하던 단어가 아닙니다. 당시 한국 언론에서는 '합병'이라는 단어를 사용했기 때문입니다. 순서만 다를 뿐 의미는 똑같은 것 아니냐는 의문이 들겠지만, 한 연구자에 따르면 '병합'이란 용어는 일본의 치밀한 계산 아래 만들어진 용어라고 합니다. 1909년 일본 정부가 각료 회의에서 한국을 식민지로 삼겠다는 방침을 결정했을 때, '합방'이나 '합병' 등은 한일 양국이 대등하게 하나가 되는 것으로 이해될 수 있다는 점을 우려해서 고심 끝에 만든 단어가 '병합'이라는 것입니다. 그리고 '합방'은 일진회가 사용했던 표현으로 두 나라가 대등하게 한 나라가 된다는 의미를 담고 있지만, 실제로는 한국이 일제에 종속되는 것이었기 때문에 한국인을 속이는 효과를 가진 명칭이었습니다.

반면 위의 단어들에는 일제가 이 조약을 강제적으로 체결했다는 의미가 담겨 있지 않습니다. 오늘날 우리가 이 조약을 '한일 강제 병합', '한국 강제 병합' 등으로 부르듯이, 당시에 강제성을 강조해서 만들어진 명칭이 '합병늑약'과 '병탄'입니다. 박은식은 『한국통사』와 『한국독립운동지혈사』에서 '합병늑약'이란 표현을 사용했으며, 다른 이들은 '삼킬 탄呑'이 들어간 '병탄倂呑'이라는 용어를 사용해서 국권이 강제로 넘어갔음을 강조하려고 했습니다. 그리고 해외의 한국인들은 국가의 치욕이라는 뜻을 가진 '국치國恥'라는 용어를 주로 사용했습니다. '국치'는 나라의 주권을 빼앗긴 '사건'을 가리키기 때문에 일본과 맺은 강제 조약을 지칭하는 용어로는 적합하지 않습니다. 그렇지만 '국치'는 일제의 강제성에 저항하겠다는 의미를 '치욕'이라는 감정에 담고 있기 때문에 오늘날의 한국인들에게도 가장 익숙한 단어가 되었습니다.

해외에 거주하던 한국 동포들은 매년 8월 29일을 '국
치 기념일'이라는 이름이나, 국치를 잊지 않는 날이
라는 뜻의 '국치무망일國恥無忘日'이라는 명칭으로 기
념했다. 1918년의 국치무망일을 맞아 『신한민보』에
「슬픔의 오늘, 자각의 오늘」이라는 제목의 기사가 게
재된 것처럼, 경술국치를 생각하며 우리가 잊지 않고
자각해야 할 것은 과연 무엇일까?

| 이용구의 집에서 찍은 일진회의 자영단 원호대

23장

그때 우리는 조선인이었나,
일본인이었나?

염상섭의 소설 「만세전」에 등장하는 주인공은 3·1운동 직전인 1918년에 다음과 같은 편지를 도쿄에 보냈다.

소학교 선생님이 세이버를 차고 교단에 오르는 나라가 있는 것을 보셨습니까? 나는 그런 나라 백성이외다. …… 이제 유럽의 천지는 그 참혹한 살육의 피비린내가 걷히고 휴전 조약(베르사유조약)이 성립됐다 하지 않습니까. 부질없는 총칼을 거두고 제법 인류의 신생을 생각하려는 것 같습니다. 그러나 이 땅의 소학교 교원의 허리에서 그 장난감 칼을 떼어 놓을 날은 언제일지 숨이 막힙니다.

무단통치 시기 어린 학생들을 가르쳤던 한국의 교사들은 한 손에는 분필을 쥐었지만 허리춤에는 칼을 차고 있었다. 그 아이들의 부모가 그들의 삶을 일일이 간섭했던 헌병들의 칼에 굴복했듯이, 이 아이들 역시 부모의 일상적인 공포를 교사의 칼에서 느끼도록 훈련받았다. 일제는 식민지 조선과 일본이 한 나라가 되었다고 강변했지만, 과연 그들은 우리를 동일한 국민으로 생각했을까?

왜 헌병이
경찰 업무를 담당했을까?

대한제국이 역사의 무대에서 사라진 후, '조선'이라는 옛 국호를 앞세운 조선총독부가 세워졌습니다. 일제는 일본 헌법에서 보장된 권리와 의무를 이 땅에는 적용하지 않았습니다. 대신 일왕이 임명한 조선 총독이 조선 통치의 전권을 부여받아 독단적으로 국정을 운영했습니다. 조선총독은 총독부령을 공포할 수 있었고 일본 법률에 준하는 명령을 내릴 권한도 가졌으며, 한반도에 주둔하는 일본군에 명령할 권한도 가졌습니다. 그리고 무엇보다 조선 총독은 '제령制令'이란 이름의 독자적인 명령을 통해 한국인의 중대사를 마음대로 결정할 수 있었습니다. 이 제령은 유신체제의 긴급조치처럼 모든 법 위에서 힘을 발휘했고, 유신헌법과 긴급조치보다 더 가혹한 독재정치의 매서움을 한국인에게 안겼습니다. 조선 총독은 세계 역사에서도 유래가 없는 이 특별한 권한을 손에 쥐고, 한국을 영구적이면서도 완벽한 일본의 한 지방으로 만들기 위한 계획에 착수했습니다.

일본 헌법으로 보호를 받을 수 없었던 한국인들은 정당한 권리를 가진 국민이 아니었습니다. 조선총독부는 집회와 결사의 자유를 박탈하고 언론을 통제했으며 모든 단체를 해산시켰습니다. 친일을 넘어 매국마저 서슴지 않았던 일진회마저 해산시킴으로써 어떤 집회와 결사도 허락하지 않겠다는 강한 의지를 보였습니다. 심지어 〈춘향전〉 등의 문화 공연에서도 모든 공연장에 순사가 참석하여 공연 내용을 낱낱이 보고했고, 조금이라도 거슬리는 내용이 있으면 여지없이 중지시킨 뒤 보안법을 적용해 재판에 회부했습니다. 언론의 경우, 한국어로 발행된 주요 신문은

『매일신보』뿐이었습니다. 그나마 한국어 신문 발행을 허가한 것은 언론의 자유가 있음을 대외적으로 선전하려는 것이었지만, 『매일신보』의 책임자가 이완용의 비서였던 이인직이라는 사실에서 총독부의 선전이 허구였음을 짐작할 수 있습니다. 일제의 언론통제는 모든 선진 지식과 진보적 사상으로부터 한국을 완전히 차단시켜 암흑사회로 만들려는 장치였습니다.

1910년부터 1919년 3·1운동 이전까지의 일제 통치를 흔히 '무단통치'라고 부르는 까닭은 헌병 경찰의 무력을 앞세웠기 때문입니다. 한국에 주둔하는 일본군 헌병사령관이 모든 경찰을 장악하는 경무총감을 맡았고, 일본군 헌병대장이 각 도의 경찰부장을 겸임했습니다. 헌병은 원래 자국 군인이나 적국의 국민을 통제할 뿐, 자국민을 대상으로 활동하지는 않습니다. 헌병이 자국민을 상대로 활동할 경우는 계엄령이 발동된 경우뿐입니다. 강점 이전에는 주요 도시에만 배치되었던 일본군 헌병이 강점 직후부터 전국 방방곡곡에 분산 배치되어 칼을 차고 이제는 '자국민'이 된 한국인을 말 위에서 내려다보며 일상적인 폭력을 행사했습니다. 헌병과 경찰관서는 총독부 산하의 행정조직과 함께 거미줄처럼 촘촘한 망을 형성해서 한국인을 감시하고 착취했습니다. 서구 제국주의 국가들이 식민지 지배를 위해 파견한 관리가 식민지 인구 2~3만 명당 1명이었던 것에 반해, 일제는 한국인 400여 명당 1명의 관리를 파견할 정도였습니다.

헌병 경찰은 경찰 본연의 업무인 치안 유지나 범죄 예방을 담당하는 임무 외에 '조장 행정助長行政'이라는 이름으로 행정기관이 담당하는 업무를 맡아 한국인들의 일상생활까지 통제했습니다. 헌병 경찰이 담당한 업무를 보면 산림 감시·어업 단속·징세 업무 보조·일본어 보급·

도로 보수 사업·나무 심기·부업 장려·농사 개량·법령 보급 등 30여 종에 이르렀습니다. 그 밖에도 개천에 오줌을 누거나 아이를 벌거벗겨 놓는 것, 판매하는 음식물을 덮지 않는 것, 길거리에 수레를 놓아두는 것 등에 대해서도 벌금을 물리거나 볼기를 쳤습니다. 심지어 정기 청결 검사라는 명목으로 집 안이 깨끗한지 조사하면서, 청결 상태가 마음에 들지 않는다고 그 자리에서 집주인을 두들겨 패는 일도 다반사로 일어났습니다.

헌병 경찰의 업무 중 하나가 민심을 염탐하는 일이었습니다. 장시나 마을을 돌면서 여론의 동향을 살폈는데, 지역민의 민심을 파악하기 위해 장날에 헌병 보조원이나 한국인 순사를 주막에 잠입시켜서 식민정책에 대한 여론이나 소문을 수집했습니다. 또한 불온하다고 간주되는 한국인은 별도로 분류해서 감시했으며, 작은 소동이라도 일어나면 무작정 체포해서 가두거나 고문을 가했습니다. 헌병 경찰은 오웰George Orwell의 소설 『1984』에 등장하는 '빅브라더'처럼 모든 일상을 감시하면서 한국인의 모든 생활 영역을 철창 없는 감옥처럼 만들었습니다. 일본인 기자 샤쿠오釋尾東邦는 당시 식민지 조선의 상황을 이렇게 말했습니다. "각종 취체령(단속 조치)을 철저히 지키게 하고 일반 인민의 자유를 구속해서 마치 군대 안에 있는 것 같은 생각이 들도록 조선인을 몰아갔다. 그렇게 함으로써 조선 반도는 완전히 군영으로 변화하고 있었다."

조선 사람과 명태는
두들겨 패야 한다고?

무단통치의 폭력성은 이 제도를 뒷받침하기 위해서 총독부가 제정한 각종 법령에서도 드러납니다. 조선총독부는 제령으로 「범죄즉결례犯罪卽決例」와 「조선태형령」을 제정해서 헌병 경찰이 정식으로 재판 절차를 거치지 않고도 멋대로 한국인을 체포하여 벌금·태형·구류 등의 처벌을 가할 수 있도록 사법권 일부를 부여했습니다. 조선총독부가 이러한 야만적인 법규를 만든 까닭은 감옥을 운영하는 비용을 줄이고 폭력적인 신체형으로 형벌의 효과를 최대한으로 끌어올리는 한편, 한국인들에게 식민 당국에 대한 공포감을 조성하기 위한 것이었습니다.

그래서 1910년대 무단통치 시기의 식민지 조선에서는 헌병 경찰의 구타가 합법적으로 집행되었습니다. 태형은 '한국인에 한해 적용'되는 것이었고 일본인은 그 적용 대상이 아니었습니다. 한국인은 문명 수준이 낮기 때문에 명태처럼 두들겨 패야 말귀를 알아듣는다고 하면서, "조선 사람과 명태는 두들겨 패야 한다."는 천박한 논리를 내세운 것입니다. 정식 재판을 열지 않고 즉결 처분으로 태형을 적용할 수 있는 대상은 구류·과태료·도박죄 등을 비롯하여 3개월 이하의 형벌에 해당되는 경범죄자였습니다. 이에 따라 1911년의 전체 유죄 사건 가운데 21퍼센트가 태형으로 처리되었고, 1916년에는 전체 형벌 집행의 47퍼센트로 그 비중이 점점 커졌습니다. 1918년에는 즉결 처분된 건수가 9만 4640건이나 될 정도였습니다.

일제는 "사리를 모르고 생활 정도가 낮은 자에게 감옥에서의 구금은 아무런 고통이 되지 않으며 이와 같은 범인에 대하여 단기의 자유형을 가하는 것은 그 효과가 도저히 태형에 미치지" 못한다며 폭력의 논리를 정당화했습니다. 또한 "때로 자유형을 기피하고 태형을 희망하는 자가 없지 않지만, 이것은 아직 태형에 처해진 일이 없는 자로서 오직 석방이 빠를 것을 바라는 데 불과하다. 태형의 전과가 있는 자는 그 고통을 두려워하여 자유형을 희망하는 자가 많음을 볼 때, 그 효과의 현저함"을 알 수 있다고 하면서, 태형의 효과를 찬양하기도 했습니다.

헌병 경찰이 습관적으로 집행한 것이 아니었을까 의심될 정도로 태형은 한국인들에게 가까이 있었습니다. 『매일신보』는 '태형과 벌금'이라는 고정란을 연재했는데, 가로수를 꺾었다고 5대, 집 앞 청소를 게을리했다고 10대, 웃통 벗고 일했다고 10대, 잡기를 하다 발각되어 20대, 도살허가 없이 개를 잡았다는 이유로 40대, 학교 숲에서 나무를 했다는 이유로 50대, 덜 익은 감을 팔았다고 80대 등 시도 때도 없이 일어난 일상적인 태형 사실을 확인할 수 있습니다.

그런데 태형의 방법을 보면 그 잔혹함을 실감하게 됩니다. 헌병 경찰은 태형에 해당하는 사람을 끌고 와 형판에 붙들어 매고 헝겊으로 입을 틀어막고서는 엉덩이에 매질을 했습니다. 헌병 경찰은 대나무는 쉽게 부러진다고 해서 소의 음경을 말려서 만든 매, 이른바 '소좃매'를 사용했습니다. 심지어 그들은 이 매의 끝에 납을 달아 그 위력을 높였는데, 태형 대상자의 엉덩이를 노출시키고 이 매로 치면 납이 살 속에 파고들어가 살점이 떨어지고 피가 흘러넘쳤습니다. 매는 30~80대가 보통이었으며, 매를 맞다가 도중에 기절하면 회복을 기다렸다가 3일 후에 다시 불러내서 때렸습니다. 태형을 당하면 걸을 수가 없어 다른 사람의 등에 업혀

나올 정도였는데, 태형을 집행하던 중이나 귀가 후에 죽는 사람들이 적지 않았습니다.

일제강점기의 한국에서 '순사 온다'는 말이 어린애의 울음을 그치게 할 만큼 공포의 상징이 된 것이 이때였습니다. 실제로 검정 옷을 입은 순사나 누런 옷을 입은 헌병이 마을 주변에 얼쩡거리기라도 하면 울던 아이가 울음을 뚝 그쳤다고 합니다. 언제 어떤 트집으로 헌병 경찰에 끌려가 태형을 당할지 몰라 불안할 수밖에 없었던 한국인의 처지를 엿볼 수 있는 대목이어서 분노와 안타까움이 더해지는 장면입니다.

일제는 식민지 조선을 어떤 방식으로 통치하려고 했을까?

식민지는 원래 한 민족 또는 국민의 일부가 다른 땅에 이주해 새롭게 만든 지역이라는 의미였지만, 19세기 후반 서구 열강이 영토 경쟁을 펼친 이후부터 제국주의 국가가 정치·경제적 목적으로 군대를 동원해 지배하는 영토라는 뜻으로 바뀌었습니다. 그러나 제국주의 시대에도 일본처럼 고대부터 교류가 있던 주변 국가를 식민지로 만든 사례는 쉽게 찾아볼 수 없습니다.

일제는 한국을 서구의 식민지와 달리 일본의 한 지방으로 편입하려고 했습니다. 최종적으로는 한국인을 일본인으로 만들려고 했기 때문에 한국을 식민지로 생각하지 않았습니다. 특이한 점은 일제가 한국을 한 지방으로 포섭하려고 하면서도 일본 본토를 내지內地로, 한국을 외지外地

로 구분한 뒤 한국을 일본 헌법이 적용되지 않는 특수 지역으로 차별한 것입니다. 그래서 일제는 한국에 지방관이 아니라 총독을 파견했습니다. 궁극적으로 일본처럼 만들겠다는 '동화'는 장래의 목표에 불과했고, 외지로 구분해서 실시한 '차별'이 엄연한 현실이었습니다.

당시 식민지 경영에는 크게 영국형과 프랑스형의 두 유형이 있었습니다. 영국은 호주나 뉴질랜드처럼 식민지에 자국민을 이주시켰을 경우에는 본토의 법과 제도를 지키게 해서 영국과 동질적인 사회를 만들려고 했습니다. 그래서 식민지 의회가 식민지 정부를 구성해 통치하게 함으로써 자치령으로 발전시켜 갔습니다. 반면 인도의 경우처럼 이민족을 지배할 경우에는 간접 통치 방식을 사용해서 기존 질서를 그대로 유지한 채 식민지 출신의 지배층을 통해 통치하는 방법을 선택했습니다. 식민지의 전통과 사회질서를 유지함으로써 갈등과 대립을 줄일 수 있었고, 그만큼 적은 물량과 인원을 투입하게 되어서 통치 비용을 줄이는 장점이 있었습니다.

한편 프랑스는 식민지 경영을 할 때 직접 통치와 동화정책을 선택했습니다. 프랑스는 알제리·모로코 등 지리적으로 가까운 아프리카 서북쪽을 손에 넣었기 때문에 이 지역을 본국의 한 지방으로 완전히 통합하는 것이 더 효과적이라고 판단했습니다. 그런데 프랑스 당국은 프랑스혁명의 전통에 따라 식민지 주민이 프랑스 국민의 자격을 획득하면 동일한 정치 권리를 누릴 자격이 있다고 생각했습니다. 식민지 주민에게 일정한 권리를 부여한 것입니다. 물론 식민지 주민이 프랑스 시민권을 얻기 위해서는 프랑스어를 구사하고 프랑스 문화를 익혀야 했으며, 가톨릭으로 개종한 뒤 엄격한 심사를 통과해야 했습니다. 시민권을 가진 소수 주민에게만 선거권이 주어졌기 때문에 식민지 주민의 투표권은 그만큼 제한되었습니다. 프랑스가 주장했던 동화주의는 이런 점에서 허구에 불과했습니다. 프랑스의 식민지는 프랑스의 지방으로 통합된 것이 아니라 본국과 다른 정치 원리로 통치되었기 때문입니다. 그래서 프랑스형 식민 지배는 영국보다 식민지 주민의 정치적 권리를 더욱 억압했고, 이 때문에 영국형보다 분쟁이나 군사적 충돌이 더 자주 발생했습니다.

일본의 식민지들은 프랑스보다 더 가까운 이웃 국가들이었습니다. 그래서 일본의 식민지 지배 방식은 자국의 상황이나 점령 지역의 특성에 따라 여러 유형으로 나타났습니다. 우선 홋카이도나 오키나와처럼 일본 영토에 편입시켜 일본의 헌법과 법률로 지배한 유형이 있고, 타이완처럼 일본 헌법과 법률을 적용하지만 일본의 특수 지역으로 규정해서 총독을 파견해 통치한 유형도 있습니다. 또한 한국처럼 일제의 일부로 강제 편입시켰지만 일본 헌법을 적용하지 않고 독자적인 법률로 통제한 유형도 있었고, 뒷날의 만주국처럼 일제의 실질적인 통제하에 있으면서도 대외적으로는 독립국가로 유지한 유형도 있었습니다.

일제는 한국을 통치하는 방식으로 프랑스형 동화주의를 채택했습니다. 저항이 강한 한국에서 강력한 동화주의가 아니면 통치가 불가능하다고 판단했기 때문이었습니다. 그런데 한국을 일본의 헌법이나 법률이 적용되지 않는 특수 지역으로 설정해서 총독을 파견한 것은 프랑스형이 아니라 영국형 모델이었습니다. 두 유형을 적절하게 섞었던 것입니다. 그러나 일제는 프랑스처럼 한국인 대표를 일본 의회에 보내지도 않았고, 영국이 허용했던 자치 정부처럼 낮은 수준의 자치 단계조차 허용하지 않았습니다. 일제는 프랑스형을 동원해서 철저한 동화를 추구하는 한편, 영국형을 통해 한국인을 차별했습니다. 겉으로는 프랑스형을 강조하며 한국인이 열심히 노력하면 문명화된 일본인과 동등한 권리를 누릴 수 있다고 강조하면서, 실제로는 한국인은 절대 일본인이 될 수 없으며 차별은 계속 유지되어야 한다고 생각했던 것입니다. 결국 일제가 한국을 지배하기 위해 고안해 낸 방식은 '차별을 전제로 한 동화'라는 모순 그 자체였습니다. 두 유형에서 자신들에게 유리한 것만 취합해 가장 이기적인 모델을 만들고, 한국인에게는 어떤 권리도 없이 오직 의무만 일방적으로 부과했던 것입니다.

'조선인'들은 왜 소학교가 아니라 보통학교에 다녀야 했을까?

조선총독부는 일본인의 차별 의식은 그대로 둔 채, 한국인을 '충성스럽고 선량한 국민'으로 만들어 일본인과 하나로 통합하겠다는 모순된 목표를 설정했습니다. 이 목표를 실현하기 위해 조선총독부는 1911년 '사립학교 규칙'을 통해 민족 교육의 온상이었던 민립 학교를 탄압하는 데 온 힘을 기울였습니다. 우선 민립 학교의 인가 조건을 까다롭게 했는데, 총독부의 인가를 받으려면 학칙을 만들어 교육과정을 표준화하고, 교과서 사용·교원 임용·재정 운용 계획 등을 구체적으로 제출해야 했습니다. 특히 민립 학교의 설립자나 교과용 도서에 대한 사용 규정을 엄격하게 시행해서, '보안법'을 위반한 경력이 있는 자들을 배제하고 일제의 동화교육에 어긋나는 교과서를 사용하지 못하도록 강제했습니다. 그 결과 1908년 2000

여 개였던 민립 학교는 1919년에 740개로 급격히 줄어들었으며, 민립 학교의 상당수가 총독부의 교육행정을 그대로 따르는 공립 보통학교로 전환했습니다.

한편 조선총독부가 민족 교육 대신 동화주의 교육을 위해 내놓은 정책이 1911년의 「조선교육령」입니다. 여기서는 궁극적인 교육목표를 한국인의 일본인화에 두면서도, 당시의 상황을 내세워 한국인의 고등교육은 외면한 채 초등교육과 실업교육에만 중점을 두었습니다. '점진적 동화'를 목표로 삼고 일본인과 구별되는 차별 교육을 시행한 것입니다. 총독부는 당시 상황과 문화 수준에 맞는 교육을 실시한다며 일본인보다 짧은 교육 기간을 한국인에게 제공해 적은 비용으로 낮은 수준의 교육만 실시하려고 했습니다.

초등교육으로 제공되는 보통학교 4년을 거친 뒤, 중등교육 단계는 고등 보통학교 4년 또는 여자 고등 보통학교 3년으로 설정되었습니다. 그래서 한국인 자녀의 초등 및 중등교육 기간은 7~8년제로, 소학교-중학교-고등학교의 체계적인 단계를 설정한 일본인 학생의 초·중등 교육 기간 11년과 비교했을 때 3~4년이나 차이가 났습니다. 또한 초·중등교육을 이수한 후 진학할 수 있는 고등교육기관의 경우 한국인들에게는 실업학교 2~3년이나 전문학교 3~4년을 이수하게 했을 뿐, 대학교육을 제공하지 않았습니다.

1910년대 보통학교의 교과는 수신·국어(일본어)·조선어 및 한문·산술 4개의 필수과목과 이과·창가 및 체조 등 선택 과목 7개로 구성되어 있었습니다. 당시 총독부가 제일 중시한 교육은 오늘날의 도덕 과목에 해당하는 수신 교육이었습니다. 수신은 한국인을 일본인으로 만드는 동화

교육에 가장 적합한 교과였기 때문입니다. 수신 교과서에 「교육에 관한 칙어」를 실어 학생에게 암송을 강요했으며, '황실' 항목을 두어 천황제의 핵심 내용을 지도했습니다.

그러나 수신에서 가르치고자 했던 황국신민 교육은 모든 교과에 담겨 있었습니다. 가장 많은 시간이 할당된 일본어 수업에서 일본 역사와 지리를 다루며 일본의 정신과 일본에 대한 지식을 가르쳤습니다. 또한 조선어 및 한문 과목마저도 일왕을 숭배하고 규율을 준수하는 충량한 국민이 되는 것을 강조하는 내용으로 채워져 있었습니다. 형식은 달랐지만, 모든 과목의 내용들이 황국신민과 충군애국의 자세를 높이는 천황제 교육이었던 셈입니다. 일제는 한국의 역사와 지리에 대해 별도의 과목을 선정하지 않고, 수신·일본어·조선어 과목에서 관련 내용을 왜곡해서 가르쳤습니다. 가령 보통학교 2학년『국어독본』에는 박혁거세 설화 내용이 소개되어 있습니다. 일본의 어떤 사람이 알을 낳아 함 속에 넣어 바다에 띄워 보냈는데, 어떤 할머니가 조선 해변에서 그 함을 열어 보니 알에서 태어난 아이가 있었고 그가 바로 신라 왕이 됐다는 것입니다. 일본과 조선의 조상이 하나라는 '일선동조론'을 교묘하게 꾸며서 가르친 것입니다. 식민 사학의 내용을 구성하는 한국인의 타율성·당파성·정체성 등을 강조하는 내용도 이런 방식으로 학생들에게 주입되었습니다.

당시 많은 한국인들은 자녀를 보통학교에 입학시키는 것을 거부했습니다. 보통학교에서 강조하는 농업교육이나 일본어 교육의 필요성을 크게 느끼지 못했고, 보통교육을 받으면 결국에는 일본의 총알받이가 된다는 생각에 완강히 거부했던 것입니다. 또한 보통교육을 받고 상급학교로 진학한다고 하더라도 한국인이 취직할 자리가 마땅찮은 마당에 일본식 교육이 기껏해야 자식을 일본인으로 만드는 교육에 지나지 않음을 알고 있었기 때문입니다. 농민들 대다수가 보통학교에서는 한문 수업이 충분하지 못하다는 것을 핑계로 아이들을 서당에 보냈습니다. 일본인 순사가 서당을 급습해 학생들을 보통학교에 다시 보내더라도 달아나기 일쑤였다고 하니, 무단통치기에 보통학교 교육에 대한 한국인들의 반발이 어떠했는지 짐작할 수 있습니다.

일제는 '이등 국민'을 어떻게 차별했을까?

일본인들은 조선인이라는 단어를 일본식으로 발음하면서 한국인들을 '조센징'이라고 불렀는데, 발음할 때 그 어조를 통해 비하하는 속뜻을 담아냈습니다. 또 '엽전'이란 말도 자주 사용했는데 조선의 것은 엽전처럼 모두 쓸모없는 것이라는 의미였습니다. 일제는 동화주의 정책을 추진하면서도 '조선인은 이등 국민'에 불과하다는 차별 의식을 모든 영역에서 드러냈습니다.

우선 조선총독부는 한국인과 일본인이 살고 있는 지역을 차별적으로 관리했습니다. 1913년에 총독부는 도시에 해당하는 '부府' 12곳을 지정했는데, 조선 시대의 전통 도시 중에서는 서울·대구·평양 등 3곳만 선정되었고 개성·전주·진주·해주·함흥 등의 주요 지역은 제외되었습니다. 그런데 총독부가 새롭게 부로 지정한 신의주와 청진의 인구는 1915년에도 1만 명이 되지 못했고, 군산·목포·마산은 1만 명에서 2만 명 정도에 불과했습니다. 전통 도시인 개성의 인구가 3만 7600명 규모였고 전주의 인구가 군산보다 많았던 것을 보면, 부를 지정할 때 도시 지정의 절대적 기준이었던 인구수가 무시되었음을 알 수 있습니다. 부를 선정한 기준은 전체 인구수가 아니라 '일본인 거주자'가 많은 곳이었습니다. 한반도에 이주한 전체 일본인 비율은 2퍼센트에 불과했지만, 부에 거주하는 일본인 비율은 약 30퍼센트였기 때문입니다. 총독부는 부로 지정된 지역의 도시계획을 새로 마련해서, 벽돌과 시멘트로 공공건물을 짓고 철도역을 중심으로 도로를 정비했으며 의료 및 위생 시설을 확충했습니다.

부 내부에서도 한국인과 일본인이 사는 지역에 따라 차별이 존재했습니다. 가장 대표적인 부는 다름 아닌 조선왕조의 500년 수도였던 서울입니다. 서울은 대한제국의 주권이 상실되면서 '경성京城', 일본어로 '게이조'라는 이름으로 바뀌었습니다. 일제는 한국의 수도를 일개 행정구역으로 낮추고 면적 대부분을 고양군에 편입시켜 그 규모를 대폭 축소함으로써 서울이 도쿄와 대등하게 인식되지 못하도록 했습니다. 경성의 일본인들은 자신들만의 거주지인 '정町'을 별도로 만들어 도시의 핵심 시가지로 성장시켜 갔습니다. 반면 한국인이 거주하는 지역은 '동洞'으로 불리면서 낙후된 공간으로 인식되었습니다.

한국인의 중심 거리였던 종로는 '북촌'이라 불리며 아직 영향력을 행사했지만, 일본인이 거주하는 충무로 일대의 '남촌'에 그 지배권을 빼앗겼습니다. 북촌이 옛 모습을 그대로 간직한 것에 비해, 청계천을 경계로 남촌에는 도로가 말끔하게 포장되고 가로등이 환하게 밝혀졌습니다. 그리고 상점과 식당 등 각종 편의 시설이 꽉 들어차서 도쿄 중심가를 연상할 만큼 화려하게 성장했습니다. 경성뿐 아니라 부 전체에서 이러한 변화가 일본인과 한국인의 거주지를 따라 차별적으로 진행되었습니다.

낙후된 공간에 살았던 한국인은 정치·경제·사회·교육 등 모든 분야에서 일본인과 다른 극심한 차별을 받았습니다. 한국인의 실력이 부족해서가 아니라 일본인보다 자질, 즉 민족성이 열등하다는 이유였습니다. 일본인의 눈에 비친 한국인은 외세에 의존하고, 분열을 일삼고, 정체되어 있으며, 기껏해야 다른 나라의 것을 모방하는 수준에 머물러 있는 열등한 존재들이었습니다. 그래서 한국인은 일본의 지배를 받을 수밖에 없는 이등 국민이자, 일본이 베푸는 은혜로 문명과 개화의 길로 나아갈 수 있는 미개한 민족에 불과하다고 '일등 국민'은 생각했습니다.

한국인은 어떤 정치적 의사 결정에도 참여할 수 없었습니다. 총독부는 식민지 통치에 한국인의 의사를 반영하고 있다는 것을 생색낼 목적으로 강제 병합에 적극적으로 동참한 귀족과 핵심 친일파 65명을 모아 중추원을 구성했습니다. 그러나 중추원은 조선 총독이 요청할 때만 의견을 전달할 수 있는 형식적인 자문 기구였고, 그나마 3·1운동 때까지 단 한 번도 소집되지 않았습니다. 따라서 조선총독부 고위직 관료는 대부분 일본인이었고, 예외적으로 한국인 한두 명이 포함되었을 뿐입니다. 고위 관료로 참여한 한국인은 통감부에서 활동했던 관리들로, 대부분 일본 유학생이거나 국내의 정변으로 일본에 망명했던 적극적인 친일 세력이었습니다.

한국인에게 주어진 고위직은 오늘날 도지사에 해당하는 도장관이나 도장관을 보좌하는 참여관이었습니다. 그러나 도장관은 형식적으로 결재를 하는 정도였을 뿐, 실제 권한을 가진 국장이나 과장 등은 일본인 관리들이 모두 차지했습니다. 그나마 전국 13도 중에서 한국인 도장관이 임명된 3개 지방에서도 도장관은 일본인 관리에 둘러싸여 자신의 의지대로 정책을 추진할 수 없었습니다. 그들은 그저 개인의 출세에 눈이 먼 일본의 꼭두각시였을 뿐입니다.

도의 하위 행정구역인 군에서는 대부분 한국인이 군수로 임명되었지만, 일본인이 많이 거주하는 지역에는 일본인 군수가 임명되었습니다. 한국인 군수는 직급상 낮은 단계였던 일본인 관리 앞에서조차 제 목소리를 낼 수 없었습니다. 같은 관등이라도 한국인은 일본인 관료의 4분의 1 수준의 월급을 받았고, 일본 관료들이 외지 근무를 이유로 사택 경비와 가족수당을 지급받았을 때에도 한국인에게는 이 혜택이 돌아가지 않았습니다. 그 까닭은 능력의 차이가 아니라, 민족의 차별이었습니다.

이
것
만
은
꼭
!

'부처의 눈에는 부처만 보이고, 돼지의 눈에
는 돼지만 보인다.'라는 말이 있다. 한국인이
야만적이라고 하면서 헌병을 동원해 일상을
통제하고 함부로 매질을 해 대며 '이등 국민'
으로 비하했던 그들은 부처였을까, 아니면 돼
지였을까?

| 칼을 찬 일본인 교사와 학생 들

24장

그것은 과연 개발이었는가, 수탈이었는가?

박람회 또는 엑스포EXPO라고 부르는 국제 행사는 1851년 영국 수정궁에서 개최된 만국박람회에서 비롯되었다. 수정궁은 다른 건축 자재 없이 오직 유리와 철제 빔으로 세워진 세계 최초의 철골 구조물이었다. 이 혁신적인 건축물과 그 안에 전시된 상품 10만 여점이 상징하듯이, 박람회는 산업혁명의 변화가 가져온 놀라운 성과를 한자리에 전시하면서 각국의 과학과 기술이 얼마나 발전했는지를 과시하는 행사였다. 그 뒤로 프랑스·미국·스페인 등이 경쟁적으로 박람회를 개최했는데, 조선도 1893년 미국 시카고 박람회부터 본격적으로 참가하기 시작했고 1900년 파리박람회에서는 대한제국의 이름으로 독립적인 전시관을 운영하기도 했다.

그리고 1915년에 '조선 물산 공진회'라는 대규모 박람회가 한국에서 개최되었다. 조선총독부가 한국을 통치한 5주년을 기념해서 식민지 조선의 발전을 홍보하는 큰 행사를 기획한 결과였다. 바다를 건너 이 행사를 구경하러 온 일본인 30만 명을 포함해 총 116만 명이 넘는 관람객이 몰리면서 조선 물산 공진회는 총독부의 의도대로 '놀라운' 성공을 거두었다. 조선총독부는 무엇을 자랑하고 싶었던 것일까? 그리고 왜 그렇게 많은 인파가 이 행사에 몰려들었을까?

일제는 왜
'조선 엑스포'를 개최했을까?

조선총독부는 한국 통치 5주년의 '선정'을 기념하기 위해서 1915년 9월 11일부터 10월 31일까지 51일간 '조선 물산 공진회'라는 이름의 엑스포를 개최했습니다. 『매일신보』가 "금회의 공진회는 총독 정치 개시 이래로 5년간 있었던 조선 산업의 진보 발달을 보이고, 이로 말미암아 바깥으로는 조선의 산업을 소개하고 안으로는 금후의 개량 진보를 장려할 것이다."고 소개한 대목에서 이 행사의 개최 의도를 확인할 수 있습니다. 이 공진회는 사실상의 박람회였지만, 조선총독부는 굳이 '공진共進'이란 말로 일본과 한국이 '함께 발전해 나가자'는 뜻을 담으려고 했습니다. 그러나 공진에 담긴 의미와 달리, 총독부는 행사장으로 경복궁을 선택해 유서 깊은 조선왕조의 궁궐을 훼손하면서까지 자신들의 업적을 미화하려고 그저 '돌진'했을 뿐입니다. 조선왕조의 대표적인 상징물 위에 총독부의 치적을 잔뜩 전시함으로써, 서구 열강처럼 효율적으로 식민 통치를 운영할 수 있게 된 일본의 위상을 과시하면서 이를 관람하는 한국인들에게 열등감을 심으려 한 것입니다.

그래서 공진회는 일본에서 열린 박람회와 달리, 제국주의의 정치 이데올로기를 선전하는 별도의 전시 공간이 있었습니다. 1호관은 보통의 박람회처럼 각종 물품을 전시하도록 기획되었지만, 2호관은 물품을 전시한 것이 아니라 일제의 통치 실적이 대한제국과 분명하게 비교되도록 각종 시설 현황과 통계자료, 사진이나 모형 등이 전시되었습니다. 그 안에 담긴 내용은 토지조사사업을 비롯해 의료·보건 시설의 발전, 교육 시설

확충, 구제 사업, 근대적 공장 설립, 농사 개량, 철도와 신작로 부설, 신식 학교 설립 등 시정 개선을 통한 한국의 발전상이었습니다.

조선총독부는 공진회의 성공을 위해 대중 동원과 정치 선전에 모든 힘을 기울였습니다. 지방 행정조직과 민간단체 등을 총동원해서 한국인들의 출품을 적극 권유했고, 포상 제도를 마련해서 우수한 출품작에 대해서는 금패나 은패 등으로 수상한다는 계획을 알리기도 했습니다. 한국인들은 출품뿐 아니라 관람을 위해서도 동원되었습니다. 총독부는 지방단위로 민간 협찬회를 조직해서 기금 모집과 대중 동원을 독려했습니다. 부와 도 단위로 조직된 협찬회는 집집마다 일본 국기를 게양하고 공진회 축하를 알리는 각종 플래카드를 주요 거리마다 내걸었으며, 그 외에도 기념엽서를 발매하거나 자전거 경주, 모형 비행기 날리기 대회 등의 각종 행사를 열어 공진회 참가를 홍보했습니다.

조선총독부의 선전 기관이었던 『매일신보』와 『경성일보』 등의 신문사들도 공진회 개최를 전후한 두 달간 전시관의 상세한 소개와 일일동정, 입장객 수 등을 지면에 도배하면서 대중 동원에 적극적으로 앞장섰습니다. 심지어 데라우치 총독은 공진회의 성공적 개최를 위해 당시 부설 중이던 호남선과 경원선의 완공 기일을 앞당기라고 지시해 한반도의 남북을 잇는 두 간선철도를 통해 공진회 관람객들이 전국 각지에서 서울을 향해 몰려들 수 있도록 했습니다. 결국 116만 명이 넘는 인원이 공진회를 관람할 수 있었던 까닭은 총독부의 총동원령 아래 지방 통치 조직·민간조직·대중매체가 모두 가동된 관제 동원의 결과였습니다.

조선 물산 공진회의 입장객이 원래 예상했던 규모를 훨씬 초과할 수 있었던 것은 그저 총독부의 동원만으로 설명되지 않습니다. 또 다른 이유는 공진회가 '놀자판'의 성격이 강했던 것도 한몫했습니다. 총독부는 공진회 행사장 안팎에 연예관 등을 설치하고, 일본 공연단이나 한국 기생의 공연·마술·불꽃놀이·곡예비행 등의 눈요깃거리를 통해 관람객을 끌어모았습니다. 그중에서도 기생의 가무 공연이 인기가 가장 높았습니다. 당시로서는 연예인과 다름없었던 기생들이 총출동하다시피 해서 매일 밤 노래와 춤을 공연하며 한국과 일본 관객들을 행사장으로 유인하는 역할을 담당했습니다. 이것이 한국과 일본에 배포되었던 공진회 홍보 포스터의 중앙에 기생을 전면 배치한 이유이기도 했습니다.

조선 물산 공진회는 예상 목표치의 3배가 넘는 대성공과 함께 막을 내렸습니다. 조선총독부가 어떻게 무단통치의 폭력적 지배를 정당화하는 수준을 넘어서 미화하는 단계로 끌어올리고자 했는지, 우리는 이 '조선 엑스포'의 성공을 보며 확인할 수 있습니다. 서구 제국주의 열강이 경쟁적으로 박람회를 개최하며 자신들의 침략성을 과학과 기술의 이미지로 바꾸려고 했듯이, 일제도 조선 물산 공진회를 통해 무단통치 아래 신음해야 했던 한국인들의 불만을 물질문명이 선사할 새로운 욕망으로 바꾸려고 했던 것입니다.

식민지 조선은
어떻게 개발되고 있었을까?

일제는 사회간접자본을 확충하면서 식민지 조선을 개발하는 데 열을 올렸습니다. 전기가 보급되면서 전등이 많아졌고, 지방의 중소 도시도 전기의 혜택을 볼 수 있었습니다. 또 가로등이 등장해서 서울에서는 종로를 비롯하여 일본인 거주 지역인 본정(本町, 충무로)과 원정(元町, 원효로)에 설치되었고, 부산에서도 남빈정(南濱町, 남포동) 등의 일본인 거주 지역에 설치되었습니다. 전화도 빠르게 보급되었습니다. 조선총독부가 서울과 인천에 시외 공중전화를 처음으로 설치해서 일반인도 이용할 수 있었고, 이후 서울을 중심으로 평양과 부산을 연결하는 전화선도 가설되었습니다. 그러나 일제강점기에 전화 가입자의 약 80퍼센트는 일본인이었으며, 한국인 중에서는 사업가나 부자 등 소수만이 전화를 일상적으로 사용할 수 있었습니다.

통신망과 더불어 조선총독부가 집중적으로 투자한 사회간접자본이 바로 교통망입니다. '양귀는 화륜선을 타고 오고 왜귀는 철차를 타고 몰려든다.'라는 말처럼, 철도망 구축 과정은 일제 식민 경영의 핵심을 이루고 있습니다. 일제는 강제 병합 이전에 경부선과 경의선을 완공해서 부산-서울-의주를 연결함으로써 한반도를 동남에서 서북으로 잇는 한편 만주까지 연결되는 최단거리 경로를 확보했습니다. 또한 1914년에는 호남평야의 곡식을 효과적으로 수송할 호남선과 북부 지방의 물자를 수송하기 위한 경원선이 차례로 개통되었습니다. 한반도의 서남에서 동북을 연결하는 이 새로운 철도가 완성됨으로써 한반도를 'X자'형으로 관통하는 간선철도의 핵심 골격이 모두 갖추어진 셈입니다.

'X자'형 간선철도에는 각 지방의 지엽적인 노선이 덧붙었습니다. 평안도의 평양과 진남포 사이, 함경도의 나남-청진-회령 사이, 경상도의 마산과 삼랑진 사이에 철도가 연결되었고, 이 곁가지들은 줄기에 해당하는 간선철도에 연결되어 한반도의 구석구석까지 철도망이 확장되도록 했습니다. 그러나 이것이 끝은 아닙니다. 철도망은 도로망과 연결되었습니다. 총독부는 산간 지방이나 소도시를 연결하기 위해 도로 공사에 빠르게 착수했고, 1911년부터 1917년 사이에 '신작로'라고 불린 새 도로를 총 2600킬로미터나 건설했습니다.

한반도 곳곳을 촘촘하게 연결한 교통망의 정점에는 철도가 위치하고 있었습니다. 교통망은 물자와 사람이 오가는 유통망이기도 했기 때문에 교통망의 변화는 한반도의 사회·경제적 시스템을 근본적으로 변화시키는 계기가 되었습니다. 전통적으로 중심지 역할을 담당했던 지방의 주요 도시들이 철도 노선에서 배제되면서 경제적으로 위축된 반면, 과거의 허허벌판은 기차역이 들어서면서 새로운 시가지로 화려하게 변신했습니다. 이 새로운 중심지를 차지했던 사람들이 총독부의 보호 아래 이주해 온 일본인 관리와 상인 들이었습니다. 철도역을 따라 한국인과 일본인이 거주하는 지역이 구분되었고, 이에 따라 지방에서도 구식과 신식, 전통과 근대가 구별되는 이중성이 두드러지게 되었습니다. 가령 박지원의 소설 「허생전」에서 허생이 물자를 끌어모았던 경기도 안성은 조선 후기에 이름난 물류 중심지였지만, 경부선이 안성을 제외하고 평택을 지나면서 안성은 옛 명성을 상실하게 된 것처럼 말입니다.

그런데 일제가 추진했던 사회간접자본이 최종적으로 향했던 지점에 주목할 필요가 있습니다. 국내 각지의 유통망이 도달했던 곳은 최종적으로 항구였습니다. 강점 이전부터 일제는 부산·인천·진남포·원산 등지에서 항만 공사를 진행했으며, 강점 이후에는 항만 시설을 확충하고 정기 항로를 신설했습니다. 호남평야에서 생산된 쌀이 각지의 신작로를 거쳐 전주에 도착한 뒤 철도 편으로 이리를 경유하여 군산항에 집결되었고,

정기 항로에 맞춰 들어온 화물선에 실려 일본을 향했습니다. 식민지 조선의 시장경제가 아무리 발전하더라도 그 생산물의 최종 목적지는 일본이었으며, 항구를 통해 일본에서 건너온 신상품들이 철도와 신작로를 따라 한국의 경제에 침투했습니다. 한국인은 이 국제무역에서 그저 주변적 위치에 머물러야 했습니다.

결국 사회간접자본으로 대표되는 일제의 근대 문물은 대다수 한국인의 삶과 무관했습니다. 총독부가 내세운 문명의 이기는 그저 식민 통치의 효율성을 높이기 위해 마련했던 각종 설비에 불과했습니다. 이것을 도입하는 과정에서 혜택을 누린 사람들도 일본인과 그에게 아첨했던 일부 한국인이었습니다. 1910년대 말 한국을 찾았던 미국 언론인 매켄지가 정확하게 지적했듯이 일본은 한국을 전시장으로 만들기 위해 백성들에게 조세와 부역을 과중하게 부과했지만, 생활개선의 대부분은 한국인에게 아무런 도움이 안 되는 것들이었습니다.

토지조사사업은
왜 논란이 되었을까?

일제는 식민지 조선을 경영할 충분한 자금이 없었습니다. 러일전쟁에서 막대한 전쟁 비용을 지출했지만 보전받지 못했고, 일본 본국의 재정 상황도 그리 좋지 못했기 때문입니다. 이런 상황에서 조선총독부는 일본 정부로부터 받는 보조금을 1914년부터 5년간 점차 줄여서 1919년에는 재정적으로 완전히 독립하겠다는 계획을 세웠습니다. 이 계획을 성공시키기 위해서는 식민지 조선의 세입원을 확대해야 했고, 그중에서도 전체 조세 수입 중에서 가장 큰 비중을 차지하는 토지에서 더 많은 세금을 걷어야 했습니다.

조선총독부는 1910~1918년에 걸쳐 진행된 토지조사사업으로 부족한 재정 문제를 해결하려고 했습니다. 일제는 강점 직전인 1910년 3월에 토지조사국을 설치해서 이 사업에 착수했으며, 강제 병합 직후에 곧바로 '토지조사령'을 공포하면서 3개월 안에 한국인이 소유한 토지를 신고하도록 했습니다. 그러나 한국 농민들 중 다수가 문맹자이거나 신고에 익숙하지 않아서 공고를 보고도 기한을 넘기는 일이 잦았고 이것이 훗날 여러 문제를 낳게 됩니다. 또한 옛 관리들이나 지방의 유력자는 신고제를 교묘하게 이용해서 소유권이 확실하지 않거나 마을 공유지를 자신의 소유라고 신고하는 일이 많았고, 총독부가 신고서를 확인할 때 한국인 지주를 참여시켜 심사를 한 것을 기회로 삼아 각종 이익을 챙겼습니다. 일제는 효율적인 식민정책을 수행하기 위해서 과거 조선 사회에서 관행적으로 시행되어 온 토지제도와 조선 지배층의 이해관계를 그대로 수용하려고 했습니다. 그래서 소유권 심사 과정에서 토지 대부분이 지주의 신고대로 소유주가 확정되었고, 한국의 지배층은 이 점을 최대한 이용했던 것입니다.

토지 소유권을 결정하는 과정에서 각종 분쟁은 피할 수 없었습니다. 총 3만 3000여 건 분쟁 중에서 국유지를 둘러싼 분쟁이 65퍼센트를 차지할 정도로 압도적이었습니다. 조선총독부가 역둔토와 궁장토 등의 국유지에서 농민들이 가지고 있던 경작권 등을 완전히 부정하고, 해당 토지를 총독부의 사유재산으로만 간주했기 때문입니다. 역둔토의 경우 당시 경작지 총면적의 약 20분의 1에 해당할 정도로 방대했고, 이 땅을 경작하는 소작인이 무려 33만 명, 즉 전체 농가 호수 중 10퍼센트가 넘는 규모였습니다.

조선의 토지 관습에서는 소유권을 가지고 있지 않더라도 개간 등에 참여해서 경작권을 가진 경우에는 국가나 지주에게 일정한 소작료만 내고 자기 마음대로 땅을 경작해 이득을 올릴 수 있었습니다. 이러한 경작권은 매매·양도·세습이 가능한 소유권이나 다름없는 권리였습니다. 그러나 토지조사사업에서 경작권은 완전히 무시되고 지주를 보호하는 소유권만 보호하게 되면서, 경작권을 가진 농민들이 몰락하는 결정적인 계기가 되었습니다. 농민들은 경작권을 상실하고 고율의 소작료와 높아진 조세 부담, 그리고 고리대에 허덕이면서 도시 빈민이 되거나 화전민으로 전락해 갔습니다. 당시 한국 인구의 10퍼센트가 넘는 농민 200여 만명이 정든 고향을 등지고 만주와 연해주로 정처 없이 떠나야 하는 신세가 되었습니다. 토지조사사업은 한국의 농촌 사회가 붕괴하게 된 출발점이었습니다.

토지조사사업이 농민들의 경작권을 인정하지 않은 문제점을 남겼지만, 근대적 토지 소유제를 마련해서 여러 측면에 기여했다는 주장도 있습니다. 실제로 토지조사사업이 실시되면서 토지세 부과 대상은 80퍼센트 이상, 지세는 두 배 가까이 증가했는데, 토지를 정확하게 측량하고 토지대장에 누락된 토지를 찾아낸 결과였습니다. 또한 지주의 소유권이 확실해졌고 등기 제도가 갖추어져 토지의 매매·저당·양도의 권리가 보장되었다는 점, 객관적 자료에 근거해서 국가가 마음대로 과세하지 못하게 되었다는 점, 토지세를 지가의 1.3퍼센트로 일본의 2.5퍼센트보다 낮게 책정한 점 등은 긍정적으로 평가되어야 한다고 주장하는 학자들도 있습니다. 이러한 조치가 토지세 부과의 효율성과 토지 경영의 안정성을 높였고, 그 결과 토지의 상품화와 거래를 발전시켜 시장경제를 더욱 활성화시켰다는 것입니다.

한편 토지조사사업은 조선총독부와 일본인의 토지 소유를 증대시키는 계기가 되었습니다. 총독부가 확보한 막대한 국유지는 국책회사인 동양척식주식회사로 넘겨져 일본인에게 헐값으로 불하되었습니다. 동양척식주식회사는 연리 6퍼센트, 25년 분할상환이라는 좋은 조건으로 일본인에게 토지를 분배했으며, 일본 농민들은 저렴한 토지를 좋은 상환 조건으로 구매할 수 있었기 때문에 매년 1000호 정도가 식민지 조선으로 건너왔습니다. 그 결과 토지조사사업이 종료된 1918년 12월에 조선총독부와 일본인의 소유지는 각각 5.6퍼센트와 4.9퍼센트에 해당했으며, 국유지와 사유지의 소작료가 모두 10퍼센트씩 인상되면서 이들은 큰 이익을 거두게 됩니다.

이처럼 조선총독부가 실시한 토지조사사업은 근대적 토지 소유제를 확립한다는 명분을 내세우며 한국의 피지배층이 가졌던 토지에 대한 권리를 약탈하는 한편, 그들의 희생으로 발생한 이익을 한국의 일부 지주와 일제가 함께 나누면서 식민통치의 안정과 자본주의의 성장을 도모한 정책이었습니다.

일제가 한국의 산림에
눈독을 들였던 까닭은 무엇일까?

조선 조정은 건국 초부터 산림을 백성들과 공유한다는 원칙을 내세워, 숲의 사용권을 백성들에게 개방하고 왕이나 왕비의 묘가 있는 일정 지역만 백성의 출입을 제한하는 정책을 세웠습니다. 이에 따라 백성들은 개방된 숲에서 땔감과 각종 특산품을 얻고, 새로운 경작지를 마련할 수 있었습니다. 그런데 일제는 통감부 시기였던 1908년에「삼림법」을 시행해서 산림과 임야의 소유자가 있다면 3년 내에 산림과 임야의 면적을 표시한 견적도를 첨부해 신고하도록 했으며, 만약 기한 내에 신고하지 않으면 국유지로 간주하겠다는 규정을 마련했습니다. 한국의 임야 대부분이 마을의 자체 기준과 원칙에 따라 각종 임산물을 이용하거나, 산전이나 화전을 일구어 생계를 유지하는 방식으로 운영된 공유지였습니다. 그래서 산림과 임야는 특정 개인이 소유했던 사유지가 아니었기 때문에 소유권을 명시한 견적도를 제출할 수 없었습니다. 조선왕조는 누군가 독점적으로 산림을 소유하는 것을 막고 함께 이용하는 것에 초점을 맞추었지만, 일제는 근대법을 내세워 국가가 산림과 임야에 대한 독점적인 권리를 행사하려고 했습니다.

　　일제는「삼림법」에 이어 1911년에는「삼림령」을 제정해서 산림의 소유권을 분명히 규정하려고 했습니다. 삼림령은 산림을 국유림과 민유림으로 구분한 뒤, 산림의 소유권자에게 3개월 내에 신고하도록 했습니다. 그 결과 마을이나 사찰이 오랫동안 관리했던 일부만 민유림으로 인정되고 황실과 관청이 관리했던 산림과 신고되지 않은 산림 대부분이 국유림으로 지정되면서, 국유림이 민유림보다 더 많은 비중을 차지하게 되었습니다.

산림조사는 토지조사보다 더 허술하게 진행되었기 때문에 소유권 분쟁이 그치지 않았습니다. 국유림에 대한 임야조사가 충분하지 못했기 때문에 소유권 분쟁이 계속 이어지자 일제는 1917년부터 임야조사사업에 착수했고, 그 결과 1920년에는 민유림이 증가하고 국유림이 감소하게 됩니다. 그러나 한국인 상당수가 자신들이 경작했던 산전山田의 소유권을 인정받았지만 이 땅이 임야로 등록되면서 경작을 할 수 없었고, 임야 소유자라는 이유로 강제로 삼림조합에 가입되어 숲 조성 비용과 산림 조합비를 비롯한 각종 잡세를 부담해야 했습니다.

총독부는 국유지로 지정된 임야에서 마을 사람들이 옛날처럼 목재를 조금이라도 베어 가면 잡아들였는데, 이러한 사례가 해마다 4000건에서 8000건씩 발생했습니다. 결국 석탄과 석유가 공급되지 않던 당시 상황에서 삼림령이 시행되자 많은 한국인들이 땔감 부족에 허덕여야 했습니다. 또한 국유지로 지정된 땅에서 농사를 지었던 화전민들은 개간이 허가되지 않자 생계 대책을 찾을 수 없어 도시에서 빈민으로 살아가야 했습니다. 그래서 화전민이나 마을 사람들에게는 사법권을 가진 산림 감시원이 순사나 헌병보다 더 무서운 존재가 되었습니다.

한편 「삼림령」은 제3자가 산림을 이용할 수 있는 규정을 두어 일본인들이 임업에 집중적으로 투자할 수 있는 길을 열었습니다. 그 결과 동양척식주식회사를 비롯하여 스미토모, 미쓰이 등의 일본인 거대 자본이 한국의 산림을 차지했습니다. 이들은 두만강·설악산·남해의 섬·안면도 등지에서 수백 년 된 나무를 베어 내 일본으로 가져갔으며, 철도에 사용될 목재 등 각종 목제품으로 가공해서 한국에 다시 공급했습니다.

결국 일제의 임야조사사업은 토지조사사업과 마찬가지로 조선총독부와 일본 자본주의의 요구에 맞춰 한국의 임업을 재편하는 계기가 되었습니다. 즉 일제는 근대적 소유권 확립을 내세워 한국 국토의 약 70퍼센트에 해당하는 산림과 임야를 자신들의 소유로 삼아 막대한 부를 축적했으며, 한국 지방민들의 각종 권리를 부정하는 한편 숲 조성 등에 필요한 비용은 한국인들에게 떠넘겨서 산림 개발에 필요한 비용을 줄이려고 했습니다. 그런 방식으로 권리는 독점되었고 책임은 분산되었습니다.

일제는 한국의 산업을 어떻게 재편하려고 했을까?

일제는 토지와 산림 등 한국의 국토를 조사하면서 농업과 임업에서 단번에 주도권을 가질 수 있었습니다. 이와 더불어 총독부는 식민지 경영의 주요 목적인 원료를 값싸게 구입할 수 있는 조건을 마련하기 위해 어업과 광업 등 다른 산업 분야에서도 일본에 유리한 각종 조치를 마련했습니다. 1911년에 시행된 「조선어업령」은 육지뿐만 아니라 바다에서도 소유권을 설정하기 위한 조치였습니다. 어업령의 핵심은 어업 허가제를 기본으로 어업권을 설정하고 여기에 재산권의 성격을 강화한 점입니다. 이 과정에서 황실 및 개인 소유의 어장을 강탈해 일본인 소유로 넘겼고, 일본 어민을 이주시켜 어업조합을 설립하게 한 뒤 많은 융자와 기술 지도 등의 특혜를 통해 한국의 좋은 어장을 차지할 수 있도록 지원했습니다.

반면 한국 어민에게는 적은 액수의 단기 융자만을 했기 때문에 한국 어민들은 대규모의 어업회사를 만들거나 어로 장비를 제대로 갖출 수 없었고, 영세적인 규모를 벗어나지 못해 재래식 장비로 근해어업에 만족하거나 갯벌에서 굴과 조개 등을 캐는 정도에 머물러야 했습니다.

또한 총독부는 한국의 광산 자원을 수탈하기 위해서 1915년 12월 「조선광업령」을 공포했습니다. 이 법령은 「어업령」처럼 허가받은 법인만이 광업권을 새로 취득할 수 있도록 허가제를 채택해서 광업에 대한 총독부의 통제권을 강화했습니다. 대자본이 투입되고 큰 이익이 오가는 광업 분야는 일본 기업의 독무대로 변해 갔습니다. 한국의 무연탄광·흑연광·동광·아연광·텅스텐광·몰리브덴광은 완전히 일본 재벌의 독점적 소유로 넘어갔고, 금광과 은광의 대부분도 일본인의 차지였습니다. 그 결과 1920년에 식민지 조선의 광산 중 일본인 소유의 광산은 전체의 80퍼센트를 넘었던 반면, 한국인이 소유한 광산은 전체의 0.3퍼센트에 불과했습니다.

식민지는 원료의 공급지이자 제품이 판매되는 시장의 역할을 합니다. 일제는 한국의 판매 시장을 장악하기 위해서 한국을 강점한 직후였던 1910년 12월에 「조선회사령」을 공포했습니다. 회사령도 한국에 침투한 소규모의 일본인 자본을 원조하고 한국인 자본을 비롯한 구미 열강의 자본을 억제하기 위해 허가제로 운영되었습니다. 당시 구미 열강의 자본 투자가 매우 미미했던 것을 고려한다면, 회사령은 기본적으로 한국인 회사의 설립과 성장을 억압해서 개항장을 비롯한 주요 도시에서 일본 자본과 회사가 안정적으로 커 갈 수 있는 기반을 마련하기 위한 것이었습니다. 1911~1919년 사이에 늘어난 일본인 회사가 180개였던 것에 반해 한국인 회사는 겨우 36개에 불과했던 사실은 일제의 이러한 의도를 잘 보여 줍니다.

조건을 제대로 갖추지 못한 일본인도 회사 설립을 손쉽게 허가받았지만, 한국인은 회사 설립도 쉽지 않았고 설령 허가를 받더라도 대부분 영세한 자본 때문에 경영난을 겪었습니다. 일제로부터 귀족 작위를 받은 일부 친일파들이 은사금으로 회사를 설립했지만, 자본금을 다 날리고 빚에 허덕인 사실이 이를 잘 보여 줍니다. 한국인이 경영했던 회사는 솜·밀가루·참기름 등의 원료 반제품을 만들거나 정미소·양조장을 차려 벼를 도정하거나 술을 빚는 정도의 회사가 많았습니다. 그러나 일본인 소자본가들이 총독부의 지원을 받아 손쉽게 시장에 진입하면서, 이들 업종에서 한국인 영세 자본은 많은 어려움을 겪어야 했습니다.

조선총독부가 「회사령」으로 공격하려고 했던 주요 대상은 한국에서 상거래를 주도했던 객주 세력과 그들이 설립한 상회사였습니다. 객주들은 상품의 매매를 중개하고 운송 및 보관 등 거래의 전 영역에 관여했는데, 큰 영향력을 가지고 있던 객주들이 회사 설립을 신청하자 총독부는 이를 막기 위해 회사 설립을 허가하지 않았습니다. 그 대신 총독부는 일본 상품을 직수입하던 무역 회사를 육성하면서 객주들이 활약하던 간접 거래를 억압했으며, 판매자와 소비자를 직접 연결하는 직접 거래를 지원함으로써 객주 중심의 유통 질서를 해체시켰습니다. 「회사령」 제정에도 불구하고 상인과 자본을 결합해 도고권을 유지하고자 했던 객주들의 노력은 최종적으로 좌절되었고, 객주들은 개별적인 상인으로서 살아남는 길을 선택해야 했습니다.

조선총독부는 1910년대 무단통치기에 한국의 전체 산업을 대상으로 식민지 수탈이 체계적으로 작동될 수 있는 구조로 재편해 갔습니다. 무단통치가 끝났던 1919년에 한국과 일본 사이에 있었던 무역 상황을 보면 총독부의 의도가 어떻게 성공했는지를 확인할 수 있습니다. 이 시기에 일본으로 이출된 상품은 쌀을 비롯해 원료나 원료용 제품이 90퍼센트 이상이었고, 한국으로 이입된 물품은 직물류와 경공업 제품이 전체의 60퍼센트를 차지했습니다. 이러한 결과는 식민지 조선이 일제의 경제권에 완전히 편입되어 일본에 원료를 공급하는 원료 생산지이자, 일본 상품이 판매되는 상품 시장으로 전환되었음을 보여 줍니다.

식민지 근대화론을 주장하는 학자들은 일제에 의해 한
국이 경제적·사회적으로 발전해 근대화를 이룩했다는
주장을 펼친다. 그러나 어느 일본 역사학자의 반론처럼
식민지 경영을 하는 쪽은 누구든 자신들에게 필요한 개
발을 한다. 결국 '얼마나 많이 성장했느냐'보다 더 중요
한 것은 '그 개발이 누구를 위한 것이었느냐'가 아닐까?

| 조선 물산 공진회장 내 연예관 전경
『조선사진화보』 대정 4년 10월호6호(공진회기념호)(경성: 조선사진통신사발행, 1915)

25장

1910년대에 왜
소설과 영화가 유행했을까?

이광수의 「무정」은 1917년 1월 1일부터 6월 14일까지 126회에 걸쳐 『매일신보』에 연재된 후 이듬해 출간되었다. 전통적 사랑을 거부하고 자유연애를 주장한 이 소설은 출간 당시 1만 부 이상 판매되면서, 한국 최초의 연애소설이자 베스트셀러라는 명성을 동시에 얻을 수 있었다. 「무정」이 연재될 당시부터 서울 장안은 이 소설에 대한 화제로 들끓었고, 20리, 즉 8킬로미터 떨어진 곳에서도 『매일신보』를 사기 위해 먼 길을 마다하지 않았다고 한다. 「무정」의 인기는 1930년대 후반까지 계속되어서 1938년 발간된 박문서관 판은 판매고 8만 7000부 이상을 기록했으며, 1939년 6월에는 조선영화주식회사 창립 기념 작품 영화로 제작되기도 했다.

근대 이전까지 유교 문화권에서 소설은 사람들의 심성을 어지럽히는 이야기라고 비판받았고, 역사 기록이 전하는 '대설大說'과 비교되는 수준 낮은 이야기로 평가되었다. 그런데 왜 이 시기에는 대설인 역사보다 소설이 더 인기를 끌었을까? 그리고 왜 역사가였던 신채호마저 소설을 '국민의 나침반'이라고 높이 평가하며 직접 창작까지 하게 되었을까?

『매일신보』는 왜 소설을
신문 1면에 게재했을까?

무단통치기에 언론은 암흑기를 맞이했습니다. 강제 병합 직후 조선총독부는 일본어 신문까지 강제로 통폐합하는 조치를 실시했고, 일본인들도 이 조치에 반발해 '언론기관의 박멸책'이라고 비판할 정도였습니다. 총독부는 일본어 신문 중에서는『경성일보』와『서울프레스』등의 총독부 기관지와 지방의 15개 일간지를 남겨 두었지만, 1200만 명이 넘는 한국인들을 위해서는『매일신보』와 지방지『경남일보』만 허용했습니다.

그러나 한국어 중앙 일간지로 살아남은『매일신보』조차『경성일보』편집국의 한 부서로 운영되면서 철저하게 총독부의 입장만 반영하도록 했습니다. 그 결과『매일신보』는 일제의 한반도 침략을 합리화하고 식민 통치의 모순을 은폐하는 역할에 충실했습니다. 『매일신보』가 힘을 쏟았던 또 다른 주제는 한국인 사회에서 유포되었던 각종 소문을 반박하는 것이었습니다. 한국인들은 무단통치에서 경험하는 일상적인 폭력과 차별, 그리고 그에 따라 생기는 공포와 불만을 오늘날의 '카더라 통신'에 해당하는 소문의 방식으로 표현했습니다. 토지나 재산을 몰수한다는 소문, 한국 여성 모두를 일본인과 혼인시킨다는 소문 등을 비롯해서 전염병 유행이나 새 왕조 등장 등의 복고풍 소문까지 갖가지 소문이 한국인 사이를 떠돌았습니다. 모든 언로가 차단된 한국인들에게 소문은 곧 일상이었고,『매일신보』는 식민 통치에 불리하게 적용될 각종 소문들을 적극적으로 반박하는 역할을 담당했던 것입니다.

『매일신보』는 처음에는 국한문판과 한글판의 두 종류로 발행되었지만, 1912년 3월 1일부터 한글판을 폐지하고 3면과 4면을 한글 전용으로 제작했습니다. 총독부 정책의 홍보 활동을 담당하는 1·2면의 정치 및 경제 기사는 지배층에게 익숙한 한문체를 사용했지만, 사회·문화면에 해당하는 3·4면은 한글로 제작해서 일반 대중을 위한 읽을거리를 제공했습니다. 신문 구독을 늘리기 위해 여러 계층을 포괄하는 복합적인 마케팅 전략을 구사한 것입니다. 그런데 『매일신보』 3면의 사회면은 이혼·가정 폭력·남편 살해 등 선정적인 기사가 압도적으로 많이 등장했습니다. 사회면이 독립되면서 나타난 현상일 수도 있지만, 각종 범죄 기사를 반복적으로 게재함으로써 한국인이 열등한 민족임을 강조하려는 의도를 담은 것이기도 했습니다.

그러나 사회면이나 문화면으로 구독자를 증가시키는 것은 한계에 직면합니다. 1910년 당시의 『매일신보』 발행 부수는 1만 2000부 정도였으며, 1910년대 전 시기를 통틀어도 2만 부 내외일 것으로 예상됩니다. 통감부 시기에 『대한매일신보』가 1만 부 이상 판매되었던 것을 보면, 1910년대 『매일신보』는 경쟁자도 없는 상황에서 뚜렷한 실적을 올리지 못하고 있었습니다. 총독부의 기관지로 전락해 버린 『매일신보』를 『대한매일신보』 때처럼 열렬히 구독하려는 한국인이 그리 많지 않았고, 이런 상황은 신문 구독자를 늘릴 새로운 방법을 강구토록 했습니다.

과거 『대한매일신보』가 순 한글로 소설을 연재해서 한글밖에 모르는 일반 독자들의 관심을 끌었던 것처럼, 『매일신보』도 신소설로 불렸던 대중소설을 신문 1면에 게재하는 방법으로 독자층을 넓히려고 했습니다. 그래서 1910년 10월 12일부터 연재된 「화세계」를 시작으로 「월하가인」, 「화의혈」, 「구의산」, 「소양정」 등의 신소설이 이듬해 11월까지 신문의 1

면을 장식했습니다. 이때 연재된 소설들은 각각 '선음자', '하관생', '우산 거사' 등의 다른 작가명으로 발표되었지만, 이 이름들은 모두 이해조의 필명이었습니다. 이해조는 「자유종」이라는 작품에서 보여 주었던 정치적 색채에서 벗어나, 죽음·살인·복수 등의 선정적인 주제를 『매일신보』 연재소설에서 다루면서 독자들의 흥미를 자극했습니다.

한동안 『매일신보』 1면을 차지했던 신소설은 「소양정」이 연재되고 있었던 1911년 11월 11일부터 4면으로 이동했습니다. 연재소설이 왜 1면에서 4면으로 이동했는지 『매일신보』는 그 이유를 구체적으로 밝히지 않았습니다. 신문 1면에 자극적인 소설을 싣는 것이 신문의 역할에 맞지 않았을 수도 있고 예상보다 신소설의 독자 흡입력이 크지 않았기 때문일 수도 있습니다. 그러나 1912년에 들어와서 『매일신보』는 소설에 삽화를 입히고 대대적으로 신작 연재소설을 홍보하는 한편, 소설을 1·4면에 함께 게재하거나 소설과 신파극을 연계하는 등의 적극적인 영업 전략을 채택했습니다. 소설에 거는 신문사의 기대가 여전히 컸음을 엿볼 수 있습니다.

소설은 어떻게 '대설'을 대체할 수 있었을까?

『매일신보』의 지면을 통해 인기를 끌었던 신소설은 이인직의 「혈의 누」 (1906)에서 시작해 이광수의 「무정」(1917)이 발표되기 전까지 10여 년간 유행했던 갈래였습니다. 신소설은 형식상으로는 고전소설과 다른 모습을 선보였지만, 그 안에 담고 있는 내용은 근대소설의 발전상에 도달하지 못했습니다. 과도기적인 성격이 강했던 『매일신보』의 신소설들은 게재 방식이나 작품의 성격에서 다양한 변모 과정을 보여 주었습니다.

『매일신보』의 신소설을 이끌었던 이해조가 「우중행인」을 끝으로 물러나면서, 1913년 중반부터 일본 신파 소설을 번안해서 소개하는 작가들의 시대가 펼쳐지게 됩니다. 이때 소개된 대표적인 작품이 바로 「장한몽」입니다. '이수일과 심순애'라는 주인공의 이름으로 유명했던 이 작품은 『매일신보』에 1913년 5월 13일부터 10월 1일까지 4개월간, 그리고 1915년 5월 25일부터 12월 26일까지 약 7개월간 두 차례로 나누어 연재되었습니다. 「장한몽」은 일본 작가 오자키 고요尾崎紅葉의 장편 「곤지키야사金色夜叉」를 번안한 것이었는데, 「곤지키야사」도 미국 작가 버사 클레이Bertha M. Clay가 쓴 대중소설 『여자보다 약한 자Weaker than a woman』를 번안한 작품이라고 합니다. 결국 「장한몽」은 미국과 일본의 일반 대중들에게 이미 검증되었던 서사를 한국의 실정에 맞게 다시 재조정한 이중으로 번안된 작품이었습니다. 총 36장으로 구성된 「장한몽」에서 이수일과 심순애는 어렸을 적부터 정혼자로 한집에서 자랐지만, 심순애가 돈 때문에 김중배와 혼인하면서 생기는 갈등을 그리고 있습니다. 이처럼 일본 번안 소설들은 기존의 신소설보다 대중성과 선정성을 더욱 높여 독자의 이목을 사로잡는 데 집중했고, 예상을 뛰어넘는 파격적인 스토리와 폭력성 등을 띠는 자극적인 묘사로 독자들을 현혹시켰습니다.

그러나 1917년 「무정」이 연재될 무렵, 번안 소설의 시대도 조금씩 저물어 가고 있었습니다. 번안 소설의 영향력은 더 이상 연극과 영화가 제공하는 새로운 자극에 상대가 되지 못했기 때문입니다. 연극과 영화가 대중문화의 새로운 이슈로 부각되면서 『매일신보』의 '연예계' 난이 온통 연극과 영화 소식으로 떠들썩해졌고, 소설도 대중성과 통속성을 내세워 이 경향을 따라잡아 보려고 했지만 연극과 영화가 지니는 대중적인 호소력에 비할 수는 없었습니다. 연극과 영화가 줄 수 없는 소설만의 새로운 가능성이 요구되는 상황에서 이광수의 「무정」은 단순한 대중문화 소비자가 아니라 고급 문학을 즐길 수 있는 새로운 수용자 층을 결집시켰습니다. 이제 소설의 존재 이유는 일본 번안 소설의 특징이었던 대중성에 머무르지 않고, 새로운 가치와 이념을 제시할 수 있는지 여부로 옮겨 갔습니다.

그러나 「무정」이 큰 성공을 거둘 수 있었던 것은 기존의 신소설에서 보기 힘든 주인공의 내면에 대한 치밀한 묘사나 주제 의식 등 새로운 면모에만 있었던 것이 아닙니다. 「무정」은 기존의 신소설과 동일하게 순한글을 선택했고 내용적인 면에서도 신소설의 틀과 모티프를 그대로 사용하면서, 작품의 독자를 '교양인'에 제한하지 않고 일반 대중까지 모두 포함할 수 있었습니다. 그래서 「무정」을 통해 한국 소설은 형식과 내용의 모든 측면에서 이전과 확연히 다른 모습을 지닐 수 있었습니다.

무단통치기에 문학은 이제 '대설大說'이라고 불렸던 역사학을 대체하기 시작합니다. 문학 이외에 민족정신을 높일 수 있는 다른 수단이 허락되지 않았기 때문이기도 했지만, 이광수의 말을 빌리면 당대의 지식인들이 민족정신을 표현하고자 했을 때 "문학 속에 밀수입의 형태로 위장하는 방식"을 취했기 때문입니다. 이로써 문학은 일제 강점의 고통과 울분을 표출하는 중요한 수단이 되었고, 학문의 중심에 우뚝 서게 됩니다. 이미 1909년 12월 2일 자 『대한매일신보』에 "소설은 국민의 나침반이라"

고 신채호가 주장한 것처럼, 이광수에게도 문학은 "인간의 사상과 이상을 지배하는 주권자로서 인생 문제 해결의 담임자가 될 뿐만 아니라 일국의 흥망성쇠와 부강빈약을 좌우"하는 의미를 가지게 되었습니다. 신채호가 "사회의 대추향(대세)은 국문소설이 정하는 바"라고 말했듯이, 이광수도 문학은 계몽의 도구로서 민족의 삶에 의욕을 불러일으키고 미래를 개척할 수 있는 힘을 키우는 원동력이라고 여겼습니다.

전통 공연물은 왜 신파극에 밀리게 되었을까?

전통 공연물은 19세기 말엽에 야외극장에서 상품화되었는데, 영화 〈왕의 남자〉에 나오는 것처럼 무동이 보여 주는 여러 기예를 중심으로 인기를 모았으리라 추측됩니다. 20세기에 들어와서는 광대와 예기들을 모아 창극 등이 공연되면서 관객들의 많은 호응을 받았습니다. 창극이 꾸준히 공연되면서 하나의 형식으로 발전해 가자, 1908년 원각사에서도 〈은세계〉를 무대에 올리게 됩니다. 이 작품은 신소설 「혈의 누」를 썼던 이인직이 기획한 신연극으로 강릉의 농민 최병도가 강원 관찰사에게 억울하게 죽은 실화를 연극으로 만든 작품이었습니다.

보통 1910년대 초반부터 신파극이 인기를 얻었다고 하지만, 최소한 1913년 초반까지 서울의 3대 극장인 광무대·장안사·단성사에서는 전통 공연물만 선보였을 정도로 전통 공연물은 여전히 그 존재감이 컸습니다. 신파극을 공연했던 연흥사마저도 1914년 6월에 전통 공연물로 돌아선 것을 보면 최소한 1914년 7월까지는 신파극보다 전통 공연물이 우위를 차지했음을 확인할 수 있습니다. 그러나 1914년 7월 이후부터 전통 공연물의 공연 횟수가 갑자기 줄어들게 됩니다. 심지어 1914년 10월에는 재정난에 시달리던 단성사가 광무대로 흡수되었고, 광무대도 전통 공연물과 신파극을 함께 공연하거나 구파와 신파 배우의 합동 공연을 시도했으며, 아예 「장화홍련전」 등을 신파극으로 공연하는 등의 새로운 활로를 모색하게 됩니다.

이 시기의 전통 공연물은 궁중의 종합예술에서부터 가사·판소리·탈춤 등 서민 예술에 이르기까지 여러 계층에 따라 각각 소비되던 공연물을 극장이라는 한 공간에서 함께 보여 주는 것을 말합니다. 또한 판소리나 육자배기 등의 전라도의 남도소리, 수심가나 난봉가 같은 평안도·황해도 등의 서도소리, 그리고 서울·경기 지방을 대표하는 경기좌창이 모두 한 장소에서 함께 불렸습니다. 이것은 각 계층과 지역으로 분리되었던 공연물들이 극장을 중심으로 대중화되면서 근대적 공연 문화가 형성되는 과정을 잘 보여 줍니다. 그러나 전통 공연물들은 창극을 제외하면 대부분 특별한 내용을 가지지 못한 공연물이었고, 그나마 나름의 이야기 구조를 갖춘 창극조차 새로운 시대적 감각을 담으려는 노력이 두드러지지 못하면서 시간이 지날수록 관람객들의 외면을 받았습니다. 이 빈자리를 채운 것이 바로 신파극입니다.

신파극은 일본에서 들어온 새로운 문화였습니다. 신파극은 19세기 후반 일본 정부의 급진적인 서구화 정책에 대해 비판적이었던 연극에서 비롯되었는데, 일본의 전통적인 가부키 연극과 구별된다는 점에서 '신파'로 불렸습니다. 신파극은 청일전쟁 때에는 군사극의 형식을 보이다가, 그 이후부터 범죄극이나 비련의 여주인공을 내세운 비극으로 발전했습니다. 강제 병합과 더불어 일본의 신파 문화가 한국으로 건너오면서, 각종 번안 소설과 연극을 통해 한국 대중들에게도 강력한 호소력을 가지게 되었습니다. 일반적으로 신파 양식은 상업적이고 통속적이면서도 매우 진부한 도덕적 교훈을 담고 있습니다. 당대에 신파극은 '흥행극', '상업극' 등의 이름으로도 불렸고, 후대에 와서는 '대중극'이나 '멜로드라마'라고 소개되었습니다.

한국에서 공연된 최초의 신파극은 1911년 임성구의 혁신단이 선보인 〈불효천벌〉이었는데, 일본 작품을 한국의 상황에 맞게 각색해서 발표했습니다. 신파극은 전통 공연물이나 창극과 달리 관객들이 살고 있는 동시대의 일상 문제를 다루었고, 진부하다고 하더라도 구체적인 현실 문제를 다루면서 상업성과 대중성에 집중했습니다. 신파극은 대중들이 쉽게 공감할 수 있는 권선징악이라는 최종 결론을 미리 설정하고, 관람객의 흥미를 끌 수 있는 자극적인 사건을 모두 끌어들였습니다. 가장 대표적인 신파극의 수법이 바로 번번이 일어나는 죽음입니다. 또한 도덕적으로 벌을 받아 마땅한 인물들이 천벌을 받아 죽는 경우도 흔하게 일어납니다. 이보다 더 자극적인 내용은 혈육 간에 살인이 일어나는 경우였는데, 예를 들어 1912년의 신파극 중 가장 인기를 끌었던 〈친구의형살해親仇義兄殺害〉는 주인공이 아버지를 죽인 형을 살해하는 내용을 담고 있었습니다.

주목할 만한 또 다른 사실은 1910년대의 여러 매체들이 공동으로 기획해서 신파극을 확산시켰다는 점입니다. 가령, 1912년 7월 17일부터 1913년 2월 2일까지 연재된 조중환의 번안 소설 「쌍옥루」는 연극으로 각색된 최초의 연재소설인데, 연극 〈쌍록루〉는 1913년 4월 29일부터 혁신단이 무대에 올렸습니다. 〈쌍옥루〉는 『매일신보』 구독자에게 반값 할인 등의 혜택을 내걸었고, 그 결과 이틀을 연장 공연하는 대성공을 거두게 됩니다. 소설을 통해 연극을 보고, 연극을 통해 소설을 읽는 상호작용이 등장한 것입니다. 이런 점에서 신파극의 정착 과정은 오늘날의 대중문화 형성 과정을 이해하는 데에도 여러 시사점을 제공해 줍니다.

왜 변사가
극장의 스타로 부상했을까?

20세기를 '영화의 세기'라고 부르는 것처럼 우리 역사에서도 영화는 20세기 직전에 등장해서 대중문화의 중요한 요소가 되었습니다. '활동사진'이라고 불렸던 영화가 한국에 처음 소개되었던 시점은 1897년으로 알려져 있습니다. 1897년 10월 19일 자 영국 『런던타임스』는 정유 회사를 운영하던 미국인 에스더 하우스Esther House가 진고개에 위치한 중국인 가건물을 빌려서 3일 동안 프랑스 기록 영화 여러 편을 상영했다고 전합니다. 그는 조선연초회사의 담배 선전을 위해 빈 담뱃갑 몇 개를 가져오면 무료로 입장시켜 주었는데, 이후 다른 곳에서도 이를 모방해 비누 등의 상품을 선전하기 위해 무료로 영화를 상영했습니다.

영화가 본격적으로 자리 잡아 간 배경에는 대한제국이 의욕적으로 추진했던 전기와 전차의 도입도 한몫했습니다. 서울의 전기 공급을 담당했던 한성전기회사는 전차 차고지의 창고를 이용해서 영화를 상영했는데, 이것은 영화 관람을 위해 전차 차고지까지 오려면 한성전기회사의 전차를 타야 했고 영화를 보고 돌아갈 때도 전차를 이용해야 했기 때문에 전차 영업에도 도움이 되는 영리한 발상이었습니다. 그리고 이때부터 영화 관람료로 10전을 별도로 받았는데, 10전은 당시 종로 피맛골의 설렁탕 한 그릇 값에 해당하는 금액이었다고 합니다.

이때 상영된 영화는 오늘날의 관점에서 보면 말 그대로 활동사진 수준에 불과했습니다. 분량은 몇 분 만에 끝나는 정도였고, 내용도 서양의 도시 풍경·춤·마술·기차 등 각종 문물을 소개하는 뉴스와 비슷했습니다. 그러나 관람객들은 직접 가 보지도 않고 서양 문물을 구경할 수 있는 이 새로운 매체를 너무나 신기해했습니다. 외국인들에게 호기심이 많다는 평가를 들었던 당대 우리 조상들인지라 영화의 인기는 순식간에 높아졌습니다.

1902년에 고종황제가 4만 원을 투자한 협률사라는 극장이 완공되었고 여기에서 미국 영화나 프랑스의 활동사진이 상영되면서, 하루에도 관람객 수천 명이 몰려들었습니다. 그러나 협률사는 1903년 영화 상영 중 전기 과열로 불이 나 한동안 문을 닫았고 1904년에 다시 문을 열었지만, 결국 1906년에 원각사에 그 이름을 넘겨주게 됩니다. 원각사 외에도 단성사(1907), 영화 전용 상설관이었던 경성고등연예관(1910), 우미관(1912) 등이 세워졌고, 지방에서도 부산좌(1907), 개성좌(1912) 등이 문을 열면서 극장이 한국 사회에 자리를 잡아 갔습니다. 이때가 한국 영화의 정착기라고 할 수 있습니다.

일제도 대한제국을 강점하는 과정에서 영화를 적극적으로 활용했습니다. 이토 히로부미는 한국의 평온한 모습이나 순종의 서북 지방 순행을 촬영해서, 〈한국풍속〉(1907), 〈통감부 원유회〉(1907), 〈한국일주〉(1909)

등의 영화를 만들어 각종 정치적 목적에 활용했습니다. 그러나 정작 큰 인기를 누렸던 영화는 〈쿠오바디스〉(1911), 〈폼페이 최후의 날〉(1913), 〈나폴레옹 일대기〉(1914) 등 외국의 무성영화들이었습니다. 당시 무성영화가 인기를 끌 수 있었던 것은 변설로 영화의 재미를 더해 주는 변사라는 인물 때문이었습니다. 물론 무성영화에는 자막이 나왔지만 자막을 읽지 못하는 까막눈 관객들이 많았고, 내용이 제대로 전달되지도 않아서 변사의 해설이 필수적이었습니다.

변사들은 소리의 높낮이를 조절하고 실감 나는 말투로 관객의 심금을 울리면서 관객들에게 감동을 선사했습니다. 이때의 변사들은 조선 시대에 소설을 읽어 주던 이야기꾼들의 전통을 이어받아 목쉰 말투로 영화의 서사를 멋들어지게 표현했습니다. 변사들은 상황에 잘 어울리는 목소리뿐만 아니라 제스처도 재미있게 곁들이면서 해설을 풀어 갔는데, 그 얼굴 표정도 볼만했다고 합니다. 또한 변사들은 영화의 효과음도 함께 표현했는데, 대포 소리나 다이너마이트 터지는 소리가 필요하면 북을 두드렸고 격투 장면에서는 발을 동동 구르기도 했으며, 영화의 실제 감각을 높이기 위해서 테이블을 쿵쿵 치면서 온갖 호들갑을 떨기도 했습니다.

이런 상황에서 "은막의 우상은 배우이고 극장의 스타는 변사다." 라는 말이 생겨난 것은 자연스러운 현상이었습니다. 변사들이 관객을 웃기고 울린 탓에 영화 광고를 낼 때에는 주연배우 이름 옆에 '○○○ 변사 독연獨演' 등의 문구를 함께 넣어서 영화 홍보를 할 정도였습니다. 극장에서 1급 변사를 확보하기 위해 뜨거운 경쟁을 벌여 전성기 때 1급 변사는 월 150원을 받을 정도였다고 합니다. 주연배우의 출연료가 보통 50원, 기생의 하루 저녁 놀음차가 5원, 쌀 한 말이 80전인 것을 감안한다면 변사의 영향력을 짐작할 수 있습니다.

1910년대 극장에서는
어떤 일이 벌어졌을까?

극장이 처음 등장했을 때는 문자 그대로 '극劇'을 보여 주는 '마당場'이라는 의미였기 때문에 지금처럼 영화 위주로 인식되는 장소가 아니었습니다. 극장에서는 춤·판소리·잡가·각종 기예 등 전통적인 오락 작품과 신파극·창극이 주로 공연되었고, 영화는 가끔씩 상영되었습니다. 당시 『매일신보』에는 극장에서 공연되는 연극은 재미있지만 손뼉을 치거나 떠들면서 배우들의 소리나 춤을 따라 하는 통에 구경을 할 수가 없다는 비난이 자주 등장했는데, 이 관객들은 마당에서 펼쳐졌던 전통 공연에 익숙한 나머지 연극·영화 등의 새로운 장르에서도 예전과 동일한 반응을 보였던 과도기적 인물들이었을 것입니다.

당시의 극장은 대체로 2층 객석에 500명에서 1000명을 수용할 수 있었고, 남녀 관객을 분리했으며, 객석도 상·중·하 세 등급으로 나누어 별도의 요금이 책정되었습니다. 극장 시설이 열악해서 문제가 많았는데, 특히 하등석의 경우 난방 설비 때문에 원성이 자자했고, 좌석에 앉으면 다른 곳으로 이동하기가 어려워서 요강을 포함한 각종 도구들을 미리 가져오는 경우도 있었습니다. 그런데 요강까지 지참했던 이유는 새로 접한 공중화장실이 낯선 탓도 있었지만, 객석 옆에 화장실이 있어서 오줌이 흘러넘치고 불쾌한 냄새가 진동하면서 공중화장실 자체가 상당한 거부감을 주었기 때문입니다.

그런데도 극장은 대단한 인기를 누렸습니다. 『매일신보』 1912년 2월 28일 자 기사를 보면 매일 밤 광무대와 단성사를 찾는 인원이 500~600명에서 800~900명 정도였다고 합니다. 당시 광무대는 객석이 약 700석, 단성사는 1000여 명을 수용할 수 있었는데, 이 기사를 통해 객석 점유율이 90퍼센트에 이르렀음을 확인할 수 있습니다. 또 연흥사의 경우도 매일 몰려드는 관객 1000여 명을 수용할 수 없어 극장을 확장할 정도였습니다. 1910년대 중반 서울의 인구수를 대략 20만 정도라고 했을 때, 하룻밤에 서울 인구의 1.5~2퍼센트에 달하는 사람들이 극장에 모인 셈입니다. 오늘날에도 주말에 극장을 찾는 관객 수가 전체 서울시 인구의 1.5퍼센트 정도라고 하니까 당시에 영화가 어느 정도 유행했는지 짐작해 볼 수 있습니다.

1910년대의 분위기 속에서 왜 이렇게 많은 사람들이 극장을 찾았을까요? 우선 새로운 것을 찾아 문화적 욕구를 충족시키려 했던 도시인들의 감성과 공연 문화가 서로 잘 맞았던 점을 들 수 있습니다. 1910년대 심심해서 주변에 있는 극장에 가고, 현실에서 벗어나고 싶어서 가무·신파극·영화 등을 보며 심신을 달래거나 자신과 비슷한 처지에 공감하는 등의 풍경은 오늘날 TV 드라마를 시청하거나 영화를 관람하는 이유와 크게 다를 바 없습니다.

또한 극장은 당시 사람들이 처음 경험했던 폐쇄적인 공간이었고 서로 떨어진 좌석에 앉은 남녀 간에 노골적인 눈빛이 오가는 장소이기도 했습니다. 연극이나 영화 관람도 중요했지만, 이성에 대한 호기심 역시 도시인들을 극장으로 오게 하는 큰 동기였습니다. '음부탕자의 대합소'라는 비판이 보여 주듯이, 극장을 찾는 수많은 남녀들은 차나 담배를 파는 아이들을 메신저로 삼아 분리된 관람석을 언제나 넘나들 수 있었습니다. 그래서 극장은 비판자들에게는 '풍기문란'의 집합체였고 지지자들에게는 '신풍속'을 경험하는 분출구가 되었습니다.

또한 극장의 유행은 연예인이라는 공인을 새롭게 탄생시켰습니다. 전통 공연에서 배우는 언제나 하나의 표정만을 지닌 가면 뒤의 존재였지만, 연극이나 영화에 등장하는 인물들은 가면을 벗고 맨얼굴을 통해 수많은 얼굴과 표정으로 극적인 환상을 구현해 냈습니다. 인기 배우들이 연극을 한다고 하면 '죽고 못 사는' 극성팬들이 항상 몰려들 정도였으며, 『매일신보』 독자란에 자신이 좋아하는 특정 배우를 지지하는 발언이나 자신이 좋아하는 배우가 등장하지 않는다고 비난하는 내용을 보내기도 했습니다. 그래서 극장은 스타급 배우를 전속으로 묶어 두기 위해 고심했고, 배우는 더 좋은 대우를 찾아 극장을 바꿈으로써 갈등을 빚었습니다. 당시의 스타급 배우에 대한 관객들의 열광은 그때나 지금이나 다르지 않았던 것입니다. 영화배우들은 관객의 일상에 영향을 미칠 정도로 강력한 영향력을 지닌 공인으로 평가되기 시작했고, 이광수의 표현처럼 배우들은 과거에 '광대'라고 해서 천시되던 사람이 아니라 문학가나 미술가와 같은 지위에 서서 사회의 존경을 받는 '예술가'로 대접받기 시작했습니다.

엄혹했던 1910년대에도 소설·신파극·영
화 등의 새로운 문화가 크게 유행했다. 무
단통치로 정치적 자유가 사라진 자리를 대
체한 이 문화들은 신채호의 표현처럼 '사
회의 대세'였을까? 아니면 큰 이야기가 막
히자 그 대안으로 등장한 '작은 이야기'에
불과했을까?

| 협률사 공연단

26장

식민지 조선에서 우리는
어떻게 싸웠을까?

무단통치기 국내의 최대 독립 단체였던 대한광복회가 1915년 결성되었을 때, 조직원들은 다음 같은 결의문을 채택했다.

> 우리는 대한독립광복을 위하여 우리의 생명을 희생에 바치는 것은 물론, 우리가 일생의 목적을 달성치 못할 때는 자자손손이 계승하여 원수 일본을 완전히 몰아내고 국권을 회복할 때까지 절대 변치 아니하고 마음을 다하고 힘을 합칠 것을 천지신명에게 맹세함.

강제 병합 5년 뒤에 결성된 이 비밀결사는 식민지 조선의 모순을 근본적으로 해결할 수 있는 방향을 제시하고자 했다. 대한광복회는 '제국'을 부활시키는 대신 '민국'의 비전을 제시하고, 국내와 국외의 독립운동을 아우르는 실천 강령을 준비했다. 그들은 일본인 고관 및 한국인 반역자를 처단하며, 군사력을 갖추어서 일본을 물리치는 것을 목표로 삼았다. 또한 대외적으로는 남북 만주에 군관학교를 세워 독립 전사를 양성하고 한반도와 만주의 각 요지와 베이징·상하이 등에 지점을 두어 연락 기관으로 삼았다. 어떻게 강점 이후 5년이라는 짧은 기간에 한국의 독립 단체들은 복벽주의에서 공화주의로 전환할 수 있었을까? 또, 대한광복회가 준비했던 독립 전쟁은 과연 어떤 것이었을까?

일제강점기의 의병은
왜 한국 황실을 포기하지 못했을까?

일제의 감시와 탄압으로 국내에서 활동이 어려워지자, 국내에 남아 있던 의병들은 비밀결사를 조직해서 독립운동을 계속 전개했습니다. 비밀결사 단체는 국권 회복을 위해 두 방향을 제시했습니다. 하나는 황제를 재추대해서 전제군주정을 복원하는 복벽주의였고, 다른 하나는 국가의 운명을 군주가 아니라 국민이 결정해야 한다는 공화주의였습니다. 그중에서 1910년대 복벽주의를 대표하는 단체가 고종의 밀칙을 받고 결성된 '대한독립의군부'입니다. 대한독립의군부는 을사늑약 때 최익현 의병 부대에 참여했던 임병찬·곽한일 등 유림 세력과 13도창의군을 이끌었던 허위의 의병 부대원들이 중심을 이루면서, 예전 유생들이 주도했던 의병 활동의 성격을 그대로 계승했습니다.

대한독립의군부는 한국인들에게 독립사상을 고취해 독립선언을 발표하고, 여러 나라와 협조해 독립을 달성하겠다는 계획을 가지고 있었습니다. 대한독립의군부의 계획 중에서 독립선언으로 독립을 선포하겠다는 계획은 새로운 방법이었지만, 서구 열강과 주변국의 도움으로 독립을 달성하겠다는 외교론적 방법은 고종과 유생들이 예전부터 꾸준히 시도했던 방식이었습니다. 대한독립의군부가 이러한 방법을 구상했던 것은 당시 일본의 정치·사회·문화 각 방면에서 활동했던 일본 민권 세력과 관련이 있습니다. '다이쇼 데모크라시'라 불리는 이들 민권 세력은 식민지 조선의 독립을 돌려주라는 주장을 했는데, 대한독립의군부는 이러한 일본의 정세 변화를 이용해서 독립의 가능성을 찾으려고 했던 것입니다.

그러나 대한독립의군부도 독립을 쟁취할 수 있는 핵심은 군대를 양성해서 '거병'하는 것임을 잘 알고 있었습니다. 일본에서 민권 세력이 승리해서 한국의 국권이 회복되더라도 한국인이 기여한 바가 없는 독립은 수치스러운 일이었고, 민권 세력이 권력을 잃는 순간 또다시 우리의 국권을 빼앗길 것이 분명했기 때문이었습니다. 그러나 대한독립의군부의 거병 계획은 결국 실행되지 못했습니다. 대한독립의군부에 소속된 김재구가 1913년 3월에 체포되면서 조직이 발각되었기 때문입니다. 다만 1차 발각에서는 서울을 중심으로 경기도와 충청도 지역에서 활동하던 부원들이 체포되었고, 곽한일, 이정노 정도만 구속되었을 뿐 나머지 관련자들은 대부분 석방되었습니다. 핵심 인물들이 여전히 건재했고, 임병찬이 이끄는 전라도 세력도 온전히 남아 있었기 때문에 조직을 재건하는 것에 아무런 문제가 없었습니다.

1차 발각 이후 1년 정도가 지나 임병찬의 주도로 대한독립의군부는 다시 본격적인 활동을 벌입니다. 임병찬은 1914년 2월 서울에 올라와 대한독립의군부의 활동을 협의했고 3월 말 독립의군부 총대표와 지방 대표를 선정했습니다. 그러나 5월에 조직원들이 자금을 모집하던 중 일제에 체포되면서 다시 발각되었고, 조직의 중심이었던 임병찬마저 체포되어 거문도로 유배되었습니다. 임병찬은 거문도에서 스승 최익현이 그랬던 것처럼 단식투쟁 끝에 순국했습니다.

독립의군부의 와해는 위정척사의 전통을 계승했던 복벽주의 세력이 더 이상 지속될 수 없음을 알리는 신호였습니다. 1914년 9월 독립의군부의 뒤를 이어 '민단조합'이라는 단체가 결성되었지만 독립의군부보다 그 규모와 영향력이 훨씬 작았습니다. 충청북도와 경상북도의 특정 의병들만 참가했으며, 구성원도 불과 10여 명에 불과했기 때문입니다. 민단조합은 활동 과정에서 고종의 칙명을 내세워 군자금 모집에 성공하기도 했지만, 두드러지는 활약 없이 단명에 그치고 말았습니다. 복벽주의 비밀결사들이 계획 단계에서 실패하거나 별다른 활동을 보이지 못하면서, 1910년대 중반 이후 복벽주의는 더 이상 국권 회복의 방법으로 대중적인 지지를 받을 수 없게 되었습니다.

대한제국 황실은
어떻게 기울었을까?

복벽주의가 힘을 얻지 못했던 것은 대한제국의 황실이 그만큼 쇠퇴했기 때문입니다. 일제는 한국을 강제로 병합하면서 황실을 보호하겠노라고 약속했지만, 충효를 중시하는 유교 국가에서 국왕이 백성의 구심점이라는 사실을 잘 알고 있었기에 황실의 위상을 약화시키려는 각종 조치를 취했습니다. 일제는 강제 병합 조약을 맺을 당시부터 3조에 "왕실의 존칭, 위엄 및 명예를 누리게 하고 이를 유지시키기 위해 충분한 세비를 공급한다."는 구절을 넣어 한국 황실을 일제의 연금 수령자로 묶어 두려고 했습니다.

강제 병합을 단행한 뒤 조선총독부는 한국의 황제를 왕으로 격하시키며 「이왕직관제」를 공포했습니다. 「이왕직관제」에서 "이왕직은 일본국 궁내대신의 관리에 속하고 왕족과 공족公族의 집안 업무를 관리한다. 이왕직은 조선 총독이 감독한다."고 규정함으로써 한국 황실은 일본 궁내부와 조선총독부의 감독을 받는 기구로 전락했습니다. 대한제국 궁내부에서 황실을 보좌했던 총인원이 33명 정도였는 데 반해 이왕직에 배치된 관리는 한국 궁내부의 6배가 많은 198명이었던 것을 보면, 조선총독부가 고종의 활동을 얼마나 철통처럼 감시하려고 했는지를 확인할 수 있습니다. 또한 일제는 한국 황실의 위엄을 철저하게 깎아내리기 위해 창경궁 안에 동물원과 식물원을 만들고, 이곳을 일반인들에게도 공개해서 마치 오락 시설처럼 만들었습니다.

일제는 고종을 태상왕으로 삼아 덕수궁에 살게 했고, 순종을 상왕으로 삼아 창덕궁에 살게 했습니다. 궁녀의 숫자가 줄고 재산도 축소되었지만 예전의 최고 권력자로서 먹고사는 데는 큰 불편함이 없었을지 모릅니다. 그러나 두 임금은 각각 다른 궁궐에 살면서 출입의 자유마저 박탈되어 아무것도 하지 못하고 궁궐에만 머물러야 하는 유폐 생활을 해야 했습니다. 일제는 왕자와 옹주 등에게도 일본 황실의 작위에 따라 대우했는데, 귀비 엄씨의 소생이었던 이은에게는 영친왕을, 귀인 장씨의 소생이었던 이강에게는 의친왕의 호칭을 주어 공작으로 대우했습니다. 그러나 망국의 왕족이었던 고종 자녀들의 삶은 평탄하지 못했습니다.

순종의 이복동생이었던 영친왕 이은은 순종에게 아들이 없어 황태자로 책봉되었지만, 1907년 일제가 유학이라는 구실을 붙여 나이 11세 때 일본에 볼모로 데려갔습니다. 영친왕은 일본 육사를 졸업하고 일본의 군인으로 활동하면서, 1920년 일본 왕족인 나시모토梨本宮의 맏딸인 마사코方子와 혼인했습니다. 그는 한국 왕실의 차기 계승자였지만, 소심한 성격으로 늘 불면에 시달리며 일제에 순응하는 무기력한 삶을 살았습니다. 그래서 사람들은 그를 '비극의 황태자'라고 부르기도 합니다. 또한 소설과 영화로 유명해진 덕혜옹주의 삶도 영친왕과 본질적으로 다를 바가 없었습니다. 덕혜옹주는 1912년에 귀인 양씨에게서 태어났는데, 고종이 승하한 후 일제는 13세였던 덕혜옹주를 일본으로 데려가 도쿄의 여자학습원에서 교육시켰습니다. 학습원에서 생활하는 동안 고독과 자폐증에 시달렸던 그녀는 17세 때 어머니의 사망으로 정신분열증에 시달렸고, 쓰시마 번주의 후예인 소 다케유키宗武志 백작과의 혼인 생활도 평탄하지 못했습니다. 그래서 그녀에게도 '비극의 공주'라는 평가가 붙게 됩니다.

그나마 의친왕 이강은 다른 모습을 보여 주었습니다. 이강은 강제 병합 이전에도 대한제국 황실에서 여러 외교 업무를 맡아 일본과 유럽에 다녀왔으며, 1900년부터 미국에서 유학 생활을 하다가 1905년에 귀국해서 적십자 총재 등을 지냈습니다. 강제 병합 이후에도 이강은 일제에 동조하지 않고 기회를 모색했는데, 1919년 독립운동단체였던 대동단의 전협, 최익환 등과 상하이 임시정부로 망명할 계획을 모의하고 실행에 옮기던 중 11월에 중국 만주에서 일본 경찰에게 발각당해 강제로 송환되었습니다. 그 뒤 일제로부터 여러 차례 도일을 강요받았지만 이강은 끝까지 거부했습니다. 일제에 맞서 이 정도의 저항이나마 보여 준 황실 인사가 이강밖에 없었던 사실은 한국 황실이 이후 독립운동과 왜 멀어질 수밖에 없었는지 여실히 보여 줍니다.

무단통치기 국내 독립운동을 대표하는 대한광복회는 어떤 단체일까?

1910년대 국내 독립운동을 대표하는 대한광복회가 1915년 대구에서 결성되었습니다. 대한광복회는 '풍기광복단'과 '조선국권회복단'이라는 두 단체가 통합해서 만든 단체였는데, 의병 출신, 신교육을 받은 지식인, 대종교 교도 등 다양한 성격의 인물들이 참여했습니다. 대한광복회는 대구의 상덕태상회를 본점으로 삼아 전국적 조직을 갖추었으며 만주·베이징·상하이 등 국외의 주요 거점에도 지점·여관 등을 두고 연락 기관으로 삼았습니다. 그런데 대한광복회의 특별함은 복벽주의의 한계를 벗어나 공화주의를 전면에 내세운 점에 있습니다. 대한광복회가 공화주의를 지향하고 실천할 수 있었던 것은 총사령이었던 박상진 때문에 가능했습니다.

박상진은 서울 진공 작전의 참모장이었던 허위의 제자로 위정척사론의 분위기 속에서 성장했습니다. 스승 허위가 1908년 체포되어 순국한 뒤 시신을 인도받은 사람이 바로 박상진입니다. 이후 그는 양정의숙 전문부 법과에서 법률학과 경제학을 공부하면서 신학문을 익혔고 판사 시험에 합격해 1910년 평양법원에 발령받았지만, 강제 병합이 이루어지자 일제의 관료가 되는 것을 거부했습니다. 1911년 박상진은 중국 만주에서 허위의 형인 허겸과 이상용·김동삼 등 여러 독립운동가와 교류하던 중 신해혁명을 직접 목격하게 되었고, 이 경험을 통해 복벽주의적 사고에서 완전히 벗어나 공화주의를 적극적으로 수용하게 됩니다. 1912년 귀국한 박상진은 대구에 상덕태상회라는 곡물 상회를 열어 독립운동을 재정적으로 지원했으며 국내뿐 아니라 중국과 연락망을 구축하며 독립운동의 거점으로 삼고자 노력했습니다.

1915년 독립군 지원을 목표로 대구에서 조선국권회복단이 결성되자, 박상진은 국채보상운동의 주역이었던 서상일, 부산에서 백산상회를 열어 독립운동을 지원했던 안희제 등의 경상도 명망가들과 함께 이 비밀 결사에 참여했습니다. 조선국권회복단은 단군을 모시며 목숨을 바쳐 국권 회복 운동을 전개할 것과 국외의 독립운동가들을 연결해서 대규모 항일운동을 펼치는 것을 목표로 삼았습니다. 또한 조선국권회복단은 각 지역에 상회를 차려 연락망을 구축하고 잡화나 곡물을 팔아 독립운동의 자금을 조달하는 일에 앞장섰습니다. 대구에서는 박상진의 상덕태상회와 서상일의 태궁상회가 주축이 되었고, 부산에서는 안희제의 백산상회가, 그리고 경상북도 영주에서는 전직 교사들이 자금을 모아 만든 대동상회가 거점이 되었습니다.

이 무렵 박상진이 주목했던 단체가 풍기광복단이었습니다. 이 비밀결사는 1913년에 경상북도 풍기를 중심으로 결성되었는데, 구한말 의병 활동에 참여했던 인사들이 가담해서 독립군이 사용할 무기와 군자금을 모으는 활동을 했습니다. 풍기광복단의 조직과 활동은 1918년 대한광복회 조직이 발각되었을 당시에도 드러나지 않았고, 일제강점기 전 시기에 철저하게 비밀로 유지되었다가 해방 후 생존 단원에 의해 그 존재가 세상에 알려졌습니다. 당시 풍기광복단은 박상진이 참여했던 영주의 대동상회를 거점으로 서간도와 연락망을 이루었는데, 이런 연결 고리를 매개로 두 단체가 뜻을 합칠 수 있게 되었습니다.

당시 박상진은 잡화나 곡물을 거래해서 독립 자금을 조성하는 것에 머무르지 않고, 반민족적 지주들을 응징하는 무력적 방법으로 군자금 모집과 민족적 각성을 동시에 이루려고 했습니다. 그리고 이 자금으로 독립군 기지를 개척한 후 이곳에서 독립군을 양성하여 민족 혁명을 달성하겠다는 원대한 계획을 세우고, 혁명적 독립운동 단체의 결성을 추진했습니다. 그래서 박상진을 비롯한 조선국권회복단의 인사들은 1915년 7월 풍기광복단과 제휴해서 대구에서 대한광복회를 조직하게 됩니다.

대한광복회의 행동 강령은 왜 비밀·폭동·암살·명령이었을까?

대한광복회의 실천 강령을 보면 중국 국경에 군사학교를 설립해서 독립군을 양성하고 국내외 주요 지역에 독립운동 거점을 확보해서 전쟁을 준비하다가, 대외 정세의 변화로 기회가 왔을 때 무력 전쟁으로 최종 목표인 민족 독립을 쟁취하려고 했음을 확인할 수 있습니다. 대한광복회는 이 목표에 따라 조직을 국내외로 확대했습니다. 대구의 상덕태상회를 비롯해서 서울·인천·광주·신의주·영주·천안·삼척·해주 등지에 미곡이나 잡화를 파는 상회나 여관을 열어 거점으로 삼았으며, 안희제가 경영하는 부산의 백산상회를 독립지사들의 비밀 집회 장소로 활용하거나 만주 일대에서 활동하는 인사들의 연락망으로 활용했습니다. 또한 부사령인 김좌진을 만주에 파견하고, 중국 안동(안동)에 삼달양행, 창춘(장춘)에 상원양행을 두어 활동 거점으로 삼았으며, 국외에도 조직망을 설치해서 북만주 지린(길림) 지방에 대한광복회 지부를 조직했고 서간도 지방의 부민단 및 신흥학교와도 연계를 맺고 활동했습니다.

대한광복회의 활동에서 주목되는 것은 일제를 타도할 행동 강령으로 비밀·폭동·암살·명령의 4개 항목을 설정한 사실입니다. 대한광복회는 독립운동에 필요한 군자금을 마련하기 위해 일제의 세금을 탈취할 계획을 세워 경주에서 일제의 우편 마차를 습격해서 세금을 실제로 탈취하기도 했고, 일본인이 소유했던 강원도 영월의 중석광과 평안도 운산의 금광 수송 마차를 공격해 자금을 확보하기도 했으며, 위조화폐를 만들기도 했습니다.

대한광복회의 총은 일제뿐 아니라, 국내의 친일 부호들을 향했습니다. 대한광복회는 전국의 부호와 지주 명단을 작성해서 은밀하게 군자금을 받아 냈는데, 친일 부호들이 군자금을 내지 않거나 일제에 밀고하면 직접 처단했습니다. 대한광복회의 이름으로 처단된 대표적인 인물이 경상도 관찰사를 지낸 장승원입니다. 그는 박상진의 스승이었던 허위에게 군자금 20만 원을 내겠다고 약속하고서 지키지 않았으며, 일본인들보다 더 가혹하게 소작료를 받거나 양민을 학살하기도 했습니다. 그의 아들 장길상은 데라우치의 후임이었던 하세가와長谷川好道가 총독으로 부임했을 때 도쿄로 가서 직접 영접할 정도로 친일적인 인물이었습니다. 대한광복회의 비밀 요원은 장승원을 권총으로 살해하고 그의 죄를 성토하는 선고장을 광복회원의 이름으로 남겨 두었습니다.

"○○○은 이번에 지령을 위반했기 때문에 사형에 처하니, 우리 동포들은 경계하고 또 경계할지어다. 광복회 지령원." 대한광복회가 악덕 지주를 처단하며 남긴 선고장은 친일 지주 전체에게 보내는 경고장이었습니다. 아산의 면장이었던 박용하, 보성의 지주 양재학, 벌교의 지주 서도현 등도 군자금 납부를 거부하다가 대한광복회 회원에게 처단되면서 선고장을 받아야 했습니다. 이 소문이 전국으로 퍼져 친일 지주와 부호들은 공포에 떨었으며, 일제 경찰들이 이들의 집에 파견되어 경비를 서며 보호하는 일도 발생했습니다.

조선총독부 당국은 사태의 심각성을 파악하고, 대한광복회를 검거하기 위해 총력 수사에 돌입했습니다. 1918년 초 마침내 조직이 발각되어서 박상진 등 5명이 사형을 언도받았고, 장두환은 고문 때문에 감옥에서 순국했습니다. 다른 조직원 100여 명도 잡혀 고초를 당하고 일제의 지속적인 감시 대상이 되었습니다. 이 사건으로 대한광복회의 국내 조직은 와해되었지만 우재룡을 비롯한 일부 회원들은 만주로 탈출하여 암살단을 결성해서 활동을 이어 갔습니다.

일제의 폭압적인 무단정치가 자행되는 암울한 시기에 대한광복회는 활발한 의열 투쟁을 통해 한국인들에게 독립에 대한 희망을 잃지 않게 했습니다. 대한광복회는 복벽주의에서 벗어나 공화주의를 내세웠으며, 실력양성론에 머무르지 않고 무력을 통해 독립을 이룩해야 한다는 독립운동의 지향점을 분명하게 제시했습니다. 또한 토지조사사업으로 대다수 한국인들이 빈곤에 처했음에도 자신들의 부귀영화를 위해 일제에 협력했던 친일 지주들을 처단함으로써 '민족'과 '계급'이 만들어 낸 당대의 모순과 정면으로 맞섰습니다. 1910년대 국내 독립운동의 새로운 지평을 열었던 대한광복회의 의열 투쟁은 뒷날 의열단으로 이어져 일제와 친일파들의 간담을 서늘하게 만들게 됩니다.

새로운 독립운동은 어떻게 준비되고 있었을까?

국권을 상실한 이후 기존의 실력양성론에 기초한 애국계몽운동과 무장투쟁을 내세웠던 의병 운동은 모두 한계에 부딪혔습니다. 교육과 경제에서 실력을 키워야 독립을 쟁취할 수 있다는 실력양성론은 강제 병합 이전에도 그 한계점을 여실히 드러냈습니다. 이 논리를 받아들이면 문명개화를 이루지 못한 한국은 일제의 보호를 받는 것이 너무나 당연한 일이 되었으며, 군사력과 경제력에서 크게 뒤진 상황을 따라잡아야만 독립이 가능하다는 문제점이 발생합니다. 한국보다 더 유리한 조건에서 더 빠르게 발전하고 있는 일제를 따라잡는 것이 현실적으로 불가능한 현실에서 실력양성론은 그저 일본에게 이용당하는 길을 열어 줄 뿐이었습니다.

한편 무장투쟁의 경우도 1910년대 초반까지 '대한제국의 마지막 의병장'으로 불리는 채응언의 의병 부대나 대한독립의군부와 민단조합 등이 활동했지만, 일제의 탄압이나 감시망에 쉽게 무너지는 현실적인 한계를 분명하게 드러냈습니다. 그러나 1915년에 들어와 대한광복회의 설립과 함께 군자금과 무기를 모아 국외 독립운동 단체들과의 연계를 통해 일제와 독립 전쟁을 펼치려는 새로운 전략이 등장합니다. 당시 한반도 국경의 만주에 건설되고 있었던 독립운동 기지를 중심으로 독립군을 양성한 후, 러·일 혹은 미·일 간에 전쟁이 일어났을 때 그 기회를 이용해 일본과 독립 전쟁을 펼쳐 빼앗긴 국권을 되찾겠다는 방략이었습니다. 이 복안이 바로 '독립전쟁론'입니다. 독립전쟁론은 기존 실력양성론의 한계점과 무장투쟁론의 비현실성을 보완해서, 독립 역량을 강화하는 가운데 국제적인 환경의 변화를 이용해 일제와 맞서 싸우겠다는 전쟁 준비론이었습니다. 실력 양성과 무장투쟁을 융합한 이 새로운 투쟁 전략이 1910년대 중반 국내는 물론 국외에서 전개된 독립운동의 새 지평을 열게 됩니다.

1910년대 국내 독립운동의 또 다른 특징은 참여하는 계층의 저변이 점차 확대되고 있었다는 점입니다. 비밀결사나 의병에 참여했던 유생·군인·지식인 외에도 학생·농민·노동자층의 항일 의식이 성장하고 있었습니다. 교사와 학생으로 구성된 비밀결사의 경우, 일제의 민족 교육 탄압책에 저항하면서 항일 민족의식을 더욱 고양시켜 갔습니다. 협성학교의 '학우회', 숭의학교와 기전학교의 '송죽형제회', 경성고등보통학교의 '조선물산장려계', 숭실학교의 '조선국민회' 등 학생들이 결성한 비밀결사들은 교육을 통해 민족의식을 키우는 일에 앞장섰으며, 자금을 모아 독립운동을 후원하는 활동에도 적극적이었습니다. 또한 농민들은 토지조사사업으로 경작권을 빼앗기고 지주제 강화로 생존마저 위태로워지자 저항에 나섰습니다. 처음 농민들의 저항은 자연스럽게 경제적인 어려움을 해결해 달라는 수준이었지만, 1910년대 후반부터는 주재소·세무소·면사무소 등 일제의 통치기관을 습격할 정도로 정치적 색채가 강해졌습니다.

　　한편, 노동자들도 파업 투쟁을 경험하며 꾸준히 성장해 갔습니다. 농민들이 투쟁했던 방식과 비슷하게 노동자들의 저항도 초기에는 임금 인상을 투쟁의 목표로 삼았지만, 점차 일본인 자본가를 보호하는 총독부 당국에 맞서 반일 폭동의 성격을 띠면서 식민 통치의 모순점을 직시하게 됩니다. 거의 모든 계층에서 항일 의식이 성장하면서 독립운동에 참여할 수 있는 계층의 저변이 확대되었고, 이러한 배경 아래 전 민족과 전 계층이 참여하는 3·1운동이 가능할 수 있었습니다.

　　1910년대 독립운동의 가장 큰 변화는 공화주의가 완전히 자리를 잡은 것입니다. 복벽주의를 내세웠던 독립의군부와 민단조합 등이 별다른 움직임을 보여 주지도 못한 채 사라졌고, 그 뒤로는 복벽주의를 표방한 독립운동 단체가 국내에 등장하지 않습니다. 오히려 혁신 유림과 평민을 함께 아우르며 공화주의를 내세웠던 대한광복회 등의 단체들이 두드러진 활동을 펼치면서 1910년대 후반의 독립운동은 공화주의를 전면에 내세우게 됩니다. 그 결과 1917년 조소앙·박은식·박용만·신채호 등이 상하이에서 발표한 「대동단결선언」을 보면, 대한제국의 멸망을 순종의 주권 포기로 간주하고 한국의 강제 병합을 계기로 "황제권 소멸의 때가 민권 발생의 때요, 구한국 마지막 날은 신한국 최초의 날"이라고 선언합니다. 공화주의가 독립운동의 중심이 되었음을 천명한 것이었고, 훗날 대한'민국'을 수립하게 된 서막이었습니다.

이것만은 꼭!

전 민족과 계층이 함께 참여했던 3·1운동과 그 결과로 등장한 공화주의 정부는 우연의 소산이 아니다. 국망 후 10년 동안의 처절한 반성과 투쟁, 그리고 신국가 건설을 위한 준비가 없었다면 우리가 과연 독립의 빛을 회복하겠노라고 대대적으로 선언할 수 있었을까?

| 대동단결선언문

27장

그들은 왜 독립의 희망을
포기하지 않았을까?

배에서 내리자 경찰에 잡혀서 취조 중,
유치장 창살에 목매 죽은 이상한 노인.

1932년 11월 17일 자『중앙일보』에 실린 이 기사의 주인공
은 독립운동가 이회영 선생이었다. 일본 경찰은 선생이 "유치
장 안에서 빨랫줄로 목을 매 자결했다."고 발표했지만, 그는
만주의 독립운동 지하조직을 정비하고 만주 주재 일본군 사
령관을 처단하는 작전을 추진하기 위해 상하이에서 다롄으로
가던 중 일본 경찰에 체포되어 뤼순 감옥에서 지독한 고문으
로 순국했다.
10대에 걸쳐 조선왕조의 고위 관료를 지냈던 명문가의 자손
으로 태어나, 오늘날의 가격으로 600억 원 재산을 물려받아
'다이아몬드 수저'의 삶을 누릴 수 있었던 그가 왜 낯선 땅에
서 이토록 슬픈 죽음을 맞이해야 했을까?

서간도 독립운동 기지는
어떻게 만들어졌을까?

나라가 멸망한 후, 수많은 애국지사들과 국민들이 국권 회복의 희망을 가슴에 품고 이국땅으로 이주했습니다. 서간도와 북간도라 불리는 만주 일대, 상하이를 중심으로 하는 중국 본토, '노령'이라 불리는 러시아 연해주 일대, 미국의 하와이와 캘리포니아주 일대, 그리고 일본의 오사카와 고베 등이 그 대상이었습니다. 고국을 잃고 정처 없이 이국땅을 헤매야 했던 유대인들의 이동을 '디아스포라diaspora'라고 부르듯, 대한제국의 멸망은 한국인의 디아스포라를 불러왔고 오늘날까지도 그때의 고난과 상처는 다 아물지 못했습니다.

한국인들이 해외에 정착한 가장 대표적인 장소가 독립군 기지로 신민회가 이미 지정해 둔 서간도 류허(유하)현 일대입니다. 이곳은 압록강을 건너서 멀지 않은 곳에 위치했기 때문에, 19세기 후반부터 평안도에서 많은 한국인들이 건너와 척박한 땅을 일구어 벼농사를 보급했던 지역입니다. 한국인 거주자들이 이미 정착해 있었고, 한반도와 가까워서 국내로 진공 작전을 펼치기도 쉬웠으며, 일본의 영향력에서도 어느 정도 벗어나 있던 최적의 장소였습니다.

그러나 이회영과 이상룡 등이 온 일가를 이끌고 싼위안바오에 도착했을 때 수많은 난관이 기다리고 있었습니다. 혹한의 추위와 척박한 환경, 그리고 모든 의식주 문제를 자체적으로 해결해야 하는 상황 때문이었습니다. 초기 이주자들은 '경학사耕學社'라는 자치 조직을 만들어 이 난관을 해결해 갔습니다. 경학사는 중국인에게 땅을 빌려 경작지로 개척했는데, 비옥한 토지는 잘 빌려주지 않아서 쓸모없는 황무지를 빌려 밭으로 개간하고, 여기에 물을 대어 논으로 바꾼 뒤 서간도와 비슷한 조건을 가진 평안도의 농법을 적용해 벼농사를 지었습니다.

그런데 첫 출발부터 좋지 않았습니다. 1911년에 만주 일대는 혹독한 흉년을 맞아 가을 추수를 망쳤고, 가뭄 피해까지 겹쳐 겨울에는 식수조차 구할 수 없어 나무뿌리에 고인 물을 마셔야 할 정도였습니다. 굶주림과 갈증으로 면역력이 떨어졌고, 이 때문에 많은 사람이 풍토병에 걸렸습니다. 여기에 더해서 틈틈이 발생하는 마적 떼의 습격도 큰 골칫거리였습니다.

자연환경과 의식주 못지않게 서간도의 한국 망명객들을 괴롭혔던 것은 현지 중국인들의 차가운 눈빛과 차별이었습니다. 중국인들은 한국인 이주자들을 망한 나라의 백성이라는 뜻의 '망국노亡國奴'로 비하하거나, 모호한 국적을 가진 일제의 앞잡이로 간주했으며, 자신들의 생활을 위협하는 경쟁자로 여겨 배척했습니다. 이 문제를 해결하기 위해 경학사 인사들은 중국인과 같은 의복과 모자를 갖추고 그 지역의 풍속을 따르자는 동화 운동을 펼쳤습니다.

또한 한국인이 중국에서 독립운동의 기반을 갖추기 위해서는 중국의 땅과 국적이 필요했는데, 당시 중국은 국적법이 없었기 때문에 귀화를 하려면 이주한 지 10년 후 민적에 이름을 올려야 했습니다. 이회영 등은 중국 관리들에게 접근해서 때로는 설득하고 때로는 뇌물을 주면서 교섭으로 이 난제들을 하나씩 해결해 갔습니다. 이런 노력 끝에 한국인들을 경계하는 중국인들의 마음을 누그러뜨릴 수 있었습니다.

힘든 상황이 계속되었지만 한반도로부터 이주민은 계속 몰려들었고, 이에 용기를 얻은 이주민들은 경학사를 중심으로 '부민단扶民團'이라는 자치단체를 결성했습니다. 부민단은 경학사의 사업 외에도 중국인과의 분쟁을 해결하고 한국인 학교를 운영해서 민족 교육과 군사교육을 강화하는 것을 목표로 두었습니다. 서간도에 이주해 온 목적이 독립군 기지를 만들어 독립 전쟁을 준비하는 것이었던 만큼 부민단은 학교 설립에 정성을 기울였습니다. 그 결과 이회영의 형이었던 이석영의 재정 지원으로 경학사가 만든 '신흥강습소'를 확대해서 '신흥(중)학교'로 개편하고, 큰 학교 건물을 지은 뒤 이곳에 군사반을 두어 본격적인 무관 양성 교육을 실시했습니다. 또한 백두산 서쪽의 인적이 거의 없는 고원 평야에 독립적인 군영을 만들어 군사훈련을 시켰는데, 중국 땅에서 한국인들이 별도로 군사훈련을 하는 것이 오해를 가져올 수 있었기 때문에 '백서농장'이라는 이름을 붙여 중국인의 우려와 분쟁을 피해 가기도 했습니다.

3·1운동 이후에는 일본 육군사관학교를 졸업한 지청천, 김경천 등을 비롯해 많은 한국인 청년들이 신흥중학교를 찾아왔습니다. 몰려드는 입학 희망자들을 기존 시설로 감당하는 것이 어려워지자, 신흥중학교를 류허현 구산쯔(고산자)로 옮겨 '신흥무관학교'로 확대·개편했습니다. 신흥무관학교는 2년제 고등 군사반을 두어 옛 대한제국 장교들의 지도 아래 고급 간부를 양성하는 한편, 여러 곳에 분교를 세워 독립군을 키우는 가장 대표적인 군사교육기관이 되었습니다.

그러나 신흥무관학교 설립 이후 2년간 대흉작이 이어졌고, 내부 갈등으로 발생한 학생 피살 사건과 마적의 중견 간부 납치 등 온갖 악재가 겹치면서 2년을 채우지 못하고 1920년에 결국 문을 닫게 됩니다. 그러나 신흥무관학교는 짧은 기간에 독립군 2100여 명을 배출했고 이들이 홍범도 부대와 김좌진 부대 등에서 활약하게 되면서, 대한제국 군대에서부터 훗날의 한국광복군으로 이어지는 지난한 과정의 중추 역할을 담당했습니다.

이회영과 이상룡은 왜 노블레스 오블리주의 대명사로 거론될까?

최근 한국 사회에서는 '갑질'이라는 단어가 크게 유행하고 있습니다. 갑질은 자신이 가진 권력·돈·지위를 이용해 약자를 자신의 이익에 따르도록 만드는 행태를 조롱하는 말입니다. 사회 지도층의 갑질이 재발하거나 새로운 형태의 갑질이 등장하면 언론은 어김없이 이를 비판하며 노블레스 오블리주noblesse oblige를 이야기합니다. '높은 사회적 신분에 상응하는 도덕적 의무'를 의미하는 이 프랑스 말이 갑질이라는 단어의 실질적인 반의어이기 때문일 것입니다.

어느 사회에서든 노블레스 오블리주가 칭송을 받는 이유는 희소하기 때문입니다. 유난히 신분 의식이 강했던 우리 역사이지만, 한국 근대사만 보더라도 이 '고귀한 의무'를 감당한 무수한 사례를 발견할 수 있습니다. 그중에서도 한평생 '금수저'의 삶을 살 수 있었지만 사회적 책무를 마다하지 않았던 우당 이회영 선생과 석주 이상룡 선생은 그 대표적인 사례입니다.

이회영과 그 일가는 '삼한갑족'이라고 불리는 명문 가문이었습니다. 이회영의 10대조는 서민들의 사랑을 받았던 '오성대감' 영의정 이항

복이었고, 5대조는 청렴하고 강직했던 영의정 이종성이었습니다. 이회영은 10대 중 9대가 정승·판서·참판을 지냈던 조선의 최고 명문가에서 태어났지만, 국망의 순간에 그와 그 형제들의 선택은 일제의 '노예'가 되어 구차하게 생명을 도모하는 것이 아니라 항일 투쟁의 최선두에서 국권을 회복하는 것이었습니다. 그래서 일곱 형제 중 여섯 형제가 50여 가족을 이끌고 험난한 서간도에서의 삶을 선택하게 됩니다.

독립운동가들이 만주로 갈 때 세 가지를 각오해야 한다고 합니다. 굶어 죽는 '아사', 맞아 죽는 '타사', 그리고 얼어 죽는 '동사'입니다. 이회영 일가는 만주와 상하이 등지에서 독립 투쟁에 헌신하며 온 가족이 위 세 가지 고난에 해당하는 고초와 희생을 겪어야 했습니다. 이회영을 비롯해 형 이석영, 동생 이호영이 일제의 탄압으로 장렬하게 순국했고, 해방 후 이시영이 임시정부 요인으로 조국에 돌아왔을 때 함께 귀환했던 가족이 불과 20여 명밖에 되지 않을 정도였습니다. 특히 이회영은 험난했지만 고귀했던 삶 그 자체를 보여 주었습니다. 그는 독립협회·신민회·서전서숙·경학사·신흥무관학교·조선무정부주의자연맹·항일구국연맹 등 한국 근대사에서 가장 중요하고 치열했던 현장에 어김없이 서 있었습니다. 단 한 번도 높은 지위를 탐하지 않고 오직 뒤에서 모든 책임을 묵묵히 떠안으며 힘든 자리를 지켰습니다.

망국의 절망 속에서도 한국인의 자존심을 지켜 낸 또 한 인물이 석주 이상룡입니다. 경상북도 안동에 위치한 대저택 임청각에서 평온한 삶을 살 수 있었던 그는 명성왕후 시해와 단발령에 맞서 의병 활동에 참가하면서 험난한 투쟁에 뛰어듭니다. 을사늑약 이후 이상룡은 인근 지역의 혁신 유림 인사들과 더불어 협동학교를 세워 인재 양성에 힘을 쏟았으며,

대한협회 안동 지회를 설립해 애국계몽운동에도 헌신합니다. 칸트·홉스·루소 등의 서구 근대사상을 비판적으로 검토하면서 계몽주의자로 변신했을 당시의 나이가 50세였습니다. 명문가의 후손으로 나름의 입지와 명망을 얻고 있던 유력 인사가 50세의 나이에 자신의 세계관을 전환하는 것은 그만큼 열린 사고와 큰 용기를 필요로 합니다. 이후 신민회가 추진했던 해외 독립군 기지 계획을 전해 들은 이상룡은 1911년 1월 생가였던 임청각을 비롯한 전 재산을 정리해서 일가와 함께 서간도로 향했습니다.

서간도 쏸위안바오에서 이상룡은 이회영, 이시영 등의 동지들과 함께 경학사를 조직하고 그 대표를 맡아 독립군 기지의 기반을 닦았으며, 신흥강습소를 세워 독립군 양성에 앞장섰습니다. 또한 대한민국 임시정부 수립 후 군사 기구인 서로군정서가 조직되자, 군정서의 대표를 맡아 국내 진공 작전을 비롯한 무장 항일 투쟁의 최선두에 나섰습니다.

한국 근대사의 굴곡과 함께 끊임없이 자신을 단련해 왔던 이상룡은 자신의 연륜과 경험을 토대로 독립운동 단체의 대동단결을 위해 노력했습니다. 대한민국 임시정부가 이승만의 위임통치안 때문에 분열되었을 때에도 그는 각 독립운동 계열의 의견 조정과 단합을 위해 발 벗고 나섰습니다. 결국 임시정부가 이승만을 탄핵한 뒤 지도 체제를 대통령 중심제에서 국무령제로 바꾸었을 때, 그가 초대 국무령에 임명되었던 것은 임시정부 통합을 위해 당연한 결과였을지 모릅니다.

이상룡은 임시정부가 항일 무장투쟁을 선도해 주기를 바랐지만 그의 희망은 이루어지지 못했고, 그는 국무령직을 사임하고 간도로 돌아와 죽는 순간까지 독립운동 단체의 통합에 모든 노력을 기울였습니다. 이회영과 이상룡은 작은 권력과 지위만으로도 갑질을 마다하지 않는 오늘날의 이른바 '지도층'을 부끄럽게 만드는 행보를 보여 주었습니다.

북간도는 어떻게
독립 정신의 중심지가 되었을까?

대한제국 정부가 이범윤을 북변 간도 관리사로 임명해서 10만 여 명이 넘는 한국인을 직접 관리할 만큼 많은 이주민들이 일찍부터 북간도에 정착했습니다. 1909년의 간도협약으로 이곳은 청의 소유로 확정되었지만, 북간도는 여전히 한국인들이 가장 선호하는 이주 장소였습니다. 많은 독립운동가들이 일찍부터 북간도를 독립운동의 핵심 기지로 주목하면서, 1906년 이상설, 이동녕 등이 룽징(용정)에 '서전서숙'을 세워 신학문을 가르치고 독립군을 훈련하는 교육기관으로 삼았습니다. 이상설이 고종의 특사가되어 헤이그로 떠난 후 일제가 통감부 간도 파출소를 이곳에 세워 각종 방해공작을 벌인 끝에 서전서숙은 1908년에 결국 폐교되고 말았습니다.

그러나 민족 교육과 독립군 양성을 목표로 삼았던 서전서숙의 정신은 룽징에서 조금 떨어진 명동촌으로 이어졌습니다. 1899년부터 명동촌에 정착해서 '간도교민회'를 조직해 다양한 활동을 펼쳤던 김약연이 서전서숙의 교사들과 함께 '명동서숙'을 열고 민족 교육에 앞장선 것입니다. 명동서숙이 커져 1909년 '명동학교'가 되었고, 이 학교에서는 작문시간에 '애국'이나 '독립' 등의 단어가 들어가지 않으면 아예 점수를 주지않을 만큼 철저한 민족 교육을 실시했습니다. 국내를 비롯한 주변 각지에서 학생과 애국지사 수백 명이 명동학교로 몰려들었고, 그 결과 명동촌이 북간도 독립운동의 중심지가 되었습니다. 이것이 뒷날 1920년 경신참변 때 일제가 명동학교를 한국인 독립운동의 소굴이라고 해서 불태우게 된 배경이기도 했습니다.

북간도의 한국인들은 김약연을 중심으로 1910년 '간민자치회'를 결성해 이주민 결집에 앞장섰는데, 자치회 조직이 확대되면서 일제가 중국 당국에 압력을 넣어 견제하기 시작하자 '자치'라는 이름을 빼고 '간민교육회'로 이름을 바꿔 분쟁을 피해 갔습니다. 간민교육회는 각 지역에 학교를 여는 일에 힘을 쏟았고, 연해주의 독립운동 세력과 힘을 합쳐 한국인 1천여 호가 사는 나자구에 대전학교를 세워 무관학교의 교과목인 교련·총검술·병법 등을 가르치며 독립 전쟁을 준비했습니다.

1912년 이동휘가 명동으로 망명해 온 것을 계기로 간민교육회는 '간민회墾民會'로 전환했고, 북간도 한인 동포들의 공식적인 자치기관으로 중국 당국에 허가를 받습니다. 간민회는 한인 동포들에 대한 호구조사와 교육 사업은 물론 세금 징수까지 담당하며 한국인 자치 정부와 같은 기능을 담당했습니다. 그 후 간민회는 중국 중앙정부의 지방자치기관 철폐령과 일제의 집요한 압력으로 1914년 해산했지만, 김약연을 비롯한 독립운동가들은 명동학교를 중심으로 민족 교육에 정성을 쏟았으며 명동의 졸업생들은 이후 만주 한국 독립운동의 주력군으로 활약했습니다.

북간도를 독립 정신의 중심지로 만든 또 하나의 단체가 대종교 세력이 주축이 된 '중광단中光團'입니다. 대종교는 한얼님을 믿는 민족종교로 삼신일체설을 주장했으며, 인류 문화의 중심을 백두산으로 보았습니다. 대종교가 믿는 '삼신'은 환인·환웅·환검을 말하는데, 환인은 우주와 인간 만물을 다스리는 조화신, 환웅은 인간 세상을 널리 구제하기 위해 백두산에 내려온 교화신, 그리고 환검은 임금이 되어 나라를 세운 치화신을 뜻합니다. 일제가 일본인의 정신세계를 '신도神道'라는 민족종교로 통합했듯이, 대종교를 창시한 나철도 삼신일체의 신앙 체계를 구심점으로 삼아 한민족의 독립 열망을 하나로 묶으려 했습니다.

대종교 인사들은 1912년 민족의 성산인 백두산 줄기 아래 위치한 허룽(화룽)현 청파호 부근에 거점을 마련하고 교도를 이주시켰습니다. 나철이 일제에 대한 저항으로 구월산에서 순국한 뒤, 김교헌이 2대 교주가 되어 청파호 인근에 대종교 본사를 두고 곳곳에 대종교 예배당에 해당하는 시교당施教堂을 설치해 민족의식을 고취하는 한편, 주변 마을에 실업학교를 세워 교육 사업에도 힘을 쏟았습니다.

또한 명동중학교에서 교육 운동에 헌신했던 서일이 대종교에 입교한 후 두만강을 넘어 망명해 오는 애국 청년들을 모아 '중광단'을 조직하면서, 대종교 세력은 그 영향력을 더욱 키워 갔습니다. 서일은 중광단 단장에 취임해서 대종교 이념을 전파하는 한편, 대종교 교도를 중심으로 무력 항쟁의 기반을 구축하기 위한 체제 정비에도 많은 노력을 기울였습니다. 독립 전쟁을 준비하던 차에 대한광복회의 부사령을 지냈던 김좌진을 맞아들였고, 이후 중광단은 서일과 김좌진의 지휘 아래 대한군 정부를 거쳐 북로군정서로 확대 개편되었습니다. 북로군정서는 정규 병력 약 1500명을 사관으로 양성했으며, 러시아군과 체코군으로부터 무기 3만여 정도 확보해서 훗날 청산리 전투에서 대승을 거둘 수 있었던 전투력을 하나씩 갖추게 되었습니다.

러시아 연해주에서의 독립운동은
왜 외면받았을까?

20세기 초 러시아 연해주 지역은 연인원 10만 명이 넘는 한국인이 의병 활동에 직·간접적으로 참가했고, 일본군과 무려 1700여 회 전투를 벌일 정도로 국외 독립운동의 핵심 기지였습니다. 앞서 보았던 안중근과 이범윤의 의병 부대가 연해주에 근거지를 두고 있었고, 헤이그 특사로 파견된 이상설과 이위종, 연해주의 자치 조직인 권업회를 이끌며 독립운동 자금 조달에 힘쓴 재력가 최재형, 이용익의 손자로 권업회와 한흥동 설립에 앞장섰던 이종호, 서전서숙과 신흥학교를 설립하고 대한광복군정부에서 활약했던 이동녕, 봉오동 전투와 청산리 전투의 영웅이었던 홍범도, 북간도와 연해주를 오가며 민족 교육과 무장투쟁에 헌신했던 혁명가 이동휘, 『권업신문』과 『근업신문』을 통해 민족 독립을 역설했던 언론인이자 역사학자였던 신채호와 장도빈, 일본 육사 출신으로 연해주에 망명해 '백마 탄 김장군'으로 불리며 항일 유격대를 이끈 김경천, 지금도 하바롭스크 거리에 자신의 이름을 남긴 한국인 항일 유격대의 영웅 김유천, 러시아 반혁명군과 일본군에 맞서 한국인 유격대로 큰 승리를 거둔 한창걸, 그리고 한국인 최초의 볼셰비키 당원이자 여성 혁명가였던 김알렉산드라 등 무수한 독립운동가와 혁명가 들이 우리 근대사에 오래도록 간직될 업적을 연해주에서 남겼습니다. 그러나 그들이 활동했던 지역이 좌우 이념 대결의 적대 세력이었던 러시아였고, 그들 중 상당수가 사회주의자나 무정부주의자였기 때문에 그 놀라운 활약에 비해서 우리에게 알려진 바는 터무니없이 부족합니다.

20장과 21장에서 설명했던 강제 병합 직후까지의 연해주에서 전개된 독립운동 이후를 살펴보면, 성명회가 해체된 뒤 1911년 5월에 이종호·최재형·홍범도 등의 주도로 '권업회'가 신한촌에서 창립됩니다. 감옥에서 풀려난 이상설이 권업회의 의장을 맡아 연해주에 거주하는 약 20만 명이나 되는 다양한 계열의 한국인 동포를 하나로 묶기 위해 심혈을 기울였습니다. 권업회는 연해주 지역을 독립 기지로 만들기 위한 준비를 충실하게 진행했습니다. 신한촌에 있던 계동학교를 '한민학교'로 확장 개편한 후 이주민을 위한 교육기관으로 삼았고, 러시아 당국의 눈을 피해서 독립군을 양성하기 위해 북간도의 '대전학교' 설립에 동참해서 군사교육에도 힘을 쏟았습니다. 또한 밀산부 한흥동에 군영지를 만들어 군사기지의 역할을 담당하게 했고, 여러 상점을 거점으로 삼아 비밀 연락 장소로 활용하기도 했습니다.

1914년 봄 권업회는 제1차 세계대전에서 러시아와 일본의 전쟁을 예상하고 대한광복군 정부의 결성을 서둘러 이상설을 대통령으로, 이동휘를 부통령으로 추대하고, 망명정부를 수립해서 항일 투쟁을 조직적으로 운영할 계획을 세웠습니다. 그러나 기대와 달리 러시아와 일본이 동맹을 맺었고, 1914년 9월 일본의 요청으로 러시아 당국이 권업회를 강제 해산하고 주요 인사 20여 명을 체포·추방했습니다. 권업회의 전통은 1917년 '전로한족대표자회'나 '고려족중앙총회' 등으로 이어졌지만, 러시아 귀화인들이 이 단체들을 맡으면서 항일 의지는 약해졌습니다.

그런데 1917년 러시아에서 일어난 2월 혁명과 10월 혁명은 한국인 독립운동에 새 방향성을 제시했습니다. 1918년 5월 13일 하바롭스크에서 이동휘·김알렉산드라·유동열·김립 등은 최초의 한국인 사회주의 정당인 '한인사회당'을 창당했습니다. 한인사회당을 주도한 인물들은 여러 계열로 구성되어 있었습니다. 한인사회당의 초기 창립자들은 이동휘로 대표되는 신민회 간부들, 김알렉산드라로 대표되는 '우랄노동자동맹' 출신들, 그리고 이한영이 이끄는 '하바롭스크 한국인사회' 등으로 분류됩니다.

북간도와 연해주에서 독립운동에 전념했던 이동휘는 항일독립운동을 승리로 이끌기 위해서는 소비에트의 지원이 필요하다고 판단해서 한인사회당에 참가했는데, 민족주의를 배격했던 볼셰비키 정권도 한국인들의 항일민족운동을 이용해서 일본군의 진출을 막을 목적으로 연해주 각지에 한인사회당 지부를 설치하는 것을 도왔습니다. 반면 김알렉산드라는 처음부터 볼셰비키였습니다. 그녀는 러시아 2월 혁명 이후 우랄 지방에서 최초의 한인 노동자 조직인 우랄노동자동맹을 조직한 바 있었고, 극동 지방 한국인 사회에 친볼셰비키 세력을 조직하기 위해 연해주로 파견된 인물이었습니다.

그런데 영국·프랑스·일본·미국의 연합국 군대가 1918년 8월에 혁명파에 대항하기 위해서 블라디보스토크에 상륙했으며, 일본군이 체코 군대 및 러시아 반혁명파 군대와 손을 잡고 연해주 볼셰비키 정권을 붕괴시켰습니다. 이 때문에 연해주 지역의 한국인 독립운동은 다시 좌절을 맛보아야 했습니다. 볼셰비키 정권에 적극적으로 협력했던 김알렉산드라는 러시아 반혁명파 군대에 체포되어 처형당했으며, 이동휘 등은 중국으로 도망쳐야 했습니다. 1919년 3·1운동이 일어난 후 한인사회당은 이동휘를 중심으로 소련 코민테른에 가입해서 상당한 규모의 독립운동 자금을 지원받기도 했지만, 결국 이들은 상하이 임시정부에 일시적으로 합류하게 됩니다. 그러나 한인사회당 인사들은 기존 임시정부 구성원들과 노선 차이로 임시정부를 탈퇴하고 '고려공산당'으로 개편해서 독립 활동을 이어 나갔습니다.

안창호·이승만·박용만은 왜 다른 길을 갔을까?

한국인들의 간도와 연해주 이주는 자발적으로 진행된 것이었지만, 미국 하와이로의 이주는 대한제국 궁내부에 소속된 수민원綏民院에 의해 계획적으로 추진되었습니다. 하와이 이민은 1902년 12월에 시작해 3년간 지속되었으며, 총 65척 배로 7000여 명이 하와이 사탕수수 농장으로 건너갔습니다. 이들 중에는 20대 미혼 남자가 많았는데 하와이 현지에서는 혼인할 독신 여성이 없어서 '사진결혼'으로 가정을 이루었습니다. 사진결혼은 하와이에 있는 한국 남성이 고국에 사진을 보내면 결혼을 원하는 여성이 사진의 대상자를 찾아 미국에 와서 혼인하는 방식이었습니다. 사진신부들의 하와이행으로 미국의 한국인 사회가 형성되었습니다.

한국인들은 이후 하와이에서 벗어나 샌프란시스코를 중심으로 미국 본토에 자리를 잡기 시작했습니다. 미국 본토로 건너왔던 한국인 교포들을 결집시킨 사람이 바로 도산 안창호였습니다. 그는 늘 허름한 노동복을 입고 동포들을 찾아다니며 미국 본토에서 산발적으로 형성되었던 친목회를 확대·개편해 1905년 '공립협회'를 결성했습니다. 안창호는 로스앤젤레스·새크라멘토·리버사이드 등지에 지회를 설치하는 한편, 국내와 연해주·만주까지 조직을 확대했습니다. 1907년 안창호와 공립협회 회원들은 국권 회복 단체로서 대한신민회를 조직하고 안창호를 대표로 선정해 국내에 파견했습니다. 안창호는 18장에서 살펴보았던 것처럼 신민회 활동을 주도하며 청년 조직인 '청년학우회'를 창립해서 정치·경제·교육 각 분야에서 활약할 수 있는 인재를 양성하는 일에 열정을 쏟았습니다. 청년학우회는 신민회의 해체와 함께 사라졌지만, 안창호는 1913년 미국에서 '흥사단'을 만들어서 청년운동을 계속 이어 갔습니다.

실력양성론의 입장에서 청년운동에 앞장섰던 안창호와 달리, 1904년 미국 유학생 1기로 네브래스카 군관학교에서 정치학과 군사학을 공부했던 박용만은 독립군을 양성하는 무장투쟁에 힘을 쏟았습니다. 1910년 2월 미국의 한국인 단체들이 '대한인국민회'로 통합되었을 때, 박용만은 국민회를 이끄는 실질적인 지도자가 되었습니다. 박용만은 국민회 회원들로부터 9만 달러(요즘 가치로 약 900만 달러)를 모아 독립군을 양성할 수 있는 사관학교 설립과 '대조선국민군단' 편성을 추진했습니다. 1914년 하와이 아후이마누 농장에 국민군단이 설립되었고, 사관생도 200여 명이 국민군단에서 기숙하며 조를 편성해 농장에 나가 작업하는 가운데 훈련과 학습을 받았습니다. 미국인들은 한국인의 독립운동을 이해해 주었고 사관생도들은 거리에서 퍼레이드를 할 만큼 나름의 세력을 형성했습니다. 하지만 활발히 전개되던 국민군단의 군사훈련과 기지 건설은 3년이 지난 1917년경에는 국민군단을 해체할 만큼 약화되었습니다.

대조선국민군단과 사관학교가 해산을 할 수밖에 없었던 까닭은 제1차 세계대전이 발발하면서 미국과 일본이 동맹을 맺게 되자, 미국 당국이 자국의 동맹에 대항하려는 한국인의 군사훈련을 더 이상 묵인할 수 없었기 때문이었습니다. 또한 파인애플 농장의 흉작이 이어지면서 불경기로 인한 재정 악화도 문제였고, 이승만이 대한인국민회를 자신의 영향권 아래 두기 위해 박용만과 극한 대립조차 마다하지 않았던 것도 한몫을 했습니다.

이승만과 박용만은 여섯 살 차이로 서대문감옥에서 만나 함께 의형제를 맺을 정도로 친한 사이였습니다. 두 사람은 1904년 비슷한 시기에 미국 유학 생활을 시작했는데, 프린스턴대학교에서 박사 학위를 받고 자리를 잡지 못했던 이승만을 박용만이 1913년에 하와이로 초청하면서부터 둘의 관계는 의형제에서 정적政敵으로 변해 갔습니다. 박용만은 무장투쟁을 위해 국민군단 창설에 혼신의 힘을 기울였던 반면, 이승만은 교육을 통한 실력 양성을 주장하면서 국민회 회장 선출과 자금 사용 문제를 제기하며 박용만과 주도권 싸움을 벌였습니다. 이승만의 국민회 장악은 한동안 실현되지 않았지만, 1918년 박용만 계열의 인물들이 '일본군 선박 폭파 미수 사건'에 연루되면서 박용만이 하와이를 떠난 후 이승만은 결국 국민회를 장악하게 됩니다. 이 재판 당시 이승만이 증인으로 나와 국민군단에 불리한 증언을 했는데, 이것이 이승만과 박용만을 완전히 갈라서게 한 계기가 되었습니다.

1918년 말 제1차 세계대전이 끝나고 파리강화회의가 열린다는 소식이 알려지자 미국의 교포 사회는 안창호가 주동이 되어 이승만·정한경·민찬호를 윌슨 대통령에게 청원서를 제출할 대표로 정하고, 대한인국민회 중앙총회에서는 정한경을 파리강화회의의 대표로 지명하는 등 적극적인 움직임을 보였습니다. 그러나 이승만 지지 세력은 파리강화회의 대표에 이승만이 제외된 것을 문제 삼았고, 안창호는 이승만도 대표로 추가했습니다. 하지만 두 대표의 여권이 발급되지 않아서 파리행이 어려워지자, 이승만은 정한경이 작성한 청원서에 다음과 같은 내용을 첨가해서 윌슨 대통령에게 직접 청원하고 기자회견을 열었습니다. "장래에 한국의 완전한 독립을 보장하는 조건하에서 한국을 국제연맹의 위임통치 아래에 두고 현재 일본의 통치 아래에서 해방하는 조치를 취할 수 있도록 저희들의 자유·소망을 평화회의의 탁상에서 지지하여 주시기를 간절히 청원하는 바입니다." 이것이 뒷날 대한민국 임시정부에서도 두고두고 문제가 되었던 '위임통치안'입니다. 이승만의 주장이 문제가 되었던 것은 안창호가 주장한 실력 양성의 길, 박용만이 주장한 무장 항쟁의 길과 달리, 그가 제시한 독립의 방향이 외세의 도움에 의존하는 외교의 길이었기 때문입니다.

서간도·북간도·러시아 연해주·미국 본토·하와이에서 조국의 독립
을 위한 헌신은 멈추지 않았다. 낯선 땅과 거친 삶 위에서 그들은 이
미 망해 버린 나라의 부활을 왜 그토록 소망했던 것일까?

| 우당 이회영(우당기념회 소장)

28장

무엇이 3·1운동을
'세계적인 경이'로 만들었는가?

『데일리 메일』특파원으로 한말의 유명한 의병 사진을 찍었던 매켄지는『대한제국의 비극Tragedy of Korea』을 통해 한일 강제 병합 이전의 상황을 폭로했지만, 훗날『자유를 위한 한국의 투쟁Korea's Fight for Freedom』이라는 책으로 서구에 3·1운동을 널리 알리기도 했다.

1919년 봄에 일어난 한국 국민의 평화적인 항일 봉기는 세계적인 경이였다. 지금까지 세계 정치인에 의해 무기력하고 비겁하다는 별명과 딱지가 붙여져 왔던 한 나라의 국민이 이제 아주 높은 수준의 영웅심을 발휘했던 것이다. …… 그들이 감옥에 끌려가면 다른 이들이 대신 그들 자리에 들어섰고 이들이 끌려가면 또 다른 이들이 그들의 일을 맡을 준비가 되어 있었다.

매켄지의 평가처럼 한국인들은 3·1운동을 통해서 '무기력하고 비겁하다'는 비난에서 벗어나 '아주 높은 수준의 영웅심'을 인정받을 수 있었고, '세계적인 경이'라는 찬사도 들을 수 있었다. 무단통치 10년, 모든 저항을 철저하게 틀어막았던 상황에서 이 놀라운 저항은 과연 어떻게 가능했을까?

민족자결주의는 해외 독립운동 세력에 어떤 영향을 주었을까?

3·1운동은 일제의 무단통치와 이에 맞섰던 한국인의 저항이라는 필연적 조건 속에서 제1차 세계대전 종전과 맞물려 등장한 민족자결주의라는 새로운 물결에 힘입어 일어났습니다. 제1차 세계대전은 제국주의 열강들의 식민지 쟁탈에 근본적인 문제를 제기하는 계기가 되었으며, 1917년 러시아혁명을 성공시킨 레닌Vladimir I. Lenin이 제정러시아의 옛 제국주의 정책을 모두 폐지하고 식민지 피압박 민족들의 해방운동을 지원하겠다고 공언하면서 식민지 문제가 주목받습니다. 레닌은 겉으로는 식민지 민족의 독립을 지원하겠다고 했지만, 그의 민족자결은 식민지의 농민·노동자들이 혁명으로 새로워진 러시아에 그대로 남는 것을 '스스로 결정'하라는 반어적인 의미였습니다.

    1918년 11월 독일의 항복으로 제1차 세계대전이 끝나자 전승국 대표들은 1919년 1월 18일부터 프랑스 파리의 베르사유 궁전에서 강화회의를 열고 전후 대책을 논의하기로 했습니다. 파리강화회의 10일 전이었던 1월 8일, 미국 대통령 우드로 윌슨Thomas Woodrow Wilson은 의회에서 평화 대책 14개조를 발표했는데, 14개조 중에 식민지 문제를 다룰 때 식민지를 통치하는 정부와 식민지 국민들의 이익이 동등하게 취급되어야 한다는 이른바 '민족자결주의'가 들어 있었습니다. 윌슨의 민족자결주의는 알려진 것처럼 식민지 국민이 자신의 운명을 스스로 결정해야 한다는 내용도 아니었고, 식민지 국민들의 이익을 구체적으로 어떻게 보장할 것인지도 제시되지 않았습니다. 그럼에도 희망을 잔뜩 머금은 미국발 민족

자결주의가 미국의 한인 교포 사회를 거쳐, 상하이의 독립운동가들과 일본 도쿄의 학생들에게 전해졌습니다.

중국 상하이는 구미 각국과 일본의 조계지가 있었고, 영자 신문을 통해 국제 정보를 손쉽게 얻을 수 있는 외교의 중심지였습니다. 이곳에는 1911년 쑨원과 함께 신해혁명에서 활약했던 신규식이 한국의 독립운동가들과 일본에서 건너온 유학생들을 규합해 '동제사'를 조직해 활동하고 있었습니다. 박은식·신채호·홍명희·조소앙·문일평 등 이후 한국 근현대사에 이름을 올릴 쟁쟁한 인물들과 회원 300여 명이 동제사에 가입했고, 중국의 혁명 지도자들과 함께 '신아동제사新亞同濟社'를 조직해서 중국 혁명가들과의 연대에도 힘을 기울였습니다. 1918년 11월 말 상하이를 방문한 윌슨 대통령의 특사 크레인Charles R. Crane이 파리강화회의에 대표 파견을 권유하자, 동제사는 '신한청년단(또는 신한청년당)'이라는 조직을 구성해 이를 준비했습니다. 1919년 1월 파리강화회의가 열리자 신한청년단은 영어에 능통한 김규식을 한국 대표로 파견하고, 파리강화회의에서의 외교력을 극대화하기 위해 여운형을 만주와 연해주로, 장덕수를 일본으로, 선우혁·김철·서병호 등을 국내로 파견해서 국내외 한국인 전체의 독립운동과 서로 호응하도록 했습니다. 또한 미국의 한인회와 연대해서 만세 시위를 조직화함으로써 향후 전개될 만세 운동의 국제적인 연계망을 구축했습니다.

선우혁은 평안도 일대로 들어와 기독교 인사들과 접촉했고, 김철은 서울로 와서 천도교 관련 인사들과 만나 국내의 운동을 준비했습니다. 한편 장수로 가장한 여운형은 북간도와 블라디보스토크에서 이동녕·이동휘 등을 만나 독립 청원의 진행 상황을 설명했고, 장덕수는 국내에서 김규식의 여비를 모금하는 한편 일본 도쿄로 가서 최팔용을 만나 파리강화회의 대표 파견을 전했습니다. 600여 명이 넘는 도쿄의 유학생들도 각종 언론을 통해 제1차 세계대전의 종전과 민족자결주의 소식을 이미 알고 있었습니다. 특히 고베에서 발간되었던 영자 신문『더 재팬 어드벌타이저The Japan Advertizer』1918년 12월 15일 자 기사에서 재미 동포들이 한국의 독립운동 원조를 요청하는 청원서를 미국 정부에 제출했다는 보도를 보고 일본 유학생들은 크게 고무된 상황이었습니다. 장덕수를 통해 상하이의 상황을 알게 된 재일 한국 유학생들은 1919년 1월 6일 도쿄의 조선기독교청년회관에서 모임을 가져 이광수가 독립선언서를 작성하고, 송계백을 국내로 파견해서 국내의 독립선언을 요청하기로 결의했습니다.

1919년 2월 8일 오후 2시, 도쿄 조선기독교청년회관에서 개최한 유학생대회장에 한국인 유학생 600여 명이 몰려들었고, 사회자 최팔용은 계획대로 대회 명칭을 '조선독립청년단대회'로 바꾸었습니다. 이어서 백관수가 독립선언문을 낭독하고 김도연이 결의문을 낭독하자, 회관 안은 한국인 유학생들의 만세 소리로 떠나갈 듯했습니다. 이것이 3·1운동의 기폭제가 되었던 2·8독립선언입니다. 2·8독립선언문은 영문과 일문으로 번역되어 일본 정부와 국회로 보내졌고, 미국과 영국의 신문에도 타전되었습니다. 행사가 끝나기도 전에 일본 경찰들의 진압이 진행되었고, 유학생들이 격투를 하며 강렬하게 저항했지만 결국 주동자 27명이 체포되었습니다. 그러나 2·8독립선언에 참여했던 600여 명 가운데 359명이 귀국해서 3·1운동의 최선두에 서게 됩니다.

왜 종교인들이 3·1운동을
대표하게 되었을까?

상하이·미국·도쿄 등지에서 파리강화회의와 관련된 소식이 한반도로 전해지기 전, 국내에서도 여러 통로를 통해 변화된 국제 정세를 파악하고 있었습니다. 천도교 세력이 이 소식에 가장 먼저 움직였는데, 최린·권동진·오세창 등 천도교 인사들이 교주 손병희와 상의해서 별도의 독립운동을 준비하며 운동자금을 마련하고 있었습니다. 그 과정에서 상하이에서 국내로 들어온 김철이나 2·8독립선언서를 들고 일본에서 국내로 들어온 송계백이 천도교 인사들과 만나 대책을 상의하면서 독립운동을 대중적으로 전개할 방안이 결정되었습니다.

그 후 천도교·기독교·불교 등의 종교계와 전문학교 대표들로 구성된 학생계를 중심으로 독립선언에 대한 논의가 활발하게 전개되었으며, 여러 세력이 단일 지도부 구성에 합의하면서 더욱 체계적인 독립선언 준비가 가능했습니다. 독립선언서 작성은 기독교 측 인사였던 최남선이, 공약 3장은 불교 측 대표인 한용운이 담당하기로 했고, 만세 시위는 대중적으로 진행하되 '비폭력'을 만세 시위의 원칙으로 정했습니다. 민족 대표로서 3·1독립선언서에 서명을 한 33인은 기독교계 16명, 천도교계 15명, 불교계 2명이었습니다. 3·1운동 당시 종교계가 중심 역할을 한 까닭은 강제 병합 이후 모든 정치조직이 해산되었고, 신민회나 대한광복회 등의 비밀결사마저 무단통치 10년을 겪으면서 일제에 발각되어 강제로 해산되었기 때문입니다. 정치적 자유가 억압당한 상황에서 대중적인 기반을 가지고 있었던 조직은 종교 단체가 거의 유일했습니다.

3·1운동에 가장 적극적이었던 천도교는 교도 약 100만 명과 막대한 자금 동원력을 가진 가장 큰 종교 조직이었습니다. 천도교는 제1차 세계대전 발발과 함께 항일 비밀결사인 '천도구국단'을 결성해서 민중 봉기 계획을 준비했는데, 3·1운동은 천도교가 독자적으로 준비했던 항일 저항 계획과 맞물려 진행되었습니다. 기독교의 경우, 105인 사건으로 서북 지역 기독교 세력이 혹독한 탄압을 받았고 1915년 「사립학교 규칙」으로 기독교계 학교에서도 성경 시간이 교과에서 제외되면서, 선교사와 한국인 신자들 모두 총독부에 대한 강한 불만을 가지고 있었습니다. 그래서 기독교계는 일제의 식민 통치에 대한 반감을 공통분모로 삼아 천도교계와 손을 잡았습니다. 반면 불교계는 사정이 달랐습니다. 조선왕조 내내 억불정책으로 어려움을 겪던 한국 불교가 개항 이후 일제의 비호를 받으며 공인되자, 사찰과 포교당은 친일 승려에게 대부분 장악되었습니다. 또한 민족의식을 가진 승려들이 대부분 산속에서 수행했기 때문에 불교 측 대표였던 한용운이 만날 수 있는 인물이 제한되었고, 그래서 2명만 참여하는 것에 머물렀습니다.

그런데 한국의 종교를 대표하는 유교가 민족 대표에서 제외된 것은 의외입니다. 유림도 참여 의사를 밝히고자 했으나 기일에 늦었다는 말도 있고, 일부 유림이 타 종교를 배척해서 참여하지 않았다거나 오히려 천도교와 기독교 측이 유교의 참여를 적극적으로 유도하지 않았다는 주장도 있습니다. 3·1운동이 전국적으로 전개되자 유림 측에서 파리강화회의에 한국 독립을 호소하는 장문의 서한을 보낸 '파리장서사건'이 일어난 것을 보면, 유교계도 민족 대표 참여에 의지가 없었던 것으로 보이지는 않습니다. 또한 천주교 인사도 민족 대표에서 빠졌습니다. 당시 천주교는 안중근 의사의 의거 이후 일제의 탄압을 우려해 독립운동과 거리를 두려고 했고, 3·1운동 당시에도 프랑스 주교들이 신자들에게 만세 운동 참여가 하느님으로부터 구원을 받지 못하는 큰 죄를 범하는 것이라고 경고하며 정치 활동을 금지시켰던 것이 영향을 미쳤습니다.

또한 '민족 대표'라는 이름과 달리, 그 선정 과정은 많은 아쉬움을 남겼습니다. 손병희는 친일파인 이완용·박영효·한규설 등을 찾아가 민족 대표로 참여해 줄 것을 부탁했는데, 그들의 인지도와 영향력을 고려했다고 하더라도 전혀 납득할 수 없는 행보였습니다. 또한 김성수·송진우·현상윤·최남선 등은 여러 구실을 들면서 민족 대표 명단에서 빠졌는데, 이 때문에 자본가·교육자·지식인 등을 대표하는 이름도 민족 대표에서 발견할 수 없게 되었습니다. 그러나 가장 큰 문제는 한국 사회의 80퍼센트 이상을 차지하는 농민 중에서 단 한 명의 대표도 선정되지 않았으며, 노동자의 수도 빠르게 늘어나고 있었지만 그 누구도 대표로 임명되지 못했다는 사실입니다. 이것이야말로 민족 대표의 대표성에 가장 큰 손상을 입혔으며, 3·1운동 지도부가 가진 현실 인식의 한계를 가장 잘 보여 주는 지점입니다.

민족 대표들이 선택한 디데이는 3월 1일이었습니다. 거사일이 3월 1일이 된 까닭은 고종황제의 갑작스러운 서거와 관련이 있습니다. 고종황제는 1월 21일 아침 덕수궁에서 뇌출혈로 갑작스럽게 승하했는데, 조선총독부가 서거 일시를 원래보다 하루 늦춰서 1월 22일 오전 6시로 발표하면서 의심이 확산되었습니다. 또한 건강하던 고종이 갑자기 서거했다는 점과 염을 하는 과정에서 시신의 상태가 자연사로 보기 어려웠다는 전언도 고종이 독살되었다는 소문을 불러일으킨 원인이 되었습니다. 실제 독살 여부와 상관없이, 일제의 압제 아래 폭발할 출구를 찾지 못하고 있던 한국인들에게 '고종 독살설'은 큰 영향을 미쳤습니다. 고종의 인산일이 3월 3일로 예정되면서, 국장 당일에 시위를 일으키는 불경을 피하고 국장에 참가하기 위해 상경한 지방민들까지 만세 시위에 참여시킬 수 있는 가장 좋은 날이 바로 3월 1일이었습니다.

3·1운동 당일에는 무슨 일이 있었을까?

3월 3일로 예정된 고종황제의 인산일에 맞춰 전국 각지에서 조문객들이 서울로 올라왔습니다. 당시 지방에서 서울로 온 인원을 확인할 수 있는 남대문역 승하차 인원을 보면, 평소에는 2000명 정도였지만 2월 27일부터 3월 3일 사이에는 6만 4000명으로 대폭 증가했습니다. 당시 서울 곳곳은 고종이 일제에 의해 독살당했다는 벽보가 나붙고 독살을 주장하는 비밀 출판물이 유통되어서, 상경한 이들의 가슴에 분노를 일으키고 있었습니다. 2월 28일에 국장 예행연습이 거행되었기 때문에 이날 10만 명이 넘는 군중들이 거리를 가득 채웠고, 3월 1일 9시부터 장례식 조문 낭독이 예정되어서 이날도 덕수궁 방면에 구경꾼들이 가득했습니다. 3월 1일 새벽부터 종로와 서대문 사이에 2000만 동포의 궐기를 촉구하는 격문이 살포되었고, 큰 거리와 학교 앞에는 오후 2시에 탑골공원에서 만세 집회를 연다는 방문이 붙었습니다.

1919년 3월 1일 오후 2시 종로 탑골공원에서는 공원을 가득 메운 군중들이 민족 대표를 기다렸지만, 아무리 기다려도 그들은 오지 않았습니다. 이곳에서 독립선언식을 주관하기로 한 민족 대표들은 거사 장소인 탑골공원이 아니라 인사동에 위치한 요릿집 태화관에 있었습니다. 기독교 대표로 선정된 목사 4명이 오지 않아 민족 대표 중 총 29명이 태화관 모임에 참석했는데, 강기덕을 비롯한 학생들이 태화관으로 몰려와 민족 대표들이 탑골공원에 오지 않은 것을 비난하자 민족 대표들은 '유혈을 막기 위해서' 불가피하게 불참했다고 설명했습니다. 민족 대표들은 태화관에서 독자적으로 「독립선언서」와 「공약삼장」을 낭독한 후, 출동한 경찰에게 체포되어 인근에 있는 종로경찰서로 압송되었습니다.

당시에도, 오늘날에도 민족 대표들의 행동에 많은 비판과 변호가 쏟아졌습니다. 그들의 행동을 제 한 몸 지키려는 보신주의로 매도하는 날 선 비판도 있고, 한평생 비폭력과 평화를 주장해 왔던 종교계 인사들로서 유혈이 예상되는 격렬한 투쟁에 앞장서는 것은 무리였다고 변호하는 목소리도 있습니다. 그러나 전 민족과 계층이 참여했던 3·1운동에서 '실제의 민족 대표'는 33인이 아니라 3·1운동에 직접 나섰던 전 민족일 수밖에 없으며, 그런 의미에서 종교인 33인은 나름의 임무를 다했을 뿐입니다. 3·1운동을 가능하게 하는 기폭제 역할, 거기까지가 그들의 소임이었던 셈입니다.

끝내 민족 대표 33인이 오지 않자, 탑골공원에 모인 군중들 가운데 청년 한 명이 팔각정 단상에 올라 "우리는 여기에 우리 조선이 독립국임과 조선인이 자유민임을 선언하노라."라고 시작되는 「독립선언서」를 낭독했습니다. 그 후 "모든 행동은 먼저 질서를 존중하여 우리들의 주장과 태도가 어디까지나 공명정대하게 하라."는 공약삼장의 마지막 구절까지 낭독이 끝나자, 마치 약속이나 한 것처럼 군중들은 모두 손에 태극기를 높이 들고 "대한독립만세", "조선독립만세"를 외치며 시가행진에 나섰습니다. 시위대는 만세를 부르거나 연설을 하며 주위 시민들에게 동참을 권유했습니다. 수업을 받던 학생들도 교문을 나와 만세 대열에 합류했으며, 상인들은 가게 문을 닫는 철시의 전통을 따랐습니다. 손가락을 물어 자신의 피로 혈서를 쓰거나 태극기를 그리는 사람, 발을 구르며 열정적으로 연설을 토해 내는 사람, 목 놓아 만세를 외치는 사람들로 거리는 가득 찼습니다. 시간이 지날수록 시위대의 규모는 점점 커져 갔고, 만세의 기세도 더욱 높아졌습니다. 당시 서울에 거주하던 인구는 30만여 명이었고 여기에 10만 명이 넘는 지방민들까지 포함하면 수십만 명이 이 시위에 참가했을 것으로 추정됩니다. 남녀노소 구분 없이 거의 모든 시민들이 만세 시위에 동참했으며, 학생·상인·노동자·지게꾼·인력거꾼 등 모든 계층이 독립 만세의 함성으로 국권 회복의 의지를 침략자들에게 전하고자 했습니다.

1892년부터 미국 북감리교 선교사로 한국에서 활동했던 매티 노블Mattie W. Noble은 3월 1일 자 일기에 당시의 상황을 이렇게 묘사했습니다. "오늘은 조선에서 위대한 날이었다. 그러나 그들의 기쁨이 얼마나 지속될지 누가 알겠는가. 오후 2시를 기하여 모든 학교, 중학교 이상의 학교가 일제 지배에 항거해 수업을 거부했고, 학생들은 거리를 행진하면서 손을 높이 들고 모자를 흔들며 만세를 외쳤다. 거리의 사람들도 합류했고 그 기운찬 외침은 도시 전체에 울려 퍼졌다." 그녀의 표현처럼 3월 1일 그날은 우리에게 '위대한 날'이었습니다.

이천만 동포의 함성은
어떻게 한반도를 울렸을까?

3월 1일 이후, 고종황제의 인산일이었던 3월 3일까지 서울에서는 큰 움직임이 없었습니다. 하지만 잠시 숨을 돌린 만세 시위는 3월 5일부터 재개되었고, 총독부는 계속되는 시위를 진압하기 위해 기병 2개 대대와 야포 중대를 투입해서 경비를 더욱 강화했습니다. 일본군의 무력 진압으로 인해 서울은 겉으로 조용했지만, 물밑으로 각종 유언비어가 나돌면서 언제라도 만세 시위가 재개될 듯한 긴장감이 이어졌습니다. 총독부가 3월 26일부터 서울에 계엄령을 발동하면서 경계 태세를 강화하자, 그 후 서울 시내에서의 만세 시위는 잦아들었습니다.

지방에서도 3월 1일부터 만세 시위가 이어졌습니다. 서울과 연결된 철도와 간선도로를 따라 서울에서 활동하던 학생과 지식인 들이 각 지방에서 만세 시위를 주도했습니다. 이들은 비밀결사를 조직해 독립선언서를 배포하고 지하신문을 발행하며 동맹휴학을 이끌었습니다. 운동 초기에는 학생들이 시위를 주도했지만, 시간이 지날수록 농민·노동자·상공업자 등이 이 대열에 가세했고 모든 계층이 자발적으로 이 역사의 현장에 하나씩 등장하며 존재감을 드러냈습니다.

각 지방에서의 만세 시위는 주로 장날에 인파가 몰려드는 장터를 중심으로 진행되었고, 3월 말부터 4월 초에 정점에 이르렀다가 8월까지도 크고 작은 시위가 끊이지 않고 계속되었습니다. 일본의 통계에 따르면 전국 232개 부·군 가운데 94퍼센트에 이르는 218개 부·군에서 만세 시위가 일어났으며, 1919년에만 약 200만 명이 참여했습니다.

3·1운동의 출발은 파리강화회의나 고종의 국장 등 특정한 계기에서 비롯되었지만, 이 운동이 한반도 전역에서 장기간 지속되고 전 계층이 동참할 수 있었던 까닭은 일제와 맞서 싸웠던 1910년대 국내외의 모든 조직이 간직한 내적 역량 때문이었습니다. 초기에 만세 운동을 주도했던 종교인과 학생 들의 영향력이 점차 약해지면서 농민과 노동자 들이 시위를 주도해 갔고, 마지막 단계에서는 어부·장꾼·지게꾼·인력거꾼·기생·거지 등 전 계층이 모두 참여하는 단계로 나아갑니다.

만세 운동이 전 계층으로 확산되었음을 잘 보여 주는 사례가 당시 일제의 각종 보고서에 등장하는 '만세꾼'입니다. 만세꾼들은 도시에서는 밤마다 거리로 뛰쳐나와 전차에 돌팔매질을 하거나, 농촌에서는 며칠씩 수십 명씩 짝을 지어 여러 마을을 돌아다니며 봉기를 유도했던 사람들이었습니다. 이들은 학생이나 식자층과 달리, 노동자·고용인·머슴·소작인·빈농·장돌뱅이·지게꾼·인부 등으로 구성되었는데, 만세 운동의 전 과정에서 가장 치열하게 싸우며 투쟁을 이끌어 간 핵심 동력 중 하나였습니다. 그리고 진주·해주·통영·수원 등에서는 기생들이 만세 운동에 동참했습니다. 해주에서 만세 운동을 지휘했던 기생들은 일본 경찰의 고문에 맞서, "우리는 일본 기생과 다르다. 내 나라를 사랑할 줄 아는 한 사람, 한 여자란 말이다."라고 외쳤다고 합니다. 사람들은 전국 각지에서 만세 운동을 벌인 기생들을 '사상思想 기생'이라고 불렀고, 남다른 정치의식과 사회의식을 보여 주었던 이들의 모습이야말로 3·1운동이 우리 근대사에 어떤 의미를 가지는지 분명하게 보여 줍니다.

평화적으로 전개되던 초기의 만세 시위는 일제의 잔혹한 무력 진압으로 많은 사상자가 발생하면서 점차 폭력적으로 변해 갔습니다. 1919

년 3월 1일부터 4월 30일까지 총 207개 부·군에서 발생한 시위 형태를 조사한 연구에 따르면 약 30퍼센트가 폭력 투쟁이었습니다. 그러나 각 지방의 만세 시위에서 후기보다 초기에 폭력 시위가 더 많았던 점이 주목됩니다. 이것은 당시의 폭력 시위가 일제의 무력 진압에 대응해서 나타난 것뿐 아니라, 한국의 민중들이 일제 권력을 타도하기 위해서 초기부터 적극적으로 실천했음을 보여 주기 때문입니다.

특히 전 인구의 80퍼센트 이상을 차지했던 농민들이 폭력 시위에 가장 앞장섰습니다. 토지조사사업과 더불어 식민지 지주제의 모순으로 가장 큰 피해를 보았던 농민들은 조직적으로 일제에 대응하는 한편, 이웃 지역과의 연대를 통해 지역적 고립성을 극복하려는 움직임을 보였습니다. 그들은 독립 문제 외에도 각종 생활상의 이해관계를 전면에 내걸고 봉기했는데, 과거의 투쟁 방식을 살려 봉화나 횃불 시위에서부터 벽서 부착·전단 살포·폭동에 이르기까지 다양한 형태의 투쟁을 선보였습니다. 폭동의 경우는 초보적인 무기로 무장해서 일제의 행정관청·우편소·소학교·공립보통학교·금융조합·일본인 집 등을 파괴하는 것으로 나타났습니다. 1919년 3월에서 5월까지 일제 군경에 체포되어 기소된 시위자 가운데 약 60퍼센트가 농민이었던 것을 보면, 농민 계층의 시위 참여가 얼마나 적극적이었는지 확인할 수 있습니다.

농민들의 폭력 투쟁은 민족 대표가 강조했던 비폭력 투쟁과 크게 대조됩니다. 그러나 민족 대표 33인의 '비폭력' 투쟁과 농민들의 '폭력' 투쟁 가운데 무엇이 일제를 더 위협하고 한국인의 독립 의지를 대변했는지는, 민족 대표들의 형량이 길어야 3년이었던 것에 반해 폭력 시위를 주도했던 농민 지도자의 형량은 15년이나 되었다는 사실에서 충분히 짐작할 수 있습니다.

일제는 3·1운동을 진압하기 위해
어떤 만행을 저질렀을까?

3월 1일 서울에서 시작된 만세 운동은 곧바로 전국적으로 확산되었고,
독립에 대한 열망과 의지를 너무나 분명하게 드러내었기 때문에 조선총
독부는 강경 진압으로 이 열기를 꺾으려고 했습니다. 조선총독은 주차군
사령관에게 만세 운동이 일어난 지역의 주변 군대를 출동시켜 발포를 포
함하는 무력 진압을 지시했습니다. 평화 시위를 잔인한 무력으로 막아 보
겠다는 일제의 발상은 잔학했던 무단통치의 마지막 발악이었습니다. 학
살에 가까운 탄압에도 불구하고 만세 시위가 계속 확산되자, 일본 내각은
병력이 부족해서 시위가 확산되는 것이라고 파악하고 4월 4일 보병 6개
대대와 헌병 및 보조 헌병을 증파했습니다. 이후 일제가 자행했던 학살과
만행은 헤아릴 수 없이 많지만, 일제가 국제 여론을 의식해서 수많은 사
례들을 축소·왜곡했기 때문에 우리는 아직까지도 희생자의 전체 규모를
정확하게 파악하지 못하고 있습니다.

　　국사편찬위원회가 정리한 바에 따르면 1919년 3월 1일부터 5월 30
일까지 시위 참가자 수는 202만 3089명이며, 1919년 3월 1일부터 1920
년 3월 1일까지 1년 동안 한국인이 입은 피해 사례는 사망 7645명, 부상
4만 5562명, 체포 4만 9811명이며, 가옥 725호, 교회 59개소, 학교 3개교
등이 소각되었다고 합니다. 한 가지 기억해야 할 점은 사상자도 문제였지

만, 일제 군경에 체포된 경우 극악한 고문과 태형이 뒤따랐다는 점입니다. 조사와 재판 과정에서 짐승 같은 취급을 당하며 심문을 받아야 했고, 잔인한 고문과 처벌로 옥중에서 숨지는 경우마저 자주 발생했습니다. 사망·부상·검거를 보여 주는 통계 수치 뒤에 어떤 일이 있었는지 구체적으로 확인할 수 있는 사례가 충청남도 아우내와 경기도 제암리에서 발생한 참사였습니다.

아우내 참사는 바로 유관순 열사의 순국과 관련이 있습니다. 충청남도에서의 만세 운동은 3월 3일에 대전과 예산에서 처음 일어났고, 그 뒤 시위가 여러 지역으로 퍼져 나가 아우내·입장·강경 등지에서 격렬한 시위가 발생했습니다. 4월 1일 군중 3000명과 함께 진행된 아우내 장터의 만세 시위는 이화학당 학생인 18세의 유관순이 주도했습니다. 서울의 만세 시위에 참여했던 그녀는 이화학당이 폐쇄되자 고향으로 내려가 충청남도 각지의 학교와 교회를 방문해 시위를 선동했습니다. 그녀는 아우내 장터에 모인 군중 3000여 명에게 태극기를 나누어 주고 선두에 서서 만세를 부르며 시위를 이끌었지만, 곧바로 일제 경찰에게 체포되었습니다. 이 시위에 참가했던 사람들 중 19명이 일제 군경의 총칼에 사망하고 30여 명이 큰 부상을 당했는데, 사망자 중에는 유관순의 부모님도 포함되어 있었습니다. 체포된 유관순은 모진 고문과 협박에도 굴하지 않고 일제 경찰들과 당당히 맞섰으며, 징역 5년 형을 선고받고 서울 서대문 감옥에 수감되었습니다. 유관순은 동지들과 함께 1920년 3월 1일 오후 2시를 맞아 3·1운동 1주년 기념식을 갖고, 옥중 만세 시위를 전개했습니다. 수감자 3000여 명뿐 아니라 형무소 주위를 지나던 많은 시민들까지 여기에 호응하자, 유관순은 이 사건으로 심한 고문을 당했습니다. 결국 유관순은

1920년 9월 28일 계속된 고문과 영양실조로 옥중에서 순국했습니다.

한편 '제암리 학살 사건'은 1919년 4월 5일 경기도 수원 인근의 발안 장날에 있었던 만세 운동과 관련 있습니다. 발안 장날에 많은 인파가 장터로 모여들자, 제암교회 청년들은 독립 만세를 부르면서 시가행진을 벌였습니다. 이때 시위대를 지휘하던 제암교회 청년 김순하를 향해 일본 헌병이 착검한 총을 휘둘러 부상을 입혔는데, 이후 제암리 마을 사람들은 매일 밤 뒷산에 봉화를 올리며 일제의 만행에 항거했습니다. 4월 15일 오후 2시, 일제 군경들은 발안 시위에서 있었던 사건을 사과한다는 명목으로 제암리의 교인과 마을 주민 들을 교회당에 모이게 했습니다. 그러나 일제 헌병을 지휘했던 아리타有田俊夫 중위는 교회당 정문과 모든 창문에 못질을 하게 한 뒤 교회당에 석유를 뿌려 불을 지르게 했으며, 교회당 옆의 초가집까지 모두 불로 태우라고 명령했습니다. 이 사건으로 교회당 안에서 21명, 교회당 밖에서 2명 등 모두 23명이 사망했으며, 인근 33채 집이 완전히 소각되었습니다. 일본 군경은 인근의 고주리 마을로 달려가 천도교도 6명을 칼로 죽이고 시체에 석유를 뿌려 태우는 만행까지 저질렀습니다.

'제암리 학살 사건'은 이 만행 소식을 듣고 제암리로 직접 찾아간 캐나다 선교사 스코필드Frank W. Schofield에 의해 외부 세계에 알려지게 됩니다. 스코필드는 제암리 주민 21명이 예배당 한복판에서 기도를 하다가 둥글게 엉켜 죽어 있는 것을 발견하고, 「제암리의 대학살」이라는 보고서를 작성해서 중국 상하이에서 발행되던 영자 신문 『상하이 가제트The Shanghai Gazette』 1919년 5월 27일 자에 게재했습니다. 스코필드에 이어서 영국과 미국의 선교사들도 제암리 학살 사건을 각각 고발함으로써 이 사건이 만천하에 드러나게 되었습니다.

　그러나 일제는 당시도, 지금도 3·1운동의 학살과 만행에 대해서 전혀 사과를 하지 않고 있습니다. 제암리 학살을 지휘했던 일본군 중위 아리타에 대한 일본 군법회의 판결문이 2008년 2월에 발견되었는데, 군법회의에서 그가 무죄판결을 받은 이유는 다음과 같습니다. "범죄자를 처벌하려면 그에게 죄를 범하겠다는 생각이 있어야 하는데, 피고의 행위는 훈시 명령을 오해한 데서 비롯된 것이다. 따라서 피고는 범죄 의도가 없다고 봐야 한다." 제암리 학살 사건의 주역이었던 아리타는 결코 훈시 명령을 '오해'했기 때문에 무죄가 된 것이 아닙니다. 그는 훈시 명령을 정확하게 '이해'하고 실행에 옮겼기 때문에 무죄가 되었습니다. 그리고 아리타에게 훈시 명령을 내려 그를 '학살자'로 만든 주체는 바로 조선총독부와 일본 정부였습니다.

3·1 운동에 대해 당시의 외국인들은 '위대한
날', '세계적인 경이', '세계 혁명사의 신기원' 등
의 찬사를 보냈다. 어쩌면 한 약소국의 절규에
불과할 수 있는 만세 운동이 이러한 감동적인
평가를 받을 수 있었던 것은 3·1운동을 시작으
로 제국주의의 시대가 기울어 갈 것을 직감했기
때문은 아니었을까?

| 덕수궁 앞 시위 군중(1919)

29장

대한민국은 언제,
어떻게 탄생했는가?

유구한 역사와 전통에 빛나는 우리들 대한국민은 기미 삼일 운동으로 대한민국을 건립하여 세계에 선포한 위대한 독립 정신을 계승하여 이제 민주 독립국가를 재건함에 있어서 정의 인도와 동포애로써 민족의 단결을 공고히 하며 모든 사회적 폐습을 타파하고 민주주의 제제도를 수립하여 …… 안으로는 국민생활의 균등한 향상을 기하고 밖으로는 항구적인 국제 평화의 유지에 노력하여 우리들과 우리들의 자손의 안전과 자유와 행복을 영원히 확보할 것을 결의하고 우리들의 정당 또 자유로이 선거된 대표로서 구성된 국회에서 단기 4281년 7월 12일 이 헌법을 제정한다.

광복 후 대한민국의 신정부를 수립하면서 1948년 7월 17일에 제정된 헌법은 우리 대한국민이 "기미 삼일운동으로 대한민국을 건립하여 세계에 선포한 위대한 독립 정신을 계승하여 이제 민주 독립국가를 재건"한다는 사실을 분명히 밝히고 있다. 그리고 현재 우리에게 적용되는 제9차 개정헌법 전문도 "유구한 역사와 전통에 빛나는 우리 대한국민은 3·1운동으로 건립된 대한민국 임시정부의 법통과 불의에 항거한 4·19 민주 이념을 계승하고…"라고 명시하면서 제헌헌법의 전통을 이어 가고 있다. 우리는 왜 3·1운동과 대한민국 임시정부를 대한민국의 기원으로 삼게 되었을까?

3·1운동을
왜 '혁명'이라고 불렀을까?

3·1운동이 전국적으로 확산되었을 때, 총독부의 기관지였던 『매일신보』
는 만세 시위를 지칭하는 용어로 '폭동'이나 '소우(騷擾, 오늘날의 소요)' 등
을 사용했습니다. 당시 일본 정부와 언론이 한국인의 만세 운동을 '폭동',
'소우', '난동', '망동' 등으로 불렀던 것을 그대로 사용한 것입니다. 그러
나 일본 『동경조일신문東京朝日新聞』은 1919년 3월 4일 자에서 한국인의
만세 시위를 '한인의 운동'이라는 제목으로 소개했는데, 이후 한국의 언
론과 지식인들도 가치중립적인 용어인 '운동'이라는 단어를 자주 쓰게
되면서 만세 시위는 '운동'으로 일반화되었습니다.

 중국의 언론은 만세 운동을 더욱 적극적으로 평가했습니다. 베이징
에서 발행된 『진보晨報』가 1919년 3월 6일 자 기사에서 '고려 혁명운동'
이라는 제목으로 보도한 이래, 중국의 신문과 잡지들은 한국인의 만세 시
위를 대부분 '혁명운동'이나 '혁명'으로 표기했습니다. 상하이의 『민국일
보』는 "무릇 자발적인 혁명이라면 그 민족은 건국 능력과 독립 정신이 반
드시 있어야 하고 자유를 위하여 피를 흘리고 자치를 위하여 희생할 정신
을 갖추고 있다. 이번 조선혁명은 이런 정신을 갖추고 있기에 우리는 탄
복한다."고 써서, '혁명'으로 평가한 이유를 간접적으로 제시했습니다. 베
이징대 교수 천두슈(陳獨秀, 진독수)도 『매주평론每周評論』 1919년 3월 23일
자에서 3·1운동이 "무력이 아닌 민의에 의거함으로써 세계혁명사의 신
기원을 열었다."고 극찬하면서, 만세 시위의 혁명적 성격을 강조했습니다.

 천두슈가 한국의 만세 시위를 혁명으로 극찬했던 까닭은 당시 중

국이 처했던 상황과 관련이 있습니다. 파리강화회의에서 전승국들은 중국 산둥성에서 독일이 가졌던 이권을 일본에게 넘겨주었고, 일본은 중국의 군벌 정부에 21개조로 된 요구 사항을 제시했습니다. 21개조 요구의 핵심은 독일이 가졌던 산둥성의 이권을 일본에 넘기고 남만주와 내몽골에서 일본의 우선권을 보장하는 한편 중앙정부에 일본인 고문을 두는 것 등이었는데, 지난날 한국이 경험했던 보호국으로 전락하는 과정을 연상시키는 내용이었습니다.

일본의 21개조 요구에 반발해서 1919년 5월 4일 베이징 톈안먼 광장에서 시작된 5·4운동은 3·1운동을 모티프로 삼았습니다. 톈안먼 광장에서 발표된 「베이징학생선언」에서 "조선은 독립을 얻기 위해 독립이 아니면 차라리 죽음을 택하겠다고 했다."는 점을 강조하며 중국인의 반일 투쟁 의식을 각성시키고자 했던 것이나, 노동자의 파업·상인의 파시·학생의 파과(수업 거부)로 대표되는 삼파투쟁三罷鬪爭이 중국 언론에서 한국 만세 운동의 특징으로 소개했던 전국적인 파업·철시·수업 거부 등과 유사했던 점에서 3·1운동이 반제국주의 혁명운동으로서 가진 위상을 확인할 수 있게 합니다.

3·1운동이 혁명으로 평가되었던 것은 중국인의 평가나 5·4운동과의 연계성 때문만이 아닙니다. 3·1운동의 과정과 결과는 모두 혁명적 특징을 분명하게 보여 주었습니다. 3·1운동은 이념과 계급의 차이를 초월해 전 민족이 함께 전개한 항일운동이었고, 황제와 지배층이 지켜 내지 못한 나라를 민중의 힘으로 되찾겠다는 자각을 통해 민중이 역사의 주체로 떠오르게 한 사건이었습니다. 그리고 고종의 서거와 함께 시작된 이 운동을 통해 한국인들은 왕국이나 제국이 아닌 '민국'으로 전환해야 한

다는 공감대를 형성했고, 이것이 공화주의에 입각한 대한민국 임시정부를 수립하는 토대를 형성했습니다. 3·1운동을 통해 한국사에서 최초로 인민의 평등과 자유를 보장하는 주권재민의 근대 국민국가를 출범시킬 수 있었던 것입니다.

대한민국 임시정부는 임시의정원이 작성한「대한민국임시헌장선포문」에서 3·1운동에 대해 "한성에서 의義를 일으킨 지 30여 일에"라고 표현해서 '혁명'이란 용어를 명확하게 사용하지 않았습니다. 이후에도 임시정부는 만세 시위에 대해 '3·1독립선언', '3·1만세', '3·1시위' 등으로 표기했지만, 1922년 상하이의 3·1청년구락부가「3·1혁명」이라는 제목의 인쇄물을 발간한 이후 1930년대부터 대다수 독립운동가들도 '3·1혁명'이라는 명칭을 사용했습니다. 대한민국 임시정부도 1941년 3·1만세 22주년 기념 대회에서 "3·1대혁명운동"이라는 표현을 쓰게 되었고, 같은 해 조소앙이 기초한「건국강령」에서도 "우리나라의 독립선언은 우리 민족의 혁혁한 혁명의 발인이며"라고 서술함으로써 3·1운동을 '혁명'으로 표기했습니다. 그 후 임시정부는 '3·1혁명' 또는 '3·1대혁명'을 공식 호칭으로 사용했습니다.

1948년 8월 대한민국 정부가 수립되면서 제헌 헌법 초안에서도 '3·1혁명'이라고 명시되었지만, 한민당 계열 위원들이 '혁명'이란 용어를 거부하며 '기미 3·1운동'으로 수정안을 제시했습니다. 이승만도 미국 망명 시기에는 '3·1혁명'이란 용어를 사용했음에도, 해방 후 한민당과 친일파의 지지를 받으면서 '3·1운동'으로 바꿔서 불렀습니다. 결국 대한민국 헌법에 '3·1운동'이 채택되면서 오늘날까지도 우리는 '3·1혁명'이라는 진정한 이름을 잃어버렸습니다.

왜 그렇게 많은 임시정부가
만들어졌을까?

3·1운동이 전국적으로 전개되면서, 이 운동을 통일적으로 지도하고 향후 한국인을 대표할 정부를 수립하자는 공감대가 형성됩니다. 그래서 국내외의 독립운동 세력들은 저마다 구상하는 정부안을 제시하며, 각지에서 임시정부를 수립하려는 노력을 기울였습니다. 3월 1일에 독립선언이 발표된 이후 국내외 각 지역에서 최소한 6개 이상의 임시정부가 조직·공표되었는데, 그중에서 세 개의 임시정부가 주목할 만한 특징을 보여 주었습니다.

가장 먼저 임시정부를 수립한 곳은 연해주 블라디보스토크였습니다. 권업회 해산 이후 러시아 한인 사회를 대표했던 '전로한족회중앙총회'는 파리강화회의 이후의 새로운 국제 정세에 대비하기 위해, 1919년 3월 17일(혹은 2월 25일) 대한국민의회를 만들어 의장에 문창범, 부의장에 김철훈을 선출하였습니다. 대한국민의회는 제1차 세계대전 직후 체코슬로바키아가 세운 국민의회를 모델로 삼아, 의회 기능뿐만 아니라 사법부와 행정부의 기능까지 함께 수행하는 소비에트 조직의 성격을 가지고 있었습니다. 그 자체로 행정부의 성격을 가졌음에도 대한국민의회는 별도의 행정부 조직을 발표했습니다. 대통령에 손병희, 부통령에 박영효, 국무총리에 이승만, 내무총장에 안창호, 강화대사에 김규식을 추대했지만, 군무총장 이동휘·탁지총장 윤현진·산업총장 남형우·참모총장 유동열 등은 모두 연해주에서 활동하던 인사들이었기 때문에 실질적으로는 연해주 세력이 임시정부를 주도하도록 구성되었습니다. 대한국민의회는 각국 영사관에 의회 설립 사실을 통보하였고, 미국과 프랑스 영사가 이에 동의를 표시하기도 했습니다.

동제사와 신한청년단이 활약했던 상하이에서도 임시정부 수립 논의가 활발하게 진행되었습니다. 1919년 4월 10일 상하이 프랑스 조계의 특정 장소에서 각 지역과 단체를 대표하는 지도자 29명이 모여 임시의정원 구성을 논의했는데, 임시의정원은 지방선거회를 통해 선출된 국내의 8도 대표와 러시아령·중국령·미국령의 3개 대표 57명(황해도·강원도·미국령은 3인, 나머지 지역은 6인)의 의원들로 구성되었습니다.

의정원은 현재의 국회와 같은 기능을 담당했기 때문에 법률안을 의결할 수 있었고, 행정부를 구성할 수 있는 막강한 권한도 부여되었습니다. 의정원은 국호를 대한민국으로 정하고 민주공화제를 국가 체제로 삼은 임시 헌장을 채택한 뒤, 선거를 통해 오늘날의 정부에 해당하는 국무원을 구성했습니다. 행정 수반인 국무총리에 이승만을 추대했고, 내무총장에 안창호, 외무총장에 김규식, 군무총장에 이동휘, 재무총장에 최재형, 법무총장에 이시영, 교통총장에 문창범을 임명해서 6부의 총장을 선임했습니다. 4월 10일부터 시작된 회의가 밤을 꼬박 지새우며 다음 날인 4월 11일 오전 10시까지 이어졌고, 그래서 상하이 임시정부의 수립일이 4월 11일이 되었습니다. 상하이 임시정부는 의회 기능만 가지고 있었던 연해주의 대한국민의회나 문서상으로 존재했던 한성정부와 달리, 실제로 정부가 조직되어 활동했기 때문에 구체적인 실체를 가지고 있었던 유일한 임시정부였습니다.

블라디보스토크나 상하이 외에 국내의 서울에서도 임시정부를 수립하려는 움직임이 있었습니다. 1919년 4월 23일 서울 봉춘관에서 '국민

대회'라는 이름으로 13도를 대표하는 23명이 모여 임시정부 선포문과 결의 사항, 행정부 명단과 6개조로 된 약법約法 등을 발표했습니다. 이때 발표된 정부 명단을 '한성정부'라고 하는데, 집정관총재 이승만·국무총리 이동휘·외무부총장 박용만·내무부총장 이동녕·군무부총장 노백린·재무부총장 이시영·재무부차장 한남수·법무부총장 신규식·학무부총장 김규식·교통부총장 문창범·노동국총판 안창호·참모부총장 유동열·참모부차장 이세영으로 행정부를 구성하고, 6개조 약법에서 밝힌 것처럼 대의제와 민주제를 정치체제로 채택했습니다. 한성정부는 수도인 서울에서 국민대회라는 절차를 거쳐 조직되었기 때문에 뒷날 여러 임시정부의 통합 과정에서 정통성을 가질 수 있었고, 연합통신UP에 의해 보도되면서 국제적으로 알려지는 선전 효과도 누렸습니다. 이승만은 연합통신을 통해 자신이 한성정부의 수반으로 선정되었다는 소식을 전해 듣고, 워싱턴에 집정관 총재 사무실을 열어 대외적으로 대통령 행세를 하기도 했습니다.

　　앞에서 소개한 3개의 임시정부 외에도 조선민국임시정부(서울, 4월 10일), 신한민국정부(평안도, 4월 17일) 등도 등장했지만, 이러한 임시정부들은 이른바 '전단 정부'였습니다. 즉, 이 임시정부들은 '불온 문서'라고 불렸던 각종 전단을 통해 세상에 알려진 문서상의 존재들이었으며, 조직의 주체나 시기, 장소 등이 명확히 밝혀지지 않았습니다. 결국 각지각처에서 다양한 임시정부 구상이 있었지만, 구체적인 실체를 가지고 있었던 임시정부는 연해주와 상하이의 임시정부였으며, 한성정부는 국내에서 구성되었다는 이유로 대표성을 가질 수 있었습니다.

「대한민국 임시 헌장」이 꿈꾼 국가는 어떤 모습이었을까?

1919년 4월 11일에 공포된 상하이 임시정부는 국가의 기강이 되는 「대한민국 임시 헌장」을 선포했습니다. 여기에는 대한제국이 멸망한 후 어떤 신국가를 세울 것인가에 대한 새로운 지향이 담겨 있기 때문에 자세히 살펴볼 필요가 있습니다. 우선 '헌장 선포문'에는 3·1운동이 시작되고 한 달이 지난 시점에서 영원하고 완전한 자주독립의 나라를 자손들에게 대대로 전하고자 하는 임시정부의 의지를 담았습니다. 선포문에 이어서 임시정부 의정원이 결정했던 임시 헌장 10조는 그들이 꿈꾸었던 새로운 국가의 모습을 보여 줍니다.

제1조   대한민국은 민주공화제로 함

제2조   대한민국은 임시정부가 임시의정원의 결의에 의하여 이를 통치함

제3조   대한민국의 인민은 남녀 귀천 및 빈부의 계급이 없고 일체 평등임

제4조   대한민국의 인민은 종교·언론·저작·출판·결사·집회·통신·주소 이전·신체 및 소유의 자유를 향유함

제5조   대한민국의 인민으로 공민 자격이 있는 자는 선거권 및 피선거권이 있음

제6조   대한민국의 인민은 교육 납세 및 병역의 의무가 있음

제7조   대한민국은 인민의 의사에 의해 건국한 정신을 세계에 발휘하며 나아가 인류의 문화 및 평화에 공헌하기 위하야 국제연맹에 가입함

제8조   대한민국은 구황실을 우대함

제9조   생명형, 신체형 및 공창제를 전부 폐지함

제10조 임시정부는 국토 회복 후 만 1년 내에 국회를 소집함

「대한민국 임시 헌장」은 제1조에서 대한민국이 민주공화제 국가라는 점을 명확하게 선언했습니다. 모든 권력이 국왕이나 황제에게 주어지는 왕정과 황제정을 부정하고, 국민이 주권을 행사하는 민주공화제의 첫 시작을 알린 것입니다. 10년간의 무단통치에 맞서 싸우면서 신국가의 정치체제를 두고 복벽주의와 공화주의가 대립했는데,「임시 헌장」은 이러한 대립을 최종적으로 정리하는 선언이기도 했습니다. 이 조항으로 한민족의 역사는 특정인이 권력을 독점하는 것이 아니라 평범한 보통 사람도 권력을 행사할 수 있는 새로운 시대를 열게 되었습니다. 제1조는 훗날 임시정부가 통합되면서 선포된 「대한민국 임시 헌법」에서 "대한민국의 주권은 대한 인민 전체에 있음"이라는 조항을 통해 더 구체화되었습니다.

「임시 헌장」의 제3조에서 제6조까지, 그리고 제9조의 조항은 대한민국을 민주공화제로 운영하기 위해서 인민이 어떤 권리와 의무를 가지는지를 규정하고 있습니다. 주권재민을 선언한 대한민국은 나라의 주인인 인민의 권리를 규정함으로써 민주혁명의 꿈을 이루려고 했습니다. 1899년에 선포된 「대한국 국제」 총 9개조 중에 1조와 2조가 대한국이 제국이며 대한제국의 정체가 전제정치임을 선언했고, 3조에서 9조까지 주어의 대부분을 '대한국 대황제'로 삼아 황제의 권리를 규정한 점과 대비가 되는 대목입니다.

그런데 「임시 헌장」 3조와 6조까지의 배열 순서를 주목할 필요가 있습니다. 3조는 평등권, 4조는 자유권, 5조는 참정권 등 각종 권리 조항이 먼저 제시되고, 6조에 가서야 병역·납세·교육의 의무 조항이 나옵니

다. 특히 인민의 권리 중에서 3조의 평등권을 가장 먼저 거론하면서 "남녀 귀천 및 빈부의 계급이 없고 일체 평등"하다고 선언한 것은 말 그대로 혁명적인 것이었습니다. 여기서 '귀천'은 대한제국 시기에 이미 법적으로 철폐된 신분제를 의미하지만, 임시정부는 여기서 한 걸음 더 나아가 '남녀'와 '빈부'의 평등까지 선언했습니다. 빈부의 평등, 즉 경제적 평등을 규정한 것은 아마도 1917년 러시아혁명 이후 세계적으로 널리 퍼지고 있던 사회주의의 영향을 받아들인 것으로 보입니다. 또한 동학농민운동 등에서 나타난 사회·경제적 모순을 해결하고자 했던 당대의 문제 인식도 함께 반영되었다고 할 수 있습니다.

임시 헌장의 평등권 규정에서 가장 먼저 거론된 것은 '남녀의 평등'입니다. 민주주의를 일찍 정착시킨 서구 사회도 대부분 20세기에 들어와서 여성에게 선거권과 피선거권을 부여했지만, 대한민국 임시정부는 수립 당시부터 여성의 참정권을 인정했습니다. 남존여비의 봉건적 의식이 여전한 상황에서 임시정부가 여성을 정치의 주체로 인식하게 된 결정적 계기가 바로 3·1운동이었습니다. 3·1운동의 전개 과정에서 많은 여성들이 죽음을 두려워하지 않고 만세 시위에 참여했고, 남성과 동등하게 정치의 주체가 될 수 있음을 스스로 증명했기 때문입니다. 국민으로서 책무를 다한 여성에게 참정권 부여는 당연한 일로 여겨졌고, 이후로도 변치 않고 이어졌습니다. 더불어 상하이 임시정부는 9조에서 '공창제 폐지'를 규정함으로써 여성의 성을 상품처럼 매매하는 행위를 법적으로 금지시켰습니다.

이로써 수천 년 동안 이어졌던 '왕국'의 무게와 1899년 「대한국 국제」에서 규정한 '제국'의 영향력에서 벗어나 '민국'으로 새롭게 탄생한 대한민국은 민주·평등·자유·인류 평화를 핵심 가치로 삼으며 근대 국민국가의 면모를 가질 수 있었습니다.

임시정부 여러 개는 어떻게 하나로 통합되었을까?

1919년 4월 11일 상하이에서 임시정부가 발족되자, 4월 15일 연해주에 세워진 대한국민의회는 원세훈을 상하이로 파견해서 임시의정원과 대한국민의회를 합병하자고 제안하며 임시정부 통합 논의를 열었습니다. 이 논의 과정에서 통합 임시정부를 어디에 둘 것인가 하는 문제가 가장 큰 쟁점이 되었습니다. 통합 임시정부의 위치는 곧 임시정부가 추진할 독립운동의 방향을 결정짓는 핵심 사안이었기 때문입니다. 연해주 지역의 대한국민의회는 무장투쟁을 주장하고 있었고 상하이의 대한민국 임시의정원은 외교 독립과 실력 양성을 주장했기 때문에 이 문제를 해결하기 위해서는 긴 협상 과정이 필요했습니다.

임시의정원은 5월 13일에 대한국민의회와 통합할 것을 결의했고, 7월 11일에는 임시정부의 위치는 상하이에 두는 것을 원칙으로 하지만 두 의회를 통합한 후 러시아 측에서 강력히 원할 때 임시정부를 러시아 지역에 둘 수도 있다고 유연하게 대처해 갔습니다. 두 의회가 모두 민주공화주의를 추구했고, 두 임시정부의 행정부에 추대된 인물들이 상당 부분 겹쳤던 점도 통합을 쉽게 풀어 갈 수 있는 추동력이 되었습니다. 결국 국내에서 조직된 한성정부의 법통성을 계승해서 한성정부의 각료 명단에 따라 정부를 구성하는 방법으로 세 개 임시정부를 통합하고, 임시정부는 상하이에 두는 것으로 통합 논의가 마무리되었습니다. 대한국민의회를 대표하는 이동휘와 문창범이 통합 임시정부에서 각각 국무총리와 교통총장에 내정되었고, 대한국민의회 의원 중 80퍼센트가 상하이 임시의정원에 들어가게 되면서 연해주의 대한국민의회는 8월 30일 해산을 결의했습니다.

그러나 순조롭게 진행되던 임시정부 통합 과정은 연해주 인사들이 상하이에 도착한 이후부터 균열음을 내기 시작했습니다. 두 임시정부의 협상안에서는 대한국민의회 구성원들이 상하이에 도착하기 전에 임시의정원을 해산하기로 했는데 임시의정원은 그대로 유지되고 있었고, 기존 임시의정원이 「임시정부 개조안」과 「임시헌법 개헌안」을 통과시켰기 때문입니다. 대한국민의회 측은 강력히 반발하며 원안대로 진행할 것을 주장했지만 이 의견은 받아들여지지 않았고, 결국 문창범이 교통총장 취임을 거부하고 블라디보스토크로 돌아가게 되었습니다. 또한 외무부장으로 임명된 박용만도 대통령으로 선출된 이승만과 함께 활동할 수 없다며 임시정부 참여를 거부했습니다. 문창범과 박용만은 베이징에서 만나 군사통일의 필요성을 논의했는데, 이때부터 시작된 반反임정파와 대한국민의회의 제휴는 뒷날 임시정부 분열에 큰 영향을 미쳤습니다.

내부에 갈등을 간직한 채, 1919년 9월 6일 세 개 임시정부를 통합하기 위한 수개월의 논의 결과로 통합 임시정부의 헌법이 탄생했습니다. 그리고 9월 11일 대한민국 임시정부는 신헌법과 신내각의 성립을 공포하며 공식적으로 출범했습니다. 대통령은 한성정부의 수반인 이승만, 국무총리는 연해주 지역을 대표하는 이동휘가 선임되어 연립내각을 구성하게 했고, 각 부처의 각료로 내무부장 이동녕·외무부장 박용만·군무부장 노백린·재무부장 이시영·법무부장 신규식·학무부장 김규식·교통부장 문창범·노동국 총판 안창호·참모 유동열 등이 임명되었습니다. 대한민국 임시정부는 각 지역별로 등장했던 임시정부, 민족주의 계열과 사회주의 계열, 그리고 무장투쟁 노선과 외교 노선 등을 하나로 묶으며 독립운동의 총지휘부가 되었고, 쑨원의 광둥 정부로부터 정식 승인을 받으며 공식적인 망명정부의 역할을 담당했습니다. 또한 대한민국 임시정부는 우리 역사상 최초로 민주공화제를 표방한 국민국가를 채택하면서 3·1혁명이 남긴 유산을 이어 갔습니다.

대한민국 임시정부는 산하 군사 조직으로 서간도의 서로군정서와 북간도의 북로군정서를 두고, 독립군 양성과 무장투쟁을 지원했습니다. 또한 '연통제'라는 비밀 연락망을 통해 국내외 각 지방에 비밀 조직을 운영하면서 임정의 소식을 전달하거나 독립군 모집·애국 성금 모금 등의 각종 지원 활동에 활용했습니다. 한편, 임시정부 수립에 대한 국내외의 기대와 열기는 대단히 높았습니다. 임시정부가 수립되었다는 소식을 듣고 해외 동포들은 한국의 독립이 도래한 것처럼 만세를 부르며 춤을 추기도 했고, 심지어 독립 축하식을 갖는 곳도 있었다고 합니다. 국내에서도 많은 한국인들이 임시정부에 대한 기대를 가지며 구급 의연금·인두세·독립 공채 등의 각종 모금 활동에 동참했는데, 일제는 임시정부에 가짜라는 딱지를 붙여 '가정부假政府'라고 부르면서 임시정부에 대한 기대치를 꺾기 위해 애썼습니다. 그러나 해방이 되는 그날까지 일제는 독립운동의 구심점으로서 대한민국 임시정부가 가지고 있었던 위상을 한국인의 가슴속에서 결코 지울 수 없었습니다.

대한민국은
왜 1919년에 건국되었을까?

대한민국이 1919년에 건국되었다는 것은 한국인의 상식입니다. 1948년의 제헌 헌법에서부터 현재의 헌법에 이르기까지 대한민국이 임시정부 수립과 함께 건국된 사실을 그 누구도 부정하지 않았던 까닭은 한국인 모두가 이 사실을 너무나 당연하게 받아들였기 때문입니다. 비록 정부는 '임시'라는 수식어를 붙였지만, '임시 대한민국'이 아닌 이상 국가를 세우는 것에 임시라는 딱지를 붙일 수는 없습니다. 우리가 일제로부터 독립한 후 1948년 8월 15일에 새 정부를 수립해서 선포식을 열었을 때, 현수막에 '대한민국 건국'이라고 하지 않고 '대한민국 정부 수립'이라고 적었던 까닭이 바로 여기에 있습니다.

전혀 논란이 되지 않았던 상식이 문제가 된 것은 정부 수립 60주년이 되던 2008년이었습니다. 이명박 정부는 1948년 8월 15일을 '건국일'로 정하고, '건국60년기념사업추진위원회'를 설립해 각종 행사를 추진했습니다. 뉴라이트 학자들과 보수 진영 정치인들은 해방을 맞이한 1945년 8월 15일보다 대한민국 정부 수립을 선포한 1948년 8월 15일에 더 큰 의미를 부여하며, 8월 15일의 명칭을 '광복절'에서 '건국절'로 바꾸자고 제안하기까지 했습니다. 그들은 대한민국 임시정부가 국가를 구성하는 세 가지 요소인 영토·국민·주권을 갖추지 못했으며, 국민국가 여부를 판정받을 수 있는 국제사회의 승인도 받지 못했다고 주장했습니다.

이러한 주장에 대해 독립운동과 임시정부를 연구했던 많은 역사학자들이 즉시 반박했습니다. 도입글에 소개한 1948년의 제헌 헌법 전문이나, 건국절을 주장하는 이들에게 '건국의 아버지'로 추앙받는 이승만이 1919년을 건국으로 인정한 사료들이 반론의 근거로 제시되기도 했습니다. 그러나 뉴라이트 진영은 이 주장에 다시 반발했고, 임시정부가 1941년 발표한 「대한민국 건국강령」에 등장하는 '건국'이라는 단어를 내세우며 임시정부도 아직 건국이 되지 않았음을 고백한 증거라고 주장했습니다. 정작 「대한민국 건국강령」에서 강조했던 '건국'의 의미가 보통선거를 통한 민주공화국을 수립하고, 토지와 주요 산업을 국유화하며, 무상으로 의무교육을 실시하는 등 정치·경제·교육의 균등을 강조한 조소앙의 삼균주의에 바탕을 두고 있음에도 불구하고, 내용과 맥락은 사라진 채 용어의 사용 여부만 집요하게 추궁하는 소모적인 논쟁이 반복되기도 했습니다.

그런데 '건국절 논쟁'을 들여다보면 이 논쟁을 촉발한 이들에게 중요했던 것은 역사적 진실이 아니라 특정한 정치적인 의도를 관철시키는 것임을 확인할 수 있습니다. 자국의 기원을 더 오래된 것으로 끌어올리고, 그 역사가 단절되지 않은 채 연속적으로 이어졌으며, 그 영역이 더 넓다고 강조하는 것은 모든 국가 공동체의 본능적인 자세입니다. 그런데 건국절을 주장하는 이들은 건국의 시점을 1919년에서 1948년으로 굳이 옮겨 그 의의를 끌어내리고, 일제강점기로 인해 우리 역사는 이전과 단절되었다고 하면서 한반도 북쪽의 역사까지 자국사에서 제외하려고 합니다. 그들이 사회적 본능을 거스르면서까지 끊어 내리고 했던 대상은 임시정부, 독립운동, 그리고 민족 통일이었고, 반면 건국절이라는 무리수를 두면서까지 높이고자 했던 대상은 이승만과 남한 단독정부, 그리고 그 수혜자였습니다. 역사적 관점에서 납득이 되지 않는 그들의 행동은 정치적으로는 충분히 설명할 수 있는 것이었습니다.

우리가 주목해야 할 또 한 가지 사실은 2008년까지 제기되지 않았던 건국절 관련 문제가 우리 사회에 얼마나 생산적이며 미래지향적인 과제를 제시했느냐 하는 점입니다. 이 논쟁을 통해서 우리 사회의 구성원들이 대한민국의 역사를 얼마나 더 깊이 이해하고, 이를 통해 오늘날의 문제점을 어떻게 되새겼는지 검토할 필요가 있습니다. 가령, 1948년에 수립된 우리 정부가 굳이 건국일을 지정하지 않았던 것은 남한의 단독정부를 최선의 결과라고 여기지 않았기 때문이었습니다. 실제로 제헌국회를 구성할 때 북측의 몫으로 의석 100석을 비워 둔 것이나, 제헌 헌법에서 한반도 전역을 대한민국 영토라 선포한 것, 그리고 민족통일이 대한민국의 '국시國是'임을 강조한 사실 등은 건국절을 강조했던 이들의 의도와 전혀 다른 성격을 보여 줍니다. 건국절 논쟁에서는 이런 사실조차 국민들에게 제대로 전달되지 못했습니다. 또한 이 논쟁의 과정에서 대한민국의 출발점이었던 3·1운동과 대한민국 임시정부가 현재를 살아가는 우리에게 어떤 의미와 가치를 가지는지, 그 지난했던 투쟁의 역사가 대한민국의 현재와 미래에 어떤 힘이 될 것인지도 잘 드러나지 않았습니다. 그래서 우리는 다시 질문하고 토론할 필요가 있습니다. 대한민국이 왜 1919년을 그 출발점으로 삼고 있는지, 민주공화국을 뜻하는 민국의 진정한 의미는 무엇인지!

3·1운동과 그 결과로 수립된 대한민국 임시정부는 우
리 역사에서 가장 치열하며 위대했던 순간의 산물이자
낡은 시대를 끝내고 새로운 시대를 열어 가는 역사적 분
기점이었다. 우리가 이 빛나는 절정과 열정적인 전통을
대한민국의 출발점으로 삼을 수 있는 것은 우리의 큰 자
부심이라고 할 수 있지 않을까?

| 대한민국 임시정부 제6차 임시의정원 폐원식 기념사진 (1919.9.17.)

참고문헌

단행본

강만길, 『고쳐 쓴 한국근대사』, 창작과비평사, 1994.

강상규, 『19세기 동아시아의 패러다임 변환과 한반도』, 논형, 2008.

강준만, 『한국근대사산책』 1-6, 인물과사상사, 2007.

교수신문 기획·엮음, 『고종황제 역사청문회』, 푸른역사, 2005.

권보드래, 『1910년대, 풍문의 시대를 읽다』, 동국대학교출판부, 2008.

김도형, 『대한제국기의 정치사상연구』, 지식산업사, 1994.

김동노, 『근대와 식민의 서곡』, 창비, 2009.

김문자 저, 김승일 옮김, 『명성황후 시해와 일본인』, 태학사, 2011.

김양식, 『근대 한국의 사회변동과 농민전쟁』, 신서원, 1996.

김용섭, 『한국근현대농업사연구』(증보판), 지식산업사, 2000.

_____, 『한국근대농업사연구 2』(신정증보판), 지식산업사, 2004.

김용섭교수정년기념 한국사학논총간행위원회 편, 『한국 근현대의 민족문제와 신국가건설』, 지식산업사, 1997.

김정인, 『민주주의를 향한 역사』, 책과함께, 2015.

김정인 외, 『19세기』, 민음사, 2015.

김정인·이준식·이송순, 『한국근대사 2』, 푸른역사, 2016.

김종준, 『일진회의 문명화론과 친일활동』, 신구문화사, 2010.

김종학, 『개화당의 기원과 비밀외교』, 일조각, 2017.

김태웅, 『뿌리 깊은 한국사 샘이 깊은 이야기 6, 근대』(개정신판), 가람기획, 2013.

_____, 『국사교육의 편제와 한국근대사 탐구』, 선인, 2014.

_____, 『이주노동자, 그들은 우리에게 어떻게 다가왔나』, 아카넷, 2016.

_____, 『신식 소학교의 탄생과 학생의 삶』, 서해문집, 2017.

_____, 『어윤중과 그의 시대』, 아카넷, 2018.

김흥수, 『한일 관계의 근대적 개편과정』, 서울대학교출판문화원, 2009.

김희곤, 『대한민국임시정부 연구』, 지식산업사, 2004.

류시현 외, 『미래를 여는 한국의 역사』 5, 웅진지식하우스, 2011.

박노자·허동현, 『우리 역사 최전선』, 푸른역사, 2003.

박맹수, 『개벽의 꿈, 동아시아를 깨우다』, 모시는사람들, 2011.

박성수, 『독립운동사 연구』, 창작과비평사, 1980.

박은숙, 『갑신정변 연구』, 역사비평사, 2005.

박은식 저, 김태웅 역해, 『한국통사』, 아카넷, 2012.

박준호·류준필 『1919년 3월 1일에 묻다』, 성균관대학교출판부, 2009.

박찬승, 『근대이행기 민중운동의 사회사』, 경인문화사, 2008.

백영서 외, 『동아시아 근대이행의 세 갈래』, 창비, 2009.

서영희, 『대한제국 정치사 연구』, 서울대학교출판부, 2003.

_____, 『일제 침략과 대한제국의 종말』, 역사비평사, 2012.

송찬섭, 『조선후기 환곡제개혁연구』, 서울대학교출판부, 2002.

신용하, 『3.1운동과 독립운동의 사회사』, 서울대학교출판부, 2001.

_____, 『독립협회연구(상·하)』, 일조각, 2006.

_____,『동학과 갑오농민전쟁연구』(신판), 지식산업
　사, 2016.
역사비평 편집위원회 엮음,『역사용어 바로쓰기』, 역
　사비평사, 2006.
역사학연구소 엮음,『농민전쟁 100년의 인식과 쟁점』,
　거름, 1994.
_____,『함께 보는 한국근현대사』(개정판),
　서해문집, 2016.
연갑수,『대원군집권기 부국강병정책 연구』, 서울대학
　교출판부, 2001.
연갑수·주진오·도면회,『한국근대사 1』, 푸른역사,
　2016.
오영섭,『고종황제와 한말의병』, 선인, 2005.
왕현종,『한국 근대국가의 형성과 갑오개혁』, 역사비
　평사, 2003.
유용태·박진우·박태균,『함께 읽는 동아시아 근현대
　사』(개정판), 창비, 2016.
윤경로,『105인사건과 신민회 연구』(개정증보판), 한
　성대학교출판부, 2012
윤대원,『데라우치 마사다케 통감의 강제 병합 공작과
　'한국병합'의 불법성』, 소명출판, 2011.
이기훈 외,『쟁점 한국사 - 근대편』, 창비, 2017.
이영호,『동학과 농민전쟁』, 혜안, 2004.
_____,『한국근대 지세제도와 농민운동』, 서울대학교출판
　부, 2001.
_____,『근대전환기 토지정책과 토지조사』, 서울대학
　교출판문화원, 2018.
이영훈,『한국경제사 2』, 일조각, 2016.
이이화,『이이화 한국사 이야기』 17-22, 한길사, 2015.
이태진,『고종시대의 재조명』, 태학사, 2000.
_____,『일본의 한국병합 강제 연구』, 지식산업사,
　2016.
이헌창,『한국경제통사』, 해남, 2018.
임경석,『한국 사회주의의 기원』, 역사비평사, 2003.
전우용,『한국 회사의 탄생』, 서울대학교출판문화원,
　2011.
정병준,『우남 이승만 연구』, 역사비평사, 2005.
정숭교,『미래를 여는 한국의 역사』 4, 웅진지식하우
　스, 2011.
정창렬저작집 간행위원회 엮음,『갑오농민전쟁』, 선인,
　2014.

조경달 저, 박맹수 옮김,『이단의 민중반란』, 역사비평
　사, 2008.
최덕수,『조약으로 본 한국 근대사』, 열린책들, 2010.
최문형,『한국을 둘러싼 제국주의 열강의 각축』, 지식
　산업사, 2001.
최병택,『일제하 조선임야조사사업과 산림 정책』, 푸
　른역사, 2010.
하원호,『한국근대경제사연구』, 신서원, 1997.
한국근현대사학회 편,『한국 독립운동사 강의』(개정
　판), 한울아카데미, 2016.
한국사연구회 편,『새로운 한국사 길잡이(하)』, 지식산
　업사, 2008.
한국역사연구회·역사문제연구소,『3·1민족해방운
　동 연구』, 청년사, 1989.
한국역사연구회 토지대장연구반,『대한제국의 토지제
　도와 근대』, 혜안, 2010.
한영우 외,『대한제국은 근대국가인가』, 푸른역사,
　2006.
한중일3국공동역사편찬위원회,『한중일이 함께 쓴 동
　아시아 근현대사』 1-2, 휴머니스트, 2012.
허수열,『일제초기 조선의 농업』, 한길사, 2011.
현광호,『대한제국의 대외정책』, 신서원, 2002.
황현 저, 허경진 역,『매천야록』, 서해문집, 2006.
홍순권,『한말 호남지역 의병운동사 연구』, 서울대학
　교출판부, 1994
F. A. 맥켄지 저, 신복룡 역,『대한제국의 비극』, 집문
　당, 2010.
H. B. 헐버트 저, 신복룡 역,『대한제국멸망사』, 집문
　당, 2013.

논문

강만길,「남북 역사학의 갑오농민전쟁 인식의 같은 점
　과 다른 점」,『인문논총』 5, 1994.
강상규,「고종의 대내외 정세인식과 대한제국 외교의
　배경」,『한국동양정치사상사연구』 4(2), 2006.
강상규,「명성왕후와 대원군의 정치적 관계 연구」,『한
　국정치학회보』 40(2), 2006.

586

강수옥, 「근대 중국인의 한국 3·1운동에 대한 인식과 5·4운동」, 『한국근현대사연구』79, 2016.

강창석, 「구한말 중립화론에 대한 연구」, 『역사와 경계』33, 1997.

강창일, 「일제의 조선지배정책 - 식민지 유산문제와 관련하여」, 『역사와 현실』12, 1994.

고정휴, 「대한민국임시정부의 성립과정에 대한 검토」, 『한국근현대사연구』13, 2000.

광무개혁 연구반, 「'광무개혁'연구의 현황과 과제」, 『역사와 현실』8, 1992.

권보드래, 「1910년대의 '혁명'」, 『개념과 소통』15, 2015.

권태억, 「1910년대 일제 식민통치의 기조」, 『한국사연구』124, 2004.

_____, 「1910년대 일제의 조선 동화론과 동화정책」, 『한국문화』44, 2008.

김도형, 「하와이 대조선독립단의 조직과 활동」, 『한국독립운동사연구』37, 2010.

김명구, 「3·1운동, 민주의 성정과 근대 민족의 형성」, 『내일을 여는 역사』11, 2003.

김성혜, 「고종시대 군주를 둘러싼 통치체제 구상에 대한 일고찰」, 『정신문화연구』33(3), 2010.

김순덕, 「경기지방 의병운동 연구: 1904~1911」, 한양대학교 박사학위논문, 2002.

김순석, 「3·1운동기 불교계의 동향」, 『한국민족운동사연구』29, 2011.

김영수, 「러시아: 러일전쟁 패배를 보는 두 시각」, 『역사비평』69, 2004.

_____, 「아관파천, 1896: 서울, 도쿄, 모스크바」, 『사림』35, 2010.

_____, 「을미사변을 둘러싼 기억과 의문」, 『사림』41, 2012.

김윤희, 「갑신정변 다시 보기」, 『내일을 여는 역사』16, 2004.

_____, 「제국민(帝國民), 대한제국, 대한제국 황제」, 『내일을 여는 역사』17, 2004.

_____, 「국채보상운동의 허와 실」, 『내일을 여는 역사』21, 2005.

김웅교, 「'명성황후'의 문화콘텐츠와 역사읽기」, 『한국문화연구』18, 2010.

김인호, 「일제초기 조선공업의 '과도기 자본주의'적 특징(1910~1919)」, 『한국근현대사연구』10, 1999.

김정기, 「1882년 조미수호통상조약과 이권침탈」, 『역사비평』17, 1992.

김종준, 「대한제국기 민권운동 연구의 재인식」, 『한국학연구』31, 2013.

김종학, 「조일수호조규는 포함외교의 산물이었는가」, 『역사비평』114, 2016.

김종헌, 「1900년 이후 러·일간의 한반도 중립화 및 분할논의」, 『한국동북아논총』53, 2009.

_____, 「러시아 외교관 베베르와 아관파천」, 『역사비평』86, 2009.

김주용, 「중국 언론에 비친 3·1운동의 전개와 영향」, 『사학연구』97, 2010.

_____, 「1910년대 북간도지역 비밀결사의 조직과 활동」, 『한국독립운동사연구』46, 2013.

김태국, 「신흥무관학교와 서간도 한인사회의 지원과 역할」, 『독립운동사연구』40, 2011.

김태웅, 「1920·30년대 오지영의 활동과 《동학사》간행」, 『역사연구』2, 1993.

_____, 「대한제국기의 법규 교정과 국제(國制) 제정」, 『한국 근현대의 민족문제와 신국가건설』(김용섭교수정년기념 한국사학논총간행위원회 편), 지식산업사, 1997.

_____, 「1915년 경성부 물산공진회와 일제의 정치 선전」, 『서울학연구』18, 2002.

_____, 「해방 후 고등학교 '국사' 교과서에서 1894년 농민전쟁 서술의 변천」, 『역사교육』133, 2015.

김한종, 「동학농민전쟁의 명칭과 그 의미」, 『청람사학』11, 2005.

김희곤, 「대한민국임시정부 연구의 성과와 과제」, 『한국근현대사연구』3, 1995.

_____, 「3·1운동과 민주공화제 수립의 세계사적 의의」, 『한국근현대사연구』48, 2009.

_____, 「대한민국 임시정부와 국외 독립운동」, 『동양학』47, 2010.

나카바야시 히로카즈, 「1910년대 조선총독부의 통치논리와 교육정책」, 『한국사연구』161, 2013.

도면회, 「대한국국제와 대한제국의 정치구조」, 『내일을 여는 역사』17, 2004.

도진순, 「세기의 망각을 넘어서 - 러일전쟁 100주년

기념행사를 중심으로」,『역사비평』77, 2006.
박 환, 「이회영의 생애와 민족운동」,『나라사랑』104, 2002.
박걸순, 「1910년대 비밀결사의 투쟁방략과 의의」,『한국독립운동사연구』46, 2013.
박노현, 「극장의 탄생 – 1900~1910년대를 중심으로」,『한국극예술연구』19, 2004.
박배근, 「독도 문제에 관한 제3국 학자의 연구 동향」,『독도연구』20 2016.
박성래, 「역사속 과학인물 – 대동여지도 만든 신비 속 인물 '김정호'」,『과학과 기술』30(1), 1997.
박용옥, 「국채보상운동의 발단배경과 여성참여」,『한국민족운동사연구』8, 1993.
박은숙, 「갑신정변 참여층의 개화사상과 정변 인식」,『역사와 현실』51, 2004.
_____, 「갑신정변의 사회적 성격」,『내일을 여는 역사』16, 2004.
박준형, 「개항을 바라보는 시선의 (불)연속」,『역사비평』114, 2016.
박찬승, 「'애국계몽운동' 잘못 알고 있다」,『역사비평』8, 1990.
_____, 「한국의 근대국가 건설운동과 공화제」,『역사학보』200, 2008.
_____, 「대한민국 헌법의 임시정부 계승성」,『한국독립운동사연구』43, 2012.
반병률, 「이동휘와 1910년대 해외민족운동」,『한국사론』33, 1995.
_____, 「러시아에서의 민족운동의 자취를 찾아서」,『한국사 시민강좌』33, 2003.
배진수, 「한일 간 독도 이슈의 추이와 일본의 도발 패턴」,『독도연구』21, 2016.
배항섭, 「아관파천 시기(1896-1898) 조선인의 러시아 인식」,『한국사학보』33, 2008.
_____, 「동학농민전쟁에 대한 새로운 이해와 내재적 접근」,『역사비평』110, 2015.
서대숙, 「박용만과 그의 혁명과제」,『한국민족학연구』4, 1999.
서민교, 「일본에서의 명성황후 시해사건에 대한 연구와 과제」,『사총』59, 2004.
서영희, 「광무정권의 형성과 개혁정책 추진」,『역사와 현실』26, 1997.
_____, 「명성왕후 연구」,『역사비평』57, 2001.
_____, 「명성왕후 재평가」,『역사비평』60, 2002.
_____, 「대한제국의 빛과 그림자 – 일제의 침략에 맞선 황제전제체제의 평가 문제」,『한국사 시민강좌』40, 2007.
성대경, 「일본은 왜 명성황후를 살해했나」,『내일을 여는 역사』8, 2002.
송지연, 「1910년대 계몽의 기획」,『구보학보』4, 2008.
신명호, 「을미사변 후 고종의 국모복수와 군주전제론」,『동북아문화연구』19, 2009.
신용옥, 「대한민국 제헌헌법과 '건국절' 논란」,『한국사학보』65, 2016.
신용하, 「신민회의 독립군기지 창건운동」,『한국문화』4, 1983.
_____, 「대한제국의 독도영토 수호정책과 일제의 독도 침탈정책」,『독도연구』18, 2015.
신운용, 「대종교세력의 형성과 그 의미」,『한국민족운동사연구』84, 2015.
안종철, 「19세기 '국제법'의 성격과 조일수호조규(1876)」,『역사비평』114, 2016.
엄찬호, 「한말 고종의 중립화정책 연구」,『강원사학』22·23, 2008.
역사비평 편집부, 「명성왕후 사진 진위 논쟁」,『역사비평』57, 2001.
연갑수, 「대원군과 서양 – 대원군은 쇄국론자였는가」,『역사비평』50, 2000.
_____, 「흥선대원군에 대한 오해와 진실」,『내일을 여는 역사』23, 2006.
염복규, 「1910년대 일제의 태형제도 시행과 운용」,『역사와 현실』53, 2004.
오미일, 「1910년대 중·후반 조선인 산업자본의 형성」,『한국근현대사연구』20, 2002.
왕현종, 「동학농민전쟁 용어 및 성격 토론 1894년 농민봉기, 어떻게 부를 것인가」,『역사비평』10, 1990.
_____, 「갑오개혁기 권력구조 개편과 군주권의 위상」,『동방학지』114, 2001.
_____, 「갑오개혁의 쟁점과 역사적 교훈」,『내일을 여는 역사』11, 2003.
_____, 「조선토지조사사업 연구의 과제와 시론적 검토」,『역사와 현실』50, 2003.

_____,「[특집: 역사용어 바로 쓰기] 광무개혁 논쟁」,『역사비평』73, 2005.

_____,「대한제국기 고종의 황제권 강화와 개혁 논리」,『역사학보』208, 2010.

_____,「1894년 농민군의 폐정개혁 추진과 갑오개혁의 관계」,『역사연구』27, 2014.

우 신,「외교사의 각도에서 다시 보는 방곡령사건 (1889-93)」,『명청사연구』45, 2016.

유용태,「환호 속의 경종: 전장 중국에서 본 러일전쟁」,『역사교육』90, 2004.

유중하,「짜장면의 뿌리를 찾아서(1)」,『중국어문학지』48, 2014.

윤경로,「[사실, 이렇게 본다 2] 105인 사건」,『내일을 여는 역사』6, 2001.

윤상길,「'식민지 공공영역'으로서의 1910년대《매일신보》」,『한국언론학보』55(2), 2011.

은정태,「대한제국기 '간도문제'의 추이와 '식민화'」,『역사문제연구』17, 2007.

이동언,「서일의 생애와 항일무장투쟁」,『한국독립운동사연구』38, 2011.

이만열,「임시정부의 통합운동」,『한국독립운동사연구』12, 1998.

이명화,「1910년대 재러한인사회와 대한인국민회의 민족운동」,『한국독립운동사연구』11, 1997.

_____,「안창호-대공주의를 향한 민족통합지도자」,『한국사시민강좌』47, 2010.

이민원,「대한제국의 개혁과 그 실태」,『한국민족운동사연구』9, 1994.

이상찬,「갑오개혁과 1896년 의병의 관계」,『역사연구』5, 1997.

_____,「국채보상운동과 IMF '금모으기운동'의 허구성」,『역사비평』43, 1998.

이성우,「1910년대 독립의군의 조직과 활동」,『역사학보』224, 2014.

이성환,「간도 영유권 문제 해결을 위한 시론적 연구」,『동북아 문화연구』14, 2008.

이승현,「신민회의 국가건설사상-공화제를 향하여」,『정신문화연구』29(1), 2006.

이신철,「독립협회와 만민공동회의 '근대성' 논의 검토」,『사림』39. 2011.

이영훈,「토지조사사업의 수탈성 재검토」,『역사비평』22, 1993

_____,「대한제국의 경제정책」,『역사와 현실』26, 1997.

_____,「1910년대 조선총독부의 농업정책」,『한국학연구』36, 2015.

이윤상,「대한제국의 재정운영과 근대국가의 경제적 기초」,『내일을 여는 역사』17, 2004.

이정은,「3·1운동 민족대표론」,『한국민족운동사연구』32, 2002.

이주천,「러일전쟁 110주년을 기념하여」,『서양사학연구』33, 2014.

이준식,「대한민국임시정부의 이념적 지향」,『인문학연구』24. 2017.

이진영,「동학농민혁명 인식의 변화와 과제」,『동학연구』9·10, 2001.

이태진 외,「대한제국 100주년 좌담: 고종과 대한제국을 둘러싼 최근 논쟁 보수회귀인가 역사적 전진인가」,『역사비평』39, 1997.

이하경,「대한제국 시기 군주권 강화와 민권 확대 논의의 전개: 주권론을 중심으로」,『한국정치연구』21(1), 2012.

이헌창,「개항기의 경제사적 의의」,『동양학』37, 2005.

장영숙,「대한제국기 고종의 정치사상 연구」,『한국근현대사연구』51, 2009.

전상숙,「파리강화회의와 약소민족의 독립문제」,『한국근현대사연구』50, 2009.

전우용,「1910년대 객주 통제와 '조선회사령'」,『역사문제연구』2, 1997.

정경환,「이동녕의 정치사상과 구국투쟁에 관한 연구」,『민족사상』4(1), 2010.

정상우,「1910년대 일제의 지배논리와 지식인층의 인식」,『한국사론』46, 2001.

정충권,「1910년대《매일신보》독자란에 나타난 극장과 관객에 대한 인식」,『공연문화연구』13, 2006.

정태헌,「1910년대 일제의 식민지 자본주의 체제 구축 과정」,『아시아문화』15, 2000.

_____,「일제가 '조선토지조사사업'을 시행한 이유」,『내일을 여는 역사』4, 2001.

조계원,「대한제국기 만민/관민공동회(1898년)를 둘러싼 국왕과 독립협회의 갈등」,『담론201』19(2), 2016.

주진오, 「[특별기획: 갑오개혁 청일전쟁 100년] 갑오개혁의 새로운 이해」, 『역사비평』, 1994.

_____, 「대한제국기 권력기구의 성격과 운영」, 『한국역사연구회회보』24, 1995.

_____, 「19세기 후반 開化 改革論의 構造와 展開: 獨立協會를 中心으로」, 연세대학교 박사학위논문, 2005.

지수걸, 「건국절 논쟁의 지형 바꾸기」, 『내일을 여는 역사』64, 2016.

채 백, 「애국계몽운동기 일제의 언론통제와 한국언론의 대응」, 『언론과학연구』10(2), 2010.

최덕규, 「제국주의 열강의 만주정책과 간도협약(1905-1910)」, 『역사문화연구』31, 2008.

_____, 「러시아의 동아시아정책과 고종의 연해주 망명정부구상(1909-1910)」, 『서양사학연구』25, 2011.

최덕수, 「갑신정변과 외세의 함수 관계」, 『내일을 여는 역사』16, 2004.

최병택, 「일제 하 임야조사사업의 시행목적과 성격」, 『한국문화』37, 2006.

_____, 「1910~20년대 식민지 조선에서 개최된 공진회와 박람회의 성격」, 『전북사학』53, 2018.

하원호, 「개항후 방곡령실시의 원에 관한 연구(상)」, 『한국사연구』49, 1985.

_____, 「개항후 방곡령실시의 원에 관한 연구(하)」, 『한국사연구』50·51, 1985.

_____, 「근대여명의 '비상한' 혁명가 김옥균」, 『내일을 여는 역사』1, 2000.

_____, 「갑신정변 이전 국내정세」, 『내일을 여는 역사』16, 2004.

_____, 「망국의 리더쉽, 고종의 리더쉽」, 『내일을 여는 역사』58, 2015.

한승훈, 「조미수호통상조약(1882)」, 『내일을 여는 역사』71·72, 2018.

한철호, 「갑오개혁 주도세력의 현실대응론」, 『한국근현대사연구』11 1999.

_____, 「개화·일제강점기 김옥균에 대한 역사적 평가」, 『역사와 담론』38, 2004.

_____, 「만민공동회, 자주와 민권을 외친 최초의 근대적 민중 집회」, 『내일을 여는 역사』33, 2008.

_____, 「명동학교의 변천과 그 성격」, 『한국근현대사연구』51, 2009.

함충범, 「1910년대 조선에서의, 일제의 식민지정책에 따른 활동사진정책에 관한 연구」, 『현대영화연구』6, 2008.

현광호, 「개항기 지식인의 허상과 망국의 아픔 시일야방성대곡」, 『내일을 여는 역사』3, 2000.

_____, 「대한제국은 어떻게 중립화를 실현하려 했나?」, 『내일을 여는 역사』17, 2004.

홍순민, 「고종대 경복궁 중건의 정치적 의미」, 『서울학연구』29, 2007.

찾아보기

한국 근대사를 꿰뚫는 질문 29
고종 즉위부터 임시정부 수립까지

1판 1쇄 발행 2010년 8월 10일
2판 1쇄 발행 2021년 5월 24일
2판 2쇄 발행 2022년 11월 1일

지은이 김태웅 · 김대호
펴낸이 김영곤
펴낸곳 (주)북이십일 아르테

편집 김지영 최윤지
디자인 박대성
기획위원 장미희
출판마케팅영업본부 본부장 민안기
마케팅 배상현 한경화 김신우 이보라
영업 최명열
제작 이영민 권경민

출판등록 2000년 5월 6일 제406-2003-061호
주소 (10881) 경기도 파주시 회동길 201 (문발동)
대표전화 031-955-2100   팩스 031-955-2151   이메일 book21@book21.co.kr

ISBN 978-89-509-9527-0 03910
아르테는 (주)북이십일의 문학·교양 브랜드입니다.

(주)북이십일 경계를 허무는 콘텐츠 리더
아르테 채널에서 도서 정보와 다양한 영상자료, 이벤트를 만나세요!

페이스북 facebook.com/21arte   블로그 arte.kro.kr
인스타그램 instagram.com/21_arte   홈페이지 arte.book21.com